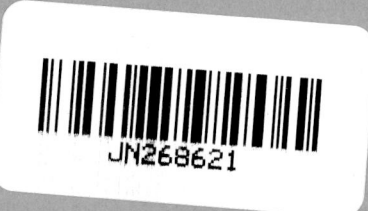

MANAGEMENT OF
ORGANIZATIONAL BEHAVIOR
UTILIZING HUMAN RESOUCES

入門から応用へ

行動科学の展開

[新版]

人的資源の活用

[著者]
P・ハーシィ
Paul Hersey
K・H・ブランチャード
Kenneth H. Blanchard
D・E・ジョンソン
Dewey E. Johnson
[訳者]
山本成二
山本あづさ

生産性出版

MANAGEMENT OF ORGANIZATIONAL BEHAVIOR by PAUL HERSEY, KENNETH H. BLANCHARD, DEWEY E. JOHNSON

原著序文

30年ほど昔のことだが、次のような口上で本書の初版を刊行したが、いまだに考えは変わっていない。

「マネジメント理論は、普遍的なもの—すべての組織に本質的なもの—の探究を、長い間、特徴としてきた。共通の要素を発見することは、もちろん必要であるが、共通要素を見つけたからといって、効果が保証された適用のための『原理原則』が実務家に提供されるわけではない。

ここ10年の間に『全体相における差異』—すなわち、状況の差異というものに注目するようになるに及んで、マネジメント理論にある程度の成熟が見られるようになった。われわれは、すべての組織に共通する要素が存在すると前提しているが、同時に、組織相互の間に、特に組織内の人的資源管理のあり方に、相違があるという前提にも立っている。実証的研究の成果が集積され、研究成果の比較対照の範囲が拡大していくのに応じ、絶えず新しいマネジメント理論が創出され続ける。共通する要素が析出され、重要な変動要素が常に明らかにされ続けることであろう。

われわれは、マネジメント理論が、すべての種類の組織に—企業、政府、軍隊、医療、教育、さらには教会や家庭のような随意組織においてすら—重要であると信ずる。そのゆえに、本書では、こうした諸種の組織から実例、事例を引用し、また多くの諸研究領域におけるそれぞれ独自のアプローチを統合し、人間行動をマネジメント理論の理解に役立たしめようとするところにある。本書の焦点は、組織内の人間行動にあり、組織体相互の行動にあるのではない。われわれは、組織はそれ自体特異な生きものであると信ずるが、その組織体の基本構成単位は個人であり、この個人こそわれわれの研究の根本の単位となるものである。したがって、われわれは、人間相互の作用、働く意欲、リーダーシップなどに焦点を絞っている。

本書は、多くの先行する著作家たちの研究に負うものであるが、同時に、われわれもまたマネジメント理論に、いささかの貢献を果たすものであることを願っている。」

本書の第6版までに対する反響に、筆者らは喜んでいる。合衆国のみならず、世界中の個人や組織が、行動科学の概念、技法や手法を活用して、業績改善に努めてきている。こうした広い背景に恵まれて、行動科学を活性化させるための実務家マネジャー、親たち、教師たち、そして学生たちにも同じように読み易い著作を世に問いたいという筆者らの当初の目的は達成されたように見える。

第7版の執筆に当たって、前版のように、優秀な行動科学上の研究を通じて現実世界を読者に紹介するという重大な責任を担うことにした。筆者らの願うところは、幻想の世界ではなく、激しい競争にさらされた状況の中で人間が作る組織を、われわれの誰もが理解でき、現実の世界に対処できるようにすることにある。だからこそ本書では、行動科学の実践的概念、技法、手法が強調されているのである。

この第7版には、筆者ら（が代表する組織）の思想、諸種の研究、コンサルティング活動の最近の成果のすべてが盛り込まれている。また、前版の各章を全面的に見直し、改訂したばかりでなく、SOARモデルやVTRモデルのような実践的アイデアが新しく盛り込まれていることにも気づかれよう。さらに本版から、筆者らの長年の友人であるデューイ・E・ジョンソン博士が、著者の1人として新たに加わっている。ジョンソン博士は、われわれの活動を長年にわたって、特に本書の数次にわたる改訂を通じて、協力してきてくれている。

謝辞

本書第1版から第7版に至るまで、多くの同僚や友人たちの支援、指導、激励、インスピレーションを得てきたが、そうした支援なしには本書の出版は不可能であっただろう。特に、ハリー・エバート、テッド・ヘレブラント、ノーマン・マーチン、ドン・マッカーティ、ボブ・メレンデズ、ウオルター・ポーク、ワレン・ラムショウ、フランクリン・ウィリアムズたちに負うところが大きい。

また、クリス・アージリス、ウィリアム・J.レディン、エドガー・A.シャイン3氏の行動科学分野への大きな貢献を讃えるとともに、本書執筆に大きく役立ったことを申し述べ、3氏には特別の敬意を表しておきたい。

さらに、編集管理など、リーダーシップ研究センター（CLS－USA）所長ロン・キャンベル氏の本書の上梓に際しての貢献に心からの謝意を表し、これを特筆しておきたい。

その他、本書執筆に、いろいろと助言やコメントを頂戴した学生、実務家、教師、研究者、コンサルタントの諸氏、またプレンティス・ホール社担当者、その他の多くの友人、本書のデザインに力を尽くして下さった方々、そして筆者らの妻たち、スーザン、マーギー、ジョアンに、執筆中の忍耐、支援、関心に心からの感謝の気持ちを表したい。

ポール・ハーシィ
ケネス・H・ブランチャード
デューイ・E・ジョンソン

訳者序文

本書は、Paul Hersey, Kenneth H. Blanchard, Dewey E. Johnson 著の『Management of Organizational Behavior; Utilizing Human Resource』第7版の翻訳である。先に第3版の翻訳が刊行され、好評のうちに数少ない応用行動科学の専門書として、特に「状況対応リーダーシップ」の基本を解説する専門書として、長く愛読され、また教科書として広く使われてきたが、今回、諸関係者の協力を得て漸く第7版の訳出するところとなった。今回の訳出に当たっては、原著者ら諸関係者の希望もあり、また前回の共訳者、水野基、および成田攻両氏の了解を得て、センター・フォア・リーダーシップ・スタディズ(Center for Leadership Studies, Inc.: CLSと略称)と提携する㈱シーエルエスの山本成二と山本あづさが担当することになった。

原著者ポール・ハーシィは、訳者の1人山本成二がモービル・オイル・コーポレーション勤務時代から知り合っていた30年来の尊敬する友人であり、師でもあるが、その後山本成二の長女山本あづさも、ハーシィ博士が経営するカリフォルニア・アメリカン大学大学院を修了したので、山本親子は2代にわたってポールの弟子となることになった。そしてその後、カリフォルニア・アメリカン大学大学院、ならびにセンター・フォア・リーダーシップ・スタディズの活動を通じ、山本成二と山本あづさの両名は、他の原著者、ケネス・H・ブランチャード、デューイ・E・ジヨンソンらと知り合うことになった。

なお、上述のように、前回が本書第3版の、そして今回が第7版の翻訳であるが、内容頁数は、この間、2倍以上に増えている。最大の理由は、解説の詳細化であるが、他にハーシィの友人や弟子たちがその後付加・展開した部分を補っているからである。こうした理由もあり、また紙数の都合もあるので、第7版が内容量で第3版を大幅に上回るにもかかわらず、原著の13、16、17、18、20、21、22章など7つの枝葉の章を切り落とし、ハーシィ博士の状況対応リーダーシップに焦点を絞って翻訳した。あらかじめお断りしておきたい。

今回の翻訳に当たっては、例に洩れず、多くの人たちの手を煩わしたが、㈱シーエルエスの千葉裕子さんには、原稿整理を含め、事務連絡全般についてたいへん世話になった。心からのお礼を申し述べたい。訳者の次女(妹)山本しのぶにも大きく助けられたので、この紙面を借りて、感謝の意を表しておきたい。

2000年初夏

山本　成　二

山本　あづさ

入門から応用へ
行動科学の展開
新版
人的資源の活用

CONTENTS

第3章

意欲を育む状況条件

第4章

リーダーシップ

展望

第5章

リーダーシップ
状況対応アプローチ

第6章

リーダーの効果性決定

第7章

状況（環境）を診断する

第8章 状況対応リーダーシップ®

第9章 状況対応リーダーシップ、意識、そしてパワー

第10章 人的資源の開発

第11章

建設的指導矯正

第12章

効果的関係の構築

第13章

グループ・ダイナミクス

第14章

第15章

第16章

装幀・竹内雄二

第1章

マネジメント

ある行動科学的アプローチ

リーダーシップ、そして組織の経営管理が、今日ほどチャレンジングなテーマになったことはかつてなく、これらの研究と実践には興味をそそられるものがある。組織活動の成否が、ヒューマン・リソース（人的資源）の効果的活用にかかっているという認識が、今日ほど強かったことはかつてなかった。ところが、応用行動科学はそうした人的資源の効果的活用の基盤になる。しかも、組織の―すなわち、企業、行政機関、公共事業、学校、家族、などの―経営を考えると、リーダーなり、マネジャーなりとしての能力の本当の意味でのテストが、人間の組織をいかに効果的に編成し維持するか、にあることがわかる。現代世界は、政治的、経済的、社会的、そして技術的革新のまっただなかにある。内外の動向は、従来の何ものにもまして強力な影響力をリーダーシップと組織のマネジメントに及ぼしている。では、これらの動向のいくつかを見てみよう。

変化の速度が、引き続き加速する　ハーバード・ビジネス・スクール教授のロザベス・モス・カンター（Rosabeth Moss Kanter）は、こうした動向を予見して、「実践することが何よりも重んじられる1990代は、行動と行動主義の時代である。……今日のマネジメントが遭遇する主たるチャレンジは、新しい競争者が日々出現し、競争条件が日々変化する変動と不確定の世界に対処することであり、もはや、変化のない安定した世界を前提とする不動のマネジメントでは処置しきれない[(1)]」と言っている。

マネジメントの国際化　市場経済は世界的規模で展開されており、組織が自己満足的に安心して隠れ潜むことのできる辺鄙《へんぴ》な地方はない。世界市場に日々出現する積極的で有能な競争相手によって、国際的舞台に変化が呼び起こされている。これもまたハーバード大学教授で、かつ戦略的マネジメントについて広く引用される３冊の著書で有名なマイケル・ポーター（Michael Porter）は、この国際的次元の変化についてこう語っている。すなわち、「本当のリーダーは、……変化を信じている。競争に対処するための洞察力を持ち、変化への対処に何のこだわりも認めない。組織を競争に立ち向かえるよう力づけ、組織が抱える必要に応え、そして、何はともあれ組織を前進させるのである。……リーダーはまた、競争上の利点を考えるときはもちろん、そうした利点を拡大し向上させるについても、国際的次元において考える(2)」と言っている。

情報処理が特権ではなくなってきている　従来は、マネジャーが持つ力の第１の源泉は、情報制御であった。いまやそうではなくなった。近代情報技術の発展に伴って可能となってきた情報の公開・共有は、組織活動の成功には欠くことができないが、このことがマネジャーの力の源泉を蝕んでいる。その結果、マネジャーとしては、組織に対する影響力を維持するための新しい方法を考えざるをえなくなってきている。

世界に新機構が生まれつつある　過去数年間、極めて大きな経済的、社会的、政治的変化が起こり、国際競争場面は、傷付け合う戦争から助け合いの福祉競争へ、武器弾薬乱用から市場経済へと変貌を遂げてきている。例えば、ガット（GATT：関税貿易一般協定）、およびナフタ（NAFTA：北米自由貿易協定）などは、こうした新しい貿易協定の若干例に過ぎないが、軍事同盟よりもはるかに強力に機能するようになってきている。

明日の世界で成功するリーダーとは、自らの努力と有能なフォロアーを通して変化に対応し、かつ変化を実行して、成果を上げることのできる人である。リーダーシップは、行動と実践に基盤を置いたものになるだろうし、新しい時代には、リーダーシップ、変化、実践、結果といった言葉が合い言葉になるだろう。

競争有利化のためのリソースとしての組織

社会的・技術的進歩を通じて、いろいろな次元における競争有利化のためのリソースが、国際的にも変化を遂げている。南カリフォルニア大学教授エド・ローラー（Ed Lawler）によれば、天然資源の確保から経済的・財政的専門性の保有を経て、マーケティング能力、技術力、人的資源活用力へと、競争力の基盤となるリソースは変貌を遂げてきた[3]。保有リソースのすべてを動員できる能力を持つ組織であればこそ、こうした競争上の利点を享受することができる。品質管理の分野で著名なビンセント・オマチョヌ（Vincent Omachonu）、およびジョエル・ロス（Joel Ross）も、ローラーの結論を支持し、

> 「歴史的に、生産性向上努力は技術改善と資本投下に焦点を当てて、労働コストの軽減を図ってきている。従来は、作業手法改善、ワークフロー分析、等々、生産工学的技術を応用した生産増強を通じて、アウトプット改善を図かることができると考えられてきた。そして、これら両手法はともに、今日もなお有効である。しかし、今日の傾向は人的資源の可能性をより有効に活用する方向に向かっている[4]。」

優れた組織の能力

優れた組織の能力とは、どんなものだろうか？ 優れた組織は、品質と顧客の満足に焦点を当て、環境変化に迅速に応えて変化し、的確な処置対策を導き出して行動に移し、しかも地球規模の視野・視点を持つとともに、他組織とも戦略的ネットワークを形成して提携・協力し、マネジメントの変化に応えられるばかりか、継続的に学習する能力をも備えている[5]。これは大変チャレンジングなリストである。

組織を導くいろいろなチャレンジ

本書は、こうしたチャレンジに応えるための特別なスキルに関するものである。行動科学上の基礎的概念と理論、および行動科学的な簡易応用手法を解説するものである。

行動科学的概念からヒントを得て良いアイデアが生まれることがままあるだろうが、そうして得られたアイデアを、組織の人的資源管理に、どのように、いつ役立てるか、がいつでもわかっているわけではない。リーダーシップやマネジメントにかかわる状況においても、単にそこに居るだけの人たちがいる。しかし、ものごとの成就は単にその場に登場するだけでは勝ち取れない。証明済の行動科学的諸概念を知り、かつ、これを応用することが必要であり、それにタイミングよく応用をする技能が加わらねばならない。そして本書は、そう

した知識の習得ばかりでなく、優れたリーダーにふさわしい技能の習得にも役立つものである。

リードすること、つまり、他人の行動に影響を及ぼすことは単一の事象ではない。リーダーシップやマネジメントは、常にマネジャーの実践すべき責任であり、この責任は寸秒といえども、ゆるがせにできない。もちろん、これは容易なことではない。リーダーシップやマネジメントには、人間の複雑性が関係するので、説明することも、理解することも容易ではない。過去にも、困難な状況の中でビジョンとエネルギーを与え、事の成就を図った勇気ある男や女たちがいた。しかし、長年の研究調査にもかかわらず、特定の時期と場面に発揮された具体的なマネジメント活動の成否や原因は解明されていない。それというのも、現実は流動的だからである。現実世界では、多くの要因・要素が干渉し合いながら、絶え間なく流動している。したがって、行動科学では、自然科学と異なり、確率に基づいて処理しなければならない。本書では、原理原則を述べるのでなく、成功確率を高めることに狙いを置いている。行動科学の世界では、ルールなど存在しないのである。

考え方としても健全で、実際にも役立つリーダーシップとマネジメントへのアプローチが長い間求められてきた。著者らは、研究調査や著作、世界の数多くのマネジャーたちとの会話、セミナーやコンサルテーションなどを通じて、たいていの人が、どこの組織や状況でも幅広く使える、かつわかりやすいアプローチを求めていることに気づいた。こうしたアプローチは、マネジャーたちが従業員管理上遭遇する諸問題の共通した処理を可能にさせるような共通の言葉と理解を促進するものでなければならない。

そのような概念と技法を開発すべく、行動科学上の過去の業績を踏まえ、かつ共通の言葉を使って、マネジャーたちに容易に習得できる基本的な考え方と技法を構築することに努めた。状況対応リーダーシップは、そうした共通語を提供するものであり、職場で、家庭で、そしてあらゆるリーダーシップ状況で活用できるものである。この考え方と技法は、リーダーシップ問題の診断、そうした問題の解決、そしてその解決法を伝えるのに役立つものである。

問題に感情的に反応するのは、人の常である。状況対応リーダーシップは、仕事振りの問題を冷静に話し合うための手段を提供するものである。著者らは、本能的に受け入れることのでき、かつ経験的に実証されたアプローチを紹介することに努めた。状況対応リーダーシップが、25年以上の長きにわたって受け入れられてきたという事実が、このアプローチが、あらゆる階層で容易に理解され、受け入れられ、また実行されることを示している。このアプローチこそ、組織行動管理のための基本的アプローチなのである。

まとめて言うと、組織の概念の変遷にもかかわらず、リーダーシップの成否は、根本的には状況対応リーダーシップの必須要素である目標達成過程でのリーダーとフォロアーとの相互作用、レディネスの判定、リーダーの指導、指導結果の評価、そして効果的フォロアーシップ、…に掛かっていると言えよう。

歴史的回顧

アメリカ社会の20世紀初頭よりの変貌には目を見張るものがある。アメリカは、農業を基盤とした社会から、想像もできなかったほどの高い教育水準と生活水準を持つダイナミックな工業社会へと進歩を遂げた。さらに、その科学的、技術的進歩は想像を絶するものであった(6)。

この進歩の陰に、「暗い面」がなかったわけではない。潤沢の黄金時代を喜び合うべきときに、われわれは葛藤の中でもがいている。国家間の葛藤、人種間の争い、労使の相剋、そして隣人同士ですら争っている。これらのわれわれが当面する問題は、科学・技術のみでは解決できない。社会的技能が必要である。こうした深刻な問題の多くは「物」の世界にあるのではなくて「人」の世界にある。人間として、われわれが冒した最大の失敗は、他人との協力と相互理解を果たしえなかったことにある。第２次世界大戦後間もなく、エルトン・メイヨー（Elton Mayo）は、この問題に触れ「科学技術の発達と社会的技能の進歩の不均衡が、社会に悲惨な結果をもたらしている」と述べている(7)。

成功した科学と成功しなかった科学

この不均衡の原因を求めるについて、E.メイヨーは、いわゆる「成功した科学（化学、物理学、生理学）」と「成功しなかった科学（心理学、社会学、政治学）」との間の不釣合に問題の相当部分が求められるのではないか、と述べている。前者を「成功した科学」と呼ぶ理由は、理論と実践の両方がこれら諸科学では与えられているからである。純粋知識は応用できなければ、限られた価値のものに過ぎない。化学や物理学の研究者や実践家は、理論や概念を直接実験する技術に恵まれているのに対し、成功しなかった科学は、

「研究者や学徒に、日常の状況で使用できる社会的技能をまったく与えず、…また、社会的現実との安定した直接接触の機会を与えなかったように思われる。この分野の研究者は、先進的な実験技法、臨床に相当するような学習機会、実験室などに恵まれることもなく、図書館で際限なく時間を使い、書物から学び、古来の公式を焼き直して学んできただけである。[8]」

変化（チェンジ）

初期の行動科学的諸研究は行動変容をもたらすことのない知識を生みだしたように見える。しかし、組織の生存は変容にかかっている。したがって、本書では人間の変容を4つのレベルで捉える。すなわち、①知識上の変容、②態度上の変容、③行動上の変容、④集団行動、ないし組織行動の変容である。[9]これらの諸レベルの変化を、圧力や屈服を伴うことなく起こさせるのに必要な所用時間と相対的困難度を示したのが図1.1である。

図1.1　変容のレベルと所要時間、困難度

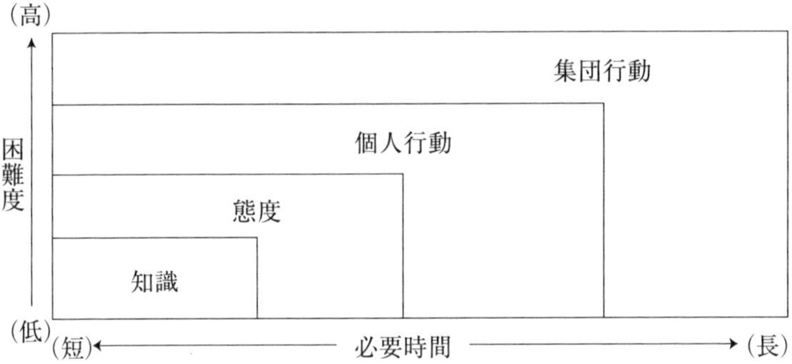

知識上の変容が最も容易であり、態度上の変容がこれに続く。態度は、前向きの感情と否定的感情の違いはあっても、感情的要素に彩られているという点で、知識とは異なる。行動変容は、これら2つに比べて、はるかに難しく、また時間もかかる。しかし、集団行動や組織行動の変容はおそらく最も困難であり、時間のかかるものであろう。ともあれ、こうした変化や変容の理解と実践を通して、行動科学がどこまで人間の諸葛藤の解決に寄与しうるか、にわれわれの今後がかかっていると言えよう。

マネジメントの定義

マネジメントの定義は、この分野の著者の数ほどもある。これら諸定義に共通する一脈の糸は、すべてのマネジャーに組織の目標、ないし組織目的の達成が要求されているという点である。本書では、マネジメントを「個人、集団、およびその他（設備、資本、技術、など）のリソースを通して、またはこれらリソースとともに、組織目標達成をめざして働く過程」としたい。

この定義がビジネスや産業組織に限っていないことに注目されたい。マネジメントの定義は、ビジネス、教育機関、病院、政治団体、軍事機関、そして家庭にもあてはまるものである。これら組織をうまく運営するには、マネジする人に対人関係技能が必要である　リーダーシップを通して組織目標を達成することが、つまりマネジメントである。その意味で、誰もが、何らかの営みにおいてマネジャーなのである。

マネジメントとリーダーシップの相違

マネジメントとリーダーシップは、ひとつの同じものと考えられやすい。だが、われわれはこの2つの概念には、重要な相違があると考える。

端的に言って、リーダーシップの概念はマネジメントのそれより広い。マネジメントは組織目標達成を主眼とするリーダーシップのひとつの形態である。したがって、この2つの概念の相違のポイントは、「組織目標」という言葉の中にある。リーダーシップとは、理由の如何にかかわりなく、他人や集団の行動に影響を与える試みそのもののことである。その試みは、自分の目標をめざしたものかもしれないし、他人の目標をめざしたものかもしれないし、また、組織目標に逆行するものかもしれない。

いまひとつのマネジメントとリーダーシップの相違

リーダーシップの著名な研究者であるウォレン・ベニス（Warren Bennis）は、マネジメントとリーダーシップを、典型的な型を念頭に、以下のような啓発的な形でいろいろ区別してみている。

「リーダーは、敏感で流動的な、しかも模糊《もこ》とした、また、ときにわれわれの前に立ちはだかり、たじろぐと確実にわれわれを屈伏せしめるような状況の全体を掌握できる人である。マネジャーは管理し、リーダーは革新する。マネジャーは写し（コピー）であり、リーダーは原版（オリジナル）である。マネジャーは維持し、リーダーは開発する。マネジャーは体制（システム）や構造に着眼し、リーダーは人々や人間に着目する。マネジャーは他人を統制し、リーダーは他人を信服させる。マネジャーの視点は短期的であるが、リーダーは長期的視点に立つ。マネジャーは「いかに」と「いつ」を問題にし、リーダーは「なに」と「なぜ」を問題にする。マネジャーは結果を考え、リーダーは未来を展望する。マネジャーは模倣し、リーダーは創造する。マネジャーは現状を受け入れ、リーダーは現状に挑戦する。マネジャーは事を正しく行い、リーダーは正しいことを行う[10]。」

リーダーシップとマネジメントは本当に必要か？

リーダーシップやマネジメントを通して、変化を起こし、問題を解決することはできない、と危ぶんでいる人が多いようである。ある調査の結果を見てみよう。この調査では、いろいろな組織の中から500人の回答者を選んで、気になる問題を順位づけてもらった。その結果は、表1.1のとおりであった。

どの問題もリーダーシップとマネジメントのまずさに由来するものであっ

表1.1　リーダーシップとマネジメントにかかわる上位10問題

問題	順位
効果的でないコミュニケーション	9.0
多い恐慌管理	8.0
仕事のフィードバックの欠如	7.0
不適当な、または欠如した目標設定	6.2
教育訓練不足	5.7
昇進機会の少なさ	5.6
成績に結びつかない褒賞	4.9
無理な仕事量	3.9
ボスが仕事を任せない	3.2
チャレンジングな仕事の不足	1.8

出所： Contributed by Richard I. Lester, Ph.D; Educational Adviser, Ira C. Eaker College for Professional Development, Maxwell AFB, Ala. January 1995.
Note：10＝most important; 1 ＝least important.

た。そうだとすれば、リーダーシップやマネジメントを効果的に遂行することによって処置できるものである。このことは、とりもなおさず本書の中心課題に通じるものである。人間組織の効果的マネジメントとは、煎じ詰めれば、１対１の（１従業員／１職場集団）との影響過程の問題に帰着するからである。従業員の仕事振りは、こうした１対１の関係から築かれるのである。

リーダーは生まれつきか、作られるのか？

リーダーシップが習得できるかどうかは、長いあいだ研究者を迷わせてきた問題であったし、本書の読者にとっても重要な意味を持っている。もし、リーダーが生まれつきのものであれば、なぜ時間をかけて読み、このスキル（能力）を開発しようとするのだろうか？ 生まれつきのものなら、リーダーシップを持つかどうかは決まっているのである。ところが、リーダーシップが習得できるものだとすれば、誰でもリーダーになれるし、誰にも望みがあるわけである。ジェイ・コンガー（Jay Conger）は、「この問題をどう捉えるかで、ずいぶん展望は変わってくるし、リーダー養成に対する意味合いも大きく変わってくる。もし、リーダーの能力が遺伝的に定まっているのなら、教育訓練の意味も希薄になる。しかし、リーダーシップが経験を通して習得されるものなら、この能力を伸ばし、経験と習得されたものとを総合して有益な知恵に高めることができる[11]」と述べている。

われわれ、ならびにほとんどののリーダーシップ研究者の立場は、リーダーは生まれつきであるとともに習得されるものであると考える。特に本書での捉え方のようにリーダーシップを幅広く捉えた場合にはそうである。後章で、知性、体力、社会性など、リーダーの能力に役立ち、リーダーの効果性に影響する特性を論じる[12]。「しかし、社会的活動を通じて得た経験や個人的な経験、特に職務経験、人生の苦労や機会、教育、手本、尊敬する人なども、リーダーの形成に重要な役割を果たすものである[13]」。著者らは、本書に紹介されるリーダーシップ・スキル（技能）の学習と実践もまた、リーダーの可能性を高めるのに役立つものと信じている。

リーダーシップの3つの能力

指揮をしたり、他人に影響を与えたりするには、3つの基本的能力、ないしスキルが必要である。すなわち、①診断能力―影響対象となる状況を理解する能力、②適応能力―状況が生み出す事態に自分の行動や所要リソースを的確に応用する能力、および③コミュニケーション能力―相手に容易に理解できるよう意思疎通する能力、がそれである。以下、これらの3つの能力のひとつひとつを各章を通じて詳論していくが、ここではこれらの能力を概観しておこう。

- 診断は、知的な―頭脳的―能力である。現状を把握し、その現状がどう変えられるかを見通すことである。「現状と将来」との差が、「解決されるべき問題」である。この差の解決に、他の2つの能力がかかわってくる。
- 適応は、行動上の能力である。この能力は、現状と達成をめざす状況との間の差を縮めるべく、自分の行動や関連リソースを状況に適合させることにかかわるものである。
- 意思疎通（コミュニケーション）は、「処理（プロセス）」能力である。たとえ状況が理解でき、また、たとえ状況に応じて自分自身と所要リソースを適用させることができたにしても、意思を伝える必要が残っている。相手が理解でき受け入られるよう伝達できなければ、意図した目的を達することはできない。[14]

マネジメント・プロセス

計画、組織、動機づけ、統制など、管理の機能が、管理論の中心課題であると論じる人が多い。こうした管理機能が、物ごとを一歩一歩進めるためのマネジメント・プロセスを構成しており、組織の種類やマネジメント・レベルにかかわりなく、どのような場合にもあてはまる。ハロルド・クーンツ（Harold Koontz）とシリル・オドンネル（Cyril O′Docnnel）が言ったように、「マネジメントという意味では、社長も、部長も、班長も、監督者も、大学の学科長も、僧正も、政府諸機関の長も、誰でもが同じことをやっている。マネジャーとして、彼らのすべてが何らかの程度で、他人とともに、また他人を通して仕事をしている。また、マネジャーとして、彼らの誰もが、何らかの場合にマネジャーに特有の任務を多少なりとも果たすのである[15]。今日では、家庭ですら、うまくいっている場合には、管理機能に従って管理されている。

計画は、仕事の目的や目標の設定と、これら目的・目標達成のための“道程図”の作成にかかわっている。いったん計画ができあがると、組織（化）が意味を持つようになる。組織（化）とは―人、資本、器材など―、所要リソースを目的達成にもっとも有効な形に編成することである。端的に言うと、組織（化）は所要リソースの統合である。

計画と組織とともに、“動機づけ”も従業員の仕事振りに影響するところが大きく、延いては組織目標の効果的達成に影響する。なお、動機づけは、意思疎通（や指揮の一部）されることもある。

ハーバード大学のウィリアム・ジェームス（William James）は、動機づけの研究を通して、時給労働者が職を失わない（つまり、クビにならない）程度に働くとすれば、本来の能力の20%～30%程度を発揮するだけでよいことを発見した。また、同じ研究によれば、高度に動機づけられているときには、本来の能力の80%～90%まで発揮することもわかった[16]。なお、図1.2は、従業員が職を失わない程度に働いた場合の最低レベルの働きと適切に動機づけられた場合の最高レベルの働きを図解したものである。

図1.2は、動機づけが弱い場合、能力が低い場合と同じように従業員の働きが低下することを示している。つまり、動機づけは、極めて重要な管理機能なのである。

図1.2　動機づけの影響の幅

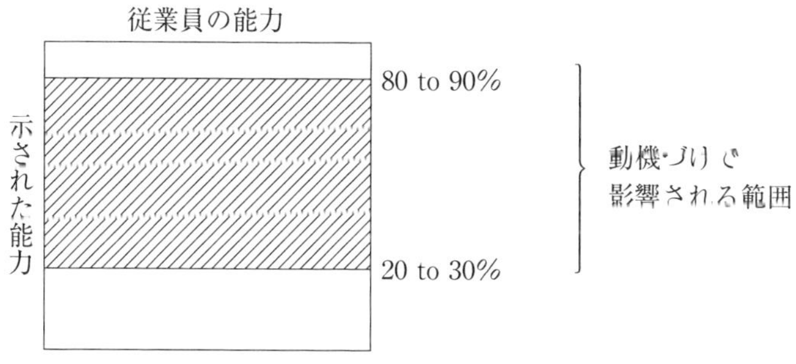

マネジメント（管理の機能）のいまひとつの機能は、統制機能である。統制機能には、結果のフィードバック、達成結果と計画（予定）との比較検討、そして結果が期待と異なった場合の是正措置、などが含まれる。

以上、管理機能を個々に、かつ、順序があるかのように説明してきたが、図1.3に図解したように、これらの管理機能は相関している。特定時点を採り上げたときに、どれか1～2の機能が主になっているということである。

図1.3　相関する管理機能

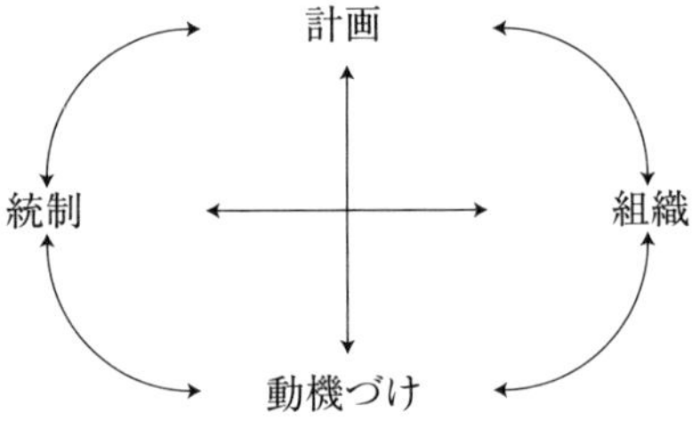

マネジャーの能力

マネジメント・プロセス上、一般に少なくとも3つの分野の能力が必要と認められている。すなわち、専門的能力（Technical Skill）、対人的能力（Human Skill）、概念化能力（Conceptual Skill）がそれである。

- **専門的能力**　特定業務遂行に必要な知識、方法、技術、器材を使用する能力で、経験、教育、訓練を通して習得されたもの。
- **対人的能力**　他人とともに、ないし、他人を通して仕事をする能力と判断力で、動機づけの心理とリーダーシップの効果的適用法の理解を含む。
- **概念化能力**　全体組織の複雑さと、その複雑な構造の中の自分の位置づけ、を理解する能力である。この能力によって、直接集団の目標や必要を越えた全体組織の目標に向けて行動することが可能になる[17]。

これらの能力の適正なミックスのあり方は、第1線監督レベルからトップへと、管理階層を上がるにつれて変わってくる。それを図解したのが、図1.4である。

図1.4　組織諸階層で必要とされる能力

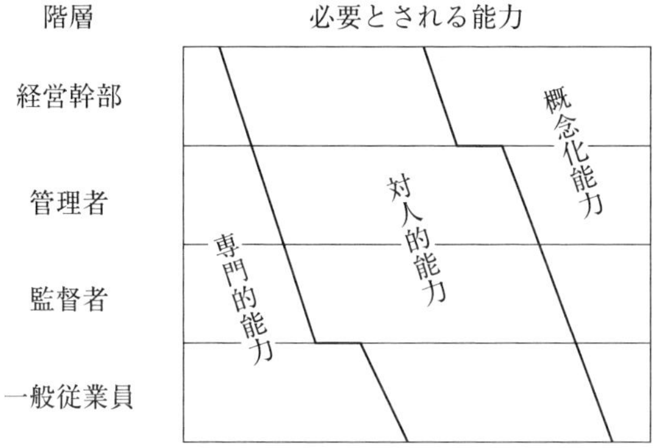

組織階層を昇るにつれ、専門的能力の必要性は減る傾向にあり、相対的に概念化能力の必要度が増してくる。しかし、組織低層の監督者の場合、率いる技能者や従業員を訓練育成しなければならないことが多いので、専門的能力の必要性は高い。他方、ビジネス組織の経営幹部たちにとっては、作業実施層のすべての具体的作業に通じる必要はない。だが、全体組織の目標の達成に、これらの具体的作業がどう相関し合っているかを理解する必要はある。しかも、最近は上級経営幹部が外部経営に注意を払い、総体的視点に立つことが望まれるようになってきているので、この全体を展望する能力はとりわけ重要である。

このように各階層で必要とされる専門的能力や概念化能力の程度は異なっているが、対人的能力はマネジメントの全ての層で共通して重要であるように見える。

対人的能力の強調

対人的能力は過去においても重視されていたが、今日ではこの能力は最重要能力と考えられている。例えば、偉大な企業家の１人ジョン・D ロックフェラー（John D. Rockefeller）は、「この世のどのような能力にも増して、対人的能力を高く買う」と言っている[(18)]。J.D.ロックフェラーのこの言葉に共鳴する人は少なくない。アメリカ経営協会によれば、某調査の回答者200人のマネジャーの圧倒的多数が、経営幹部にとって重要な能力をひとつ挙げるとすれば、それは他人とうまくやっていく能力である、と賛意を示している[(19)]。この調査において、マネジャーたちは対人的能力を、知力、決断力、知識、職能スキルのどれにも増して決定的である、と評価している。

社会システムとしての組織

本書の重点は対人的能力の育成に置かれるが、たいていの場合、マネジャーが活動の場とする組織は、数多くの相関するサブ・システムから構成される社会システムであり、人間／社会サブ・システムはそうした諸サブ・システムのひとつに過ぎない。ちなみに、他のサブ・システムとしては、運営／機構サブ・システム、情報／決定サブ・システム、経済／技術サブ・システムなどがある。[20]

運営／機構サブ・システムの焦点は、組織内の権限、仕組みや構造、そして責任体制に置かれ、“誰が誰のために何をするか”や“誰が、誰に、何を、いつ、どこで、なぜなすべきか”にかかわっている。また、情報／決定サブ・システムは、システム存続のための主要決定や情報提供にかかわっている。経済／技術サブ・システムにおける主な関心事は、組織の特定目標達成のための業務とその業務の効果性に置かれている。

人間／社会サブ・システムの焦点は、組織構成員の労働意欲や欲求、所属組織で要望され提供されるリーダーシップ（これが本書の主眼）に置かれるが、システムズ・アプローチにおいては、特定サブ・システムにおける変化は、全体システムの他の部分にも変化を及ぼす、と考えることを強調しておきたい。図1.5に示すように、全体システムが健全にうまく機能していれば、部分 ── すなわち諸サブ・システム ── は相互に効果的に連動しているわけである。したがって、他のサブ・システムを犠牲にして、長期間、特定サブ・システムだけに力を集中的に注ぐわけにはいかない。また同時に、マネジメントは、組織外環境からの要請や圧力を無視するわけにもいかない。

社会システムにおけるマネジャーの役割

イカク・アディズ（Ichak Adizes）によると、マネジャーは組織の効果的経営に 4 種の役割を果たさなければならない。[21] すなわち、生産（Producing）、運営（Implementing）、革新（Innovating）、統合（Integrating）の 4 つの役割である。これらの役割はそれぞれ組織の 4 つのサブ・システムに関係している。

生産の役割を担うマネジャーには、競争相手と同等、ないし、同等以上の結果を上げることが期待される。「この場合、主たる必要資格要件は、マーケテ

図1.5　相関し連動する組織内諸サブ・システム

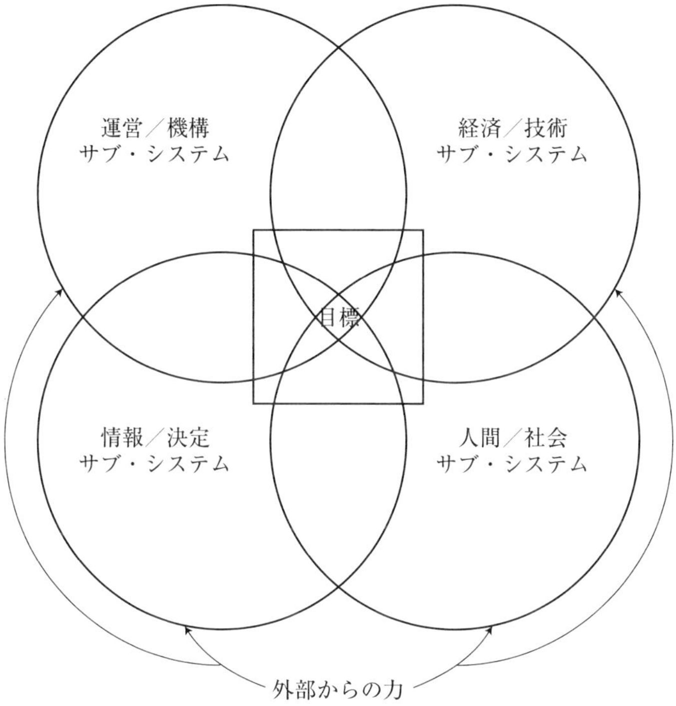

ィング、エンジニアリング、会計経理など、分野を問わず担当職能分野の知識を持つこと」である[22]。ちなみに、生産の役割では、経済／技術サブ・システム上の活動が強調される。

マネジャー個人が生産的な活動家で、しかも所要の技術を備えているにしても、他人と協働して結果が上げられるとは限らない。前述のように、マネジャーは専門的能力を持つだけでは十分ではない。マネジャーは、個人的に生産的であるだけでは足りない。マネジャーは、協働する人々を管理し、彼らをも生産的であらしめなければならない。この運営と運用の役割においては、マネジャーは予定を定め、調整し、統制し、規律を維持しなければならない。運営者としてのマネジャーは、システムが意図通り稼働するよう努力するわけである。なお、このマネジャーの運営と運用の役割は、運営／機構サブ・システムにかかわっている。

マネジャーの生産、ならびに運営における役割はいずれも重要であり、変貌する環境の中のマネジャーは状況を見極め、目標や目標達成のためのシステムを修正する判断力と裁量能力を持たなければならない。この役割におけるマネジャーは、計画や決定を与えられて執行する行政的執行者とは異なり、自ら計画を策定・立案する組織内企業家であり革新者であらねばならない。彼らは、進取的自発者でなければならないのである。ちなみに、このような革新的役割では、情報／決定サブ・システムが強調される。

I.アディズによれば、生産、運営、革新の３役割を果たすだけでは、マネジャーとして十分に機能したとは言えない。I.アディズは、「生産的で運営に巧みな卓越した革新的企業家（たいていの場合、創業者がそうであるが）に率いられた組織は、多くのものがその人物が死んだり、何らかの理由で去ったりすると、急速に下降線をたどってしまう。組織が継続的に繁栄するためには、いまひとつの役割―統合―が果たされなければならない」と言っている[23]。

統合は、個々の戦略が集合的戦略にまとめられ、個々のリスクが総合的リスクとなり、個々の目標が全体目標に溶け込むプロセスであり、このプロセスを経て、最終的に個々の企業家精神が全体の企業家精神に高められる。「集団が進むべき方向を明瞭に意識して行動し、誰の助けを借りることもなく、継続的に正しい（効果的な）方向を決定することができたとしたら、そこでは統合の役割が適切に果たされているとわかる。統合には、他人の欲求に敏感な人物が必要である。そのような人物こそが、組織の目標と戦略に向けて集団／人々をまとめることができるのである[24]」。統合は、人間／社会サブ・システムを強調するものである。

I.アディズは、これら４つのマネジャーの役割のうちのどれが欠けても、マネジメント・スタイルのある種の誤りが見られると主張する。にもかかわらず、I.アディズは、

「いかなるマネジャーといえども、同時に優れた技術者、運営者、企業者、あるいは統合者であることは難しいため、４つの役割を同時に完全に果たし、マネジメント・スタイルを誤まらないとは考えられない。その意味で、一般のマネジメント論で論じられているようにマネジャーの役割を論じるのは、理論的誤謬を含んでいる。独りで管理できるマネジャーなど存在しない。一見矛盾するこれらの役割を相互に補い、マネジメント・プロセスを適切に運ぶためには、数人が必要なのである。組織集団を団結させ、新しい方向に導くには、企業家的で統合的な資質を備えた人物が必要である。また、そうした新戦略や方向を組織実践的側面へ翻訳して成果に繋げる運営者たちも必要なのである。そして、そのシステムを動かして効率的作業

を可能にする生産者たちも必要なのである[25]」。

組織の効果的経営には、４つのすべての役割が必要なように見えるが、Ｉ.アディズはこれら４つの役割の中で経営幹部にとって欠くことのできない役割は、統合であるという。仮に他の役割が果たせないにしても、他の人間にやらせることが可能だが、それらの諸役割を効果的に機能させるためには統合の役割が果たされなければならない。この統合という人的側面が果たされなかったら、企業家は単なる「騒動屋」に、運営者は「官僚」に、そして生産者は「１匹狼」に終わってしまう。

変貌するマネジメント

マイケル・ハマー（Michael Hammer）、およびジェームス・チャンピー（James Champy）は、1995年元日の「企業再構築（Reengineering the Corporation）」と題したウオール・ストリート・ジャーナル紙の記事の中で、企業再構築後、ミドル・マネジャーに対する要請がどう変わるかについて次のように論じている。

「残る数少ないマネジメント業務が、３つある—どれを取っても従来のマネジャーにはあまり縁のない職能である。ひとつは私（ハマー）がプロセス・オーナー（Process Owner：過程担当）と呼ぶ職能である。これは、いわば作業技術エンジニアであり、製品の仕様や規格の維持を任務とする。第２は、コーチであり、従業員の教育と育成を担当する。第３は、従業員の意欲づけを主たる任務とするすなわち、従業員に仕事のしやすい職場環境の形成を任務とするリーダーシップである。現在のマネジャーたちには、これらの職能を果たす能力はほとんどないし、関心もないようである（P.B１）」。

著者らは、M.ハマーやＪ.チャンピーの「作業技術、コーチ、意欲づけなどのためのスキルの向上を図るべきだ（ちなみに、この動機づけとリーダーシップは、本書の第１の焦点であるが）」という主張には同意はするものの、これらの３つの職能を切り離して考える彼らの考えには賛成できない。これらは相関する役割である。

職責や職能は複雑に絡み合って絶え間なく変貌しており、そのためリード（Leading）や管理（Managing）をますます困難にしているが、組織構造の面では、管理職層を減らし、権限の分散化を促進していることを特筆すべきである。ビジネス・ウィーク誌ではこの点を次のように簡潔に要約している。

「流動性、自主化、チーム、相互乗り入れ研修、仮想執務室、テレコミュニケーション、リ・エンジニアリング、再構築、蓄積処理（delaying）、外注化、状況対応。これらの概念が耳慣れない場合には、慣れるべきである。これらの概念がわれわれの生活を変えてきている。“大量生産”の概念以来のことだが、ここ10年、おそらく何ものにも増してこれらの概念がわれわれの執務方式を変えてきているのである。[26]」

では、例を挙げて考えてみよう。銀行業務、貯金業務、または融資業務、などの窓口をあるスーパーマーケットに開くことになったとする。多くのスタッフを抱える大きな店なら、例えば農家向け融資など、担当を決めて分担することも可能である。しかし、分店化された組織の窓口では、１人の担当者が店長、融資業務担当、預貯金業務担当、などなど、多くの業務を兼任しなければならない、かもしれない。著者らは、M.ハマーやＪ.チャンピーの予想とは逆に、マネジャーの役割はいっそう統合化され、複雑になるものと予想している。

優れた対人的能力の要素

対人的能力開発の大切さを認めたら、他人の行動に影響を与える能力に優れるためには、マネジャーやリーダーとして、どのようなスキルを習得すべきかが問題になろう。著者らは、３つのレベルのスキルが必要であると思っている。すなわち、過去、現在の行動を理解し、予見し、導き、制御できなければならない。

行動の理解

まずマネジャーは、人間がなぜそのように行動するのかを知らなければならない。他人を通して仕事をするためには、他人がそれぞれに特徴的な行動をとることの理由を知る必要がある。何が人間を動機づけるのか？ 何が個人や集団の行動パターンを形成させるのか？ 動機とその背後にある原因に、ほとんどの行動科学諸文献の焦点が置かれている。一般書や専門書、そして雑誌には、個人や集団の他人との交流に見られる行動様式の解説に便利な分類法が、文字通り数百となく載せられている。ある人を活動的と呼ぶこともできれば、偏執狂とも呼べるし、また、課題指向的リーダーとも呼べれば、チーム・リーダーと呼ぶこともできる。これらの分類は、どれを採っても、特定個人なり集団なりの行動の理由を説明するのに役に立つ。

行動の予測

優れた対人的能力を育てるうえで、過去の行動を理解することが大切だが、これが次のレベルの行動を予見するための枠組を提供してくれる。一従業員が昨日やったことを理解することは、同じ条件下で、または変動する条件下で、明日、次の週、そして次の月、その従業員がどう行動するだろうか、を監督者に予見させることになる。

行動を導き、変容させ、制御する

マネジャーやリーダーとして有能であるために必要な次のレベルの能力は、他人の行動を導き、変容させ、制御するスキルである（この場合、マネジャーとして職務を遂行し、目標を達成するために、他人の行動に影響を及ぼすという責任をも併せて負わなければならない）。

ところで、先の２つのスキルが受身的な性質を持つことに注目されたい。理解したり、予見したりする場合には、他人への働きかけというアクションは必要ではない。結果を上げるための鍵は、組織目標の達成へ向けて、他人の力を指揮し、変容させ、制御することにある。この働きを通して、マネジャーはアイデアや意図を現実の成果へと翻訳してゆくのである。

他人制御

“制御”という言葉を聞くと、「他人をあやつらねばならないということですか？」と反問する人が多い。多くの人にとって、制御とか操作とかの言葉は、ときに否定的意味を伝える。しかし、リーダーの役割を担うことは、同時に他人の行動に影響を持つこと―結果を挙げるために他人の行動に影響すること―である。このことは、職場でフォロアーたちの献身を購《あがな》おうとする場合も、家庭で子供の価値観を育てようとする場合も変わらない。

併せて、言葉がアイデアの単なる「包装」であり、そのために誤解されることが多いことを忘れてはいけない。もし、「操作」が不当な利益を得ること、騙すこと、自分の利益のために他人を誘導することを意味するものとしたら、この言葉は否定的意味を持っていると言えよう。だが、操作が他人に対する影響と働きかけの巧みさを意味し、双方に役立つ生産的目的のための公正な管理監督を意味するなら、これは組織目標達成に適当かつ必要な手段であると言えよう。

それでもなお、「制御や操作」などの言葉に抵抗を感じる向きは、「教育訓練や学習促進」といった言葉に置き換えて考えてみるとよい。どのような言葉を使おうとも、リーダーの効果性は、「相手の行動の理解と予見、そして相手への影響」にかかっているのである。

ハンマーは何にでも役立つわけではない

どの仕事にも、その仕事に適した道具がある。釘を打つにはハンマーが役に立つ。もちろん、角材を切るのにもハンマーを使うことができるが、そんなことをすれば切り口がメチャクチャになってしまう。角材を切るには、もっと適当な道具がある。物ごとを構築するには、いろいろな道具と道具の使い方の知識が必要である。

リーダーシップやマネジメントについても、同じことが言える。1種類の道具で、マネジメントを効果的にやれると思うのは非現実的である。ハンマーしか持っていないと、何もかも釘に見えてしまう。マネジメント問題の処理に、最新流行のやり方に頼ってしまうという誤りを多くの人々が冒している。人々は、特定のやり方に、非現実的な期待をし過ぎるように見える。いままでに多くの効果的なマネジメント・ツール（道具）が開発されてきている。しかし、これらの道具から「何が期待でき」、また、特に大切なことだが、「何が期待できないか」を知るべきである。他人を指導・管理するには、いろいろな道具を理解し、使い分けることが大切である。(27)

行動科学理論の応用

行動科学応用法の学習は、他の学習とそう変わらない。例えば、野球の打撃演習はどうするだろう。打撃位置に立って、実際に打ってみる。つまり、演習―学ぼうとすることを、実際にやってみること―によって学ぶのである。本を読むだけで（たとえ、野球専門家が著わした本を読むにしても）、また、打撃演習やスローモーション・ビデオを見るだけで（たとえ、著名打者のものであっても）、打撃技術を学ぶことはできない。それでは、せいぜい打撃の概念的知識が得られるだけである。

心理学者は、学習を行動上の変化—つまり、事後に、事前にやっていたことと違うことができるようになること—と定義する。本を読んだり、他人を眺めたりすれば、知識や態度を変えることができるかもしれない。しかし、本当に、何かを学び、身につけたいと思うなら、「やってみるか、演習してみるか」しかない。

学習について、いまひとつ銘記すべきは、新しいことを学んだときの気持である。初めて野球の打撃を試みたとき、どんな気持だっただろう。読者がたいていの人のようなら、不安で落ち着かない、不自然な気持だったに違いない。これは新しいこと—やり慣れた行動とは著しく違う行動—を試みる際に、たいていの人が感じる気持である。

行動科学応用の学習でもこの点は違わない。読者が本書から習得されるものの多くは、読者の知識や態度に影響を与えるかもしれないが、新しく習得した行動様式を「試みてみたい」と思わなければ、本当のものにはならない。もし、行動科学の応用という意味で新しい行動を試みるにしても、最初は落ち着かない気持になることを覚悟しなければならない。それというのも、最初に「解凍(Unfreezing)」のプロセスを経なければならないからである。

いまひとつの注意は、辛抱強く待つこと、すなわち、新しく習得した行動が稔るまでに時間を与えることである。生れて初めて打席に入って、第１球にヒットが打てる確率はどれくらいのものだろうか？　もちろん、確率は低い。行動科学理論の習得も同じである。

新しい理論に基づいて、異なった行動を試みようとするとき（たとえ新しい行動の方が、長期的には効果的であるにしても)、当面は従来の行動をとった方が効果的であることはわかっている。新しい知識や態度の訓練を受けた実務家たちが、新しく習得した行動をとろうとしても初めはうまくいかない。その結果、彼らは「信じろという方が無理だね」とか、「こんなものが役に立つのかね」、「実社会じゃあ通用しないよ」などと、研修そのものに否定的に反応してしまう。こうした態度こそ、行動科学理論を効果的マネジメントに組み入れ、統合しようと試みてきたマネジャーたちの障害になってきたのである。打撃の場合のように、行動科学の応用にも時間が必要である。初めの何回かの成功率は低い。しかし、練習を重ねるにつれ、有効なフィードバックが得られ、成功率も高まっていく。

応用行動科学

もし、行動を理解し、予見し、導き、そして制御できるなら、実質的に「応用行動科学者」である。

行動科学者とは何か？

行動科学者のひとつの定義として、「行動科学者とは、諸々の学問領域から、個人ないし集団の行動の判断に役立つ概念、理論、研究などの集約を試みる人」だ、ということができる。すなわち、行動科学者は、文化人類学、経済学、政治学、心理学、社会学、社会心理学などの概念や理論、ならびに調査研究の実証的成果を統合するのである。

また同時に、行動科学者は、エンジニアリングや物理学、定量分析や統計学などの他の分野からも採り入れる。例えば、後述するカート・レビン（Kurt Levin）が考え出した「フォース・フィールド分析」は、物理学の基本原理を雛形に考えられている。したがって、行動科学をよく理解するためには、行動科学者は個人や集団の行動を理解、予見、そして影響を及ぼす上で役立つすべての経験と学問の統合をめざしている、と考えてもいいだろう。

本書の重点は、―経営管理者、監督者、教師、親など、あらゆるリーダーの効果性向上に役立つ行動科学諸概念―すなわち、「応用」行動科学にある。著者らは、行動科学上の諸概念を事実記述的な純粋理論から応用指向的な「処方」へ昇華させることを狙っている。しかしながら、応用行動科学は、物理学や化学、生物学などの精密科学とは異なること知るべきである。マネジメントには、厳密な意味での原理原則や普遍的真理は存在しない。人々のあり方を予見することは至難である。行動科学のできることは、「打率を上げる」ことである。言い換えれば、行動科学は確率の科学であり、マネジメントに原理原則など存在しない。存在するのは『管理の原則』という書名の書物だけである。

本書の構成

以下章を追って、応用行動科学をどう役立てるかの理解を深めるよう説明を進めたい。ロバート・H.ゲスト（Robert H. Guest）との共著『「行動科学の応用」、第２版より「状況対応リーダーシップの応用」に改題（Organizational Change Through Effective Leadership）』で、著者らは次のように述べている。

「多くの組織変化研究者たちと考察結果を分かち合い、たとえ簡略ではあっても、それらの考察や観察を具体的状況に結びつけることによって、第一線に活躍するマネジャーに、実務に役立つ理論や枠組が組織行動文献のなかに見つけ出せることを知ってもらううことを望んでいる。筆者らは、本書による行動科学上の寄与が、諸種状況におけるマネジャーの状況診断技能と状況対応策を考える能力の練磨に役立つものと信じる。端的に言えば、マネジャーに経験に基づく勘や思いつきに頼らないで、特定措置が有効であるかないかを理論的に見抜くようになってもらいたいのである。[28]」

本書では、はっきりとした積み上げ方式の構成をとっている。すなわち、動機づけを論じた諸章には、人間行動の根拠と行動予測のための知識が盛り込まれている。それに引き続く諸章を通じて、近代リーダーシップ論展開の跡をたどり、状況対応リーダーシップを紹介する。そして、本書の最終章では、マネジメント理論の統合、すなわち、状況対応リーダーシップと従来からのマネジメント理論との統合を試みる。

第**2**章

意欲と行動

意欲と行動の研究は、いわば人間性という不可思議な問題に答えを求める探査である。組織の人間的要素の重要性を踏まえつつ、本章では、人間行動の理解—すなわち、既定行動の解明と将来行動のある程度の予見と変容、そして制御を含めて—の一助となる理論的枠組の形成を試みたい。

人間行動の理論

心理学者、K.レビンの人間行動の基本関係式を使って、人間行動の「なぜ(根拠)」を探査してみよう[1]。

$$B = f(P、S)$$

の関係式において、Bは、個人の行動を表し、fは関数であること、すなわち「……に原因する……」を、Pは人間、そしてSは状況を示している。したがって、K.レビンの関係式は、Bが人間の「内側の」何ものかと人間の「外側の」状況中のなにものかの両方に原因することを表している[2]。この人間の「内側の」なにものかとは、動機、ないしニーズのことであり、個人の態度—個人の物事に対する感じ方に反映された人格や個人の行動傾向—として表される[3]。PとSは、独立するものではなく、依存し合っている。人間は置かれた状況に影響され、状況は人間に影響される。

なお、適切なリーダー行動は状況に影響されるものである、とする「状況対応（Situational）リーダーシップ」、ないし「状況呼応（Contingent）リーダーシップ」においては、この点は極めて重要である。この問題については、後章でいまいちど取り上げることになる。

目的指向的行動

人間行動は、もともと目的指向的である。言い換えれば、人間行動では何らかの結果を上げることが求められているのである。しかし、行動の目的が常にはっきりしているとは限らない。誰でも、ときに「どうして、あんなことをしてしまったのだろう？」といぶかしむこともあるだろう。人間は理由根拠を常に意識して行為するわけではない。特定個人の特有の行動パターン（“人柄（Personality）”）を生み出す動機は、その大半が意識下にあって、容易に検討や判定の対象とはならない。

シグモンド・フロイド（Sigmund Freud）は、意識下の動機づけの重要性に、早くから着目した人の１人であった。彼は、人間が自分の望むものを常に意識しているわけではない、と気づいた。人間行動の相当部分が意識下の動機や欲求に影響されていると考えたのである。事実、S.フロイドは研究を通じて、人間の動機を氷山に譬えることができると確信するに至った。S.フロイドによれば、人間の動機の相当部分が図2.1に示すように、意識下にある。したがって、人間は動機のわずかな部分しか意識していないことも少なくないわけである[(4)]。人によっては、こうした自分自身の洞察に努力を払おうとしないが、仮に専門家—例えば、精神分析医—の助けを借りたにしても、自己理解は成否の一定しない難しいプロセスである。

行動（Behavior）の基本単位は、「行為（Activity）」である。事実、行動はすべて一連の行為から成り立っている。人間として、われわれは、歩く、話す、食べる、眠る、働くなど、常に何ごとかを行っている。しかも、多くの場合、職場に向かって車を運転したり、歩いたりしながら友人と話すなど、２つ以上のことを同時に行っている。また、特定行為や一連の行為を、随時に別の行為に変更したりすることもある。こうした人間行動の特性から、いくつかの重要な疑問が生れてくる。「なぜ人間はある特定行為を選び、別の行為を採らないのか？」、「なぜ人間は、行為を変更するのか？」、「マネジャーとして、どうすればフォロアーが特定時点で採るであろう特定行為、ないし一連の行為を予見、理解、制御できるだろうか？」などである。そこで、行動を予見するためには、

図2.1　フロイドの氷山の譬え

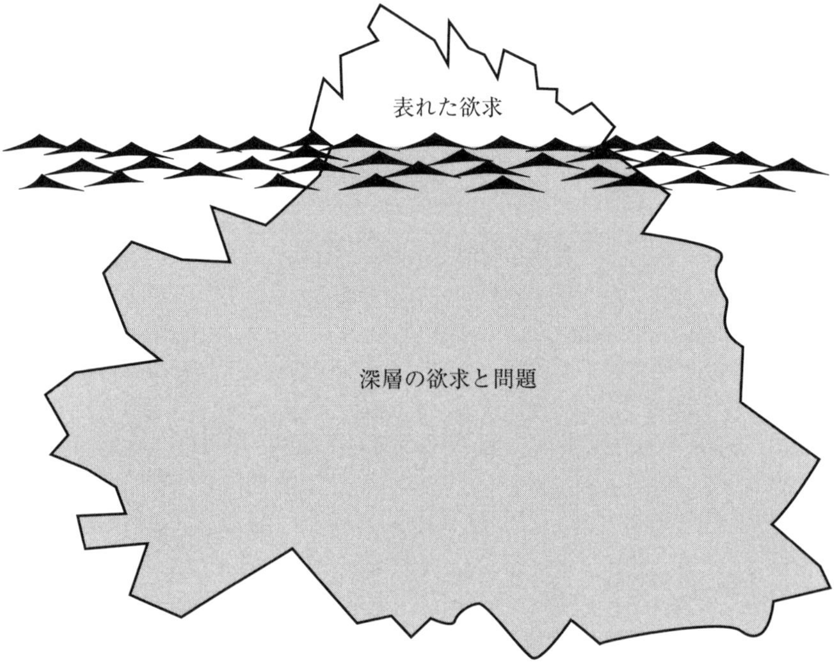

マネジャーは人間のどの動機や欲求が、どのような時に、どのような行為を引き起こすのかを知らねばならない。

因果関係

ミシガン大学の著名な産業心理学者、ノーマン・R.F.メイヤー（Norman R. F. Maier）は、先に論じた状況、人間、行動、行為という要素を、彼の古典的とも言える因果関係モデルにはめ込み次のように記した。

S↔O→B→A

上記モデル図において、Sは状況、または刺激（Situation or Stimulus）、Oは人間、または個体（Person, or Organism）、Bは行動（Behavior）、Aは行為、または成果（Activity. or Accomplishment）を意味する。さて、N.R.F.メイヤーは、次のように述べている。

「行動を説明するには、S（状況）とO（人間）の説明を省くことはできない。これら2つの要素の相互作用が行動を引き起こすので、これらについての説明が先行せざるをえないのである。ちなみに、この相互作用の心理的産物をパーセプション（認識、または受け止め方）と呼んでいる。さて、相互作用の結果としての行動（B）は、個体とそれを取り巻く世界との関係に変化をもたらす。この行動を通じて達成された変化が成果である。成果には、望ましいものもあれば、望ましくないものもある。どちらであっても、成果は状況（または、刺激）に変化をもたらす。……かくして、人間行動は取り巻く世界に変化をもたらし、他の人たちにも影響を及ぼすのである[(5)]。」

動　機

人間は行動能力において異なるばかりでなく、行動意欲、すなわち動機づけにおいても異なる。人間の動機づけられ方は、動機の強弱にかかっている。動機は、個人の欲求、不充足感、動因、衝動、などと定義されることがある。動機は、意識されている、されていないにかかわらず、目的を指向している。

ドイツの心理学者、ビクター・フランクル（Viktor Frankl）は、『人間における意味の探求』と題した著書の中で、「人生において、意味を求める努力こそ根本的動因である[(6)]」と主張している。これは、トム・ピーターース（Tom Peters）とロバート・ウオーターマン（Robert Waterman）のベスト・セラー『エクセレント・カンパニー（In Search of Excellence）』のテーマは、第3章の「動機づけを求める人間」のそれと同じテーマである。彼らは、「人間の最大の欲求は意味を求めることにあり、……自らの運命を掌握し、……価値を高め、守ることにある」と言っている[(7)]。

動機は、行動の理由・根拠である。動機は、行為を呼び起こし、持続させ、基本的方向を決めてしまう。要するに、動機、ないし欲求が、行為の源泉なのである。ちなみに、本書では、これらの2語―動機と欲求―を同意語として使用する。その意味で、欲求という用語を「切迫した気持」とか「止むに止まれぬ欲望」といったニュアンスを抜きに、単に「行為へ駆り立てる心の中のもの」と理解されたい。

目標（目的）

目標は外在するものであり、ときに動機の対象としての「期待される」褒賞であるとされる。この意味での目標を、心理学者はしばしば「誘因（インセンティブ)」と呼ぶ。しかし、行動誘発に有効な賞賛や権力獲得など、無形の褒賞がいくつも存在するにもかかわらず、世間では誘因をややもすると昇給のような有形の金銭的褒賞と同一視しがちなので、本書では誘因という言葉は使わないようにしたい。ともあれ、フォロアーを上手に動機づけるマネジャーは、多くの場合、欲求充足に必要な目標(インセンティブ)が得られるような環境を与えているのである。

動機の強さ

動機や欲求が行動の理由・根拠になっている、と述べた。人間は多くの欲求を抱えている。こうした欲求のすべては競合する。では、「どの動機を行動を通して最終的に充足するか」を、何が決定するのだろうか? 図2.2に示すように、その瞬間の最強の欲求が行動化されるのである。図2.2では、動機Bが最強状態にあり、この欲求が行動のあり方を決定することになる。

図2.2　最強動機が行動を決める(この例では、動機B)

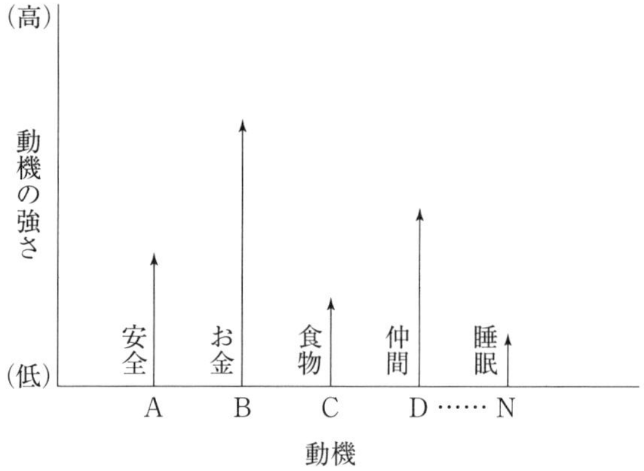

動機強度の変化

充足、ないし阻止された欲求は、概して減退する。充足され、ないし阻止された欲求は、動機づけなくなってしまうのが普通である。

欲求充足　アブラハム・マズロー(Abraham Maslow)によれば、欲求は充足されてしまうと、行動の動因ではなくなってしまう[(8)]。充足された最強欲求は、ときに「緩和されている(Satisficed)」と表現されるが、つまり、他の競合欲求が、相対的に強くなっている状態である。例えば、最強欲求が喉の渇きである場合、水を飲めばこの欲求の強度が下がり、他の欲求が優先されるようになってくるようなものである。

欲求阻止　欲求充足は阻止することができる。欲求が阻止されると、欲求強度も減退するが、いつでもそうというわけではない。対処行動が採られることもある。これは試行錯誤的に、障害を克服しようとする問題解決行動である。当人は、いろいろ試行してみて、図2.3に示すように目標達成の道を見つけるか、障害がもたらす心理的緊張を緩和する別の方法を見つけるか、しようとするのである。

図2.3　目標達成が阻止されると、対処行動がとられる

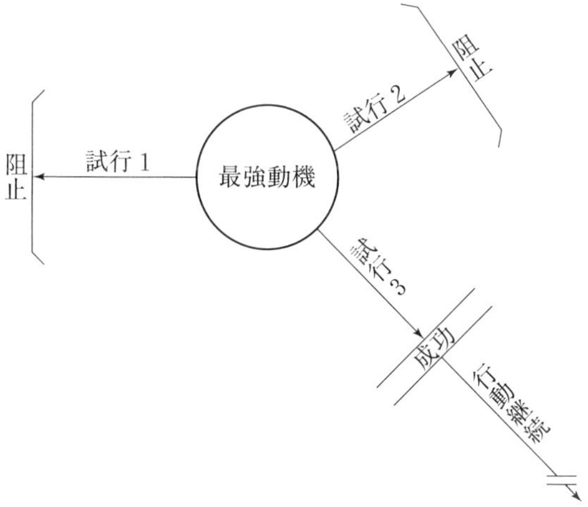

こうした対処行動は、当初、極めて理性的に採られる。前図で言えば、試行方向２に向かう前に試行方向１を何度か繰り返すことがあるかもしれないし、試行方向３を採る前に試行方向２を何度か繰り返し、やっと最終的に試行方向３である程度の成果を上げて成功感を味わえるかもしれない。

成果を上げえないまま努力を続けていると、代替目標にすり替ってしまうこともある。例えば、メアリーが公認会計士になりたいと強く望んでいても、いつまでも会計の授業で平均点しか取れないなら、最終的には別のビジネス・キャリアへと向かってしまうかもしれない。

認知的不協和　動機が阻止されたり、失敗が続いたりすると、理性的対処行動も非理性的対処行動に結びついてしまうかもしれない。レオン・フェスティンガー（Leon Festinger）は、この現象を分析した[9]。彼の認知的不協和の理論

は、もともと人間の「自分の認知」と「周囲の認知」の関係に関するものであった。個々人の認知が相互に無関係なら互いに無関係であるとし、もし、自分の認知が周囲の認知と一致しているなら互いに協和しているとする。不協和は、相互に関係している事柄について、認知内容が相容れない場合に起こる。こうした不協和は、不安定な心理的緊張を生むが、その心理的緊張—不協和—を緩和しようとして、人は認知内容のどちらか一方を本能的に修正しようとする。いわば、当人を対処行動に向かわせ、心理的協和、つまり心理的均衡を回復させるのである。例えば、L.フェスティンガーは、「喫煙と肺ガンとの関係を、ヘビー・スモーカーは、煙草を吸わない人よりも信じない傾向にある」という研究を発表している[10]。言い換えれば、たばこをやめられないなら、少なくとも、たばこの害に懐疑的であることはできるというわけである。終日釣りをやって、１匹も釣れなかったときに、天気の良かったことを話題にするのも同じ現象と言えよう。

欲求不満　目標達成の抑止、ないし阻止は、欲求不満と呼ばれる。この現象は、外的状況よりも、当人の（内的）状態に基づいて定義されている。つまり、想像された障害で欲求不満に陥ることもあれば、現実に障害があっても、欲求不満に陥らないこともあり得るのである。

既述のように、理性的対処行動が代替目標の設定や欲求低減に結びつくことがある。目標達成が続けて阻害され欲求不満が高じると、非理性的対処行動がいろいろな形で起こってくる。欲求不満が高じると、人は攻撃的行動にすら移ることがある。

「攻撃」は、敵意や暴力など破壊的行動に結びつきうる。S.フロイドは、敵意や怒りがいろいろな形で現れることを、初めて示した人の１人である[11]。人間は、できるときには、欲求不満の原因となる対象や相手に向けて敵意を示す。従業員が怒ると、ゴシップや種々の憎悪行動で、ボスに仕返そうとする。だが、欲求不満の原因を直接攻撃できないこともあるが、生贄《いけにえ》を作って敵意の的としようとすることもある。職場仲間や家族、何の罪もないペットなどが、そうした生贄になる。

N.R.F.メイヤーも言うように、「攻撃」は欲求不満の現れのひとつに過ぎない[12]。心理的圧迫が続き、また増大すると、合理化（Rationalization）や退行（Regression）、固定化（Fixation）や諦め（Resignation）など、他の形で欲求不満が現われることもある。

合理化とは、要するに、言訳することである。例えば、目標達成失敗を他人のせいにしたり、「昇給がなかったのは、ボスのせいです」などと言ったり、「もともと、やりたくなかったんですよ」と目標にケチをつけたりするのが、その例である。

退行とは、年に似合わない子供っぽい行為をすることである。欲求不満の人は、建設的問題解決を放棄して、子供っぽい原始的行為に走る傾向がある[13]。エンジンがかからなくて、車を足で蹴っとばすのは退行現象であり、仕事に悩まされ、欲求不満になったマネジャーが爆発するのもそうである。ロジャー・G.バーカー（Roger G. Barker）、タマラ・デムボー（Tamara Dembo）、K.レビンらは、子供を軽度の欲求不満に陥らせると、2～3歳年下の幼児の行動に似た行動をとるようになると、実験的に証明している[14]。

固定化は、何の役にも立たないと経験的にわかっているのに、同一行動パターンを繰り返すという形で見られる。そこで、「欲求不満は、習慣的反応を凍結・固定化し、新しい効果的な行動の発動を妨げることがある[15]」というわけである。習慣は、満足をもたらさなかったり、懲罰的結果につながったりすると、普通は崩れ去るが、欲求不満がある場合には、習慣化する、とN.R.F.メイヤーは言っている[16]。事実、N.R.F.メイヤーは過剰懲罰によって、習慣を固定できるとすら主張している。ひどく叱られた子供が執拗に制止された行動を繰り返す事実に、この現象をうかがうことができる。こうした事実からN.R.F.メイヤーは、懲罰は人間行動に2種の効果を及ぼすと言っている。すなわち、懲罰は不適行動の除去につながるばかりでなく、行動固定化やその他の欲求不満にもつながる、のである。したがって、どのような結果に結びつくか予想しにくい懲罰は、管理手段として危険かもしれない。ジェームス・A.C.ブラウン（James A. C. Broun）によると、産業における固定化の一般的兆候は〈変化の受け入れができないこと、経験的に旧習が無効と分かっても新しいやり方に盲目的に抵抗すること、また、状況を悪化させるに過ぎないとわかっているのに、懲罰的マネジメントに固執すること、などに示される[17]。

諦めや無感動は、欲求不満が長引いたり、特定状況で目標達成の望みを失って欲求不満に陥ったり、現実や欲求不満の原因から逃避したりしようとするときに起こる。この現象は、退屈な繰り返し業務にさらされ、状況改善に望みを失って諦めてしまった人たちに特徴的である。

マネジャーとしては、攻撃、合理化、退行、固定化、諦めといったものは、すべて欲求不満の兆候であり、問題存在の指標であると心得ていなければならない。

動機の強化　特定欲求が増大して最強動機となったとき、行動は変化する。ある種の欲求の強度は、循環的に増減する。例えば、食物に対する欲求は、ある時点にいかに十分に充足されたにしても、繰り返しまた強くなってくる。状況に働きかけることによって、この循環の速度を速めたり遅らせたりすることができる。例えば、目の前に旨そうな食べ物が見え、匂いが漂ってくるという状況を作らなければ、食べ物への欲求は最強動機とはならないかもしれない。

特定時点を取り上げて言えば、人間はいろいろな欲求を併存的に抱いている。飢え、渇き、そして疲労しているという状態でも、人間行動を決定するのはその時点の最強動機である[18]。これらすべての欲求が、時とともに循環的に強化されるのである。

行動（活動）の種類

最強動機から生まれる行動（活動）は、概して2種に分類することができる……目標指向行動と目標行動である。この2つは、欲求強度に異なった影響を及ぼし、人間行動の理解に役立つので、実務家にとって重要な概念である。

目標指向行動は、要するに目標達成をめざして動機づけられた行動である。ある時点での最強動機が飢えであるとすると、食事場所の探査や食物の購入、料理などは目標指向行動に当たる。他方、目標行動は、目標そのものにかかわる行動のことである。飢えの場合、食物が目標であり、食べることが目標行動に当たる。

これら2種の行動の重要な相違点は、最強動機に対する効果にある。目標指向行動においては、目標達成に至るまで、ないし、欲求阻止が起こるまで、動機は増大し続ける。前述のように、目標達成が繰り返し阻止され欲求不満が起こる。欲求不満が高じてくると、欲求強度が減退し行動動機としては役立たなくなってしまう。つまり、諦めてしまうことになる。

目標指向行動に携わっている間は、欲求は一般に増大する。だが、目標行動そのものが始まると、欲求は一般に低下する。例えば、食べれば食べるほど、食物に対する欲求は弱まる。そこで、その時点では他の欲求がその欲求よりも強くなり、行動は変化する。

例えば、感謝祭の午前中、ご馳走が準備され（目標指向行動）、その間ご馳走がテーブルに並ぶのが待ち切れないほど食欲が高まっていく。食べ始めると（目標行動）、この欲求は低下し、他の欲求が入れ替わって重要になってくる。

食卓を離れる頃には食欲は満たされ、行動はフットボール番組鑑賞にとって代わられる。こうして、番組鑑賞という受身的な娯楽への欲求が最強となり、テレビの前に座る。しかし、この欲求も徐々に低下する。何ゲームか見ているうちに、競技が白熱していても、この受身的娯楽への欲求も低下して、他の欲求—例えば、外の空気や散歩への欲求、さらにはパンプキン・パイいま1切れへの欲望—がより重要になってくる。数時間前には、今後1週間は節食しようと決意したのに、いまやパイが魅力的に見えてくる。かくて、飢えが再び最強欲求となる。このように、欲求を完全に緩和（Satiate）することはできない。欲求は、限られた間だけ満たせるに過ぎない。

動機、目標、行動（活動）

動機、目標、行動（活動）の関係は図2.4のように単純化して示すことができる。最強動機が、目標指向行動や目標行動を引き起こす。しかし、目標のすべてが達成できるわけではないから、動機が強いからといって、常に目標行動にまで至るとは限らない。そこで、図中では、目標行動は、点線枠で示した。図2.5は、具体的目標を使って行動に影響を及ぼす場合の例である。

図2.4　動機、目標、行動（活動）の関係

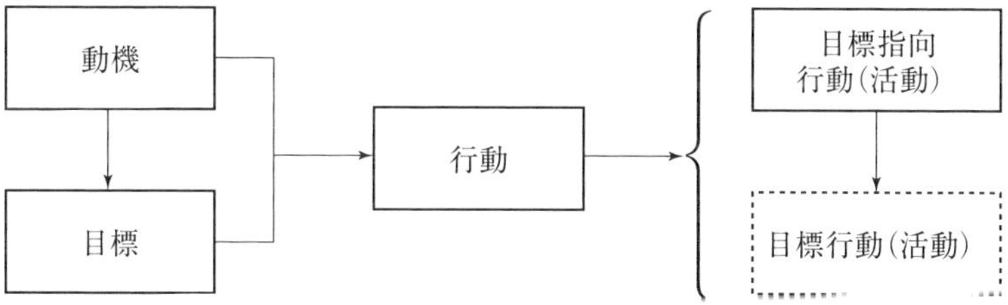

図2.5　具体的目標を使った例

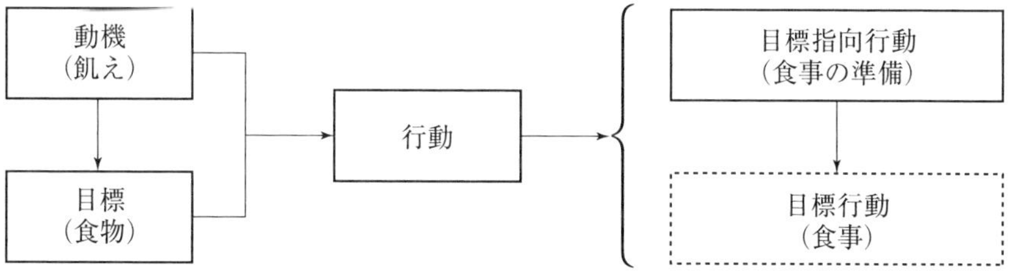

食物のような広範囲のものを含む目標では、飢えを満たす食物の種類が状況によって異なりうる。そして、広範囲のものを含む目標なら、他の目標でも同じことが言える。つまり、飢えていれば何でも食べるだろうが、状況が異なると目標が修正されてビーフステーキでなければ飢えを満たさなくなってしまうかもしれない、ということである。

同様の例を抽象的目標についても挙げることができる。認められたい—貢献的で、生産的だと思われたい—と望む人にとって、賞賛はそれに応える誘因（インセンティブ）のひとつである。したがって、仕事で認められることへの欲求が強いときには、マネジャーや監督者の賞賛がその後の引き続く良い仕事への強い誘因になるかもしれない。

以上２例の分析から、「他人の行動に影響を及ぼすためには、まずその時点での相手の最重要動機、ないし最重要欲求を知らなければならない」。つまり、目標が何らかの意味を持つためには、その目標が相手の欲求構造上、適切なものでなければないらないわけである。

ここで「目標指向行動と目標行動のどちらに携わるのがよいのか」を考えてみたい。実際問題として、どちらか一方に限ってしまうことには問題がある。長く目標指向行動にばかり携わっていると、欲求不満が起こり、目標放棄や他の不合理行動に至ることがある。他方、目標行動にばかり携わっていると、その目標がチャレンジングでないときには、興味喪失や無感動を生み、動機減退につながる。したがって、図2.6に示すように目標指向行動と目標行動とを継続的・循環的に繰り返すのが、適当かつ効果的なのである。

図2.6　目標指向行動と目標行動の循環

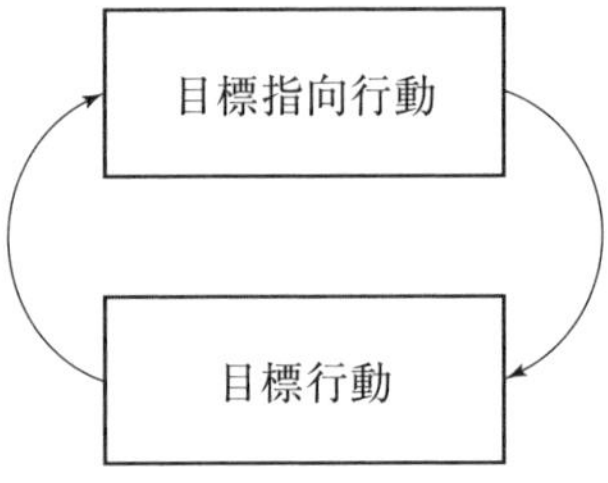

６歳の子供に適当な目標も、その子が７歳になったら意味をなさないかもしれない。子供が特定目標の達成に習熟してしまったら、親としては、子供に目標を再検討し作り直すよう仕向けるべきである。同じように、新入社員に適切な目標も、６カ月も１年も経った従業員にはあまり意味がないかもしれない。また、同じように、数年しか勤続していない従業員と永年勤続者との間には、

違いがあるはずである。

こうした目標指向行動と目標行動の循環は、親にとってもマネジャーにとっても、終わりのないチャレンジである。フォロアーの目標達成能力が向上するにつれ、マネジャーとしては目標の検討を繰り返し、向上と成長の機会を与えねばならない。学習と成長のプロセスは、人生の１期間に限られるべき現象ではない。このプロセスでは、マネジャーの役割はフォロアーに目標を設定してやることだけではない。状況条件を整備してやり、フォロアーが自分で目標が設定できるようにしてやることによって、いっそうの効果を上げることもできる。調査研究によれば、目標設定に参画した場合には、その目標達成に対する打ち込みの度合いも変わってくる。参画した場合には、欲求不満に陥ったり、目標放棄したりする以前に、より長く目標指向活動を続けるとわかっている。他方、マネジャーが一方的に目標を設定した場合、フォロアーはその目標が自分の目標でなくマネジャーの目標と感じるので、目標放棄も簡単に起こりやすい。

目標は、背伸びしてようやく達成できる程度に高く、しかし達成可能な程度に低く設定すべきである。このように目標は、本人が真に努力を傾注できる現実的なものでなければならない。J.スターリング－リビングストン（J. Sterlimg - Livingston）は、次のようにこの辺の事情を的確に述べている。

> 「マネジャーの高い期待が現実的で、かつ達成可能である、とフォロアーに受け取られないと、フォロアーを高い生産性へと動機づけることはできない。達成不可能な目標に向かうよう求められた場合、彼らは結局、能力以下の目標達成で努力を止めてしまう。某大電機会社における事実が、この点をよく物語っている。生産割当が高過ぎると、従業員が努力しなくなるという単純な理由で、生産が落ちるのである。言い換えれば、多くのマネジャーが信じる“ロバの鼻先の届かないところに人参をブラ下げる”やり方は、うまい動機づけ法ではない、ということである[(19)]。」

デビッド・C.マクレランド（David C. McClelland）、およびジョン・W.アトキンソン（John W. Atkinson）は、研究を通して、意欲の強さと努力の程度は成功率が50％に至るまで高まり、成功率がそれ以上高まっても下がって行くことを発見した[(20)]。この関係は、図2.7に示すように、ベル曲線で表すことができる。図2.7からも推察できるように、目標がほとんど達成不可能と思われたり、達成確実と思われたりすると、動機づけは弱まるのである。

図2.7　動機づけと成功率との関係

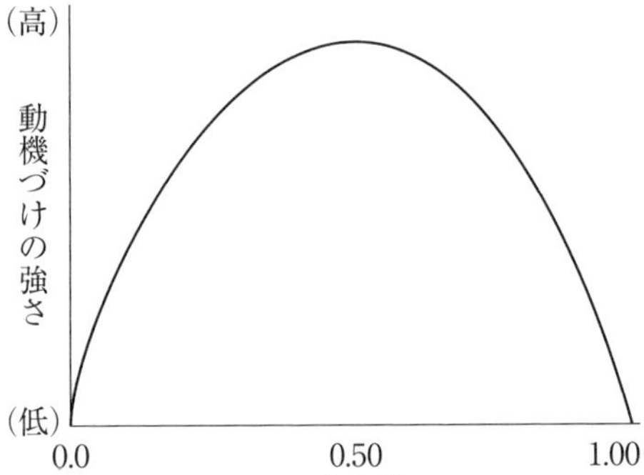

出所：Adapted from J. Sterling-Livingston, "Pygmalion in Management," Harvard Business Review, September-October 1988, p. 127.

目標に関するいまひとつの問題は、最終目標を設定し、それがそのまま成績判定の尺度に使われることである。例えば、4カ月で達成が予想される新規マーケティング計画プロジェクトを、あるチームに担当させたとしよう。仮に1カ月経ってもこのプロジェクトが5％しか進んでいないとすると、普通なら、頭へ来たマーケティング担当副社長は、プロジェクトのやり方を批評し、うるさく小言を言うなど、チームに細かく監督し始めるに違いない。これが続くと、チームは努力をやめてしまいやすい。マーケティング計画作成が進められるどころか、事態は悪化してしまう。このマーケティング担当副社長にとって、いまひとつのやり方は、中間目標―最終目標に至る途中の現実的目標―を設定することである。このようにマーケティング計画作成過程をちょっと変えるだけで、非難の代りに正の強化（Positive Reinforcement）を与える機会が得られるのである。

期待説（Expectancy Theory）

欲求の強度については、すでに述べた。他にどのような要因が、欲求強度に影響するのだろうか？　ビクター・ブルーム（Victor Vroom）は、動機の期待説を提唱してこの問題に対する解答を試みた[21]。ちなみに、V.ブルームの理論は、著者らが先に主張した「欲求は感じられたとき、人間行動に結びつく」という主張とも合致する。

端的に言えば、欲求が感じられると行動が誘発されるので、職場で誘発される行動は、努力すれば作業成績が上がるとわかると強化される。さらに、がんばって良い作業成績を上げることが、結果や報奨、特に価値の高い結果や報奨に確実に結びつくとわかると、行動はいっそう強化される。このように行動動機づけの強化には、3つの相関関係がみられる。すなわち、図2.8に示すように、努力と作業成績との相関、良い作業成績と報奨との相関、そして作業成績と報奨（外的報奨、内的報奨）入手確実性である。

図2.8　期待説による動機づけモデル

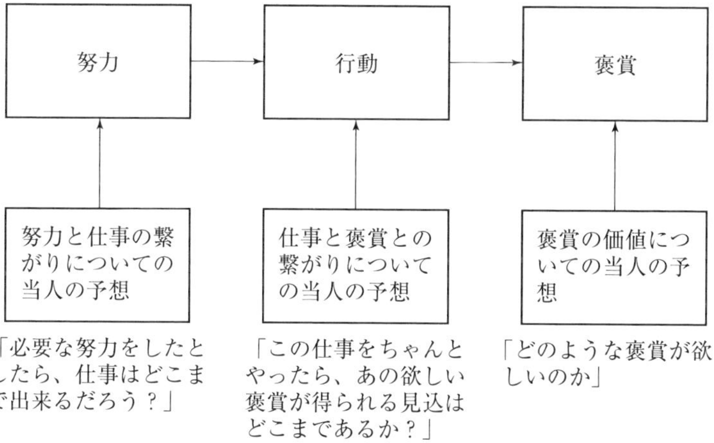

出所：Debra L. Nelson and James Campbell Quick, Organizational Behavior (Minneapolis／St. Paul：West Publishing, 1994),p.158.

例を挙げて考えてみよう。ある新任マネジャーが、職務成績を上げるには、週に60時間は働かなければならない、と感じたとする。さらに、良い職務成績を上げればおそらく昇進も早く、結果として、日頃望んでいる10%昇給が得られる、と思ったとする。そして、事実がこのとおりに運べば、このマネジャーの働く意欲とこの行動パターンに対する確信は強化される。つまり、「成功が成功を生む」わけである。だが、このステップのひとつでも狂うと、例えば、作業成績が上がらなかったり、昇進ができなかったり、期待通りの額の昇給が得られなかったりすると、動機、意欲、そして確信も揺らいでくる。

努力と作業成績、作業成績と期待する報奨との相関関係を知ることは、意欲の理解だけでなく、諸リーダーシップ論、特に目標経路理論（Path-Goal Theory）

の理解に関して重要である。[22]

入手容易性

欲求強度に影響するいまひとつの重要な要因が入手容易性である。期待と入手容易性は相関し合っているが、期待が動機や欲求に影響しやすいの対し、入手容易性は目標の受け止め方に影響する。

期待（Expenctancy）とは、経験から予測される欲求充足確実性のことである。期待は心理学者が使う専門用語だが、過去の経験の総体に結びついている。その経験は直接経験であっても代理経験であってもよい。代理経験は、信頼できる出所、例えば、両親、仲間、先生、書物、雑誌、などから得られる。経験が行動に及ぼす影響の一例を挙げて考えてみよう。ある少年の父親がバスケット・ボールのスター・プレイヤーであり、この少年が父親のようになりたいと思っているとしよう。はじめは、少年の期待は高いだろうから、欲求も強い。したがって、学校でバスケ・チーム加入が許されなかったとしても、この子はチーム加入を求め続けるだろう。１回の挫折では、意気阻喪しないのが普通である（事実、活動力が増すことすらある）から、少年の期待はあまり変わらないだろう。しかし、来る年も来る年も、チーム加入が許されないとなると、この少年の動機は弱まるだろうし、この動機の優先度も下がってくるだろう。事実、失敗体験が続き過ぎると、少年はこの目標を完全に諦めてしまうかもしれない。

入手容易性は、当人が感じる状況上の制約である。すなわち、入手容易性は、欲求の対象となる目標を、本人がどこまで接近可能と受け止めているか、で決まってくる。

例えば、嵐の夜に停電し、テレビが見られなくなったとする。状況の制約からこの目標行動が不可能になったわけである。当人は、テレビを見たいと強く願っているかもしれないが、適当な代わりの欲求充足手段がなければ、他のこと、例えば寝てしまうことになってしまう。

したがって、入手容易性は状況中の変数（可変要素）である。しかし、欲求充足の対象たる目標が現実に入手可能であるか否かは、必ずしも重要ではないことを強調しておきたい。行動に影響するのは、認知（受け止め方）であり、現実をどう解釈するかである。言い換えれば、現実とは当人が認知するものに他ならない。

認知のあり方が、どのように行動に影響するかを劇的に示す魚の実験例がある。沢山のミノウ（＝コイ科の小魚）を入れた水槽に、カワカマスが放された。こうして周囲にいくらも餌がある状態にカマスを慣れさせてから、ミノウとカマスの間に板ガラスの仕切りが入れられた。カマスは飢えてくると、ミノウを食べようとして盛んにガラスの仕切りに鼻をぶっつける。はじめは、飢えが強くなってくると、ミノウを食べようとしてカマスはますます強くガラスの仕切りに激しくぶつかっていたが、目標達成失敗が度重なり欲求挫折が高まると、終いにカマスはミノウを食べようとしなくなってしまう。事実、ガラスの仕切りを取り除き、ミノウがカマスの周囲を自由に泳ぎ回る状態にしても、カマスの目標指向行動は起こらない。そして、終いには餌の真ん中で、カマスは飢えて死んでしまう。この場合、カマスはそれなりの現実認知に基づいて行動しているのであり、現実そのものに対応して行動しているのではない。

期待と入手容易性を踏まえて、動機づけの仕組みの図を拡大したものが、図2.9である。心の中の動機や欲求が外界に投影されて願望対象となり、それが目標になる。当人はこの対象を入手可能か不可能かのどちらか判断し、解釈する。その解釈が期待に影響する。期待が高ければ動機も高まる。これは図中の実線の矢印で示すように循環する傾向がある。しかし、点線の矢印で示すように、これらはある程度まで相互影響的でもある。例えば、経験は入手容易性についての感じとり方に影響する。また、目の前に目標が存在するか否かも動機の強さに影響する。

図2.9　拡大“動機づけの仕組”図

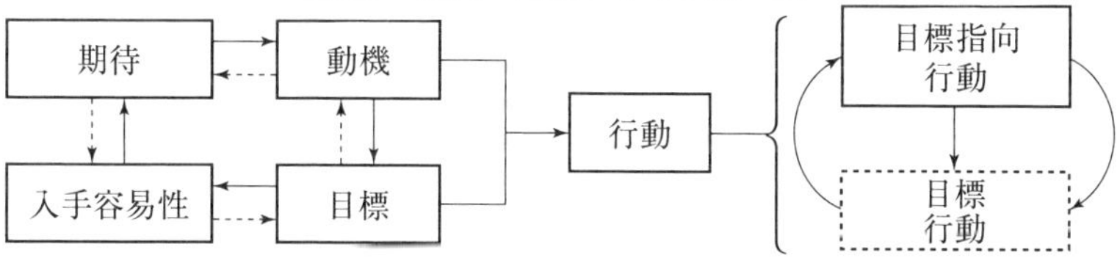

人格形成

人間は成長するにつれ、習慣のパターン、つまり、種々の刺激に対する反応の型を形成する。この習慣のパターンの総体を、他人はその人の「人格（パーソナリティ）」と認知する。

習慣a ＋習慣b ＋習慣c ＋……＋習慣n ＝人格（パーソナリティ）

同一条件下でいつも同じような行動をとると、これは他人の目にその人そのもの—つまり、人格—と映る。こうして他人は、その人が特定の行動をすると予想し、予見するようになる。

人格変容

多くの心理学者が、人格の基礎は人生の早い時代に形成される、と主張する。7～8歳を過ぎると、人格はほとんど変わらない、と主張する心理学者すらいる。図2.9と同様のモデルを使って、年をとるにつれてなぜ人格変容が困難化するのか、を考えてみよう。ちなみに、本モデル図（図2.10）では、「経験の総体」という用語を先のモデル図で使った「期待」という用語に代えて使って

図2.10　フィードバック・モデル図

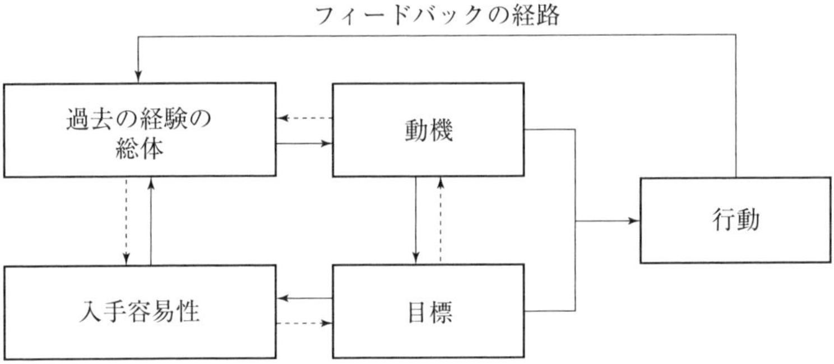

いることに注目されたい。これらの用語は、互換的に使うことができる。

図2.10のフィードバック経路が示すように、動機づけ状況の中で、ある行動がとられると、その行動は経験の総体に新たにつけ加わる。こうした新経験の付加は、幼い頃に起これば起こるほど、その後の行動に対する影響のポテンシャルは大きくなる。幼い時代に付加される経験は、後年付加される経験に比べて、経験の総体の中で大きな比重を占めるからである。加えて、幼い時代に覚えた行動は長年月にわたって強化されているので、パターン化（習慣化）が進行し、変容も難しくなっている。

欲求の段階

特定時点の行動は、一般に最強欲求によって決定される、と述べた。したがって、人間に共通する主な欲求についてのある程度の理解は、マネジャーにとって有意義だろう。ところが、欲求強度を説明するための古典的枠組が、A.マズローによって考え出されている[23]。A.マズローによれば、人間の欲求は図2.11に示すような段階を為している。

図2.11　マズローの欲求の段階

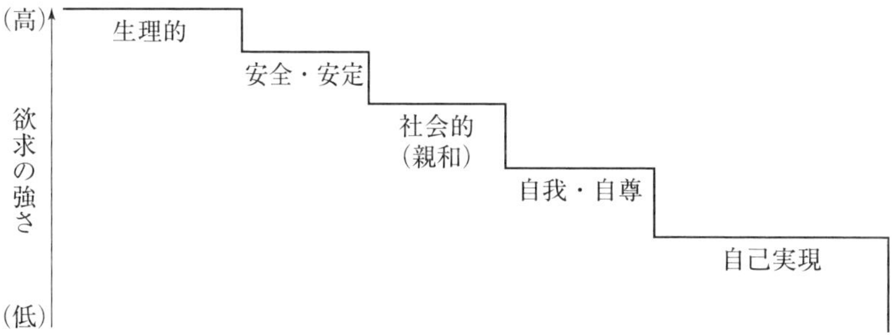

生理的欲求（Physiological Needs）は、ある程度充足されるまで、欲求の中では最も強いので欲求の段階の頂点に置かれている。生理的欲求は、生命そのものの維持 ── 食物、衣服、住居 ── に関わっているからである。こうした基本的欲求が人体の正常稼働に十分な程度に満たされるまで、人間活動の大部分が生理的欲求の充足に費やされ、他の欲求はあまり動機とはならない。

では、この基本的欲求が充足されると、どうなるのだろうか？ 生理的欲求に代わって他のレベルの欲求が重要になり、それらが人間行動を動機づけ、支配するようになってくる。そして、その欲求もまた充足されると、さらに次のレベルの欲求が、順次、欲求段階を下がっていく。

ひとたび生理的欲求が満たされると、図2.12に示すように、安全・安定を求める欲求（Safety/Security Needs）が有力化してくる。この欲求は、要するに肉体的危険や生理的欲求阻止から身を守ろうとする欲求である。言い換えれば、これは自己保存の欲求である。人間には、当面の問題とは別に、将来に対する不安がある。明日、そして、明後日の食物と住居のために、財産や職業を維持することができるだろうか？ もし、安全や安定が危機にさらされていた

図2.12　安全欲求が優先している状態

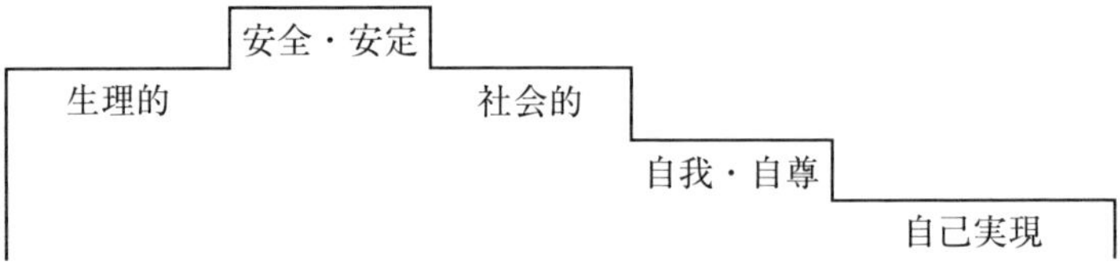

ら、他の何ものも重要ではないはずである。

生理的欲求、および安全欲求がある程度満たされると、図2.13に示すように社会的欲求（親和欲求：Social、または、Affiliation Needs）が欲求段階の中で重みを帯びてくる。人間は社会的存在であるから、いろいろな集団に所属し、受け入れられたいという欲求を持つ。社会的欲求が支配的になると、他の人たちと意義ある関係を結ぼうと努力するようになる。

図2.13　社会的欲求が優先している状態

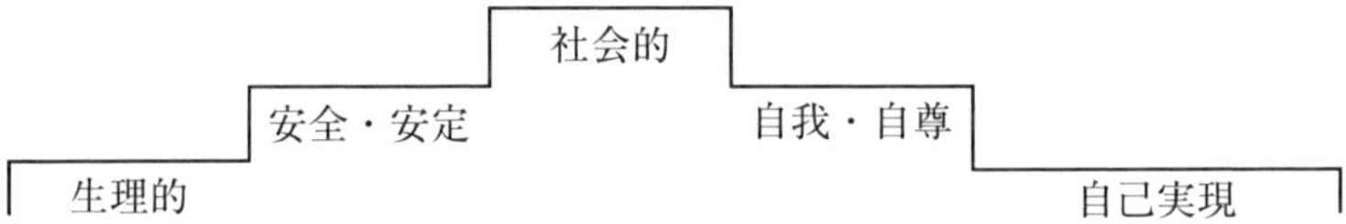

社会的欲求を満たしてしまうと、集団の単なるメンバーであるだけでは満足できなくなり、図2.14に示すように、自我・自尊の欲求（Esteem Needs）―自尊と他者の認知―を求めるようになる。たいていの人は、他人の承認と尊敬という明確な現実的の裏づけのある社会的評価を求める。自我・自尊の欲求が満たされると、自信、威信、勢い、支配力を感じる。自分が有用な人間で、周囲に影響を及ぼすことができる、と感じるようになるのである。しかし、建設的行動をとっても自我・自尊の欲求が満たされないこともある。そうした場合、自我・自尊欲求が支配的であると、他人の目を惹くために、幼児がダダをこねたり、従業員が生産（作業）制限をやったり、同僚や上司と無用に言い争ったりするように、破壊的行動や未熟な行動に走ることもある。このように、他人の関心や認知は円熟した適応的行動によってのみもたらされるとは限らない。衆目は、破壊的行動や無責任な行動によって集まることもある。事実、今日の社会的問題の中には、自我・自尊の欲求の挫折からもたらされているものもあるようである。

自我・自尊の欲求が適切に充足されると、図2.15に示すように自己実現欲求(Self Actualization Needs）が支配的になってくる。自己実現の欲求は、それ

図2.14　自我・自尊欲求が優先している状態

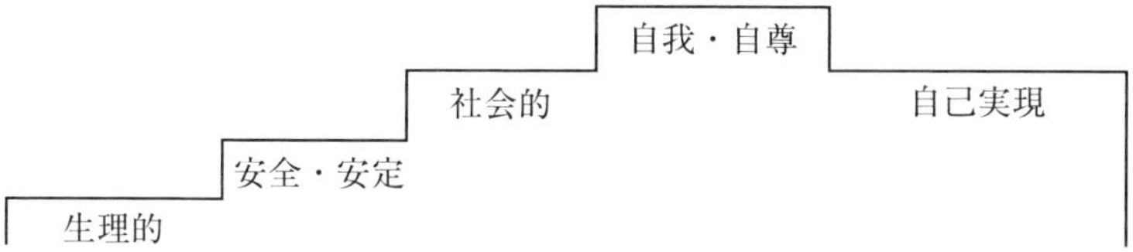

が何についてであれ、その可能性を最大化して実現しようとする欲求である。音楽家は音楽を奏で、詩人は詩を書き、将軍は戦に勝ち、教授は教えなければならない。A.マズローも言ったように、「人は、成り得るものに、ならなければならない」のである。自己実現欲求は、成り得るものに成りたい、と願う欲求である。人は、この欲求をいろいろな形で満たそうとする。ある人は、理想的な母親になることを通じてこの欲求を満たそうとし、他の人は経営の場にこの欲求充足を求め、また、さらに他の人は運動に、ピアノ演奏に、求めるかもしれない。

図2.15　自己実現欲求が優先している状態

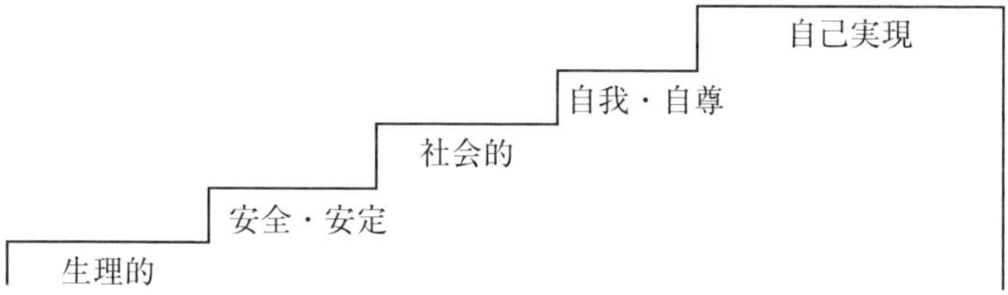

戦闘中、敵の機関銃座を破壊すべく、兵士が決死の覚悟で突進するかもしれない。この兵士の勇気ある行為は、親和欲求充足や名誉を求めてのことではなく、自分が大切と思うことのためである。この場合、この兵士は、自己を実現—その瞬間に自分に大切と思われることを最大化—している、と言ってよい。

自己実現欲求の表現の仕方は、人生を通じて変化する。例えば、自己実現した運動選手も、年が経ち体の状態が変化したり、識見や関心が拡がったりすると、他の領域での自己実現を模索するようになる。加えて、欲求の段階は必ずしもA.マズローの言うような形にはならない。A.マズロー自身も、欲求段階説が常にこのような形であてはまるとは主張しなかった。これは普通の場合の典型的段階に過ぎないと考えていた。A.マズローはこの一般的傾向に対して無数の例外があることを認めていた。例えば、インドのマハトマ・ガンジーは、英国よりの独立運動中、生理的欲求や安全安定の欲求を犠牲にし、他の欲求を優先させることが多かった。M.ガンジーは歴史的断食を通して政府の不正を攻撃し、何週間も栄養を摂ることがなかった。他の欲求が満たされない状態で、M.ガンジーは自己実現欲求のレベルで活動していたのである。

特定カテゴリーの欲求の他の欲求に対する優先性を説明するに当たって、「もし、そのレベルの欲求がある程度充足されたら、他の欲求が頭をもたげてくる…云々」と慎重に述べてきた。その理由は、次のレベルの欲求が最優先欲求として働き出すに先立って、前段の欲求が完全に充足されなければならない、という印象を与えたくなかったからである。現実には、近代社会のほとんどの人の場合、各レベルの欲求がある程度満たされ、ある程度満たされないという状態があり、しかも、社会的欲求、自我・自尊欲求、自己実現欲求のレベルよりも、生理的欲求や安全安定欲求のレベルで、より大きく満たされているという場合が多いと思われる。対照的に、生理的欲求と安全安定の欲求の充足に行動の大部分が向けられている発展途上社会の人々の場合でも、他のレベルの欲求の充足に向けて、ある程度の行動が採られていると思われる。A.マズローの欲求段階説は、「これが満たされなければ、これはない……」といった二者択一的な理論的枠組として考えられたものではなく、確率的に行動を予見する上で役立つ枠組として考えられたものである。

ちなみに、図2.16は、発展途上国家の人々の欲求構造を図示する試みである。

図2.16　生理的欲求、安全・安定欲求が優先している場合の欲求構造

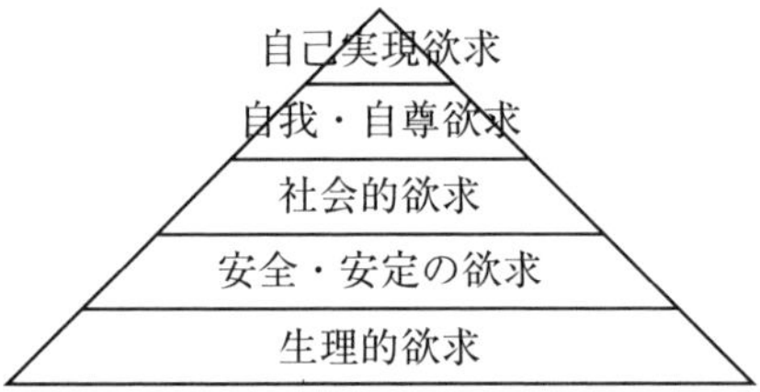

対照的に、図2.17は、先進社会の欲求構造を示している。多くの現代人の場合、社会的、ないし親和的欲求が極めて強く、自我・自尊欲求と安全・安定欲求がある程度、そして、自己実現欲求と生理的欲求がそれほど強くないという特徴があるかもしれない。

図2.17　社会的欲求が強く、自己実現欲求と生理的欲求が弱い場合の欲求構造

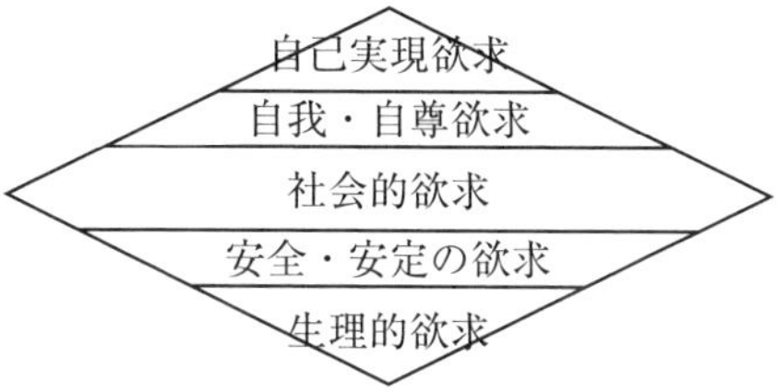

だが、図2.18で示すように、生理的欲求、安全安定欲求、社会的欲求のレベルまで充足され、もっぱら自我・自尊欲求と自己実現欲求に基づいて行動しがちな人たちもいる。この傾向は、生活と教育の水準が上ると顕著になる。

図2.18　自我・自尊欲求と自己実現欲求が優先している場合の欲求構造

以上は、例示を目的とした説明であった。実際には、人によって欲求構造は異なる。人により、集団により、欲求構造は大きく振幅するものである。

クレア・W.グレーブス（Clare W. Graves）は、A.マズローの欲求段階説と軌を一にする理論を唱えている。C.W.グレーブスは、人間は異なる「存在次元（Levels of existence)」で生きているという。「人間は、自分の存在次元に特徴的な行動と価値観を示しながら生きるのであり、低存在次元に生きる人は高存在次元の人を理解することはできない」というのである。さらにC.W.グレーブスは、「多くの人は低次元の（生存の）次元で生きており、他の動物と共通する動機で動いている。ところが、西欧人は、優れて人間的な高い存在次元へ登ろうとしている。これが実現したとき、社会制度にも劇的変革が起こるだろう[24]」と言っている。

アルダーハーのERG理論

A.マズローの欲求段階を改訂整理したERG説がエール大学のクレイトン・アルダーハー（Clayton Alderfer）によって唱えられた[25]。C.アルダーハーは、E（Existence，すなわち、生存）、R（Relatedness，すなわち、関係）、G（Growth，すなわち、成長）の3種の中核欲求があると言う。そして、C.アルダーハーの言う生存欲求群は、ほぼA.マズローの生理的欲求と安全安定の欲求に対応し、関係欲求は社会的欲求に、そして成長は自我自尊と自己実現にそれぞれ対応している。表2.1は、両者の関係を示している。

表2.1　マズローとアルダーハーの欲求段階の比較

マズロー	アルダーハー
自己実現 自我自尊	成長
社会的	関係
安全・安定 生理的	生存

C.アルダーハーのERG説は、欲求解明に何をもたらしてくれただろうか？ステハン・ロビンズ（Stephen Robbins）は、主として2つの理由から、A.マズローの説よりも欲求段階の説明としてはERG説の方が優れていると言う。すなわち、

1．A.マズローの細かく刻んだ5つの段階は、特定時点ではその中のひとつだけが優勢に活性化しているように感じさせる。ところがERG説では、ひとつ以上の欲求―例えば、安全安定と社会的欲求の2つ―が、平行して活性化していることを妨げない。
2．A.マズローの説では、当面の欲求が適度に充足されるまで、人間はその欲求レベルに止まるとされる。ERG説では、特定レベルの欲求が充足されなかったり、阻止されたりした場合、低次元の欲求へ退行するとされる。

意欲についての調査研究

A.マズロー、およびC.アルダーハーの欲求段階説を論究したので、次に世の研究者たちが欲求充足の動機や誘因について述べているところを調べてみよう。

生理的欲求

生理的欲求（衣食住の欲求）の充足は、現代社会では一般に“金銭”と結びつけて考えられる。しかし、たいていの人は、金銭そのものにではなく、他の動機を満たすための手段であるとして、これに関心を払っている。生理的欲求を満たすものが、金銭ではなく、金銭で購うものだからである。しかし、金銭はすべてのレベルの欲求充足に役立つので、金銭を単に生理的欲求充足の道具に過ぎないと考えるのは、近視眼的である。幅広い研究の結果、金銭が極めて複雑な誘因であり、生理的欲求を含めたすべての欲求にかかわっており、その重要性は容易に確認することができないとわかった。しかし、誰の目にも生理的欲求から、安全安定欲求を経て、欲求段階の高次元欲求へ上がるにつれ、金銭の欲求充足力が弱まるように見える。多くの場合、金銭は生理的欲求や安全安定欲求、さらにはカントリー・クラブ入会など、希望集団への加盟を可能にするなどの形で、社会的欲求すら満たしてくれる。しかし、自我・自尊の欲求や社会的評価への関心が生まれ、自己実現を求めるレベルになってくると、金銭はだんだん不適当になり、効果も弱まってくる。自我・自尊欲求や自己実現欲求がかかわるようになると、欲求は直接的に充足しなければならなくなり、金銭の重要性は低下してくる。

安全・安定の欲求

既述のように、動機は当人にもわからない。動機によっては表面化するものもあるかもしれないが、多くは潜在意識下にあってはっきりしないので、捕捉が難しい。ソウル・W.ゲラマン（Soul W. Gellerman）によれば、安全・安定の欲求は２つの形で現われる[27]。

意識化された安全・安定の欲求は見えやすく、誰にでも見え、難儀―事故、戦争、疾病、経済的不安、など―から誰もが逃れたいと思っている。したがって、個人も組織も、可能な限りこうした不幸から免れられるように安定の保証を与えている。S.W.ゲラマンは、安全・安定欲求の保護を気にして、健康保険、傷害保険、生命保険、退職金など福祉制度を多くの組織で手厚くし過ぎる傾向があると言っている。こうした手厚い安全安定欲求の保護は、人間を従順化し、わかりやすくしてくれるが、人間を生産的にするわけではない。事実、仕事上、創造性やイニシアティブが必要であるにもかかわらず、安全・安定欲求の過保護はこうした望ましい行動を圧殺してしまう。

安全や安定への関心は、勤め先をやめるかどうかなど、重大な意思決定に影響を及ぼすことがありうるが、S.W.ゲラマンは、この欲求が最強欲求になることはありえないと言っている。安定を求める意識は、人間を行動に向かわせるのでなく、背景にあって行動を抑制・抑止する衝動として作用する。例えば、ルール違反や不評な立場を取ることでクビになる恐れがあるとき、安全・安定の欲求が作用して、それを止めようとするのがそれである。組織体は、積極的には年金や保険制度などを通じて、また、消極的には、解雇や一時帰休、降格、昇進機会の剥奪など脅威を通して、安全・安定の欲求に影響を及ぼすことができる。そして、どちらの場合も、行動の慎重化と保守化につながっている。

ピーター・F.ドラッカー（Peter F. Drucker）は、「安定」に対する態度は、職業選択上重要だと言っている[(28)]。彼は、面白い疑問を提起している。定型業務に励むことが求められ、安定が保証されている職業を望むのか？ 精密で秩序だった、整然たる仕事に満足を感じるのか？ 今日・明日の仕事の確実性ばかりではなく、仕事や上司・部下・同僚との関係の安定を望んでいるのか？ それとも、失敗の危険をはらんでいても、想像や独創へのチャレンジをもたらす職業につきたいのか？ はたまた、「定型業務」に苛立ちを感じる１人なのか？ 自分自身をある程度知っているにしても、これらの疑問に答えることは、必ずしも容易ではない。しかし、これらの疑問に対する回答は、答える当人にとって安全・安定の欲求が、どのような意味を持つか、にかかわっている。

強い安全安定願望は、幼少のころに意識下で形成されることが多い。S.W.ゲラマンは、この願望が植えつけられる場合のいくつかを解説している。もっとも多いのは、運命に無抵抗な安全第一の両親を見習うケースである。この傾向は、改善・向上が望みにくい経済的に恵まれない地域で育てられやすい[(29)]。その結果、こうした人たちは、周囲の状況に立ち向かう力が自分にはないと感じやすい。

安全・安定欲求の強い人たちは、多くの場合、人に好かれやすい人である。あまり競争的でないから、他人を責めたりはしない。周囲の人たちも彼らにあまり多くのものを求めないから、批判する人も少ない。この傾向と人好きがするという事実とが組み合わさって、組織の中でも、安全で脅威の少ない位置が与えられることが多い。

意識下の安全・安定欲求は、過保護な両親に育てられることによっても育まれる。こうした両親は、子供を絶えず心痛、失望、失敗から守っている。また、機会あるごとの両親の支援的姿勢が、子供の我侭を許してしまう。争いは絶対に避けられる。結果として、子供に現実の姿を歪めて教えてしまい、「他人から何が期待でき、他人は何を期待しているか」を洞察できなくさせてしまう。ときに、こうした子供たちは、人生を非現実的に楽観視するようになってしまう。危機に直面し脅えるべきときにも、何とかなると楽観視して、手遅れ状態に陥ってしまうのである。

こうした安全第一主義者が、高校を卒業して世の中に出ると、急速に現実に目覚める。しかし、欲求不満、精神的緊張、心配などを乗り越える能力を育てる機会を奪われてきたため、世の中の苦労に耐える準備ができていないことに気づくことが多い。その結果、ちょっとしたつまづきで大混乱に陥ってしまう。P.F.ドラッカーは、こうした若者にとって、最初の就職でクビになるのは、むしろいいことじゃないか、と言っている。初めての仕事からクビになるのが、世の中の蹉跌《さてつ》にどう対処すべきかを学ぶ、最も被害の軽微な苦痛の少ない形ではないか、というのである。若いうちに、挫折から立ち直ることを学んでいれば、年をとってからのもっと過酷な運命にも耐えられよう、というわけである。

安全・安定の欲求は弱さの表れであり、欠点であると思う人が多い。安全への欲求が強過ぎると、まるで安全欲求は悪いものであるかのように、世間の顰蹙《ひんしゅく》を買う。意識的・無意識的に、誰でも安全への欲求は感じているから、これは不当なように思える。安全への顧慮が一切不要であるほど、人生は単純でもなければ、明快でもない。加えて、現代社会には、社会的欲求や自己実現欲求のような重要な欲求に注意を払わず、社会的欲求の充足のみをねらう部分がある。手厚い福利厚生制度によって、企業がいかに安全・安定の欲求に応えているかは、すでに考えた。労働組合もまた、年功を強調することで同じことやっているし、政府もまた、社会保障制度やその他の保障制度を通じて、同じようなことをやっている。

社会的欲求

生理的欲求と安全・安定の欲求がある程度満たされると、社会的（親和的）欲求が優勢になる。人間は社会的動物であるから、たいていの人は、帰属し受け容れられた状況の中で、他人とつきあい仲間となることを望む。社会的欲求は、人間共通の欲求であるが、他人よりこの欲求が強い人がいたり、この欲求が特に強くなったりする状況がある。言い換えれば、帰属のようなありきたりの社会的欲求も、調べてみれば極めて複雑なのである。

ミネソタ大学のスタンレイ・シャクター（Stanley Schachter）は、社会的欲求の解明に重要な貢献をした[30]。彼は、特につきあい自体を目的とする欲求―つまり、つきあいを楽しむためのつきあい―の研究に力を注いだ。ちなみに、こうしたつきあいのためのつきあいでは、つきあったところで、目に見えた報賞、例えば金銭や庇護《ひご》が、期待できない状況も少なくない。

S.シャクターは、「帰属や親和」を求めることが、必ずしも親交を求める動機によるだけではないことに気づいた。自分の主張に対する共鳴を求めて、他人との親和を求めることも少なくない。例えば、信仰が危機にさらされているときにそうだが、同じ信仰を持つ人たちを求め合う。こうした場合、彼らは寄り集まり、事態の共通認識を確かめ、信仰（たとえ、いままでと変わらなくとも）を確認し合う。この例においては、親和欲求が、自分を失いたくないという願いから導き出されたと言えよう。独りぼっちでいると「世界が狂ってしまった」ように思えても、周囲に同じ思いの人がいるとわかれば、混濁の中に秩序が感じられ安心感が沸いてくる。こうした心の動きは、どのような変革にもつきもののある種の問題を示唆しているようである。

この問題をさらに突き詰め、人間が興奮し、混乱し、不幸に感じている場合、そばにいるのは誰でもよいのでなく、「同舟の人」でなければならない、とS.シャクターは気づいた。病者は、「同病者」同士で憐れみ合いたいのである。E.メイヨーが調査中に気づいた工場内に生まれていた強力な非公式グループは、実は作業員たちの感じていた退屈、矮小感、無気力感に対する反応だったのかもしれないということを、この発見は教えてくれたのである[31]。すなわち、制度に押しひしがれた互いの気持が作業員を結集させたのである。

工場の「一匹狼」や「レート・バスター（仲間同士の申し合わせを破って、生産を上げる作業員）」たちの存在は、親和のための親和的欲求が必ずしも普遍的でないことを示している。だが、こうした帰属や親和の例外は、特別の変わり者であることも発見された。彼らは、非公式グループに疑いを持っていたり、軽蔑していたり、あるいは、独りで自分を守れるほど自分は有能で安定していると感じているため、非公式グループへの加入を拒んでいるのである。

組織内の非公式グループは生産を抑制する可能性を持っているので、マネジメントはややもすると職場の非公式グループを疑いの目で見る。S.シャクターは、職場環境に対する無力感や無意味さを感じた作業員たちが、反動として生産抑制グループを形成することがあることを発見した。作業が繰返し的で、退屈で、簡単過ぎると、このような状態が生まれやすい。さらに、うるさく統制され、マネジメントとのコミュニケーション経路がはっきりしないと、この状態が悪化しやすい。

こうした職場環境では、職場環境に対する無力感に耐えられなくなった作業員たちは、満たされない社会的欲求や達成欲求を非公式グループを通じて満たそうとする。生産抑制は、マネジメントに対する芯からの嫌悪から呼び起こされるのではなく、集団の中の自分のアイデンティティと集団を守るための手段として、惹き起こされるのである。レート・バスターは、集団の団結とマネジメントに対する対抗力を弱め、しかも作業員が集団を拠りどころに感じる誇り、安定、存在意義を破壊するので、嫌われるのである。

生産低下は、非公式グループのせいとばかりは言えない。事実、非公式グループの内部組織がわかり、十分に活用されると、マネジメントにたいへん役立つものになる。職場グループの生産性は、グループ・メンバーが「組織目標との関係で、自分たちの目標をどう理解するか」にかかっているように見える。例えば、「自分たちの目標は、組織の目標と矛盾する」と受け止めると、生産性は低下する。だが、「自分たちの目標が組織目標と一致する」、ないし「組織目標の達成は、自分たちの満足につながる」と理解すると、生産性は向上しやすい。つまり、生産の抑制は、非公式グループにつきものではないのである。

自我・自尊の欲求

名声や評価を求める欲求は、種々の形で現れる。本節では、自我・自尊の2つの動機―名声とパワー（力）―について考えてみたい。

名声　今日の社会では、「名声動機」は顕著である。名声を気にする人は、「人並みである」ように望み、しかも、事情が許すなら人並み以上であることを望んでいる。この「名声欲」というものをさらけだすについては、バンス・パッカード（Vance Packerd）やデビッド・リースマン[32]（David Reisman）が、おそらく最大の影響を与えたと思われる。V.パッカードは、地位を求める人々とその動機について書き、D.リースマンは、『孤独な群衆』の中の「他動的」な人々の仮面を剥いだ。

では、名声とは何だろう？　S.W.ゲラマンは、「当人に対して他人が示す振舞い上の不文律な定義、すなわち、当人に示すべき敬意や軽侮、堅苦しさや気楽さ、憚りや正直さの程度」と言っている[33]。したがって、名声は、安易で快適な生活に影響を及ぼす可能性がある。

名声は、世間から授かる無形の何ものかである。事実、子どもは誕生とともに親の社会的地位を相続する。ときに、これが「七光り」を放ち、子供の一生を保証することもある。

人間は、生涯を通じ、種々の形で名声を求め続ける。地位の物質的象徴のみを求める人も多いが、結果的に名声につながるやもしれない個人的才能の開花や自己実現を果たそうとする人もいる。この欲求の表現の仕方は様々かもしれないが、「自己の尊厳の証明を求める欲求」が普遍的に存在し、誰もが自分なりに満足できるレベルに到達しようと求めるのである。すでに論じたように、人間は社会的評価や他人の尊敬などによって裏づけられた自分に対する高い評価を望むものなのである。

パワー（力）　他人の服従や他人への影響力を勝ち取らせるリソースが、パワー（力）である。パワーは、人間の「影響のポテンシャル」である。このパワーは、ポジション・パワーとパーソナル・パワーとの2種に分けることができる。他人の服従が勝ち取れるのは、組織内の自分の地位（位置）がポジション・パワーを与えてくれるからであるが、自分の人柄や言動のゆえに他人に影響を及ぼすことができる人は、パーソナル・パワーを備えているのである。人によっては、この2つのパワーを併せ持っていることもあるし、パワーをまったく持たないように見える人もいる。

一時期、S.フロイドの共同研究者であったアルフレッド・アドラー（Alfred Adler）は、このパワー動機に大きな関心を持つようになった[(34)]。A.アドラーは、パワーの本質は「自分の目的にかなうよう、他人の行動を操作し、制御する能力」だと考えた。この能力は、泣けば親たちの行動に影響を及ぼすことができる、と気づいた幼児期から身に備わっていることを発見した。つまり、赤ん坊という位置（地位）が、親に対するパワーを与えているのである。

A.アドラーによれば、他人操作能力を持つこと自体が快いことである。そのため、幼児は自分のポジション・パワーがだんだん減っていくという現実への適応に苦労する。事実、大人は幼児の頃のパワーを取り戻すのに、相当な時間を使うかもしれない。だが、幼児はパワーをパワー自体のために求めているわけではなく、必要に迫られてパワーを求める、とA.アドラーは考えた。かよわい赤ん坊にとっては、両親の助けが不可欠であり、他人を操作するパワーは、いわば死活の問題なのである。両親は赤ん坊の生命線である。成長後は自分で自分を守れるとわかっていても、パワーは大切なものであり、パワーの重要感は容易には失われない。

幼少年期を過ぎると、他人の尊敬や社会的評価に不十分さを感じる人たちのパワー動機が再び強くなってくる。こうした人たちは、無意識のうちに他人の関心を惹くことにより、これを補おうとする。この点に関しA.アドラーは論考の中で、今日では常識となってしまった―劣等感と補償という―興味ある2つの概念を紹介した。

劣等感を持つ人は、現実的裏づけの有無にかかわらず、自分の不適応に対して無意識の危惧を感じている。ある場合には、こうした自分の不適応のゆえに達成不能になっている（と感じている）目的や目標を達成するために、異常な努力を払って劣等感を補償しようとする。また、多くの場合、こうした極端な努力は、感じはしてもはっきりとは認識できない対象に向けての過剰補償行為になる。対象が明確に認識されると、考え方が修正され、より現実的な行動につながるようになる。

A.アドラーは、いまひとつ興味ある事実を発見した。成長過程を通じて、たいした精神的緊張を強いられなければ、子供のパワー動機は、徐々に「社会関係の完成」を求める欲求に変わっていく。つまり、信頼感の溢れた自由な雰囲気の中で、気兼ねや危惧なしに、他人とつき合うことを求めるようになっていくのである。このように、パワーを使って周囲や他人を操るという目的追求的関心から、他人の信頼と尊敬を築きあげるという人間関係的関心へと、人間の関心は移っていく。子供時代に精神的緊張を強いられ、他人を信頼することを学ばなかった人の場合、この移行の過程が遅れる。そうなると、パワー動機は持続されるばかりか、強化されるようにすらなる。そこでA.アドラーは、S.フロイドと同じように「多くの場合、人格は子供の頃の世間の大人たちとの接触の結果として、人生の早い時代に形成される」と言っている。なお、パワーについては、後章でもっと詳しく論じることにしたい。

自己実現の欲求

A.マズローが論じた基本的欲求の中でも、社会学者や行動科学者たちが最もわかっていないのが、自己実現欲求である。おそらく、この欲求の充足の仕方が人によって異なるので、自己実現欲求は捕捉し難く、突き止めにくいのだろう。自己実現欲求の研究は少ないが、関連すると思われる2つの動機、すなわち、「有能さの追求（Competence）」や「達成意欲（Achievement）」については、広範囲の研究がなされてきている。

有能さの追求　ロバート・W.ホワイト（Robert W. White）によれば、人間の行動力の源泉のひとつは、有能さを求める動機である[35]。有能さの概念は、暗に〔物理的、そして社会的な〕環境要因の制御を含んでいる。この動機の強い人たちは、物ごとが起こるのを座して待つのを好まない。周囲を操作制御して、進んで物ごとを自分の意思通りにしようとする。

「有能さ」を追求する動機は、周囲のものに触れ、いじくりたがる幼児期から、周囲のものに触れるばかりでなく、分解し組み立てることを喜ぶ早期少年期までの幼少年時代に顕著に見られる。子供は、周囲の様子を学び始めると、「何をすることが許されるか」ではなくて、「何をすることができるか」という形で、できることとできないことを学んでいく。こうして幼少年期を通じて、子供は自分の有能さの実感を身につけていくのである。

有能さの実感は、先に論じた「期待（Expectancy）」と密接に結びついている。子供が自分の有能さを強く感じるか、あまり感じないかは、それ以前の成功体験に結びついているからである。過去の成功体験が強烈で失敗体験に勝るようなら、当人の「有能感」は強い。人生を明るく見、新しい状況を興味ある克服の対象と受け止める。だが、失敗の危惧が強ければ、否定的に物ごとを眺め、欲求充足の期待も低くなってくる。期待感は動機に影響するから、有能さ感の弱い人は新しい状況に立ち向かったり、リスクをとったりする姿勢に欠ける。こうした人たちは、周囲の環境を制御するよりも、環境に流されてしまう。

R.W.ホワイトによれば、成人の場合、有能さを求める動機は「職務習得」や「専門的成長」を求める気持として現される。自分のスキルと能力を試してみるための、チャレンジングではあっても圧倒されることのない場を、職務は提供してくれるからである。こうしたテストの場としての職務においては、有能感は自由に表現され、当人に大きな収穫をもたらしうる。しかし、密着した監督の下で繰返し作業をやらされている場合には、こうした「テストの場」が与えられないことになってしまう。そうなると、作業員たちはシステムの奴隷となり下がってしまうから、有能さ追求動機の高い人たちを徹底的に欲求不満に陥れてしまう。

達成意欲　長年の間、行動科学者たちは、達成意欲の極めて強い人たちがいる反面、大多数の人が物ごとの達成をあまり気にしないように見えることに気づいてきた。この現象に、D.C.マクレランドが深い関心を持った。そして40年以上も、D.C.マクレランドとハーバード大学の彼の同僚たちは、この達成意欲の研究に努めた[36]。

D.C.マクレランドは、研究を通じて達成意欲が他の欲求とは区別されるべき独立した欲求であると考えた。さらに重要なことに、どのような集団においても、達成意欲の強度だけを単独に測ることができる、と彼は考えたのである。

D.C.マクレランドは、実験を通して達成意欲の強い人たちの特徴を示して見せた。この実験では、実験参加者に適当と思う距離から輪投げをするよう指示された。たいていの人は、あるときは近く、あるときは遠く、気ままに輪を投げた。だが、達成意欲の強い人たちは、簡単過ぎるほど近くもなく、不可能なほど遠くもなく、どこから投げるとうまくいくかを考えて距離を測るように見えた。彼らは、ほどほどに難しいが達成可能な目標を設定したのである。生物学では、このアプローチは「過重荷原理（Overload Principle）」として知られている。例えば重量挙げでは、簡単に持ち上げられる鉄亜鈴でも、体を壊してしまうほど重い鉄亜鈴でも、力の強化は不可能である。すなわち、筋肉強化には「困難でも現実的な重さ」が必要なのである。

結果が左右できると感じられたときだけ、達成意欲が高まる。達成意欲の強い人は、賭博師ではない。運賦天賦に賭けるよりも、問題に立ち向かうことを好むのである。

マネジャーの場合、適度に難しくとも、達成の可能な目標を設定することは、冒険に挑む心構えが現れているのかもしれない。たいていの人は、リスクに対して投機的姿勢をとるか、損害最小限化を図るか、のどちらかの極端な態度をとる。失敗しても言い訳ができるように、賭博師は予め手に余ることが歴然とした大きなリスクをとろうとする。保守的な人は、おそらく後で責められる危険のない、そして失敗の少ない、収穫は少なくとも安全な、小さいリスクをとる。しかし、達成意欲の強い人は、自分の努力と能力によって結果を左右しようとして適度のリスクを選ぶので、中間を選ぶことになる。ビジネスにおいては、こうした現実的な進取精神が成功する企業家の証である。

達成意欲の強い人のいまひとつの特徴は、成功報酬よりも個人的な達成感に重きを置くことである。報酬を拒絶するわけではないが、報酬は達成の実感ほどの意味は持たないのである。彼らは、報酬や称賛を受けることより、難しい問題に取り組んだり、解いたりすること自体に関心を持っている。達成意欲の強い人にとっては、金銭は業績の尺度としての意味しか持たない。金銭は、成長の尺度であり、他人の業績との比較の尺度である。彼らは、一般に、社会的身分や経済的安定を購うために、金銭を求めることはない。

達成意欲の強い人が、自分のやったことについて具体的なフィードバックが得られる状況を好むという事実は、彼らが個人的達成感を求めるという事実に密接にかかわっている。その結果、達成意欲の強い人はセールス関係の仕事や自営者に多く見られる。彼らにとっては、具体的なフィードバックが得られるということに加えて、フィードバックの性質も問題になる。彼らは、自分の仕事についてのフィードバックを歓迎する。しかし、協調的かどうか、有能かどうか、といった自分たちの個人的資質に関する批評には関心はない。親和的欲求の強い人は、「社会性や心構え」に関するフィードバックを好む。達成意欲の強い人は、やったことに関したフィードバックを求めるのである。

D.C.マクレランドによれば、達成意欲の強い人がそのように振る舞う理由は、彼らが日頃から絶えず物ごとのやり方の改善を考えていることにある。事実、何ごとであれ、達成を意識しておれば、物事は達成の方向に動いていく。同じように聡明な学生であっても、達成意欲の強い学生の方が、そうでない学生よりも、一般に良い成績をとる傾向にある。また、達成意欲の強い人は、絶えず物ごとのやり方の改善を考えているので、昇給昇進も概して早い。このような人を多く抱えている会社は、成長も早く収益も良い。

ニール・ギルバート（Neal Gilbert）とチャールズ・ホワイティング（Charles Whiting）は、プロフェショナル（専門家）たちが、組織の中で自己実現欲求（有能さと達成を求める欲求）充足の機会に恵まれなかったら、彼らに残された道はその組織を去ることだけである[(37)]、と警告している。エンパワー（自主化／自律化）の機会に恵まれない従業員は、他所でエンパワーしようとするに違いないが、その結果、おそらく相当な才能を競争会社に譲りわたしてしまうことになろう。これは、2～3名の核従業員の退社が葬送の鐘として響く恐れのある知識産業の会社にとっては、大変なことである。

D.C.マクレランドは、この分析を国家経済にまで推し進め、達成意欲の高い人の比率の高さと経済成長率の高さと関係づけた。6～8歳の頃から近所を独り歩きするとか、自分のことは自分でするとか、助けなしに自分で物事を選ぶとか、子供が自立的に行動することを期待する親の家庭で、達成意欲の強い人が育ちやすいことを発見した。だが、子供の側の準備ができていないのに、独立を早く求め過ぎたり、全然求めなかったりし、その結果として子供の人格形成を窒息させてしまう親もいる。これが極端に表れた場合、家では邪魔者、外では無能扱いされて、受け身の敗北主義的態度を植えこまれてしまうこともあるようだ。この場合、子供がそうした扱いには小さ過ぎるのである。いまひとつの極端な例は、過保護と過躾《しつけ》である。これで育てられた子供は、親に甘え、依存することを憶えるので、親から離れて自分で物ごとを決めることができなくなってしまう。

達成意欲について今日知られている事柄のすべてを踏まえた上で、一体この達成意欲なるものは人に教え、育成することのできるものだろうか。D.C.マクレランドは、可能であると信じた。事実、彼はビジネスマン向けの達成意欲育成研修プログラムを開発している。また、ビジネスマン以外の人たちを対象に同様のプログラムも開発中である。

達成意欲の強い人は、たいていの組織でバックボーンになるだろうが、彼らのマネジャーとしてのポテンシャルは、どうだろうか？ 達成意欲の強い人たちは、個人として生産的であり、仕事もできるから、昇進も早い。だが、彼らが昇進して、仕事の成否が自分の力だけでなく他人の力にもかかっている立場になると、それほど有能ではなくなってしまう。彼らは極めて仕事指向的であり、能力いっぱいに働くが、他人にも同じことを求めがちである。その結果、能力はあっても社会的欲求が彼ら以上に強い人々を管理するために必要な対人的能力と忍耐に、ときに欠けることがある。

こうした状況では、彼らの過度な生産性強調は、社会的欲求が彼ら以上に強い人たちをフラストレートさせ、彼らのポテンシャルの最大化が妨げられてしまう。このように組織は達成意欲の強い人を必要とするが、彼らが対人的能力を伸ばさない限り、良いマネジャーになれるとは限らない。生産性が高いだけでは良いマネジャーになれないのである。

金銭的動機

前述のように、金銭は極めて複雑な動機であり、生理的欲求だけでなく、ほとんどの欲求にかかわる重要性の確認しにくいものである。例えば、金銭によって流行のスポーツ・カーのような特定の物質的対象を購って、社会的欲求充足に役立たせたり（スポーツ・カークラブに入るなど）、社会的評価を得たり（身分を誇るなど）、自己実現欲求を満たしたり（スポーツ・カーの上手なドライバーとして）することもできる。こうした理由から、他の基本概念を先に検討し、金銭的動機の検討を後回しにする。

ウィリアム・F.ホワイト（William F. White）は、刺激給制度を幅広く研究した結果、従来から信頼できる動機づけ材と考えられてきた金銭が、思うほどには、特に現場労働者に対しては、万能ではないことを発見した[38]。こうした現場労動者にとっては、E.メイヨーもかつて発見したように、いまひとつの重要な要因、すなわち、仕事仲間があった。W.F.ホワイトは、高生産のレート・バスターと意図的生産抑制屋の生産性を尺度に、アメリカの現場労働者のわずか10%が、職場集団の圧力に抗して刺激給に反応し生産を上げるに過ぎない、と推定している。労働者は経済的向上を願ってはいるが、他にもいろいろ考慮すべきこと—例えば、職場の仲間の意見、仕事のやり易さと仕事からの楽しみ、長期的安定、など—を抱えているので、刺激給に対する直接的で自動的な積極的反応を抑制しているのである。

S.W.ゲラマンによれば、金銭のもっとも微妙で重要な特徴は、象徴的意味にある。もっとも明白なのは、金銭の市場での価値である。つまり、価値は金銭そのものにあるのではなくて、金銭によって購えるものが金銭に価値を付与するのである。だが、金銭には、それ自体の価値はないから、人が金銭に象徴させたいと思う価値なら、ほとんど何でも象徴しうるわけである。言い換えれば、金銭は人が意味させたいと思うことを何でも意味すると言えよう[(39)]。

スティファン・ブシャルト（Stephen Bushardt）、ロバート・トソ（Robert Toso）、そして、M.E.シュナーク（M. E. Schanake）らは、「金銭は極めて強力な動機づけ要因だが、従業員の価値観に“合わせて”使われなければならない[(40)]」と言う。この「合わせる」ためのひとつの方法として、本章の初めに述べた期待説を使うことが挙げられる。彼らによると、金銭を使って動機づけるときは、次の３つの要件を満たさなければならない。

第１に、従業員が金銭の「実質（net）」に対して強い関心を持っていなければならない。例えば、長時間勤務に賃金を多く払うから、この「実質」の概念が重要になる。つまり、長時間拘束という犠牲に対して賃金を多く払うという金銭の負の効果よりも、生産につながる実質的な労働に対して金銭を払うという正の動機づけ効果がこの場合の前提になるからである。第２に、金銭と成績（業績）との間に従業員にもわかる直接的関係が必要である。成績が良ければ、給与も増加すべきであるし、その逆も行われるべきである。第３に、努力と成績（業績）の間の直接的関係が必要である。つまり、努力すれば、成績（業績）も上がるべきなのである。

こうしたシステムの導入には、従業員の受け止め方の調査、仕事振り（業績）の測定・評価、業績を反映する賃金体系のを確立、など、多くの問題が存在する。また、導入には費用と利益の両方を確認する必要もあるが、総括して言えば、このようなシステムこそ正常な動機づけ基盤となりうるのである。

金銭についての最近の考え方

F.ハーツバーグが調査研究を行った1960年と比べてみると、今日の経済的負担は人々の仕事に対する態度にドラマチックな変化を与えている。ウイリアム・M.マーサー社とヤンケルビッチ・パートナー社の「なぜこの仕事をする」

調査によれば、人々の働く理由の最大（40%）のものが経済的理由である[41]。その他の理由を含む残り60%の内訳は、仲間が働いているから（15%）、働く満足が得られるから（15%）、健保や退職金など福祉の権利を得るため（13%）、その他（17%）であった。なお、健保や退職金など福祉の権利を得ることは、経済的理由に含めるべきではないかというもっともな議論があるかもしれない。で、仮にそうすると、経済的理由は51%に上がることになる。

いまひとつの変化の要因は、生産性と賃金を結びつけた利潤分配など、インセンティブ・プログラムの出現である。1990年から1995年にかけて、業績連結賃金（Pay for Performance）プログラムを享受する従業員の数は、２倍になった[42]。さらに、社員株主制度、年金基金、株式購入制度、などに関連したマネジメントの経営情報公開を通じて従業員が自社の業績を知るようになっている。

“通常の”賃金とインセンティブ賃金とには、いまひとつの面がある。従業員が“通常の”賃金を「出勤給（Show-up Pay）」とみなしやすいのに対し、臨時給（Bonus）やインセンティブ賃金を「本当の金（Real Money）」と見る傾向を持っている。なぜだろうか？ ひとつの説明は、われわれの生活費がいわゆる“通常の”賃金と結びついているからである。この金には臨時収入が含まれていないから、この金は望ましい生活財の購入に振り向けられる。そして、ここに動機づけの手掛かりがある。金銭の持つ動機づけ力を大きくするためには、インセンティブ・プランを導入すればよい。臨時収入で欲しがっている“特別の品”を買うことができるから、これは強力な誘因になる[43]。

労働者は仕事に何を求めているか？

人間には多くの欲求があり、これらの欲求は行動化されるべく競い合っている。そして、これらの諸欲求の混ざり具合や欲求の強さが同じである人は存在しない。主に金銭を目当てに動く人もいれば、安全・安定ばかり気にする人もいる。動機の個人差は、もちろん認めなければならないが、だからといってマネジャーがその時点で、フォロアーのどの動機が他の動機より支配的であるかが推定できないわけではない。A.マズローによれば、未充足の欲求が“最強欲求”である。そこでマネジャーにとって重大な問題は、労働者が仕事に何を求めているか、を知ることである。その答えは、次の段落にもあるように、多種多様である。まず手はじめに、1949年の調査結果から見てみよう。

労働者は何を求めているか？－1949年

「労働者は何を求めているか？」という問いに答えるべく、アメリカ産業界の労働者を対象に、長年、調査が行われてきた。こうした調査のひとつ[44]で、監督者たちに「現場労働者」になったつもりで、彼らが仕事に求める可能性のある種々の項目を重要度順に列挙するよう求めた。そして、列挙に当たっては、自分たちの立場でなく、現場労働者の立場で考えるよう強調された。また、監督者に加えて、現場労働者自身にも仕事に求める事柄を重要度順に並べるよう求められた。表2.2は、その結果である。

表を見れば明らかなように、一般に監督者は、良い賃金、仕事の安定、昇進、良い労働条件などを、労働者が求めるものとして挙げている。他方、労働者は、仕事の十分な評価、仕事に打ち込めること、個人的問題に対する理解など、すべて親和的（社会的）欲求や認めてもらう欲求の充足を仕事に求めているように見える。仕事の安定のみが、労働者と監督者の両方の上位４位以内に入っているが、前者の場合、これは４位であり、後者では２位としている。労働者が挙げた仕事に求める他の上位３項目は、監督者がそれほど重要でないとしたものである。この調査は、労働者が本当に重要とするものに対する監督者の鈍感さ、を示している。監督者は、生理的欲求や安全・安定の欲求の充足を狙った誘因が労働者にとって最も重要だ、と考えているようである。監督者は、疑いもなくこれらを労働者の真の動機と考えて行動しているのである。したがって、彼らは従来から有効とされる誘因―金銭、福利厚生、安定―を労働者の動機づけに使っているのだろう。

表2.2　労働者は、仕事に何を求めるか？

	監督者	作業員
良い労働条件	4	9
仕事に打ち込めること	10	2
上手な指導と訓練	7	10
仕事を十分に認めてくれること	8	1
マネジメントの労働者への忠実	6	8
良い賃金	1	5
会社での昇進と成長	3	7
個人的問題への理解と共感	9	3
安定した仕事	2	4
面白い仕事	5	6

Note: 1 =most important; 10=least important.

著者らも過去20～30年かの間、同様の調査をマネジャー研修の一環として定期的に繰り返してみたが、マネジャーの意識について同じ結果を得てきている。

唯一の変化といえば、労働者の「会社の繁栄と昇進」、および「面白い仕事」に対する欲求が、1980年代の終わりまで高まっていったことぐらいである。しかし、1980年代から1990年代の経済不況のため、「良い賃金」、「安定した仕事」が再び高順位の欲求対象になってきている。マネジャーたちが，「労働者が仕事から期待していると思っていたもの」と「実際に労働者たちが求めていたもの」との間に、極めて大きな差が過去にあったことを知ることは重要である。また、経済的変動を含めた変化が動機の優先順位に影響することを認識するのも大切である。

表2.3　労働者は、仕事に何を求めているか—最近の動向

褒賞の種類	監督者	トラック運転手	ソーシャル・ワーカー	医者	看護婦
昇進	3	5			
自由・自立			1	1	
優しいボス					3
会社の理念・方針	1			5	
福祉プラン	5				6
上司との良いコミュニケーション					2
仕事の名声				2	
金銭	2	1	3	3	1
責任の拡大	4				
仲間とのつきあい		2			
仲間とのチーム作業	6				
仕事が認められること					4
仕事の予定		3	2		
労働条件		4		4	5

[a]John S. McClenahen, “it’s No Fun Working Here Anymore,”Industry Week, 240(1991), pp. 20-22.
[b]John D. Shultz, “Truckers Look to Returning Troops as Partial Solution to Driver Crisises,”Traffic World, 225(1991), pp. 24-26.
[c]Beverly B. Butler, “Job Satisfaction: Management’s Continuing Challenges,” Social Work, 35(1990), pp. 112-116.
[d]Susanne B. Cashman, CindyLou Parks, Arlene Ash, David Hemingway, and William J. Bicknell, Physician Satisfaction in a Major Chain of Investor Owned Walk-in Centers,” Health Care Management Review, 15(1990), pp. 47-57.
[e]Barbara B. Gray, “Are California Nurses Happy ? ”California Nursing, 13(1991), pp. 12-17.
Note: 1 = most important; 6 = least important.

労働者は何を求めているか？―最近の動向

労働者の価値観に関する研究調査は、いまも続けられている。表2.3は、諸種の研究調査を要約したものであるが、この表もまた、マネジャーが従業員の欲求を知り、その欲求に敏感であることの必要性を確認するものである。

本章のまとめ

人間には多くの欲求が備わっており、そのすべてが絶え間なく競合し合っている。他の人とまったく同じ組合わせの、またまったく同じ強さの欲求を持っている人など誰１人としていない。主として達成意欲によって動かされる人もいれば、安全・安定を第１に考える人、などなどである。こうした個人差は認めなければならないが、マネジャーとして、どの欲求が従業員に最も重要であるかを決めてしまうことはできない。従業員の行動を理解し、予測し、制御しようというのであれば、彼らが仕事から何を本当に求めているのか知らなければならない。他組織の従業員たちが仕事に何を求めているのかを知るのも興味深いかもしれないが、第１の関心事は、自分たちの従業員が何を求めているのかを知ることであらねばならない。

何が従業員を動機づけているのかを知るためには、従業員を知らなければならない。単なる憶測に頼るべきではない。しかし仮に、従業員たちにどう感じるかを尋ねても、人間（マネジャーも、従業員も）は現実そのものに反応して行動せず、自分たちが認知／解釈した現実に反応して行動するから、これでは正確な欲求調査になるとは思えない。事実、行動科学研究のひとつの理由は、われわれの認知内容を現実に近づけることにある。認知内容が現実に近づけば、われわれの現実への影響の可能性も高まる。その意味で、認知内容を現実―つまり、従業員が本当に望むこと―に近づけることによって、マネジャーの管理能力を高めることができる。したがって、次章以降、行動科学の学習と演習を続けていくにつれ、われわれの個人や集団を理解し、予測し、制御する能力を向上させることになろう。

第3章

意欲を育む状況条件

1924年のこと、イリノイ州ホーソン所在のウェスタン・エレクトリック社で“能率”専門家たちが「生産に対する照明の影響」の調査を計画した。当初、この調査プログラムには、周囲の特別の関心を惹くような異常なところはなかった。結局のところ、“能率”専門家たちは、労働者を能力いっぱいに働かせるよう刺激するための、職場環境、労働時間、作業方法の「理想的組合せ」を探っていたのである。ところが、この調査が（10年後に）終わった頃、ホーソン工場の調査は、産業界でいままでに行われたどの調査にもまして、疑いもなく時代を越えた興味ある重要な研究調査プロジェクトであったことがわかった。それというのも「人間関係」運動が勢いを得はじめ、この運動の推進者の1人であったハーバード大学ビジネス・スクールのE.メイヨーが著名となったのが、このウェスタン・エレクトリック社のホーソン工場においてであったからである。[(1)]

E.メイヨー、ダグラス・マグレガー（Douglas McGregor）、クリス・アージリス（Chris Argiris）、ジョージ・ホマンズ（George Homans）、フレデリック・ハーツバーグ（Frederick Herzberg）、A.マズローといった行動科学の開拓者は偉大な貢献をなしたが、本章では、前章に続いて彼らの研究調査に論究し、人間行動の理解をいっそう深めて、確実にしたい。そう考えればこそ、これら古典的研究調査の論考を“意欲”の研究に含めて行うことにしたのである。

ホーソン工場実験――エルトン・メイヨー

ホーソン工場実験の当初、能率専門家たちは、照明を明るくすれば生産が上がると考えていた。従業員の中から、いろいろな照明度の下で作業する実験／テスト・グループと同工場の通常の照明の下で作業するコントロール・グループの２つのグループが編成された。照明度が増すにつれ、実験グループの生産は予想通り上がっていった。だが意外にも、照明度に変化のなかったコントロール・グループの生産もまた上がっていった。

こうした現象、およびその他の驚くべき実験結果を説明すべく、能率専門家たちはホーソン工場の実験を拡大することにした。彼らは、技術的・物理的条件の変化に加えて、人間行動上の問題を調べるべきだと考え、E.メイヨーらのグループに助けを求めた。

E.メイヨーらのグループは、継電器を組立てていた女子作業員のグループを対象に実験を始め、能率専門家たちと同じように、E.メイヨーらのグループのハーバードのスタッフも驚くべき結果を発見した。

実験中１年半以上を通じて、E.メイヨーら研究者は、規則的休憩、軽食提供、労働時間短縮、などの労働条件改善を導入していた。そして生産量は何をやっても増加した。この結果に驚いた研究者たちは、今度は女子従業員たちから何もかも取り上げ、実験開始時の状態に戻してみることにした。この急激な変更は、女子作業員たちの間に大きな心理的悪影響を生み、生産が急落するものと予想された。だが、彼女らの生産量は、それまでの最高を記録するに至った。なぜだろうか？

解明の糸口は、実験の生産（職場や労働条件の変更）にかかわる側面からではなく、人間的側面から得られた。つまり、実験関係者の注目を浴びることによって、彼女たちが自分たちは重要な存在なのだと意識したことによっていたのである。彼女たちはもはやお互いに側で働いているバラバラな個人の集団ではないと感じたのである。つまり、彼女たちは、気持の通い合った団結する作業集団のメンバーになったのであった。この作業集団の中で築かれた人間関係が、彼女たちの一体感、万全感、達成感を引き出し、長い間満たされなかったこうした欲求が、ここで満たされたのである。その結果、彼女たちは以前にも増して懸命に能率よく仕事に従事したのであった。

ハーバードの研究チームは、興味深い現象にぶつかったことに気づき、さらに同社で各部から選ばれた２万人を越える従業員に面接することにした。この面接は、これら従業員が、仕事や労働条件、上司や会社、その他煩わしく思っている問題について、従業員の感じ方を探り出すこと、また、そのような従業員の感じ方が彼らの生産性にどう影響しているか、などを知ることにあった。ところが面接をしばらく行ううちに、E.メイヨーたちは、お決まりの質問を重ねていっても、求める情報の引き出しには役立たないと感じた。むしろ被面接者たちは、自分が重要と感じたことを自由に話したがったのである。そこで、事前に用意された質問は捨てられ、被験者の好きなように話させることになった。

この面接は、いろいろな点で価値があることがわかった。第１に、面接は意見を言う機会を与えたわけであり、それ自体が治療効果を持っていた。多くの従業員が、面接はこれまで会社がしてくれたことの中で１番良いことだと感じた。面接は、従業員の態度を一変させた。多くの意見や提案が取り上げられ実施に移されると、従業員たちはマネジメントが個人としても集団としても自分たちを重要視していると思い始めたが、これはいわば、これまでのように退屈で、つまらない仕事をしているのではなく、会社の運営、そして会社の将来にまで彼らは参画していたのだと言える。

第２に、このホーソン工場実験は、マネジメントに、人間関係を研究し理解する必要があることを教えた。この研究、ならびにその後の研究から、組織の生産性に影響を及ぼす主要要素が、賃金や労働条件ではなく、職場の人間関係であるということであった。E.メイヨーは、職場のインフォーマル組織がマネジメントと一体感を抱いたとき―面接の機会を与えらえて、ホーソン工場の従業員が抱いたように―生産性が高まることを発見した。それは作業員が抱いた有能さの感じ―仕事や職場環境に縛られず自由であるという感じ―を反映していると思われた。さらに、密着した監督の下に置かれ、細かく仕事が指示される状況では、作業員は自分たちの目標がマネジメントの目標に背馳《はいち》すると感じがちであるが、このことが生産性を抑制し、低下させることがあることも、E.メイヨーは発見した。

これらの発見は、なぜあるグループが高い生産性を上げ、他のグループが低いレベルに留まるのかという、それまでマネジメントを困惑させてきた多くの疑問の解明の助けになるので重要であった。また、これらの発見は、仕事の計画、組織、統制に労働者を参画させて、彼らの積極的協力を確保するよう、マネジメントを励ました。

E.メイヨーは、インフォーマル組織の発生が、人間を経済的私欲の塊でしかない感受性の鈍い機械として扱う社会に対する告発であると考えた。労働者は、仕事を労働と金銭との単なる交換と見るよう期待されていたのである。当時のアメリカ産業社会における労働—自由に変更できないルーティン化された事務や退屈で過度に単純化された作業—は、E.メイヨーによれば、屈辱を意味した。このような環境では自我・自尊の欲求や自己実現欲求は満たされるはずもなかった。代わりに、生理的欲求や安全（安定）欲求だけが充足されていた。そして、その他の欲求を満たす道のないことが、精神的緊張と不安、フラストレーションを生んでいた。こうした状況の中で感じられた絶望感を、E.メイヨーは「アノミー（Anomi）」と呼んだ。この状態は、労働者が感じる矮小感、混濁した意識、無感動で特徴づけられる。つまり、労働者たちは、自分たちを囲む環境の悪影響の被害者になっているのである。

アノミーは社会が作り出したものであるが、E.メイヨーは、その極端な形態はマネジメントが人間性に対して否定的な見解を持つ産業を舞台に存在すると感じていた。E.メイヨーによれば、社会は自己保存と自分の利益にしか関心を持たないバラバラの個人の集まりから成り立つ、と考えるマネジャーが多過ぎる。人間は、基本的に生理的欲求と安全・安定の欲求に支配されており、最少の労働で最大の金銭を得ようとしている、と考えられた。マネジメントは、労働者を概して卑しむべき輩とする基本的前提に立って、仕事を構築している。E.メイヨーはこの考え方を「愚衆仮説（Rabble Hypothesis）」と呼んだ。そして、この思想が造り出す権威主義的で仕事一辺倒の管理を非難した。

X仮説とY仮説——ダグラス・マグレガー

E.メイヨーの研究、とりわけ「愚衆仮説」が今や古典とも言うべきD.マグレガーの「X仮説—Y仮説」の展開の道を開いた[(2)]。D.マグレガーによれば、中央集権的意思決定とピラミッド状階層、そして他律的管理機構を特色とする伝統的組織は、人間性と人間の動機（表3.1：X仮説）についての一定の想定のうえに作られている。このD.マグレガーが「X仮説—Y仮説」と呼んだ想定は、E.メイヨーの愚衆仮説によく似ている。X仮説は、大多数の人間が命令されることを好み、責任を負うことを好まず、何よりも安全・安定を望むと仮定する。この考え方は、人間が金銭や福利厚生、罰の恐怖などで動機づけられると想定するに等しい。

表3.1　マグレガーのX仮説－Y仮説の前提となる人間性についての想定

X仮説	Y仮説
1．仕事は、元来大多数の人にとっていやなものである。 2．大多数の人は、仕事に抱負もなければ、自ら責任をとろうともしない。ただ命令されることを好む。 3．大多数の人には組織上の問題を解決するだけの想像力がない。 4．生理的欲求、安全欲求レベルでのみ、人は動機づけられる。 5．大多数の人には厳格に統制し、時には組織目標の達成を強制する必要がある。	1．仕事は、条件次第で遊びと同じく、自然なものになる。 2．自治もしくは自律が、組織目標の達成には不可欠である。 3．組織問題解決に必要な創造力を多くの人が持っている。 4．人は生理的欲求、安全欲求レベルだけでなく、社会的欲求、自尊欲求、自己実現欲求レベルでも動機づけられる。 5．人は正しく動機づけられれば、仕事の上でも自律的であり創造的になれる。

X仮説を良しとするマネジャーは、仕事を細かく規定し、統制し、フォロアーを密着して監督しようとする。こうしたマネジャーは、信頼のおけない責任感の乏しい人間を扱うには、他律的規制が至当と感じているからである。

D.マグレガーはX仮説を述べた後で、このような人間観が正しいか否か、こうした人間観に基づく管理方式が、現代の様々な状況に適合するか否か、を問いかけている。教育水準や生活レベルが向上した民主社会においては、人間はもっと責任ある行動がとれるのではないか？ D.マグレガーは、A.マズローの欲求段階説を主たる下敷としながら、人間性に関するX仮説が誰にでも当てはまると考えるのは不正確であり、この仮説に基づく管理方式では、組織目標に向けて動機づけることのできない人も多くいると結論した。D.マグレガーによれば、生理的欲求と安全・安定の欲求とがかなり満たされ、社会的欲求や自我・自尊の欲求、そして自己実現欲求までが芽生えている今日の人々を動機づけるには、命令と統制による管理方式が有効かどうかは疑問であり、おそらく成功しないものと思われる。

D.マグレガーは、人間性と人間の意欲について、もっと正確な理解を踏まえた管理方式がマネジメントに必要だと考えた。D.マグレガーは、代わるものとしてY仮説を展開した。この仮説では、人間は生得的には、怠惰でも信頼できないものでもないと考える。適切に動機づけられれば、人間は基本的に、自律的、かつ創造的に仕事をするのである。したがって、マネジメントの本来の仕事は、人間に備わるこの潜在的可能性を引き出すことでなければならない。適切に動機づけられた人間は、組織目標達成に自分の努力を振り向けることを通じて、自己目標を最大限に達成するのである。

X仮説とY仮説の議論は、X仮説派マネジャーが常にフォロアーを指示・統制して密着した監督を行うのに対し、Y仮説派マネジャーが支援的・後援的であるという印象を与えやすい。だが注意すべきは、このような捉え方はX仮説が「悪」で、Y仮説が「善」と考えてしまう錯誤、また、大多数の人間が自主的、かつ自発的になれる可能性を持つというD.マグレガーの主張を、すべての人が自主的、かつ自発的であると断定的に解釈してしまう錯誤を生みやすいことである。なお、人間の自主・自発を「可能性」として想定することは、当然心の内面の態度と外面化された行動とを区別することにつながる。

X仮説もY仮説も他人に対する態度を論じ、生得的な他人への傾向を論じるものである。そこで、マネジャーが信ずべき仮説としてはY仮説が望ましいと言えようが、といってどのような場合もY仮説に則って行動することが適当であるとは限らない。Y仮説のマネジャーであっても、教育的意味で相手がY仮説的扱いに応えて行動できるようになるまで、短期的に（X仮説に則っているかのように）指示的・統制的なやり方をすることもありうる。

C.アージリスは、「X仮説―Y仮説」論に加えて、2つの行動パターンAとBを論じたが、その際、態度（心の構え）と行動とを区別した[3]。C.アージリスは調査研究を通じて、「行動パターンA」がX仮説的な対人関係行動、集団内ダイナミクス、そして組織風土とが結びつき、「行動パターンB」がY仮説的な対人関係行動、集団内ダイナミクス、組織風土と結びついていることに気づいた。行動パターンA的人間は、感情を口に出さず、オープンでなく、冒険を好まず、それでいて他人が同じように行動することを好まない。そして彼らの行動は、密着した監督と規制に結びつきやすい。他方、行動パターンBの人は、感情を表現し、オープンで、冒険的、しかも他人がそのように振る舞うことに好意的である。また、彼らの行動は、支援的・援助的である。結果として、信頼と思いやり、個性尊重の雰囲気を作り出す傾向を持つ。

C.アージリスは、「通常は、X仮説とA行動、Y仮説とB行動が結びついているが、いつでもそうとは限らない。特定の条件下では、パターンA行動がY仮説に結びつき、パターンB行動がX仮説に結びつくこともありうる[4]」と強調している。XAとYBの組合せが最も一般的なのだが、ときにXB、YAの組合せのマネジャーもいる。XBタイプのマネジャーは人間を否定的に見ているが、外見的には他人に対し支援的で援助的に振る舞っている。ところで、このXBの組合せが起こる場合は、次の2つの理由によることが多い。このタイプのマネジャーは（大多数の人間が怠惰で信頼に足らないと思っているにもかかわらず)、ひとつにはそうすることが生産性を高めると誰かから教えられたか経験で学んだか、それとも支援的雰囲気の上司の下にいて、同じようにしないと職を失う恐れがあると思っているからか、ともあれ支援的・援助的行動をとっているのである。他方、ＹＡタイプのマネジャーも（人間は一般に自主的であり、自発性が備わっていると思っているにもかかわらず)、当人の上司が部下であるマネジャーも統制的に監督することを要求していたり、あるいは、一定期間だけ部下を指示的・統制的に監督する必要があると当人が思っていたりすると、部下を統制的に厳しく監督することがある。しかし、このタイプのマネジャーはパターンＡの行動をとっていても、部下の自律スキルと能力の育成には熱心であり、ＹＢタイプ・マネジャーとしての環境作りをしているのが普通である。

ＹＢタイプ・マネジャーは、フォロアーを徐々に外的統制から離してゆき、自己統制を増やすようにし向けてフォロアーを育成する。このような環境に置かれると、フォロアーたちも、仕事上無視されがちな社会的欲求、自尊欲求、自己実現欲求を充足することができる。今日の労働者は、仕事を通じてでは十分に充足しきれない各段階の欲求を、他所で補って充足しようとするが、こうした説明が与えられると、離職や欠勤など、マネジメントが抱える当面の問題のあるものは理解しやすくなる。D.マグレガーも、これらの問題は避けることのできる問題だと言っている。

マネジメントは仕事に関心を持っているが、その仕事は人間にとって遊びと同じように自然な喜びの源泉だとD.マグレガーは考える。結局のところ、仕事も遊びも肉体的・精神的な活動であって、両者の間に本質的な違いはない。ところが、現実には、とりわけＸ仮説的マネジメントの下では、欲求充足の点で仕事と遊びには明らかな違いが認められる。これは、遊びが自己によって内的に統制されている（自分で何をしたいかを決める）のに対し、仕事が他人によって外的に統制されている（自分の仕事に対して何の統制力も持たない）からである。同じように、人間性をどう想定するかによって、マネジメントは仕事と遊びの間に本来不自然なはずの相違を現実に作り出してしまう。その結果、人々は職場で窒息し、自尊欲求と自己実現欲求を満たすべく（もし生理的欲求、安全安定欲求を満たすに十分な金を持っていれば)、仕事以外で多くの時間を費やそうとする。しかも、Ｘ仮説タイプ・マネジメントに慣らされてしまうと、ほとんどの人が仕事を必要悪と考え、チャレンジと満足の源とは考えなくなってしまう。

それに対して、Ｙ仮説に立つ組織では、固く団結した作業チームが形成され、チームの目標と組織の目標とが一致した状態が生まれる。こうした組織では、生産性は高く、仕事が面白いので、人々が喜んで働くのである。

非公式(インフォーマル)職場グループ――ジョージ・C.ホマンズ

マネジメントは、たいていの場合、構成員の行動、ひいては生産性に、潜在的に統制力を持つので、非公式職場グループの強力化を警戒する。では、非公式職場グループは、そのような力をどこから得るのか。G.C.ホマンズは、この疑問の解明の手掛かりとなる社会システムのモデルを考え出した(5)。

それによれば、社会システムには「活動」と「相互作用」と「感情」の3つの要素が絡んでいる。「活動」とは人々が遂行する課業(タスク、作業)のことであり、「相互作用」とはこれら課業を遂行する人々の間に起こる行動である。〈感情〉とは個人間、グループ内に醸成される態度である。G.C.ホマンズは、これらは別々のものであるが、極めて密接に関連し合うという。図3.1に示されるのがそれで、3つの要素は相関しており、どれかに変化が起こると、その変化は他の2つにも波及される。

図3.1　行動(活動)・相互作用・感情の相関

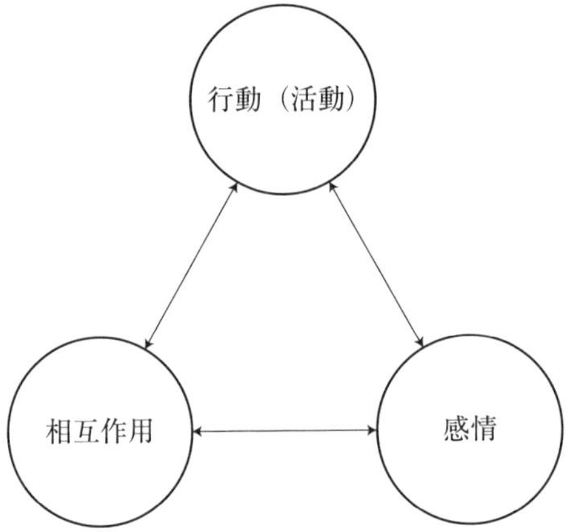

組織には、何らかの活動、相互作用、感情が不可欠的にかかわっており、組織存続上、これらにかかわることが、組織構成員に必然的に求められる。言い換えれば、仕事(つまり、活動)が果たされるためには、人々の協力(つまり、相互作用)を必要とするということである。また、人々にその仕事を続けさせ

るには、その仕事が満足（感情）を与えるものでなければならない。仕事上、互いに作用し合っていると、お互いへの感情が醸成される。

そうした相互接触が増えると、相互間の好意的感情が大切になってくる。そして、この好意的感情が、さらにいっそう密接な協力を促すことになる。こうしてこの関係は、ある均衡点に達するまで上昇方向螺旋《らせん》的に展開していく。この上昇方向螺旋展開の過程が続くと、グループ・メンバーの活動と感情―活動対象のあり方やその活動対象に対する感じ方―は、徐々に似通ったものになる傾向がある。こうなると、特定の状況下で「そのグループのメンバーとしてどう振る舞うのが普通か」というメンバー間の共通の期待や規範が生じてくる。

例えば、職場グループが「必要以上にメアリーに話しかけたり、助けたりしないこと」といった非公式の申し合せをすることもあり得る。もしこのグループの団結が固く、―つまり、メンバーを十分に引きつけ、離反させない状態なら―、メンバーをこの申し合せに従わせることは容易である。違反者は、グループの制裁を受けるからである。「グループは、違反者を本筋に戻すためには、穏やかな揶揄（やゆ）から手厳しい追放に至る様々な罰を行使する[6]」。こうした制裁に対して、メンバーはいろいろな反応をする。グループの規範から逸脱し続けるメンバーもいるだろう。圧力に耐えかねてグループを去るメンバーもいるだろう。

グループの圧力が加わると、人々が感じ方や行動の仕方で同調する傾向にあることは、広く知られている。例えば、ソロマン・E.アッシュ（Soloman E. Asch）は、８人の大学生に長さの異なる３本のラインを示し、それら３本と別の１本のラインと比べさせ、同じ長さのラインが３本の中のどれであるかを答えるという古典的実験を行った[7]。８人中の７人に、予め間違ったラインを答えるよう依頼しておく。それを知らない残りの１人が、７人が答えた後、最後に答えるように仕組んでおくと、残りの１人は自分が正しいと信じる答えを言うべきか、それとも仲間たちの答えに合わせて答えるべきか、ジレンマに陥る。E.アッシュの報告によれば「３分の１は多数意見に一致、またはその方向に歪めて回答している[8]」。こうした実験においてすら、心理的圧力によって人間の行動が歪められるのだとしたら、もっと主観的な判断の場合、仲間の圧力がどう影響するか想像してみるとよい。

いまいちど、強力な非公式職場グループは、組織にとって必ずしも有害ではない、という点を繰り返し強調しておきたい。事実、E.メイヨーがホーソン工場で発見したように、非公式職場グループは、組織目標達成に向けて働くことが自分たちの目標を満たすと受け止めると、彼らは組織目標達成の強力な推進力となる。

対人能力の向上――クリス・アージリス

D.マグレガーやその他の学者が、X仮説に基づく管理は不適当としているにもかかわらず、X仮説的管理は依然として広く行われている。その結果、アメリカでは多くの労働者が職場で未熟な人間として扱われている。この現状を分析すべく、C.アージリスは、未だ多く見られる官僚的／ピラミッド的価値観に立つ組織（X仮説的組織に対応）とより人間的／民主的価値観の組織（Y仮説的組織に対応）とを比較してみた。

C.アージリスによれば、官僚的／ピラミッド的価値観は、貧弱で浅薄な不信の人間関係につながりやすい[9]。こうした関係は、感情の自由で自然な発露を許さないので、上っ面だけの真摯さに欠ける劣悪な対人関係能力を育む。「対人的技能なり、心の安まる雰囲気なりが欠如していると、組織は不信、グループ間の反目、堅苦しいつきあい、などの温床になってしまう。これが組織の問題解決能力を低下させてしまうのである[10]」。

他方、組織が人間的／民主的価値観に基づいていると、人々の間に信頼感の満ちた純粋な関係が育まれるので、対人能力やグループ間の協調、柔軟性、などが強化され、組織の効果性も高まってくると、C.アージリスは主張する。こうした環境では、人々は人間として扱われる。組織構成員も組織自体も、能力いっぱいに機能する機会が与えられ、仕事を楽しく、かつチャレンジングにしようとする試みも行われるようになる。こうした価値観の中に生きることは、暗黙のうちに「仕事と生活に欠くことのできない多くの重要で複雑な欲求を持った人間として各人を扱い、……組織構成員に仕事への関わり合い方や組織と職場環境のあり方に影響を及ぼす機会が与えられている」ことを意味する[11]。

アージリスのマチュリティ（成熟度）理論

C.アージリスによれば、今日もなお、ほとんどの組織で官僚的／ピラミッド的価値観が支配的だが、これが今日の組織の問題を多く生み出している。C.アージリスはイェール大学在職中、管理のあり方が職場での個人の行動や成長にどのような影響を及ぼすかを調べるため、産業組織の研究に取り組んだ[12]。C.アージリスによれば、人間の成長過程に7つの人格上の変化がある。

第１に、人間は幼児の受動的状態から、漸次、活動的な成人に変化する。第２に、人間は幼児の他人依存状態から、成人の独立状態へ成長する。第３に、人間は幼児としては限られた種類の行動しかできないが、大人になると多種の行動ができるようになる。

表3.2　未成熟から成熟への展開

未成熟	⟶	成熟
受身的		能動的
依存的		独立的
限られた行動		いろいろな行動
不安定な浅い関心		強く深い関心
短期的な視点		長期的視点（過去と未来）
従属的姿勢		対等または上位の姿勢
自己認識の欠如		自己認識と自己統御

第４に、移り気で浅い幼児的なものから、成人の深く強い興味へと人間の興味は展開する。第５に、幼児の現時点に集中した短時間的展望は、成人の過去・未来にまたがる長時間的展望へと変化する。第６は、人間は幼児としては誰にも従属するが、そこから成人として他人と対等、または他人に優越する立場へ変わっていく。第７に、幼児の「自己」認識欠如の状態から、成人の「自己」を発見し、統制できる状態へ変化する。C.アージリスは、これらの変化は連続的に発展し、「健全」な人格は「未成熟」から「成熟」へ、漸次、連続的成長すると考えた（表3.2）。

これらの変化は、単なる一般的傾向に過ぎないが、マチュリティ（成熟）という問題をある程度理解させてくれる。個々人の背景となる文化やその他の人格形成上の条件が、成人となった個人の表現や成長のあり方を制約するものの、一般的に言えば、人間は年齢とともに「成熟」の方向へ移行する。しかし、C.アージリスには、完全に成熟する人などありえないこともわかっていたに違いない。

産業界に蔓延している労働者の無関心と努力惜しみが、単に怠惰さのゆえかどうかを調べてみて、C.アージリスはそうではないと考えた。多くの場合、人々が組織に入ると、組織管理のあり方のために成熟が制約されてしまうのだと、彼は主張したのである。組織では、人々は自分をめぐる職場の状況に最小限の影響力しか行使できず、受身で依存的で、かつ服従するよう期待されるから、彼らは未熟な行動をとらざるをえない。多くの組織では、労働者が成人としての行動をとることより、むしろ未熟に振る舞うことが期待されている。もっともこれは、産業界に限られるものでない。事実、高校では生徒を規則と規律でがんじがらめにし、高校生を小学生よりも未熟な人間として扱うなど、多くの学校においてすら見られる。

C.アージリスによれば、人間を未熟状態に留める条件が組織の性質自体に組み込まれている。一般に組織は集団の力で目標を達成するためのものであり、組織はその目標達成に役立つよう設計されているが、その設計に基づいて、個人は組織にはめこまれることになる。つまり、デザイン（企画意図）が先にあるのである。

この組織のデザインは、科学的管理法の4つの基礎概念、すなわち、仕事の専門化、命令の系統化、指令の統一、統制の限界の原則に基礎を置くものである。このようにしてマネジメントは労働者を「互換可能部品」化し、組織管理効率を高めようとしている。

この考え方の根底には、力と権威は少数のトップに集中すべきであり、指揮系統末端はマネジメントやシステムによって厳しく管理されるべきだという観念がある。仕事の専門化は、しばしば作業過程の過単純化につながるが、これが仕事をチャレンジに欠けたつまらない繰り返し作業に劣化させてしまう。リーダーシップは、指示的で仕事一辺倒に流れ、仕事の決定は上司だけが行い、フォロアーは決定の実施に従うのみになってしまう。この種のリーダーシップが、予算統制、刺激給制、時間・動作時間研究、標準作業遂行基準といったフォロアーの自発性や独創性を損なう統制的管理制度につながるのである。

理論から実践へ

C.アージリスは、このような組織の考え方が、人間成熟の過程と調和しない発想を生み出した、と考えた。成熟した人間に必要なものと組織が必要とするものとの間には、現状では矛盾があると考えたのである。つまり、（X仮説に基づく）古典的管理論が広く行われているので、マネジメントは従業員に子供じみた役割を作り出し、それが労働者の自然な成長を阻んでいるというのである。

仕事がこのように低いレベルにデザインされていることは、精神的に遅れた人でも、うまく使えば成功するという事実でドラマチックに証明されている。C.アージリスは、2つの事例を紹介している。ひとつは編物工場の場合であり、もうひとつはラジオ製造工場の場合であるが、どちらの場合でも、精神的に遅れた人々を単純労働に使って成功している。これらの事例では、マネジャーたちは、彼らの優れた仕事ぶりを称賛しているのである。

多くの組織での発見に驚いたC.アージリスは、D.マグレガーがやったように、マネジメントに対して、組織に貢献しつつも職場のメンバーとして自分たちの個人的欲求を満たし、個人的な成長と成熟の可能な職場環境を提供するよう呼びかけたのである。この呼びかけには、正しく動機づけられた場合、人間は仕事でも自律的であり、独創的であるから、X仮説に基づくよりY仮説に基づいてマネジメントする方が有利であるという信念が込められていた。

C.アージリスの呼びかけに、徐々に多数の会社が耳を傾けるようになった。例えば、ある大会社の社長が、C.アージリスに、どのように従業員を動機づけるべきかを尋ねた。そこで、2人はその会社のラジオに似た製品の組立工場のひとつを訪れた。そこでは、12名の女子工員が、工程専門家の指定した工程に従って、分断された工程の担当作業に従事していた。そして、このグループには職長、検査員、包装工も配置されていた[(13)]。

C.アージリスは、彼女たち1人ひとりが好きなように製品を組み立てさせる実験を1年間やってみるよう提案した。実験中は、各人が製品を自分で検査し、製品に名前を記し、自分で梱包し、製品への苦情処理も自分で行うのである。なお、実験中は、生産が落ちても賃金はカットせず、増産したら割増賃金がもらえることが保証された。

実験開始後最初の1カ月間、生産は70%低下した。6週間後には、事態はさらに悪化した。彼女たちは混乱し、モラールも低下した。こうした傾向は8週間目まで続き、そして生産は上昇を始めた。15週目の終わりには、生産はかつてない最高水準を記録した。しかも、検査工も包装工も工程専門家もいなかった。生産性向上以上に重要なことは、ミスやムダによるコストが94%減少し、苦情件数は96%減少したことであった。

このような実験がいろいろな状況で繰り返して行われている[(14)]。そして、個人の責任の拡大は従業員と会社双方にとって有益である、という結果が幾度となく報告されている。仕事上、人々に成長と成熟の機会を与えることは、生理的欲求や安全欲求以上の欲求の充足を可能にさせ、そのことが組織目標達成に各人の力を十二分に発揮させることにつながる。もっとも、すべての人が重責とそれに伴う面倒な問題を任されることに積極的とは言えないが、責任を担うことで動機づけられる人の数は、多くのマネジャーが考えているよりもはるかに多い、とC.アージリスは主張している。

意欲要因―環境要因論――フレデリック・ハーツバーグ

既述のように、成熟につれて、自我・自尊欲求や自己実現欲求が重要になってくる。これら欲求領域に焦点を絞った諸研究の中でも特に面白い研究のひとつは、F.ハーツバーグが指導した研究である[15]。この彼の諸研究からマネジメントと人的資源の有効活用に幅広い示唆をもたらす仕事の動機づけに関する理論が生まれた。

F.ハーツバーグは「意欲要因―環境要因」論を形成する過程で、D.マグレガーやC.アージリスら研究者は、マネジメントにかかわる重要なものを発見しかかっていると感じたようである。人間性、動機、欲求などの知識は、組織や個人にとって極めて重要だからである。すなわち、

「この研究を通じて、産業界は、生産性の向上、欠勤率の低下、職場の人間関係の円滑化などで報われ、また、個人としても、志気高揚要因の解明を通じて、いっそうの幸せと自己現実の促進に繋がるからであった[16]。」

F.ハーツバーグは、人間行動に関する仮説を構築するため、職務態度についてのデータの収集を始めた。意欲要因―環境要因論は、F.ハーツバーグとピッツバーグ心理学研究所スタッフによる最初の研究を分析して構築された。

この研究は、ピッツバーグ周辺の11の企業から選ばれた約200人のエンジニアと経理担当者に対する面接によっている。その面接で、仕事上、どんなことを不幸と感じ、不満に思ったか、また、どんなことに幸福や満足を感じたか、が質問された。

この面接のデータを分析した結果、F.ハーツバーグは人間の欲求には2種類―彼は、これらをそれぞれ「衛生要因（Hygiene factors）」、および「意欲要因（Motivators）」と呼んだ―があり、これらは相互に無関係で、それぞれが人間行動に異なった作用を及ぼす、と結論した。また、人間が仕事に不満を感じているときには、関心が作業環境に向けられていることにも気づいた。

他方、仕事に満足しているとき、関心が仕事そのものに関係していることを発見した。F.ハーツバーグは、最初の種類の欲求を、「衛生的（Hygiene）」、または、「維持的（Maintenance）」と呼んだが、「衛生的（環境的）」と呼んだわけは、この欲求が作業環境に関係し、主として仕事の不満を予防する働きを持つからであった。また、この欲求を「維持的」と呼んだわけは、この欲求が100%充足されることはありえず、絶えず維持されねばならないからであった。

2番目のカテゴリーの欲求は、人間を優れた仕事振りへ動機づける上で有効と思われたので、彼はこの欲求を「動機（意欲）要因」と呼んだ。表3.3に、意欲要因、環境（維持）要因の要約を示しておこう。

表3.3　環境（維持）要因と意欲（動機）要因

意欲要因	維持要因
仕事自体	環　　境
達成	方針と管理施策
達成を認められること	監督のあり方
チャレンジングな仕事	作業条件
責任の増大	対人関係
成長と向上	金銭、身分、安全

環境（維持）要因

会社の経営政策、管理施策、監督のあり方、作業条件、対人関係、金銭、身分、安全などは、環境要因と考えられる。これらは仕事自体に備わる要因ではなく、仕事の遂行条件に関係している。F.ハーツバーグは、「衛生」という言葉を医学的な意味（予防的、かつ環境的）で使っている。F.ハーツバーグは、環境（衛生）要因が労働者の生産能力を高める要因ではなく、作業上の拘束からくるロスを予防する働きを持つに過ぎないと気づいた。そこでF.ハーツバーグは、これを「維持要因（Maintenance Factor）」と呼ぶようになった。

意欲（動機）要因

物事の達成や専門的成長に伴う喜び、やりがいのある仕事を通じて感じる充実感、などをもたらす要因を、ハーツバーグは「意欲要因」と呼んだ。ハーツバーグは、これらの要因が仕事上の満足感にプラス効果を持ち、全人的な生産能力の増大をもたらすことが多いので、こう呼んだのである。

近年この「意欲要因―環境要因論」の研究は、研究対象をエンジニアと経理担当者から、トップから時給労働者に至る組織の全階層に拡げて行われている。例えば、テキサス・インスツルメント社で大がかりな調査を行ったスコット・マイヤーズ（Scott Meyers）は、F.ハーツバーグの「意欲要因―環境要因論」は「あらゆる職責レベルの管理行動に容易にあてはめられる。マネジャーが日常的に対応すべき問題について解決のヒントの枠組みを提供するものであり、マネジャーの有能感、自信、そして自律性を高めることに役立つ」と結論づけている[17]。

環境要因と意欲要因の違いは、例を挙げればいっそう明確になるし、F.ハーツバーグが欲求要因を２つに分けた理由も、これではっきりしてくる。ここに大いに動機づけられ、能力の90%まで発揮している従業員がいるとしよう。上司との関係もうまくいっており、給与や労働条件にも充分に満足し、かつ気心の通い合った職場グループの一員として収まっている。ところがある日、突然、上司が気難しい上司と交代した、いや、仕事のできない誰かが自分よりいい給与をとっているとわかったとしてもいい。こうした要因は、この従業員の行動にどう影響するだろうか？ 人の仕事振りや生産性が、能力と意欲の両方にかかっていることはわかっている。環境要因（監督のあり方や金銭的報酬）が満たされないと、当人の生産性は落ちるかもしれない。こうした生産低下は意識的な場合もあれば、そうでない場合もある。いずれにせよ、生産性は図3.2のように低下する。ちなみに、この場合、仮に前の上司が戻ってきても、また給与が期待のレベル以上に調整されたにしても、当人の生産性の回復は元のレベルまでに過ぎないだろう。

図3.2　環境要因が満たされない場合の影響

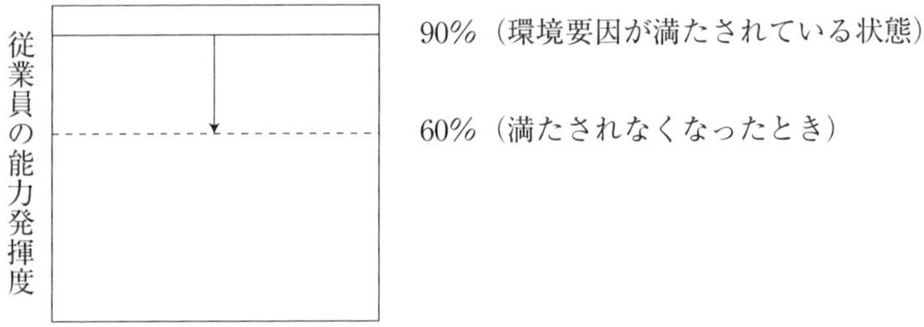

次に、この従業員が不満を感じることなく、継続して90%の能力を発揮している場合を想定してみよう。つまり、ある程度の自主的行動や独創、意思決定や問題処理が許されるなど、責任担当の状況におかれて、意欲要因刺激と充足の機会を与えられたと仮定するわけである。この状況は、当人にどのような影響を与えるだろうか？ もし、新しく拡大された責任について上司の期待に応えられたとしたら、能力発揮が依然として90%であっても、当人は成長し、能力も伸びているので（かつ、責任自体も拡大されているから）図3.3に示すように、当人の生産性は実質的に上がっているのである。

環境要因が充足されると、不満や生産抑制は解消されるが、仕事振りの改善や能力向上についての動機づけにはあまりならない。しかし、意欲要因に応え

図3.3　意欲要因充足の効果

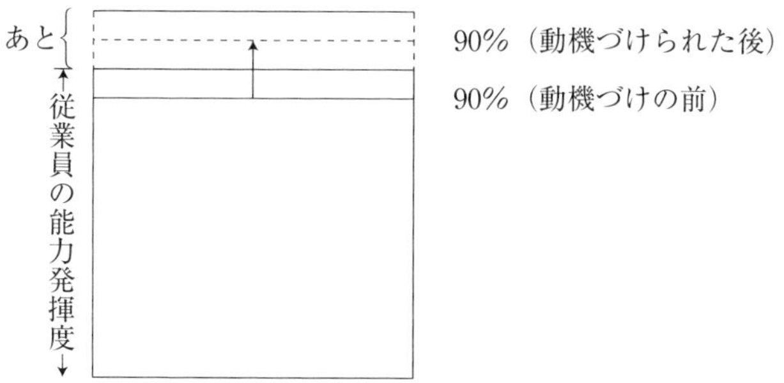

ると、自律的成長や向上が促進され、能力伸張につながることが多い。したがって、環境要因はやる気に意欲要因は能力に、かかわるということもできる。

ハーツバーグの説とマズローの説との関係

図3.4に示すように、A.マズローの説は欲求や動機を分類するのに有用であり、F.ハーツバーグの説は、そうした欲求を満たすための目標（対象）や誘因を洞察する手掛かりを与えてくれる。したがって、実際の動機づけ場面では、相手の最強欲求（A.マズロー）がわかると、相手を動機づける目標／対象（F.ハーツバーグ）を選んで提示することが可能になる。また同様に、相手が求める対象（目標）を知れば、相手の最強欲求を予見することもできる。こうした提示や予見が可能なわけは、金銭や福祉が生理的欲求や安全安定欲求の充足につながり、また対人関係や監督のあり方が社会的欲求充足につながる環境要因の例であること、そして責任拡大やチャレンジングな仕事、成長と向上などが、自我・自尊欲求や自己実現欲求に対応することがわかっているからである。図3.5は、A.マズローとF.ハーツバーグの理論の関係と思われるものを示したものである。

筆者らは、生理的欲求、安全・安定欲求、社会的欲求、そして自我・自尊欲求の一部は、環境要因に対応するものと捉えている。自我・自尊欲求が環境要因と意欲要因とに分けられるわけは、身分や地位と名声との間にはっきりとした区別があるからである。すなわち、身分や地位は社会的な位置がもたらすものである。社会的な位置は家族的なつながりや社会的な状況の中で生まれ、当人の業績や社会的評価には直接の関係がないかもしれない。社会的評価は、有能さと業績を通じて獲得される。他から与えられ、購い取られるものである。したがって、身分や地位は生理的欲求や安全欲求、社会的欲求とともに環境要

図3.4　動機づけの仕組みにおけるマズロー説とハーツバーグ説の関係

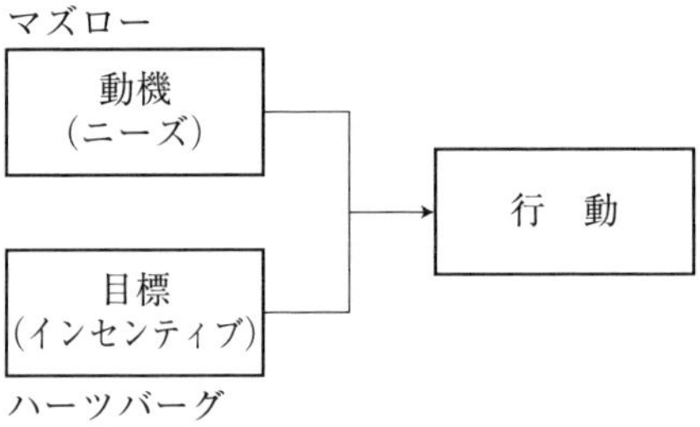

図3.5　ハーツバーグの〈意欲要因・環境要因論〉とマズローの〈欲求段階説〉との関係

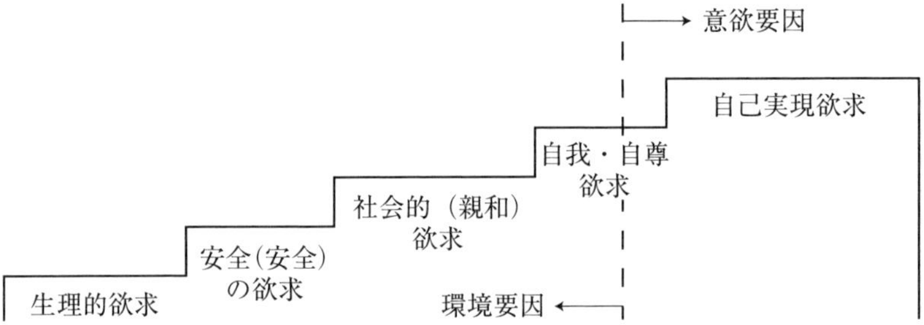

因に分類され、社会的評価を求める欲求は、自己実現欲求とともに意欲要因に分類される。

D.C.マクレランドが主張する達成意欲もまた、F.ハーツバーグの「意欲要因―環境要因論」と関連があるように思われる[18]。達成意欲の強い人は、意欲要因（仕事そのもの）に関心を持つ。彼らは仕事に関連したフィードバックを欲しがる。自分の仕事振りがどうかを知りたがるのである。他方、達成意欲の弱い人は、環境に関心を向けている。つまり、自分の仕事振りよりも、他人が自分をどう見ているかを知りたがるのである。

職務充実

F.ハーツバーグ以前にも、多くの行動科学者が労働者の動機づけに関心を持った。その結果、何年間かにわたって「職務拡大」や「ローテーション」が強調されたことがある。これは、多くの産業組織に共通した過度の職務単純化へのひとつの回答であった。すなわち、職務範囲が拡大されて作業の種類と数が増えると、働く者の仕事の満足度が高まるという想定があったのである。

F.ハーツバーグはこのような傾向についても鋭い指摘をしている。彼は、あれこれ仕事を断片的に行っても、必ずしも動機づけにはならないと主張した。皿を洗い、銀食器を洗い、次いで壺や鍋を洗ったからといって、皿だけを洗う場合よりも成長の機会や満足感を得られるわけではない。やらなければならないことは職務を充実することである、とF.ハーツバーグは示唆した。ちなみに、「職務充実（Job enrichment）」とは、職務責任の高度化であり、職務責任の範囲とチャレンジの計画的増強である。

職務充実の例

職務充実の例として、ある人事課長が経験した掃除夫グループの事例を紹介しよう。彼が新工場に着任してみると、15人の掃除夫グループを管理・監督することも彼の仕事になっていた。掃除夫を監督するフォアマンは置かれていなかった。ある日、報告ファイルを見ていて、工場の清掃に不満が多いのに気づいた。何人かの意見を聞き、自分でも観察してみて、報告のとおりであることがすぐわかった。掃除夫たちは怠惰で、あてにならず、概して意欲がなかった。彼らはX仮説的人間の生きた見本だったのである。

掃除夫の仕事振りを何とかしなければならないと思った人事課長は、全員を集め、いくつかの問題を論じ、事の専門家である掃除夫たちのアイデアを求めた。「誰か提案はありますか？」と尋ねたのである。完全な沈黙が続いた。彼は座って、黙っていた。沈黙は、20分近くも続いた。ついに1人の掃除夫が口火を切り、問題を説明し、提案をした。すぐに他の連中も加わり、議論はにわかに活発になったが、彼は掃除夫たちの発言に耳を傾け、提案を書き留めた。会合の終わりに提案は要約され、人事課長を含めた全員の暗黙の了解が成立した。

この会議以降、彼は清掃問題をすべて掃除夫個人、またはグループ全体に任せることにした。例えば、清掃資器材セールスマンが工場にやって来ても、人事課長が会わずに掃除夫たちに会ってもらったのである。会合は定期的に続けられ、問題や提案が検討されるようになった。

これらの措置は、掃除夫たちの行動に大きな影響を与えた。彼らは、仕事に誇りを持つ団結した生産的なチームに変貌した。彼らの外見まで変貌したのである。これまでのうす汚い連中が、清潔でプレスされた作業服を着るようになった。工場内を通じて、何もかもきれいに整頓されるようになったので誰もが驚いた。人事課長は工場の監督者からしょっちゅう呼び止められて、「あの怠け者で役立たずの掃除夫たちに何をしたんです。強壮剤でも飲ませたのですか」と尋ねられるほどだった。彼自身、起こったことが信じられなかった。数人の掃除夫たちが、どのワックス・クリーナーが最適かを、自発的に床テストをしているのを目撃することも珍しいことではなくなった。掃除夫たちは資材購入予算などすべて決定を任されていたので、一番よい製品を調べようとした。これには時間がかかったが、仕事の邪魔になるわけではかった。事実、彼らは従来にも増して懸命、かつ能率的に働くようになった。この事例は、職務充実のいくつかの優れた点を示している。まず、掃除夫たちは工場全体の清掃と整理整頓に責任を負うよう仕事が再編成されている—ちなみに、これは「横断的職務拡大（Horizontal Job Expansion）」と呼ばれる。加えて、従来はマネジメントの特権であった器具や器材、方法についての決定が、掃除夫たちに任された—ちなみに、これは「縦割り職務拡大（Vertical Job Expansion）」と呼ばれる。横断的で、しかも縦割りの両方にまたがる職務拡大が、仕事の意欲と満足度の向上に必要だったのである[(19)]。

この事例は、組織の低いレベルにおいても、成長と成熟の機会のある作業環境に対しては、人間が責任ある生産的行動が採れることを示している。人間は、自分の仕事を、計画し、組織化し、動機づけ、そして統制すること、に自分が参画することを通じてはじめて、自我・自尊欲求と自己実現欲求を満たすことができるのである。

配置の問題

動機づけの問題が、すべて職務充実の問題であるわけではない。C.アージリスが知恵遅れ労働者を流れ作業に見事に使って見せたが、一般に仕事に必要以上のはるかに高い能力を持つ人を雇う傾向がある。

次はある大工場の操業開始の際に起こった能力過剰雇用の事例である。多くの新設工場でそうであるように、最初に必要だったのは警備員グループであった。工場警備管理者は早速、警備員採用の最低資格要件として、「高卒、3年の警察、または工場警備の実務経験」を設定した。この工場は、その農村地域では初めての大工場進出であったので、最低資格要件どころか、それをかなり上回る人を採用することができた。

ところが仕事が始まると（仕事は、工場入構者のバッチと昼食桶の搬出をチェックするだけだった）、倦怠、無気力や無関心の兆候がすぐに現われた。退職者も続出した。この問題は直ちに検討され、採用基準が逆転されることになった。高卒者も警察官・警備員経験者も、資格過剰とされた。今度は小卒程度の、あまり高度な仕事を期待していない者を採用することになった。こうして雇われた警備員ははるかに優秀で、退職、欠勤、遅刻率も最低となった。なぜだろうか？ 彼らにとって、新しい制服にバッヂ、そして少々の権限を持つことが重要であったし、この仕事に大きな責任とチャレンジを見出したからだった。[20]

意欲と満足

研究者であり、教育者であり、コンサルタントでもあるエドワード・E.ローラーⅢ世（Edword E. Lawler Ⅲ）は、マネジャーの中には、意欲と満足を同意語ではないまでも、ほとんど同じだと考えている人もいるので、これら2つの関係について考えた。E.E.ローラーは、同じではないと主張する。

この2つは全く異なるものである。意欲は、成績が報酬につながるという前向きな認識に基づくものであるのに対し、満足は、受け取った報酬について持つ感情である。このように、満足は過去のできごとの結果であるが、意欲は未来に対する期待の結果である。[21]

マネジャーは、この重要な違いを知っていなければならない。過去を反映する報酬や恩典に基づいて将来の成績を上げさせようとするのは、満足の性質を理解していないこと示している。満足は過去指向的であり、意欲は未来指向的である。将来の業績向上を求める管理者は、本章に述べた概念や技術の活用を図られたい。

動機づけ4理論の統合

図3.6は、有名な動機づけ論4種を総合したものであり、概念の一般化に有用である。

1. **人間は、安定を求める**　人間の生存の基礎には、ある種の「不安定欲求」がある。この欲求にかかわらなければ、人間は作業に関心を向けるようになる。ちなみに、後章の状況対応リーダーシップで「レディネス」を論じる際に、この問題に戻る。組織の効果性を論じる上で安定性の問題はゆるがせにできない。
2. **人間は、社会システムを求める**　この欲求を、関係性向（Relatedness）、あるいは、親和性（Affiliation）、あるいは、対人関係（Interpersonal

図3.6　４つの動機づけ理論の比較

マズロー	アルダーハ	ハーツバーグ	マクレランド
自己実現	成長	意欲要因	達成のニーズ
自我・自尊			
社会的	関係	環境要因	連帯（親和）のニーズ
安全・安定	生存		
生理的			

出所：Gregory B. Northcraft and Margaret A. Neal, Organizational Behavior : A Management Challenge, 2nd ed., (Fort Worth : Dryden Press, 1994), p. 113.

relations)、さらには、帰属性（Belongingness)、等々、と呼ぶが、何と呼ぼうと、組織に社会的側面が備わっていることは否定できない。

3．**人間は、自分の個人的成長を求める**　この欲求を、自己実現（Self-actualization)、あるいは、上昇志向（Advancement)、あるいは、成長（Growth)、あるいは、達成欲求（Need for Achievement)、等々、何と呼ぼうと、組織が持つ育成的側面を否定することはできない。

図3.6に見られるように、リーダーシップ・モデルには、上述の３種の人間の欲求が含まれるべきだと筆者らは考える。この点は、職場改革への創造的取り組みで知られるレイチェム社最高責任者のロバート・J.サルデッチ（Robert J. Saldich）氏の次のビジネス・ウィーク誌掲載面接記事によっても裏書きされている。同氏は、「仕事には人間的要素が間違いなく含まれます。業務の安定性、雇用の安定、労使の利益分配、等々を基盤にした雇用者と被雇用者の関係は相変わらず必要です。人間は、いままでも社会的に生きてきましたが、こうした人間の社会性が組織の起動力であることは、今後も変わらないでしょう」，と言っている[22]。

自己概念と自己認知

リーダーシップを振るわねばならない状況に当面して、読者はどう感じるだろうか？　自信満々？　沈着？　チャレンジを迎え討つ？　それとも、おっかなびっくり？　不安？　びくびく？　こうした場合、読者自身の自己概念が読者の行動に大きな影響を及ぼす。読者の自己概念は、読者に世界を見る目をつけるばかりでなく、自己概念維持に都合のよいうようものごとを見させてしまう。著名な心理学者カール・ロジャース（Carl Rogers）は、これを次のように説明している。「人間は、自分の目標、能力、信念、価値観と一致する行動をとることによって自己概念を守ろうと努力する。……人間は理想的自分をめざして自らを学び、啓発することを通じて自己概念を高めようと努力する。……人間は、概して自己概念と一致した選択をする[23]」。

帰（起）因理論

他人の行動を、当人の意思または状況の、どちらに起因した行動であるか、で判定することがある。S.ロビンズが言うように、「“内因”に由来する行動は、当人が制御できる行動である。“外因”に帰因すべき行動は、外側の原因、つまり状況がその行動をとらざるを得なくさせたのである[24]」。

そこでS.ロビンズは、行動評価には、当人の自立度（Distinctiveness）、他人との一致度（Consensus）、そして行動の一貫性（Consistency）の３つの要因が手がかりになると主張した。例を挙げて考えて見よう。部下マネジャーの１人が、重要な契約の獲得に失敗したとする。さて、このマネジャーの成績をどう評価すべきだろうか？　表3.4によって、手掛かりを求めることができる。では、表を使って考えを進めてみると、この失敗は、はっきりと失敗だと言えるか？　然り。失敗は自明である。同じような経験のマネジャーは似たような状況で、失敗するか？　間違いなく失敗しそうである。当人の過去の業績からみて、これはありうべからざる失敗か？　否、これは彼の初めての失敗である。こう分析することにより、失敗が当人が制御できない外的原因によるものだ、と知ることができる。事実、その後の調査を通じて、競争会社が余力を十分に持って、異常に低い指し値をしたといったことが発見されるかもしれない。

他方、他人が成功しているときに決まって失敗する人物が、他人が成功しているのに失敗したとしたら、失敗は内因（能力）によっていると判断できる。

表3.4　帰（起）因理論の応用

要因	YES OR NO	内因	外因
当人の自立度	Yes		×
他人との一致度	Yes		×
当人の一貫度	No		×

諸概念の総合

図3.7は、これまでに検討してきたいくつかの概念を総合したものだが、本章以降の諸章への展望としても役立つ。図は、K.レビンとN.R.F.メイヤーのモデル（すなわち、行動は当人と状況要素の相互作用で起こされる）に基づいている。C.ロジャースが指摘したように、人間の認知と期待は、特定状況における自己概念の影響を受け、それが行動、そして結果へと展開する。その結果が状況とわれわれとに影響を及ぼすのである。

図3.7　自己概念に影響された認知と期待から行動はどのように展開されるか？

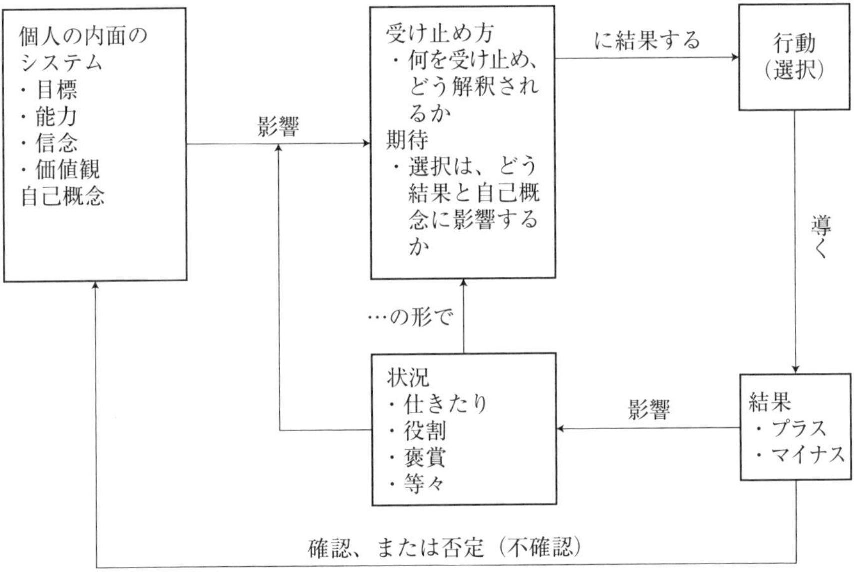

本章のまとめ

本章を通じて、従業員の動機づけに両極端の立場あることがわかったと思う。一方の端には（多くの人がこの端の考え方を最も普通の考え方と思っている）、X仮説的人間観に立脚した官僚的ピラミッド形価値観とAパターン行動に支配された組織がある。こうした組織におけるマネジャーたちは、人間があたかも生理的欲求と安全・安定欲求だけで動機づけられ、環境要因の充足を願っているかのように考え、行動する。こうした組織の従業員たちは、受身的で、依存的で、子供のように振る舞う。他方の極端には、Y仮説的な人間的－民主的価値観とBパターン行動に支えられた〈理想的〉組織がある。この組織におけるマネジャーたちは、人間は社会的（親和）欲求、自我・自尊欲求、そして自己実現欲求によって動機づけられると考えている。

これら両極端の相違は大きく、C.アージリスも言うように、XＡからYＢまでの旅は決してやさしい旅ではない。この旅の準備は、分析と理解を必要とするが、それにくわえて、行動を指揮し、変容させ、制御する本当の意味でのスキルが必要とされる。

第4章

リーダーシップ

展望

成功した組織と成功しない組織は、1つの大きな特徴で分れる。すなわち、ダイナミックで効果的なリーダーシップがそれである。P.F.ドラッカーは、マネジャー（ビジネス・リーダー）こそ、どの企業においても、基本的で希少なリソースである、と言っている[(1)]。

ビジネスは、常に有能なリーダーを求めているが、見つけるのはたやすくない。有能なリーダーの不足は、ビジネスに限ったことではなく、政府、教育界、諸協会、教会、そしてその他のあらゆる組織での管理者の不足に、このことは明らかである。われわれが社会のリーダーシップ能力の不足を叫ぶとき、決して管理的職位の人材の不足を言っているのではない。われわれが問題にしているのは、社会において意味のあるリーダーシップの役割を担い、役割を効果的に果たせる人のことである。

リーダーシップの定義

ジョージ・R.テリー（George R. Terry）によれば、「リーダーシップとは、集団の目標に進んで努力するよう、人々の活動（行動）に影響を及ぼすこと」である[(2)]。ロバート・タンネンバム（Robert Tannenbaum）、アービング・R.ウエシュラー（Irving R. Weschler）、フレッド・マサリック（Fred Massarik）らは、リーダーシップを「状況の中で、特定の目的、ないし目標の達成のために、コミュニケーション・プロセスを通して揮われた影響力である[3]」と定義している。ハロルド・クーンツ（Harold Koontz）とシリル・オドンネル（Cyril O' Donnell）は、「リーダーシップは、共通の目的の達成のため、従う人たちに影響を及ぼすことである」と言っている[4]。

その他の著作者を調べてみると、たいていのマネジメント文献の著者が、リーダーシップは、与えられた状況で、目標達成のため、個人、ないし集団に影響を及ぼすプロセス、だとしている。このリーダーシップの定義から、リーダーシップ・プロセスが、リーダー、フォロアー、そしてその他の状況要因の機能であることがわかる。すなわち、

$$L = f\ (l、f、s)$$

である。

この定義が、特定の組織に言及しないことに注意されたい。誰かが他の個人、ないし集団に影響を及ぼそうとしている状況では、どのような状況においてもリーダーシップがとられているわけである。したがって、誰でも、その活動がビジネスに関係しようが、教育機関や病院、政治的組織、はたまた家庭にかかわろうが、何らかのときにリーダーシップを試みたことになる。

また、この定義が、リーダーなり、フォロアーなりに言及するとき、マネジャーとか同僚といった言葉から連想される階層関係についてだけ説明しているわけではない。どんな場合でも、個人が誰か他人の行動に影響を及ぼそうとしているときには、その人がボスであるか、同僚（仲間）であるか、フォロアーであるか、友人であるか、親戚であるか、それとも集団であるかを問わず、その人は潜在的リーダーであり、その影響の対象は、潜在的フォロアーである。

ビジョン創造者としてのリーダー

リーダーシップに対する性格特徴的な、態度的な、状況的なアプローチを検討するに先立って、組織のリーダーシップを大局的観点から位置づける必要がある。ついては、強力な2モデルを紹介することによって、それを図りたい。すなわち、SOARモデル（SOAR Peak Performance model）とVTRモデル（Vision to Result［VTR］Model）である。それぞれのモデルは、どちらも重要な展望を与えてくれる。

SOARモデル（SOAR Peak performance model）

「リーダーシップはあなたが信じるところの……を実現させるものである」。どの国においても、極めてチャレンジングな状況の下で、信念を実現した多くの勇敢な男女の例に恵まれているものである。これらの男女は、行動の必要を感じ、自分たちのやっていることを信じ、さらに他の人たちを鼓吹し、そして信じられないほどの逆境にもかかわらず、世界を変化させたのである。これこそリーダーシップのエッセンスである。これらの男女は、リーダーたる責任を担おうとし、自らの信ずるところ、すなわち、自分の価値観の実現をめざして、この役割に伴う責任を受け入れた。そして、それを実現したのである。

効果的な職務遂行は、偶然から生まれるものではない。効果的な職務遂行は、習得でき、組織内の、誰でもが応用できる計画的措置の結果である。これは耳よりの話である。さらに良いことに、こうした計画的措置を世界中の未来志向的マネジャーたちが活用している。彼らは、この新しい管理手法・技術を効果的に活用しているのである―したがって、読者もまた使うことができる。

効果的なマネジャーのやっていることで、彼らを他から際立たせているのは何だろうか？何があるマネジャーを成功させ、また失敗させるのだろうか？それは、彼らがどこをめざし、いかにそこに到達するかの問題である。言い換えれば、アイデア、考えの枠組、心中の計画、などの有無に関わっている。マネジャーが目的を達するためには、自分がどこをめざしているのかを、知っていなければならない。今日のマネジャーも、数千年の昔のように、ビジョンがなければ、個人としても、組織としても、死滅してしまう。リーダーは、ビジョン創造者でなければならない。これは、重大な意味を持つポイントであるが、ビジョンのあり方がリーダーシップを制するからである。ビジョンこそ組織をリードするための根本なのである。

W.ベニスは、「リーダーをリーダーたらしめる唯一の資質は、ビジョンを創造し、実現する能力だ」と言っている。マーシャル・ロブ（Marshall Leob）は、「私の知るリーダーはすべて、極めて明確な目的意識を持っている。明確に定義されたビジョン、ないし目的を先頭にみんなが揃っている組織は、強力な組織である」と言い、そしてゼネラル・エレクトリック社の会長ジャック・ウエルチ（Jack Welch）も、「効果的リーダーは、ビジョンや共有された価値観と目標を通じて他の人を率いる」と言っている。場合によっては、義務とさえ言っていいだろうが、所属組織のためにビジョンを創造し、このビジョンを具体的な経営戦略や具体的な経営システム、そして組織が成果を上げるためのリソース配分に展開していくことは、トップ・マネジメントの責任である。

成果―有効な仕事―への道を決定するものは、図4.1に描かれたSOARモデル（SOAR Peak performance model）で示した相互に影響し合う要因の組合せである。このモデルは、著者らが先に言及したN.R.F.メイヤーの古典的な因果モデルの応用である。「SOARモデル」によれば、状況（Situation）と組織（Organization）の関係は、結果（Results）を生む活動（Activities）に結びつく。

組織がSOARモデルを使うとすれば、状況の中核であるリーダーは、組織活動に影響を及ぼし、成果を上げなければならない。では、SOARモデルに、L（Leader）を加えた図4.2をご覧いただきたい。本図では、リーダーの影響可能性が、イコール記号を間にして左端にリーダーの間接的影響力として、示されている。この間接的な力は、相互に影響し合うプラス・マイナスの２つの磁力に似ている。状況とリーダーが近づけば近づくほど、大きな抵抗が生まれる。

図4.1　SOARモデル

今日リーダーの力は、減少しつつある。多くの要因の中で、特に法律、法令、そして社会的規範の変化が、リーダーの影響力を制約するようになっている。なおこの結論は、善悪を論じる規範的立場から出したものではなく、現代組織生活の事実として出したものである。他方、状況もますます混迷を深め、管理が難しくなってきている。

リーダーの力は、状況に影響する数多くの力の１つに過ぎない。組織はまた、遠く間接的に政治的、経済的、社会的、技術的、そして環境などの外部の諸力にも影響されている。競争他社、供給業者、など、その他の力も業務環境に影響している。さらに加えて、組織それ自体の中にも、組織文化の助けや妨害など、相克する力がある。詳細は後述するとして、これら相克する力の下で、組織に影響を及ぼして結果を上げるには、リーダー独りの力では不十分である。リーダーの「磁力ある」人格だけでは十分ではないのである。組織を成果へ向けて「引っ張る」には、いまひとつ何かが欲しいが、それが図4.2の中で、Vの字で表されているビジョンである。リーダーの影響による押しだけで、成果を上げるのはムリなので、力強く駆り立てるビジョンの引っ張りも必要なのである。

似たような考えが、製品やサービスが配送チャンネルを通して押し出され、広告を使って顧客の購買欲を刺激し、配送チャンネルを通して製品やサービスを引っ張るマーケティングに見られる。

SOARモデルは、さらに次図のVTRモデルへ展開する。

図4.2　SOARモデル（改訂）

VTRモデル（Vision to Result model）

本書の中心になる枠組（思考モデル）は、状況対応リーダーシップであるが、著者らは、戦略的観点から、結果の挙げ方の検討も重要であると考える。つづれ織りにはそれぞれ特徴的な模様があるが、成功にも、それを構成する模様がある。明日の成功を表す模様（言葉）は、次のとおり。

- ビジョン
- 変化、変革
- 実施、実行
- 結果、成果

VTRモデルでは、これらの4つの不可欠な言葉（模様）がさらに、次のように展開されている。課題遂行の順序とあり方に沿って、これを並べたものが次のリストである。

- ビジョン
- ビジネス・アイディア—組織環境
- ストラテジィ（戦略）—組織文化
- 目的・目標—チーム
- 課題（課業）—人々
- 結果（成果）

訳注
94頁～97頁の図4.3から図4.6まで、少しずつ展開した図になっているので、連続的に積み重ねて見てゆくこと。

組織活動には、多くの要因が作用するので、VTR（Vision to Results model）モデルは、経験的研究、および実務を通して、重要要因に焦点を当てている。また、表現されているかどうかはともかく、どの組織にも、方向を定める推進力となるビジョンが必ずあるから、このモデルの最上部右（図4.3）に、戦略的な意味でのビジョンが示されている。ビジョンは、思想、観念、夢として現れる内面のものであり、人間なり（組織なり）の中心になっている。ビジョンでは、不可能すら夢想することができる。ビジョンは、成功の可能性を描き、可能性を利益へ……結果へ転換する。人によっては、ビジョンを、意思、目的、憲章、目標、など違う名前で呼ぶかもしれない。しかし、名前はともあれ、組織の中心をなす価値観、そして欲求によって描かれた将来像が、そこにある。

図の左下のコーナーには、ビジョンで期待されるアウトカム—つまり、結果がある。これはビジョン達成がどのように進んでいるかを、日々知らせてくれる戦術的ガイドになる。こうしてリーダーシップは、ビジョンを成果へ転換していく道程で揮われる。

モデルの右側（図4.4）は、計画／決定の側である。マネジャーは、組織を望ましい方向へ動かすために必要な、組織の使命（ビジネス・アイデア）、戦略、目的、課題を定める決定を右側縦軸に沿って上から下へ進める。

計画がいかに優れていようとも、実施されなければ意味がない。リーダーシップは、そうした計画を達成させるものでもある。たいていの組織では、「何をなすべきか」に焦点を当て、「実施」を忘れている。そうした計画を見ると、ほとんどが構造（仕組）だけである。そこには動きがない。実施（動き）が忘れられる主な理由は、計画に組織環境、文化、チーム、従業員への影響が考慮されていないからである（図4.5）。

図上対角線に沿って右上から左下（図4.6）へ進むと、4つのレベルを通ってビジョンから結果へ進む。レベル1では、事の成否を決める支援、ないし妨害する利害関係者、主要関係者、などの影響にさらされた内外の環境の中で、ビジネス・アイデアを実施しなければならない。レベル2では、どこでも行われるように組織文化の中で、戦略的指導が行われる。レベル3では、目標がチームによって達成されていることを匂わせる。そしてレベル4では、仕事（課題）が、人々（従業員）によって果たされている。

右側の決定（作業／措置）の軸は、下へ向けて「何を」と「いかに」に関する決定プロセスを示し、上へ向けて「なぜ」と「何」を示している。
図の上辺の人間的側面の問題（人間への影響）を表す軸は、組織をリードする際の右側の事項を達成するための影響のプロセスを示している。

図4.3　リーダーシップ行動を通じて、ビジョンが結果に結びつく

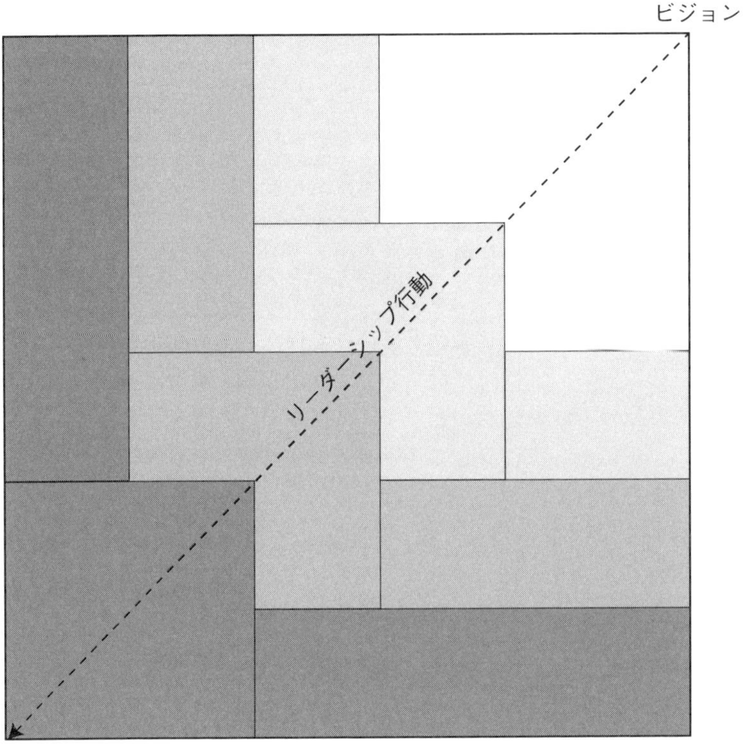

出所：Adapted with permission of the Center for Leadership Studies, Inc.
Copyright ©　1996.All rights reserved.

右から左へ対角線に沿って動き、リーダー（シップ）は、各レベルでチャレンジすることになる。図4.6では、

1．ビジョン、使命、ビジネス・アイデアを、組織を廻る環境に照らしてモニターし、整え、確立する。
2．戦略上のイニシアティブを、活性化し、整備し、調整する。
3．（従業員）チームを、目的・目標に向けて、関係づけ、協力させ、集中させる。
4．課題に対して、人々（従業員）を力づけ、惹き込み、育てる。

の諸点を説明し、「リンキング・ピン（連鎖）」として表している。

図4.4　右側は決定プロセス（軸）

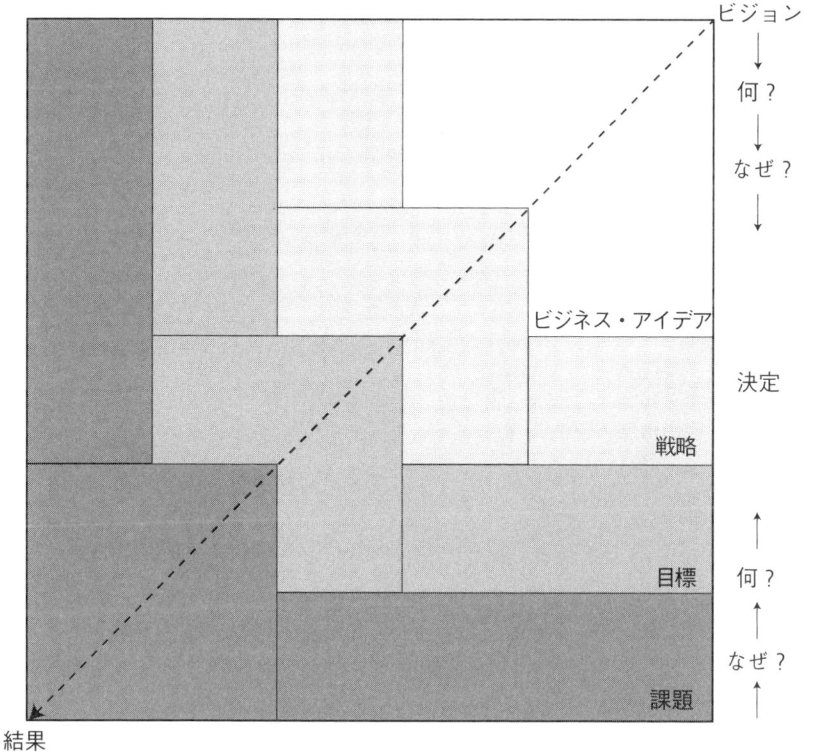

出所：Adapted with permission of the Center for Leadership Studies, Inc.
Copyright ©　1996.All rights reserved.

今日のリーダーの役割は、ビジョンから成果へ、戦略（Strategy）から戦術（Tactics）へ、変革から協働へ結びつける「リンキング・ピン」の役割を担うことである。いかに上手にやったとしても、決定と影響の側面だけを考えているのでは、追いつかない。今日のリーダーは、ビジョンと成果とを結びつけなければならないのである。

過去からの遺産

過去の多くの著作家や研究者が、近代リーダーシップの研究に貢献してきた。過去の人たち（何人かの人たちは、表4.1にリストされている）に将来を見透

図4.5　上辺は人間への影響（軸）

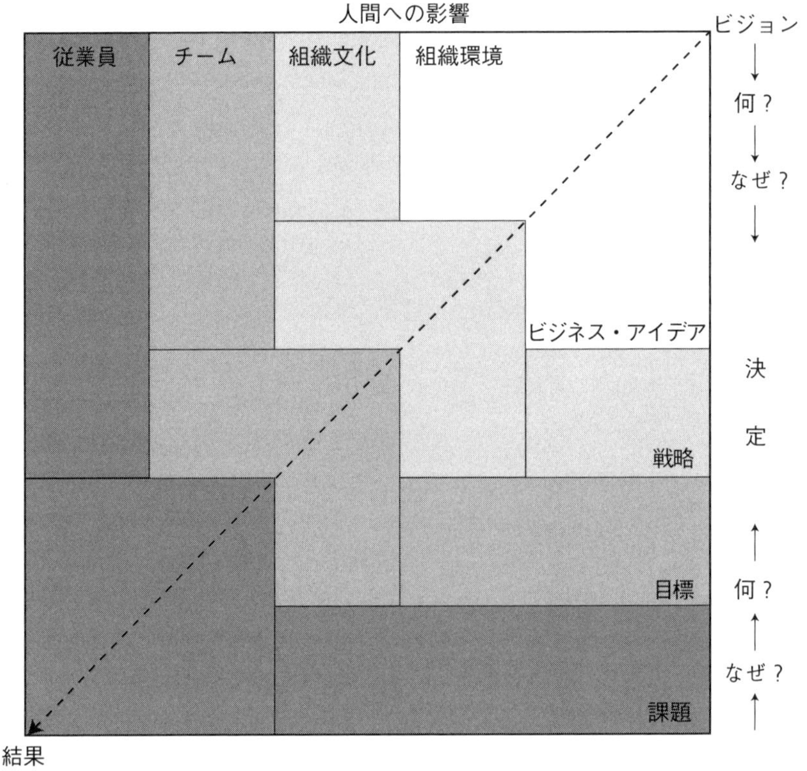

出所：Adapted with permission of the Center for Leadership Studies, Inc.
Copyright © 1996.All rights reserved.

す幻想がなかったなら、今日の洞察は得られなかっただろう。こうした幻想家たちを今日の視点で眺めてみると、彼らの苦労や違ったアプローチを安易に批判すべきでないことがわかる。彼らのアプローチは、彼らの時代には、それなりに適切だったのだろう。

本書では、これらの過去のビジョンに洞察を求め、さらに生産的な未来を創造し、達成すべく、彼らとともに理解を深めたい。

組織理論の諸派

リーダーシップを、目的（目標）達成に向けて、個人、または集団の行動

図4.6　ビジョン（V）から結果（R）へのVTRモデル

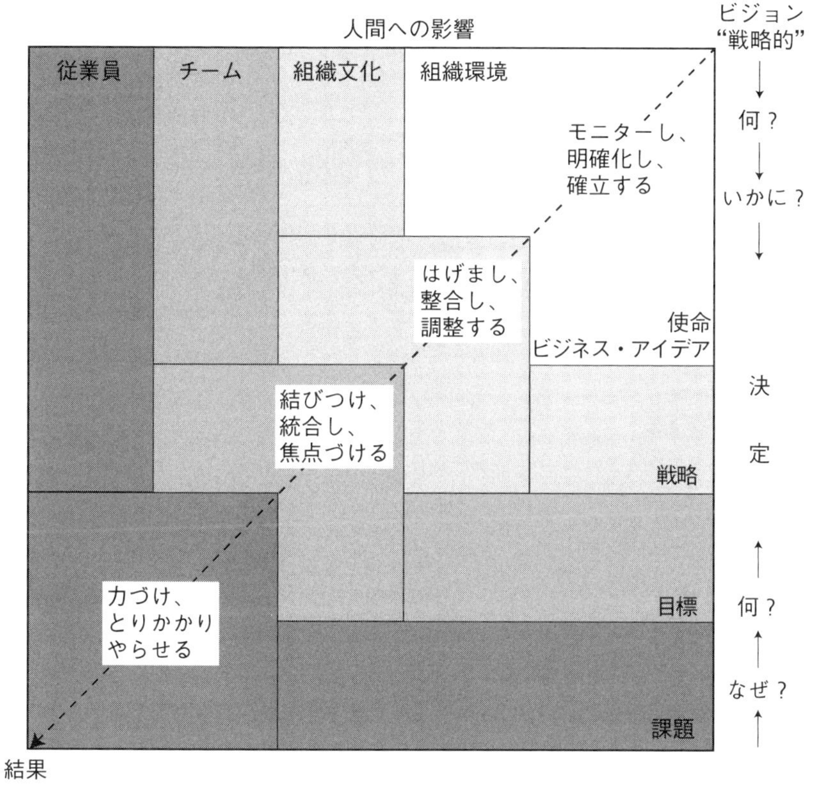

出所：Adapted with permission of the Center for Leadership Studies, Inc.
Copyright ©　1996.All rights reserved.

（活動）に影響を及ぼすプロセス、と定義した。つまり、リーダーシップとは、人々とともに、または通じて、目的を達成することである。したがって、リーダーは、課題（仕事）と人間関係に関心を払わなければならない。異なった用語を使っているが、チェスター・バーナード（Chester I. Barnard）は、彼の古典的著作『経営者の役割（The Functions of Executive）』の中で、1930年代後半に、リーダーシップに関し同じ関心を指摘している[11]。こうしたリーダーシップ上の関心は、早期組織論の２派―科学的管理法派と人間関係論派―が抱いた関心を反映するものと思われる。

科学的管理法運動――フレデリック・ウインズロウ・テイラー

1900代初頭、最も広く読まれた管理論の理論家は、フレデリック・ウインス

表4.1　有力な動機づけ理論、およびリーダーシップ理論とモデル

提唱者	理論、またはモデル	主要研究発表の年
テイラー	科学的管理法	1911
メイヨー	ホーソーン工場研究	1933
バーナード	経営者の役割	1938
コッチ-フレンチ	ミシガン大研究	1948
ストッジル	オハイオ州大研究	1948
ホーマンズ	人間集団	1950
マズロー	欲求段階説	1954
マグレガー	X仮説・Y仮説論	1957
タンネンバウム・シュミット	リーダー行動の連続線	1957
ブレーク・ムートン	マネジュリアル・グリッド	1964
マクレランド	達成（意欲）理論	1965
ハーツバーグ	意欲要因・環境要因論	1966
リカート	システム１～４	1967
フィードラー	状況呼応モデル	1967
アージリス	成熟―未成熟	1964
レデイン	３-Ｄマネジメント・スタイル	1967
ハーシィ-ブランチャード	状況対応リーダーシップ	1969
ブルーム-イエットン	状況呼応モデル	1973
ハウス・ミッチェル	目標経路論	1974
ブルーム	期待説	1976
ハウス	カリスマティク・リーダーシップ	1977
バーンズ	変容のリーダーシップ	1978
カー-ジェレミア	代替リーダーシップ	1978
マツユール-ロンノベルド	リーダーシップの致命的欠陥	1983
ベニス・ナヌス	リーダーシップ能力	1985
ティッチィ-デバナ	変容のリーダーシップ	1986
マンズ	スーパー・リーダーシップ	1989
ユクル	統合モデル	1989
コベイ	原理中心リーダーシップ	1991
ジョンソン	SOARモデル	1994
パンセグロウ	変容のモデル	1995
ジーレンパーム	円環形組織モデル	1995

ロウ・テイラー（Frederick Winslow Taylor）であった。彼の言う科学的管理法の基本は、技術的性格のものであった。アウトプットを増やす最善の方法は、作業員の技術、ないし方法を改善することである、と感じられたのである。その結果、彼は、人間をリーダーが操作する道具か機械であるかのように考えていると理解された。こうした理解を受け入れて、他の科学的管理法運動論者は、生産を伸ばすような組織の創造を求め、合理的に計画され、かつ動かされるような組織を開発し、それによって管理効率を高めるべきだ、と主張した。管理活動を、人間的問題や感情から切り離すというのであった。結果として、マネジメントが労働者に合わせるのではなく、マネジメントに労働者が合わせることになった。

こうした計画を実現するため、F.W.テイラーは、「時間・動作研究」による組織のあらゆる仕事を分析を開始した。効率を念頭に、ひとたび仕事が分析されると、いろいろな報奨プラン（出来高制、など）を通じて、労働者の経済的・利己的関心に応えられた。

科学的管理法や古典的理論のもとにおけるリーダーの機能は、組織目標達成のための作業遂行基準を作り、執行することであった。リーダーの主たる関心は、組織のニーズにあり、人間のニーズにはなかった[12]。

人間関係論運動――エルトン・メイヨー

1920年、および1930年はじめ、F.W.テイラーから始まった動きが、E.メイヨーとその同僚たちによって、人間関係論運動に置き換えられるようになった。これら理論家たちは、アウトプット改善のための最良の技術的方法を発見することに加えて、人間的問題に注意を払うことがマネジメントに役立つと論じた。組織の本当の意味でのパワーの中心は、職場の中で展開される対人的関係である、と主張した。こうした人間関係の研究が、マネジメントと組織分析において最重要事項であり、組織は、労働者を中心に作られるべきであり、人間感情や態度を考慮すべきである、というのである[12]。

人間関係論の下では、リーダーの機能は、フォロアーに個人的成長と育成の機会を提供しつつ、目標達成へフォロアーたちの協力を促進することである。科学的管理法の場合と異なって、主たる焦点が、組織のニーズではなく、個人的なニーズに置かれている。

すなわち、科学的管理法運動では、課業（アウトプット）への関心を強調したが、人間関係論運動では、関係（人間）への関心を強調している。こうした２つの関心は、科学的管理法派と人間関係論派との間の論争が認められるようになってから、リーダーシップ関係著作にも、この両者の特徴が現れるようになってきた。組織管理の思想は、リーダーシップに対するアプローチだけに限ってみても、３つの大きな局面―特性、態度、そして状況―を通過してきたように見える。

リーダーシップへの特性論的アプローチ

1945年以前は、最も一般的なリーダーシップへのアプローチは、肉体的な力や友好性、等々、特定の性格特徴が、効果的なリーダーシップに不可欠であることを匂わせるものであった。こうした知力のような生来的に個人的な資質が、特定状況でも別の状況でも有効である、と考えられていたのである。しかし、すべての個人がこうした資質に恵まれているわけではないから、これらの資質に恵まれた者のみがリーダーたるポテンシャルを持つと思われていた。結果として、このアプローチは、リーダー(シップ)の地位を担うための教育訓練の価値に疑問を投げかけたことになる。こうしたリーダーシップの資質（つまり、個人の生来的な性質）を見つけ、計測する方法を発見することができたら、非リーダーとリーダーを選り分けることができることになる。リーダーシップ研修は、生まれつきリーダーシップ特性を持つ者にとってのみ有用である、ということになる。

このリーダーシップへの特性論的アプローチの研究には、意義と一貫性のある研究は少ない[14]。ユージーン・E.ジェニングズ（Eugene E. Jennings）も、「50年間の研究にもかかわらず、リーダーと非リーダーとを見分けるのに有効な資質、ないし資質群を発見することはできなかった[15]」と言っている。

これは特定の資質が、リーダーシップを妨害したり、促進したりすることがない、と言っているのではない。ポイントは、成否をハッキリ示すような特性が発見できなかった、と言っているのである。ゲイリー・ユクル（Gary Yukl）は、次のように言っている。

> 「振り返ってみると、多くのリーダーシップ研究者は、特性の関連性を否定することを急ぐあまり、早期の悲観論文献研究に反応し過ぎたのは、明白である。だが、ストッジル（1984）は、リーダーたる資質の関連を認めることは、昔の特性論的アプローチに逆戻りすることにはならない。特定のリーダーたる資質が、効果的リーダーシップのためには絶対必要だ、という主張も、数十年にわたる特性研究では裏付けができなかった。しかし、特定の資質を持っていると、リーダーとして効果的であるという可能性は高まるが、しかし、効果性を保証するわけではない。また、他の資質の相対的重要性もリーダーシップを揮う状況によって変わる[16]。」

成功したリーダーの最も特徴的な特性とスキルは、どんなものだろうか？G.ユクルは表4.2に示したような示唆を与えてくれている。

資質特性の研究は、いまだに続けられている。W.ベニスは、90名の著名リーダーとそのフォロアーの５年間にわたる研究を終え、これら90名が共有する４つの共通特性、または能力領域を拾い出した。

1．関心の管理　結果や目標の感覚、またはフォロアーを惹きつける方向を説明・伝達する能力。
2．意味の管理　明快に、かつ理解できる意味を創造し、これを説明・伝達する能力
3．信頼の管理　信頼でき、一貫性を示す能力
4．自己の管理　己を知り、己のスキルを、長所短所を踏まえて、能力一杯に使う能力。

表4.2　成功したよくある特性とスキル

特性	スキル
状況に対応できる	賢く（知的）
社会的環境に敏感	概念化スキル
野心があって、達成意欲が強い	創造的
立場を主張する	外交的で、人当たりが上手
協調的	話し方が流暢
決定をたじろがない	率いるグループの仕事をよく知っている。
頼れる	整然としている。（管理能力がある）
支配力がある（他人に影響したがる）	説得力
エネルギッシュ（元気一杯）	世慣れている
ねばる	
自信を持つ	
ストレスに耐えられる	
責任負担を嫌がらない	

出所：Gray A. Yukl, Leadership in Organizations, ©3rd ed., 1994, p.256. Reprinted with permisssion of Prentice Hall, Inc., Englewood Cliffs, New Jersey.

W.ベニスは、リーダーは、「人々が、自分たちを重要な存在と受け止め、そして学習と能力が重要視され、仕事が楽しく感じられる、そうした社会なり、チームなりのメンバーであると思える」ような環境をつくって組織を強化すべきだと示唆している。リーダーは、「質」が問題にされ、仕事への没入・献身が、努力を促すような環境を創り出すべきだ[18]、とも言っている。

W.ベニスは、先に挙げた資質を、効果的職務遂行の7つの特性として、次のように改訂している。

1．ビジネス精通度：ビジネスを知っているか？—ビジネス勘は？
2．対人スキル：動機づけ、人間を能力一杯に動かす能力を持っているか？
3．概念化スキル：系統的に、創造的に、そして発見的に考えることができるか？
4．記録追跡：これをやったことがあるか？　うまくやったか？

5．趣味：適切な人材―似た者でなく、自分の欠点を補う人材―選ぶ能力を持っているか？
6．判断力：不完全なデータで、速断できる能力を持つか？
7．性格：リーダーシップの核は性格であるが、性格と判断力は、他人に教える場合の、もっとも知られていない資質である。

リーダーシップにマイナスになる資質

G.ユクルが指摘したように、リーダーシップ・ポテンシャルを妨げるマイナス特性があるかもしれない。ある研究では、ジョン・ゲイアー（John Geier）は、リーダー（シップ）を妨げる３つの特性を発見した[20]。これら３つの特性を重要性の順に挙げて行くと、「知らされていない／知らないという意識」、「関係ないという意識」、そして「極端に頑なであること」である。なぜ、これらの特性がそれほど重要なのだろうか？ 他のグループメンバーが、知らされていないメンバー、関心のないメンバー、極端な頑固者を、グループの目標達成を妨げると思うからだろうか？ 寄り道ながら、われわれの学校教育システムは、知らしめること、より動機づけること、そしてより頑固でないこと、を教えるようにできてはいないだろうか？

モーガン・マッコール（Morgan McCall）とミシェル・ロムバルド（Michael Lombardo）は、トップまで上り詰めた経営者とトップまで行くことが期待されながら、その目的に至る直前に「脱線」した人たちとの相違を検討してみた。勝者も敗者も、両方とも長所短所を併せ持っていた。しかし、中途脱線者は、M.マッコールとM.ロムバルドがいうところの「致命的欠陥」を持っていた。その欠陥とは次のとおりである。

1．他人に鈍感―肌ざわりの悪い、脅かすような、威張るスタイル。
2．冷淡、孤独、傲慢
3．信頼感の無さ
4．極端に野心的―いつも次の仕事を考えている。政治的行動。
5．ビジネス上、職務遂行上何らかの問題を抱えている。
6．委任しない、またはチームが作れない―超過管理
7．（フォロアーの）人選ができない
8．戦略的に考えることができない
9．ボスにスタイルを変えて接することができない
10．支援者や後見人に頼り過ぎる[21]

脱線のもっとも多い原因は、他人に対する鈍感さであるが、もっとも深刻なのは、信頼感の無さである。信頼の裏切り―約束を守らないこと、または、二股膏薬―は、「許すべからざる罪悪」である。[22]

アカデミィ・オブ・マネジメント・エキュゼキュティブ（Academy of Management Executive）のシエリー・カークパトリック（Shelly A. Kirkpatrick）とエドウィン・ロック（Edwin A. Locke）も、W.ベニスの見解を支持している。G.ユクル、およびその他も次のように言っている。

「いろいろな方法を使った最近の研究から、成功したリーダーは、他の人とは異なることを発見している。ビジネス・リーダーとしての成功に、ある種の中核となる特性が役立っているという証拠がある……リーダーが成功するためには、必ずしも知的天才や全能の予言者としての偉大なる男女である必要はないが、誰にでも備わっているものとは一味違うチャンとしたものを持っていなければならない。[23]」

表4.3は、S.A.カークパトリックとE.A.ロックが、リーダーシップに関係ありとしてリストした特性のリストである。

まとめとして言えることは、経験的研究では、リーダーシップは、状況から状況へ変わるダイナミックなプロセスであり、成功を約束する普遍的な特性の組合せなど存在しない、ということである。特性的アプローチの有効性証明のないことが、他のリーダーシップ研究を誘うことになった。なかでも有名な分野は、態度的アプローチの分野である。

表4.3　影響あるリーダーシップ特性

馬力、達成、野心、エネルギー、粘り、率先性
リーダーシップをとる意欲（個人的な、また社会のための）
正直さ、廉潔さ
自信（感情的安定性を含めて）
知的能力
ビジネスへの精通
その他：カリスマ、創造力、独創性、柔軟性

出所：Shelley A. Kirkpatrick and Edwin A. Locke, “Leadership : Do Traits Matter?” Academy of Management Executive, 5, no.2 (1991), p.49.

態度的アプローチ

リーダーシップに対する態度的アプローチが盛んだった時代は、1945年のオハイオ州立大学、およびミシガン大学の研究から、1960年中期のマネジェリアル・グリッドに至る期間であった。[24]

著者らが意味するリーダーシップへの態度的アプローチとは、リーダー行動に対する態度、または傾向を質問紙など、筆記で調べるアプローチである。例えば、マネジェリアル・グリッドの次元—生産への関心と人間への関心—は、態度的である。「関心」とは、生産なり、人間なりに対する、または向けての傾向、もしくは感じ方と定義づけることができよう。本節では、リーダーシップについて、さらに3つの態度的アプローチ、すなわち、オハイオ州立大学、R.リカートの研究を含むミシガン研究、そしてマネジェリアル・グリッドに論及したい。

オハイオ州大・リーダーシップ研究

オハイオ州立大学ビジネス研究所（Bureau of Business Research）は、1945年にリーダー行動の種々の次元を見つけ出そうと試みた。[25] R.ストッジルの指導の下、研究者たちは、リーダーシップを目標の達成に向けて集団の活動を導く個人の行為（行動）と定義し、最終的にリーダー行動を2つの行動、すなわち、「行動構造主導行動（Initiating structure）」と配慮（Consideration）に煮つめてしまった。「行動構造主導」とは、「リーダー行動の1つのタイプであり、課題を指向することの程度、そして目標達成へ向けてフォロアーの仕事活動を指図することの程度をいう。[26]他方、「配慮」は、やはりリーダー行動の1つのタイプであり、リーダーのフォロアーに対する敏感さ、彼らのアイデアや気持ちを尊重し、相互信頼を築くことの程度をいう。[27]

リーダーたちの行動に関するデータを収集するため、オハイオ州大のスタッフは、リーダーはどのように自分たちの行動を展開するのかを描写するためのリーダー行動描写質問表（LBDQ）を開発した。LBDQには、それぞれ配慮に関して15の質問を、また行動構造主導に関して15の質問を含んでいた。回答者は、該当するリーダーがとる行動の頻度を判断し、5項目で示された選択肢—いつも、しばしば、ときどき、まれに、ぜんぜん—の1つをチェックして答えるのである。このように配慮と行動構造主導は、他人が観察・認知した次元のものである。LBDQで使用されているこの２つの次元についての項目の例を、表4.4に挙げておいた。

オハイオ州大のリーダーシップ研究の主たる重点が、観察された行動にあったにしても、スタッフたちが開発したのは、リーダーたち自身が持つている自意識のデータを収集する質問表（LOQ）であった。LBDQは、リーダーのフォロアー、上司、そして同僚（仲間）によって記入されるが、LOQはリーダー自身によって採点される。

表4.4　LBDQの項目の例

配　慮	行動構造主導
率いるグループのメンバーの言うことを聞いてやる	率いるグループのメンバーに仕事を割り当てる
このリーダーは、変わることを嫌がらない	グループのメンバーに、ルールや規則を守るよう要求する
このリーダーは、友好的で話しやすい	グループメンバーに何が期待されているかを理解させる

リーダー行動の研究において、オハイオ州大のスタッフは、構造行動主導と配慮がはっきりと異なる次元のものであることに気づいた。一方の次元で高い点数を取っていても、他の次元で点数が低いとは限らない。リーダーの行動は、この２つの次元の行動のいろいろな組合せである。そこで、この研究の間に、まず、リーダー行動が、１本でなく、２本の別々の連続線上にプロットされて、行動構造主導と配慮のいろいろな組合せが示せるように、４つの象限が、図4.7に示すように作られた。

ミシガン大・リーダーシップ研究

ミシガン大学の研究者たちは、1945年にリーダーシップの研究を始めた。初期の研究では、リーダーシップの研究を、いろいろなリーダーシップ効果性の指標を決め、これによって関連する特性群を見つけるというアプローチで開始した。この研究から、研究者たちが「従業員指向」と「生産指向」と呼んだ２つの概念が引き出された。[28]

従業員指向とされたリーダーたちは、仕事の人間関係的側面を強調していた。彼らは、どの従業員も重要であると受け止め、各人の個性や個人的ニーズを踏まえて、誰に対しても関心を持っていた。生産指向的リーダーは、生産を強調し、仕事の技術的側面を重んじ、従業員を組織目標達成の道具と考えていた。

図4.7　オハイオ州大モデルの象限

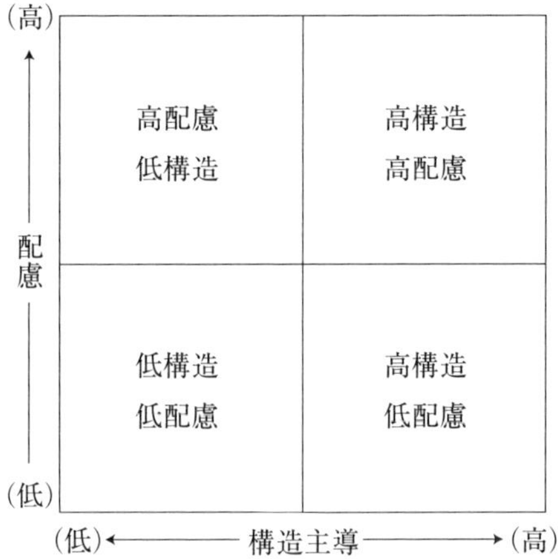

これら2つの指向性は、タンネンバウム＝シュミットの連続線モデルで言うリーダー行動の民主的（人間関係）と権威的（仕事）の概念に対応している。

グループ・ダイナミクス研究

ドーウイン・カートライト（Dorwin Cartwright）とアルビン・ザンダー（Alvin Zander ）は、ミシガン大学グループ・ダイナミクス研究所（Research Center for Group Dynamics）は、グループの目的は、2つの範疇のどちらかに入ると主張した。すなわち、①特定のグループ目的の達成、または②グループ自体の強化、である[29]。

D.カートライトとA.ザンダーによれば、目的達成にかかわる行動のタイプは、次のような例に示される。すなわち、マネジャーが「行動を率先し……目標にメンバーの注目を集めさせ……問題を明確化して､遂行手続を作り上げる[30]」ような場合。他方、グループ維持のための典型的行動は、マネジャーが「人間関係を楽しく……争いを仲裁し……励まし……少数派にも発言の機会を与え……自立を促進して、メンバー間の相互依存を高める[31]」ような場合。目的達成は、先に生産指向として述べた課題の概念に、また集団維持は、人間関係指向として述べた関係の概念に対応するようである。

近年の研究を通じて発見されたことだが、リーダーシップ・スタイルは、リーダーによって大きく異なる。あるリーダーは、仕事（課題）を強調し、権威的リーダーと言えよう。また、他のリーダーは、対人関係を重んじ、民主的リーダーと言えるかもしれない。さらに、課題指向と関係指向の両面を持つかもしれない。それどころか、リーダーの立場にあって、どちらにも関心を払わない人もいるかもしれない。はっきりしたスタイルが見られないのである。その代わりに、いろいろな組合せが見える。つまり、課題と関係は、どちらか一方でリーダーシップ・スタイルを形成する、というものではない。別個の２次元からなるの２軸があり、それを使ってリーダーシップ・スタイルをプロットすることはできる。

レンシス・リカートのマネジメント・システム

先のミシガン大の研究を出発点にして、R.リカートは、経営管理の一般的パターンを、生産性の高いマネジャーとそうでないマネジャーのそれとを対比で発見するための研究を行った。R.リカートは、「業績記録最高の監督者は、フォロアーが抱える問題の人間的側面に主に関心を集中し、高い生産目標を達成すべく、効果的作業集団を構築するよう努力している」ことを発見した[32]。これらの監督者たちは、従業員中心（Employee-centered）と呼ばれた。他方、生産に絶えずプレッシャーをかける監督者たちは、仕事中心（Job-centered）と呼ばれ、生産性の低い職場を担当していることが多かった。図4.8は、その研究の１つからの発見を示している。

R.リカートはまた、生産性の高い監督者は、「フォロアーたちに、目標が何であるか、そして何を達成しなければならないか、を明確にした上で、自由に仕事をすることを許している[33]」ことを発見した。このように彼は、事細かな監督よりも、おおまかな監督の方が高い生産に結びつきやすいことを発見したのである。事務系職員の研究から発見されたこの関係は、図4.9に示されている。図では、生産の高い10職場のうち９職場が、おおまかな監督の監督者に率いられ、12の低生産職場のうち８職場が、事細かな監督の監督者に率いられたいたことがわかる。しかし、おおまかな監督が常に高生産と結びつくわけではなく、事細かな監督が、常に低生産に結びつくわけでもないことに注意されたい。しかし、この研究における条件の下では、おおまかな監督は、事細かな監督よりも、高生産に結びつく確率の高いものであった。

R.リカートとその協力者たちは、ミシガン大学の社会調査研究所（Institute for Social Research）において研究を続けているが、人的資源と財的資源の両方が、マネジメントの適切な関心を必要とする資源だ、と強調している。たいていのマネジャーが、「もし、会社の器材、または財源の半分が突然失われたらどうするか」と尋ねられると、彼らは、即座に保険や借金に頼ると答えている。

図4.8　従業員中心の監督者の方が仕事中心の監督者よりも生産が高い。

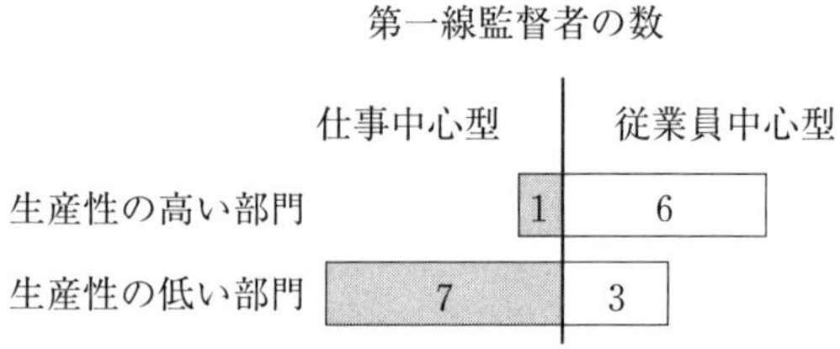

図4.9　低生産職場は、高生産職場より事細かに監督されている。

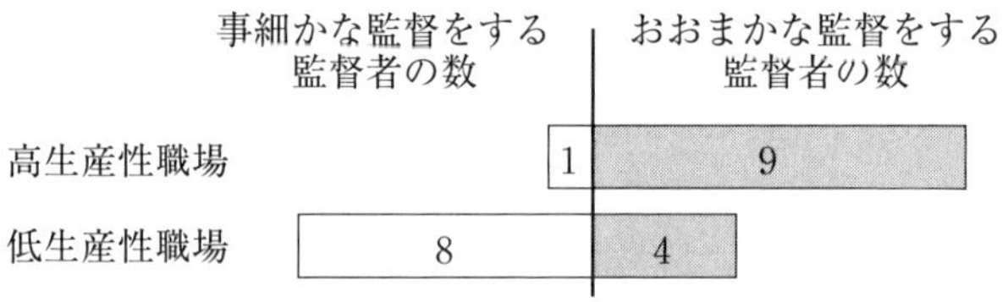

だが、これらの同じ監督者たちが、「もし、人的資源―マネジャー、監督者、一般従業員―の半分を突然失ったら、どうするか？」と尋ねられて、彼らは言葉を失い、答えに詰まってしまった。人的資源の流失に対する保険はない。リクルート、教育訓練、そして多数の新人を作業集団に組み込むためには、年月がかかる。競争の激しい環境では、これは不可能に近い。組織は、最も重要な資産が人的資源であり、この資源を管理することが最も重要な課題である、と認識するようになった。

数多くの組織における行動科学的研究の末、R.リカートは組織変革プログラムをいろいろな企業で実施してみた。これらのプログラムは、未成熟な行動に走らせる状態から成熟した行動を励まし育成する状態へ、環境要因のみを強調する状態から意欲要因を認め適用する状態へ、またX仮説的状態からY仮説的状態へ、組織を変化させるのに役立つと期待された。

R.リカートは研究中、組織の主要マネジメント・スタイルが、システム1からシステム4までの連続線で表すことができると気づいた。これらのシステムは、次のように説明することができる。

システム1　従業員を信頼も信用もせず、意思決定プロセスに彼らを参画させることは滅多にない。この組織の決定や目標設定の大部分がトップで行われ、それが命令系統を通じて下達される。従業員は、怯え、脅かされ、懲罰を危惧し、そして稀な報奨を当てにして働くよう強いられている。欲求充足は、生理的、安全・安定レベルに留まっている。限られたマネジメントと従業員の接触は、たいてい恐れと疑念をもって行われている。規制プロセスは、トップ・マネジメントに高度に集約されているが、たいていの場合、非公式組織も公式組織の目標に逆行する形で形成されている。

システム２　マネジメントが、従業員に対し、主人が召使に対するように、わざとらしくへり下って信頼と信用を示している。この組織の決定と目標設定の大部分が、組織のトップで行われている反面、多くの決定が一定の決められた範囲内で、低層でも行われている。また、報奨や若干の現実の、または可能性としての懲罰が労働者を動機づけるのに使われている。従業員との接触は、マネジメントのへり下り基調と従業員の側の恐れ、警戒で行われている。規制プロセスはまだトップに集中されているが、ある程度の規制がミドルや下層レベルに許される。たいていの場合、非公式組織ができているが、その組織は、公式組織の目標に抵抗するものではない。

システム３　従業員に対して、全面的とは言えないまでも、実質的な信頼と信用をマネジメントは持っている。基本ポリシー策定や基本的決定はトップが握っているが､下のレベルでも従業員が特定の決定を下すことが許されている。意思は、組織の上下を疎通している。報奨、たまの懲罰、そしてある程度の参画が、従業員を動機づけるために使われている。相当な信頼と信用をもって、適度の接触が行われる。規制プロセスの相当部分が、上下双方の責任感に支えられて下層に委譲される。非公式組織が発生するかもしれないが、それは組織目標に対して、支持、ないし部分的抵抗の姿勢をとる。

システム４　マネジメントは、従業員を全面的に信頼・信用している。意思決定権は十分に統合され、組織を通して行き渡っている。意思も、上下ばかりでなく、同僚間でも伝わり、労働者は、経済的報酬決定、目標設定、方法改善、目標への進捗の検討などに参画し、参与することによって、動機づけられている。高度な信頼と信用に支えられてマネジメント、従業員間の友好的関係が保たれている。十分に下位層を参画させた規制システムが広く行われている。非公式、および公式組織は、多くの場合、一体化しており、同じでである。こうして、すべての組織内社会的勢力が、掲げられた組織の達成に励んでいる。

まとめて言えば、システム１は、課題指向的であり、高度に構造化された権威的マネジメント・スタイルだと言える。システム４は、チームワーク、相互の信頼と信用を基盤にする関係指向的なマネジメント・スタイルだ､と言える。システム２と３は、これら２つの極端の間の段階で、およそＸ仮説的Ｙ仮説的前提に対応するものである。

会社の現行活動の分析を促進すべく、R.リカートらは、マネジメント・システムの観点から、所属組織を分析する道具（質問表）を開発した。この質問表は、組織の稼働状況のいろいろな特徴に関わるデータを集めるようになっている。そうした特徴に、その組織のリーダーシップ、意欲、コミュニケーション、意思決定、相互折衝と影響関係、目標設定、規制システム、などが含まれている。これらの例は、表4.5に挙げた。この質問表そのものには、こうした項目が、20以上含まれている。この質問表は、いろいろな形で、特定の状況に応用されている。例えば、学校版では、学校委員会用、学校監督官用、中央スタッフ用、校長用、教師用、親用、生徒用、などがある。

これら質問表のテストに、R.リカートは異なる多くの組織の何百人ものマネジャーに、彼らが知る最も生産的な部門、事業部、ないし組織がシステム１からシステム４のどれに該当するか、を尋ねてみたのである。生産最高の部門、最低の部門の評価は、マネジャーによってバラついたのだが、ほとんど例外なしに、各マネジャーが、生産の高い部門は、低い部門よりも、システム４に近いと判定した。まとめて言えば、R.リカートは、組織のマネジメント・スタイルがシステム４に近づくと、高い生産記録を維持する可能性が高まる、ということを見つけたのである。同じように、マネジメント・スタイルがシステム１に近づけば近づくほど、低い生産記録が残るのである。

R.リカートは、この質問表を、「現に所属する組織の特徴をどう思っているか？」を調べるためだけでなく、「マネジメントにどのような特徴を持ってもらいたいと思っているか？」を調べるためにも使っている。こうした使い方で、著名会社のマネジャーから集められたデータは、彼らの所属会社が現に使っているマネジメント・システムと望ましいと思っているマネジメント・システムの間には、大きな差があることを示した。システム４は最も適切と思われていたが、これが現に自分の会社で採用されていると思っている人は少なかった。こうしたことが、いくつかの組織で、自分たちの組織をよりシステム４に近づけようとする試みを生んだ。しかし、こうした変革は、簡単ではない。トップから時間給労働者のすべての関係者に対する壮大な再教育を必要とするのである。

理論から実践へ

パジャマ産業の某会社で、マネジメント・スタイルを成功裡に変革した１例がある。数年間も利益の上がらない状態が続いた後、この会社は別の会社に買収

表4.5　リカートの異なるマネジメント・システムにおける組織と業務の特徴

組織上の変化要素	システム1	システム2	システム3	システム4
〈リーダーシップのプロセス〉 上司の部下に対する信頼度	全く信用せず	召使に対する主人のような恩着せがましい信頼の仕方	完全ではないがかなり信頼、ただし決定事項の統制は保持	すべてのことに関し全面的に信頼
〈動機づけの要素〉 動機づけのやり方	恐れ、脅し、懲罰 恣意的な報賞	報賞と懲罰もしくは懲罰をほのめかすこと	報賞と懲罰、ある程度の参画	自らの参画によってできた制度に基づく報賞、目標設定、改善、達成の評価への集団的参画
〈相互接触とその影響〉 相互接触の量と質	相互接触はほとんどなく、あっても、常に恐れと不信が伴う	ほとんどないが、通常上司に恩着せがましさ、部下に恐れと警戒が生まれる	適度の相互接触、かなりの信頼関係であることもある	広範で緊密な相互接触、十分な信頼の関係

された。買収のとき、買収された会社はシステム１からシステム２の間のマネジメント・スタイルをとっていた。しかし（買収後）、新しい社主によって、直ちに、いくつかの大きな変更が実施された。これらの変更は、仕事の再編成、機械器具の改良、すべてのレベルのマネジャーに対する教育訓練、などを含んでいた。マネジャーはシステム４マネジメントの考え方や理解について、深く教えられた。なお、こうした変化のすべてが、買収した会社のマネジメントによって支持されていたことはもちろんであった。

変革プログラム導入後、当初数カ月は生産性が落ちたが、２年間のうちに生産性はおよそ30%伸びた。生産性の伸びが、どれくらいマネジメント・システムの変更に基づいているのかは計算することはできなかったが、研究者にとってはそのインパクトが相当なものであることは明白であった。生産性の伸びに加え、生産コストも20%減り、離職はほとんど半分に下がり、士気は（労働者の組織に対する友好的態度を反映して）大きく向上した。その地域社会での会社のイメージが高められ、何年もを経て初めて利益が上げられるようになった。

R.リカートの著作を通じて、産業にとって理想的で最も生産的なリーダー行動は、従業員中心的、ないし民主的であると示唆されている。だが、R.リカート自身の発見が、すべてのリーダーシップ状況に当てはまる、理想的、かつ模範的リーダー行動はありえるか、という疑問を投げかけている。R.リカートの研究によると、8人の仕事中心の監督者のうちの1人と9人の事細かな監督を行っている監督者のうちの1人が高生産職場を担当していること、また9人の従業員中心監督者のうちの3人と13人のおおまかな監督者のうちの4人が、生産の低い職場を担当していることも発見されている。言い換えれば、生産の低い職場の35%で、いわゆる理想的タイプのリーダー行動が、望ましくない結果を生み出し、ほとんど15%の高い生産の職場が、いわゆる「望ましくない」スタイルで監督されていることになる。

アンドリュー・ハルピン（Andrew Halpin）とベン・ウィナー（Ben Winer）による航空機指揮官のリーダーシップ・パターンとフォロアーたち航空兵の業績評価結果との関係に、似たような発見があった[36]。LBDQ質問表を使って、10名の高成績指揮官のうち、8名が標準以上の「配慮」と「行動構造主導」を、そして低成績者7名中の6名が標準以下の「配慮」と「行動構造主導」の監督を行っていた。R.リカートがやったように、A.パルピンとB.ウィナーの2人とも、リーダーが配慮と行動構造主導を標準以上にとる場合に、効果的である可能性が高いと報告しているが、高成績を上げた2名の低配慮、高行動構造主導指揮官と成績の悪い1名の高行動構造主導、高配慮指揮官については、言及していない。

リーダー行動の唯一の理想的、ないし模範的スタイルの証拠を求めることが非現実的であることは、ナイジェリアの企業での研究を通じて示された[37]。その結果は、ほとんどR.リカートの発見の正反対であった。この国では、生産の高い職場に、事細かな監督を行う仕事中心の監督者が配され、おおまかな監督を行う従業員中心の監督者は低生産の職場に配置される傾向にあった。したがって、唯一の模範的リーダーシップ・スタイルというものは、文化的相違、特に慣行や伝統、そして教育のレベル、生活水準、あるいは産業的経験、などを考慮したものではないと言えよう。これらは、フォロアーや状況についての文化の相違の例であり、使うべき適切なリーダーシップ・スタイルの決定に重要である。したがって、リーダーの機能としてのリーダーシップ・プロセス、フォロアー、およびその他の状況要素の定義に基づいて言えば、唯一の理想的リーダー行動のタイプを求めることは、非現実的である。

リーダーシップ・グリッド®——ロバート・R.ブレークとアンヌ・アダムス・マッケンズ

オハイオ州大、ミシガン大、そしてR.リカートのリーダーシップ研究を論じるに当たって、著者らは2つの理論的概念 —— 課題の達成を強調するものと人間的関係の展開を強調するもの—に焦点を当ててきた。ロバート・R.ブレーク（Robert R.Blake）とアンヌ・アダムス・マッケンズ（Anne Adams McCanse）は、彼らの「リーダーシップ・グリッド（以前はブレークとムートンのマネジェリアル・グリッドと呼ばれていた）」の中で、これらの概念を修正し、組織およびマネジメント開発に限って使うようになった。[38]

リーダーシップ・グリッドでは、生産（課題）への関心と人間（関係）への関心に基づいてできた4つの象限（図4.10）を使って、オハイオ州大の研究（図4.7）と同じように、5つの異なるタイプのリーダーシップを区別している。生産への関心は、横軸に表わされている。この横軸を進むと、リーダーにとって生産が大事と考えられていることを示す。横軸で、スコア9のリーダーは、最高の関心を生産に払っているわけである。人間への関心は、縦軸にとられている。この縦軸を進むと、そのリーダーには人間がより重要と受けとめられていることになる。縦軸に、スコア9のリーダーは、最高の関心を人に払っているわけである。

さて、彼らの言う5つのリーダーシップ・スタイルを次に挙げておこう。

1.1　**貧困のマネジメント**　仕事を遂行させるための努力をほとんどやらなくとも、組織にいさせてもらえる。

1.9　**田園クラブ・マネジメント**　対人関係を求める人々の欲求に温かい注意を払い、気楽で友好的な職場雰囲気と作業テンポを作る。

9.1　**権威屈服マネジメント**　人間的要素の介入を最小限に留めた仕事の条件を与えて、作業効率を上げる。

5.5　**組織人マネジメント**　仕事遂行の必要を満たし、士気を適切なレベルに保ちバランスをとると、業務はうまく進む。

9.9　**チーム・マネジメント**　仕事の達成が、献身的な人々に求められる。組織目的に「共通の利害」を感じる相互依存が、信頼と尊敬の関係へ導く。[39]

リーダーシップ・グリッドとオハイオ州大の考え方の枠組との間のひとつ重要な相違を挙げておきたい。「…への関心」は、何かに対しての生来の性質、

図4.10　リーダーシップ・グリッド

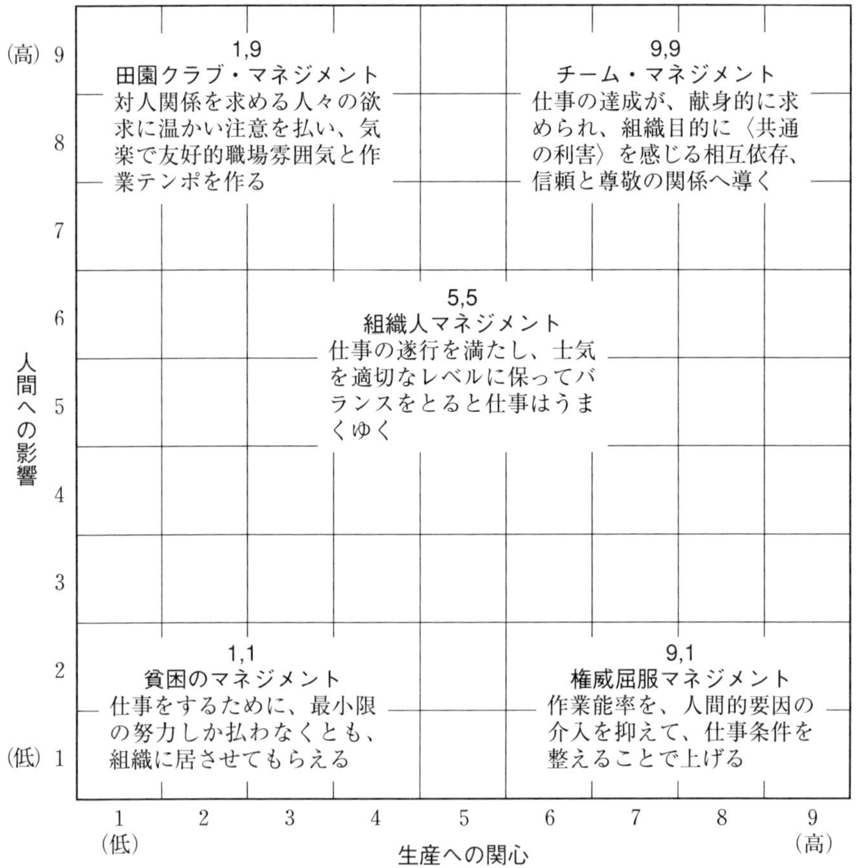
(高) 9
8
7
6
5
4
3
2
(低) 1
人間への影響
1,9
田園クラブ・マネジメント
対人関係を求める人々の欲求に温かい注意を払い、気楽で友好的職場雰囲気と作業テンポを作る
9,9
チーム・マネジメント
仕事の達成が、献身的に求められ、組織目的に〈共通の利害〉を感じる相互依存、信頼と尊敬の関係へ導く
5,5
組織人マネジメント
仕事の遂行を満たし、士気を適切なレベルに保ってバランスをとると仕事はうまくゆく
1,1
貧困のマネジメント
仕事をするために、最小限の努力しか払わなくとも、組織に居させてもらえる
9,1
権威屈服マネジメント
作業能率を、人間的要因の介入を抑えて、仕事条件を整えることで上げる
1 (低)
2
3
4
5
6
7
8
9 (高)
生産への関心

出所：The Leadership Gird fogure for Leadership Dilemmas—Grid Solutions by Robert R. Blake and Anne Adams McCanse.(Formerly the Managerial Grid figure by Robert R. Blake and Jane S. Mouton). Huston : Gulf Publishing Company, p. 29. Copyright 1991 by R. R. Blak, J. C. Mouton and A. Jane. Reproduced by permission of the owners.

ないし態度次元を示唆している。したがって、リーダーシップ・グリッドは、マネジャーの価値観や気持を表す態度モデルに流れやすいが、オハイオ州大の枠組は態度項目ばかりでなく、行動の概念（項目）をも含もうと試みている。

最善のリーダーシップ・スタイルは存在するか？

R.R.ブレーク、J.S.ムートン、A.A.マッケンズ、D.マグレガーら研究者たちは、「唯一で最善のリーダーシップ・スタイル―生産、働く満足、成長、育成を、あらゆる状況を通じて最高にするスタイル―」が存在すると主張したが、その後の数十年の研究は、最善のリーダーシップ・スタイルなど存在しないという主張をハッキリ支持している。成功し、効果的であるリーダーは、自分のスタイルを状況の必要に適応させているのである。この考えを拡大し、今日のリーダーシップ論を正しい視点で捉えるようにしなければならない。

第１に、リーダーシップの理論は、多くの行動科学の理論のように、科学的研究によって裏付けされていない。ステファン・ロビンス（Stephen Robins）が言うように、「いつでも、どこでも、適用可能な単純で普遍的な真理や原理などは存在しないから、単純で普遍的な「行動科学的」原理の確立も回避されている[40]」。だが、研究調査が、行動科学理論を決定的に裏付けないからといって、これら理論が無効になるというわけではない。もし、無効になるというのであれば、おそらく行動科学理論（本書のような行動科学に基づいた書籍も）は存在しないだろう。例えば、ロビンズがA.マズローの欲求段階説で、「理論を裏付けるための「証拠」を見つけられないと言うことと、その理論が無効だと言うこととの間には違いがある」と示唆している。A.マズローの理論は、研究調査で証明されていないことは明白である。だが、裏付けがないからといって、この理論が間違っているとは言えない[41]。

現時点では、リーダーシップ論は、一般化した経験の寄せ集めであり、したがって必然的に「科学的に」テストすることは不可能である。リーダーシップ論を支える確実な「科学的」証明は、不十分たらざるをえない。厳密な意味では、科学的テストを行うには諸要素のコントロールが必要だが、組織内の諸要素を年月をかけてコントロールすることはできない。同じように、人類学や考古学でもテストは不可能であるが、それでも、これらの分野の理論は有効と考えられている。

おそらく、われわれがリーダーシップ論に期待し過ぎなのが、問題なのだろう。これは実のところ全く理論ではない。しかし、著者らも示唆したように、概念や手続、措置、得られたアウトプットの説明なのである（だからこそ、われわれは、状況対応リーダーシップをモデルと呼んでいるのである）。

なぜ、「唯一最善のリーダーシップが存在しないか」の主たる理由は、リーダーシップが、本来、状況対応的であり、状況呼応的だからである。以上に言及してきたすべてのリーダーシップ論、およびその他のリーダーシップ論ももちろん、リーダーシップ思想の主流を代表するが、これらは状況対応的である。S.ロビンズも言っているように、「行動科学概念は、状況条件の上に形成されている。もしXならYだとしても、これはZの条件（状況要因）下においてのみである[42]。言い換えれば、特定のリーダーシップ・スタイルの有効性は、そのスタイルが使われた状況に対応するのである。

効果的マネジャーは、最も適切なリーダーシップ・スタイルを決められるばかりでなく、そのスタイルを正しく適用できねばならない。ジェームス・オーエン（James Owen）は、次のように言っている。

「マネジャーたちは、取り扱った状況がそれぞれ違っていたので違ったリーダーシップ・スタイルを必要とした、と極めて決定的な点で、同意している。つまり、いろいろな関係者の、そして従業員の、ムードや手続の変化、突然の締め切りの変更、絶え間ない法令や書式の改訂、曖昧な職責、職務改善の必要、組織構造の変更や市場、職務構造の変化、等々で違っていたのである。したがって、効果的マネジャーは、それなりに適切であるため、いろいろなリーダーシップ・スタイルを持ち、その使い方を知っている、ということを状況対応理論は意味するようになってきている[43]。」

元ガール・スカウト・オブ・アメリカの最高責任者であったフランセス・ヘッセルベイン（Frances Hesselbein）もまた、その点を見事に喝破している。

「リーダーシップは、どうあるかの問題であり、どうするかの問題ではない。リーダーシップの絶対的資質は、瞬時も忘れてはならない人間としての廉潔さ（インテグリティ）である[44]」「しかし、R.ストッジルの言葉が、一番適切ではないだろうか。最も効果的なリーダーは……自己の行動を変化し、矛盾する要求に適応させる多様性と柔軟性を示す[45]。」

後述予告

　これらの「変化し、かつ矛盾する必要」のいくつかについて考えてみたい。例えば、どのようにしてリーダーになろうとする人は、使うべき最適リーダーシップ・スタイルを見つけ出すのだろうか？ こうした問題、そしてその他の多くの重要な問題を引き続く諸章で論じる予定である。

第5章

リーダーシップ

状況対応アプローチ

リーダーシップの焦点は、リーダーに備わる生得的特性や習得された能力、またはポテンシャルに置かれるのではなく、種々の状況で観察されるリーダーとそのグループのメンバー（フォロアー）の行動に置かれる。このように行動と状況を強調することによって、変化する状況に対するリーダー行動の適応を学べる可能性も生まれてくる。したがって、たいていの人が教育・訓練や育成活動を通じて、自分のリーダーシップの効果性を高めることができる、と考えることができる。いろいろな状況において特定のリーダー行動がとられる頻度の観察を基にモデルを作って、それを手掛りに当面の状況で適切なリーダー行動を予測できるようにすることも可能である。こうした理由から、本章では、リーダーシップ特性というよりも、リーダー行動の観点から説明し、リーダーシップへの状況対応アプローチを強調したい。

リーダーシップの状況対応アプローチ

前章で見たように、今日の組織行動理論では、リーダーシップおよびその他の組織行動概念や理論を本質的に、状況対応的であり、状況呼応的である、と受け止めている。先に引用したS.ロビンスやその他の人たちの主張も、決して特異ではない。チェスター・シュリーシェイム（Chester Schriesheim）、ジェームス・トリバー（James Tolliver）、そしてオーランド・ベーリング

（Orlando Behling）らは、「リーダーシップ・プロセスという複雑なものを正確に描き出すには、状況対応的な見方が必要であると諸文献も支持している[1]」と言っている。また、V.ブルームも、「どのような形のリーダーシップも、すべての状況に最適というわけにはいかない。リーダー行動の組織の効果性への貢献度は、その行動がとられている状況を考えずに、定めることはできない[2]」と、この見解に賛成している。

先に、著者らはリーダーシップ・プロセスの３つの主要素として、リーダー、フォロアー、そして状況を挙げた。リーダーシップに対する状況対応的なアプローチでは、これらの要素間の因果関係を知って、行動が予測できるよう相互作用を調べようとする。本章、および引き続く諸章で詳しく述べられるいろいろな状況対応アプローチが共通する糸でつながれていることに気づかれるだろう。すべての状況対応アプローチで、リーダーが状況に合せて柔軟に行動し、状況に合ったスタイルを処方し、そして適切なスタイルを適用できることが必要だとしている。

状況対応モデルや理論は多いが、リーダーシップ研究で広く注目されている６つに絞ってみると、タンネンバウム＝シュミットのリーダー行動のコンティニュアム（Continuum of Leader Behavior）、F.E.フィードラーの状況呼応モデル（Contingency model）、ハウス＝ミッチェルの目標経路理論（Path-Goal theory）、スティンソン＝ジョンソンのモデル、ブルーム＝イェットンの状況呼応モデル（Vroom-Yetton Contingency model）、そしてハーシィ＝ブランチャードの３次元リーダー効果性モデル、などである。

タンネンバウム＝シュミットのリーダー行動の連続線

R.タンネンバウムとウォレン・H.シュミット（Warren H. Schmit）の1957年のハーバード・ビジネス・レビュー誌に発表された「リーダーシップ・パターンの選び方」は、最初の、そして間違いなく最も重要な、状況対応アプローチの１つである[3]。このモデルでは、リーダー、フォロアー、状況の力関係に基づいて、７種のリーダー行動のうちの１つをリーダーが選択することになっている。図5.1に示されるように、選択の幅は、民主的＝関係指向的行動から、権威的＝課題指向的行動にわたっている。これらがミシガン大学、およびオハイオ州大で使われた次元にそれぞれ相当することは、ご理解いただけよう。

過去のリーダーシップ論者は、課題（仕事）への関心は権威的リーダー行動に代表され、また関係への関心は民主的リーダー行動で代表される、と感じていた。リーダーは、①何をどのように行うか、を指示する、②仕事の計画や遂

図5.1　タンネンバウム＝シュミットのリーダー行動のコンティニュアム

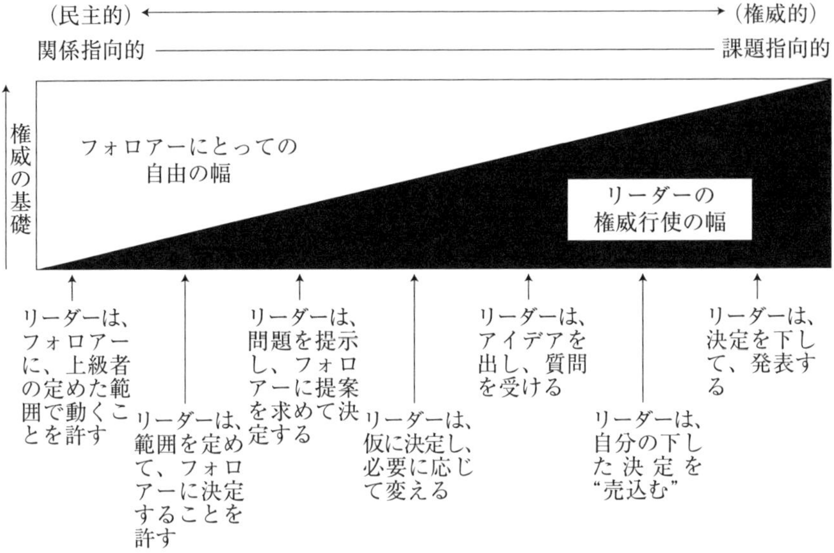
(民主的)
(権威的)
関係指向的
課題指向的
権威の基礎
フォロアーにとっての
自由の幅
リーダーの
権威行使の幅
リーダーは、フォロアーに、上級者の定めた範囲で動くことを許す
リーダーは、範囲を定めて、フォロアーに決定することを許す
リーダーは、問題を提示し、フォロアーに提案を求めて決定する
リーダーは、仮に決定し、必要に応じて変える
リーダーは、アイデアを出し、質問を受ける
リーダーは、自分の下した決定を“売込む”
リーダーは、決定を下して、発表する

行にフォロアーを参画させて、リーダーシップの責任を分ち合う、の2つのどちらかを通じてフォロアーに影響を及ぼすと考えていたので、この感じ方の支持者は多かった。前者は、課題への関心を強調する伝統的な権威的スタイルである。後者は、人間関係への関心を強調する非指示的な民主的スタイルである。

2つのリーダー行動の違いは、力の基盤、つまり権威、そして人間性についてのリーダーの想定の違いに基づいている。リーダーの権威的スタイルは、リーダーのパワー（力）が彼らの占める職位に由来し、また人間が生来怠け者で信頼できない（X仮説）という想定に立っていることが多い。民主的スタイルでは、リーダーのパワーは率いるグループから与えられたものであり、人間が基本的に自律的で、仕事においても（適切に動機づけられれば）創造的でありえると前提している。その結果、権威的スタイルでは、リーダーがすべての方針を決め、民主的スタイルでは、方針はグループの討議や決議によることになる。

上記の両極端の行動の間に、いろいろな種類のリーダー行動のスタイルが多く考えられる。そこで、R.タンネンバウムとW.H.シュミットは、一方の端の権威的、ないしマネジャー中心のリーダー行動から、他端の民主的、ないしフォロアー中心のリーダー行動まで、リーダー行動のスタイルを幅広くとって図5.1に示すコンティニュアムでリーダー行動を表した。R.タンネンバウムとW.H.シュミットは、この両端をマネジャー・パワーと影響力、そして非マネジャー・パワーと影響力と呼ぶようになった。

このコンティニュアム（連続線）上で権威的スタイルの極にあるリーダー行動は、課題指向的であり、パワー（力）でフォロアーを動かそうとする傾向を持つ。他方、民主的スタイルの極にあるリーダーは、グループ指向的であり、仕事上、フォロアーに相当な自由を与える傾向がある。しかし、このコンティニュアムは、民主的リーダー行動を越えて、自由放任スタイルへ拡大されてしまうことがある[(4)]。つまり、グループのメンバーを、やりたい放題にしてしまい、方針・手続も定められなくしてしまう。誰もが、独りにされてしまって、他人に影響しようとはしなくなってしまう。そうなると、リーダー行動がとられないので、図5.1に示したコンティニュアムには、自由放任スタイルは含まれないことになる。自由放任的雰囲気には公式のリーダーシップは欠けているのである。公式のリーダーシップはとられていないから、リーダーシップがあったにしても非公式であり、その場だけのものである。

1973年に、ハーバード・ビジネス・レビュー誌に発表された記事で、R.タンネンバウムとW.H.シュミットは、リーダーとフォロアー、そして状況との間の相互関係がますます複雑になってきていると言っている[(5)]。こうした複雑さのため、そして従来の状況にはなかった影響要因が増してきたために、因果の関係を見極めることが困難になってきている。世界が国際化し、利害関係を持つ者の数が増え、伝統的習慣、慣行、権威などが蝕まれて、リーダーシップ・プロセスは、いっそう難しくなってきているのである。W.ベニスの「リーダーたちはどこに消えた？」は、この現象を鋭く捉えた論評である[(6)]。

フィードラーの状況呼応モデル

状況呼応モデルの父として広く尊敬されているF.E.フィードラーは、リーダーシップ状況呼応モデル（Contingency model）を開発した。彼は、所与の状況がリーダーにとって有利・不利を決定する要因として、①率いるグループのメンバーとの対人関係（リーダー・メンバー関係）、②グループに課せられた仕事の構造度（課題構造）、③リーダーの職位に付せられたパワー（ポジション・パワー[(7)]）の３つの主要状況変数があると提唱した。つまり、リーダー・メンバー関係は、既述の「関係の概念」と対応し、課題構造とパワーは、既述の「課題の概念」に対応するように見える。F.E.フィードラーは、状況の有利さを「リーダーとして、グループに対する影響力を行使せしめることの程度」と定義している[8]。

このモデルでは、図5.2にあるように、これら3種の要因の組合せは8種類ある。リーダーシップ状況は、リーダー・メンバー関係は良から不良まで、課題構造は高から低まで、そしてポジション・パワーについては、強から弱まで考えられるが、リーダーシップは、その8種類（カテゴリー）のどれかに入ることになる。リーダーにとって、グループに影響を及ぼす上で、最も有利な状況は、メンバーに好かれ（良好なリーダー・メンバー関係）、パワフルな地位を占める（強力な立場）、そして仕事を明確に定義して、仕事について指示する（高課題構造）ことである。例えば、兵に好かれた将軍が、陸軍キャンプの査察を行うような場合である。他方、リーダーにとって最も都合の悪い状況は、フォロアーに嫌われ、ポジション・パワーに恵まれず、構造化されていない仕事―例えば、病院のための寄付集め委員会の不人気な委員長の仕事―を担当する場合などである。

グループ状況に対するこうしたモデルを考え出した後、F.E.フィードラーは、どれが最も効果的なリーダーシップ・スタイルであるか―課題指向か、関

図5.2　フィードラーの状況呼応モデルの要約

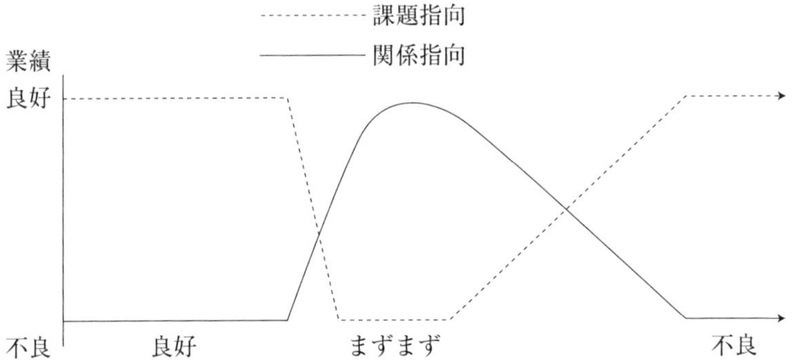

	Ⅰ	Ⅱ	Ⅲ	Ⅳ	Ⅴ	Ⅵ	Ⅶ	Ⅷ
リーダーとフォロアーの関係	良	良	良	良	不良	不良	不良	不良
課題構造	高	高	低	低	高	高	低	低
ポジション・パワー	強	弱	強	弱	強	弱	強	弱

出所：Stephan P. Robbins, Organizational Behavior, 6th ed. (Englewood Cliffs, N. J.: Prentice Hall, 1993) p. 375.

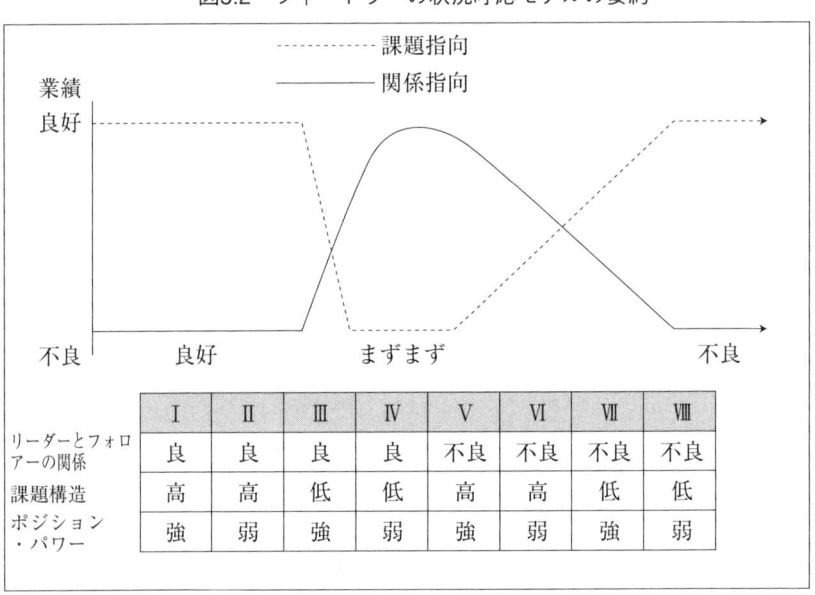

係指向か―を、これら８種の状況の中で決めようと試みた。昔の諸リーダーシップ研究を再検討し、新しい研究を分析した後、F.E.フィードラーは、次のように結論した。課題指向的リーダーは、リーダーにとって極めて有利、ないし極めて不利なグループ状況のどちらかで、最も良く機能する傾向にある。関係指向的リーダーは、有利さが中間程度のときに、最も良く機能する傾向にある。

これらの結論は、図5.3に要約されている。また、図5.2にもグラフとして実線と点線で示されている。点線で示された課題指向的リーダーシップは、カテゴリーⅠからⅢ、そしてⅧの状況で、最も効果的に機能している。実線で示された関係指向的リーダーは、カテゴリーⅤの状況で最も効果的に機能する。これら２つのリーダーシップは、カテゴリーⅣ、Ⅵ、そしてⅦで、同じように効果的であるように見える。

F.E.フィードラーは、リーダーシップ論に重要な貢献をした。特に、介在する要因として状況に着眼したことがそうである。F.E.フィードラーのモデルには、研究調査の裏付けがある。特に図5.2に示した一般的結論は、そうである。リーダー行動コンティニュアム（連続線）モデルにおいて、彼はリーダーの基本的行動のスタイルとしては、課題指向と関係指向の２種しかない、と言いたかったのかもしれない。しかし、リーダー行動は、１つのコンティニュアムではなく、別個の２つの軸を使って、プロットされねばならないと、ほとんどの例が言っているようである。課題指向傾向の高いリーダーが、必ずしも関係指向の面で高い、ないし低いとは限らないので、この２つの次元の組合せは、いかようにもなり得るのである。

ハウス＝ミッチエルの目標経路論

目標経路論（The Path-Goal theory）は、先に検討した２つの概念、つまり、

図5.3　フィードラーの結論としてのリーダーシップ・スタイルは、種々状況に適当する。

課題指向スタイル	関係指向的で 配慮するスタイル	課題指向スタイル

←――――――――――――――――――――→

有利なリーダーシップ 状況	リーダーにとって有利・ 不利の中間的状況	不利なリーダーシップ 状況

出所：Adapted from Fred E. Fiedler, A Theory of Leadership Effectiveness(New York : Mc Graw-Hill, 1967), p. 14.

オハイオ州立大学のリーダーシップ研究、と動機づけ期待モデルに基づいて構築されている。ご記憶のように、期待説は、「努力＝仕事振」と「仕事振＝目標充足（褒賞連鎖）」にかかわるものであった。また、これもご記憶のように、オハイオ州立大学モデルの鍵となる次元は、行動構造主導と配慮であった。そして、オハイオ州大モデルでは、最も効果的なリーダーは、行動構造主導と配慮の両次元で高い、と示唆されていた。

初期のリーダーシップ研究のほとんどをオハイオ州立大学で行っていたロバート・ハウス（Robert J. House）は、オハイオ州大モデルの矛盾の説明に関心を持った。例えば、行動構造主導、配慮、ないし両者の様々な組合せは、予想するほど効果的ではなかったからである。言い換えれば、彼は、どのスタイルが効果的であるかを説明するだけでなく、なぜの説明にも関心を持っていたと言える。つまり彼は、行動構造主導が最も適当、また配慮が最も有効といった状況に関心を持っていたのであった。

先に進む前に、なぜこの理論が「目標経路論」と呼ばれるのかを説明しておくことが大切だろう。R. J.ハウスとT.R.ミッシェル（T. R. Mitchell）は、次のように述べている。

「この理論によれば、リーダーは、（フォロアーの）意欲、職務遂行能力、満足感に影響を及ぼすことによって効果的に機能できる。この理論の主たる狙いが（フォロアーの）職務目標、個人目標、目標達成までの経路に影響することにあるので、目標経路理論と呼ばれるのである。この理論では、リーダー行動とは、動機づけであり、欲求充足であって、その効果は（フォロアーの）目標達成度向上と目標への“経路の明確化”で決められる[10]。」

目標経路論は、期待モデルとオハイオ州大モデルとよく結びつく。期待モデルでは、「価値あるもの（目標）に結びついているとわかると、人はその仕事に満足し、また努力（経路）が高価なものに結びつくとわかると、よく働く[11]」とする。このリーダーシップ・モデルが、（オハイオ州大モデルに）結びつくのは、「フォロアーは、リーダー行動のフォロアーの期待（目標）に影響を及ぼすことの程度で、動機づけ（経路化）されるからである[12]」。目標経路論によれば、状況中に欠けているものを補給するのが、リーダーの役割である。もし、明確化が欠けているなら、リーダーとしては行動構造を与えるべきである。もし、内面的、または物質的褒賞に欠けるなら、リーダーは褒美を準備しなければならない。リチャード・ダフト（Richard Daft）は、この考えを要約して、

「リーダーの仕事は、フォロアーに目標達成の褒賞を与えることであり、こうした褒賞への経路を明らかにして、これを得やすくすることである[13]」と言っている。

こうした関係を示したのが、図5.4である。リーダーとしては、この図の左側の経路明確化でも、また右側の褒賞増強をも行うことができる。このようなリーダー行動の結果が、フォロアーの努力と組織の業務成果に至る動機の増加につながるのである。

図5.5に示されているように、状況が異なると違うリーダー行動が要求されるので、目標経路論を著者らは状況対応アプローチの１つとして紹介した。それでは、この図の左側から説明を始めよう。４種の状況が、それぞれ異なるリーダー行動を必要としている。これらのリーダー行動は、それぞれフォロアーに違う影響を与え、異なる結果を生んでいる。例えば、状況２で、曖昧な仕事を与えられ、期待される成果を上げていなければ、誰が、何を、いつ、そしていかに、などを指示する教示的なリーダーシップを使って、仕事の進め方、手続、そして目標を明確化することになるだろう。こうした明確化が、いっそうの努力、満足度と仕事振りの向上につながるかもしれない。目標経路論は、リーダーシップ介入を行う前の、状況診断の必要性を示す見事な例であると言えよう。

図5.4　目標経路論的状況におけるリーダーの役割

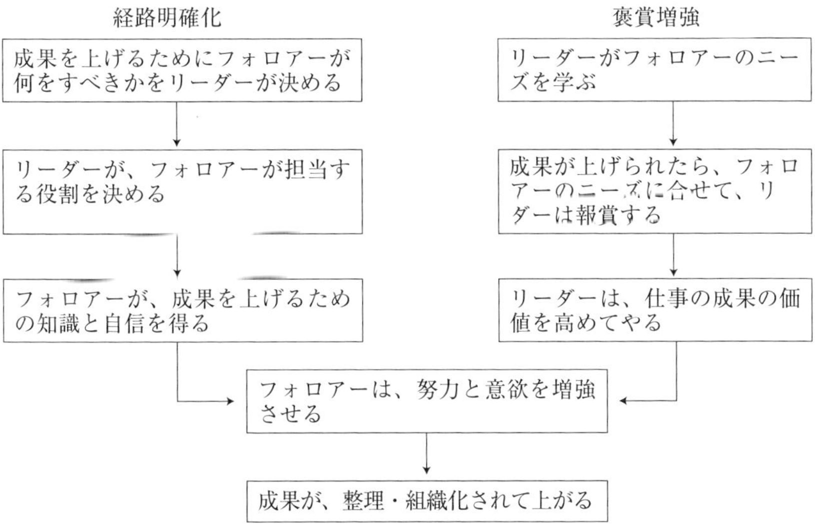

図5.5　目標経路論と望ましいリーダーの行動

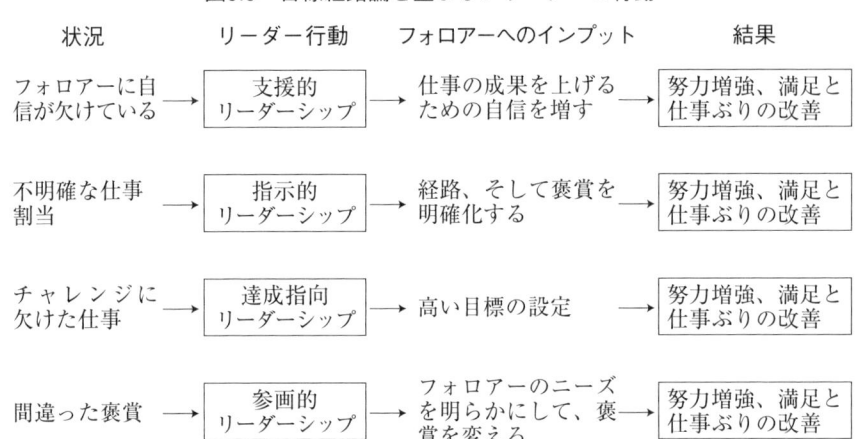

状況	リーダー行動	フォロアーへのインプット	結果
フォロアーに自信が欠けている →	支援的リーダーシップ →	仕事の成果を上げるための自信を増す →	努力増強、満足と仕事ぶりの改善
不明確な仕事割当 →	指示的リーダーシップ →	経路、そして褒賞を明確化する →	努力増強、満足と仕事ぶりの改善
チャレンジに欠けた仕事 →	達成指向リーダーシップ →	高い目標の設定 →	努力増強、満足と仕事ぶりの改善
間違った褒賞 →	参画的リーダーシップ →	フォロアーのニーズを明らかにして、褒賞を変える →	努力増強、満足と仕事ぶりの改善

出所：Reprinted with permission from Richhard L. Daft, Management, 3rd ed. (Fort Worth, Tex. : Dryden Press, 1993), p. 395. Adapted from Gray A. Yuki, Leadership in Organizations (Englewood Cliffs, N.J. : Prentice Hall, 1981), pp. 146-152.

スティンソン＝ジョンソン・モデル

ジョン・E.スティンソン（John E. Stinson）とトーマス・W.ジョンソン（Thomas W. Johnson）は、リーダー行動と課題の構造は、R.J.ハウスが示唆しているよりも、もっと複雑である、と言う。J.E.スティンソンとT.W.ジョンソンは、フォロアーが高度に構造化された仕事をしているときには、リーダーの関係指向的行動は重要である一方、使うべき課題指向的行動の量は、フォロアーの性質とそのフォロアーがやっている仕事のタイプによることを発見した。

J.E.スティンソンとT.W.ジョンソンは、リーダーの高度の課題指向行動が、次のようなときには、特に効果的である、と言っている。

1．フォロアーの仕事が極度に構造化されていて、フォロアーが物事の達成と自律を強く求め、かつ高いレベルの教育、または経験（すなわち、フォロアーが、その仕事に十分以上の力）を持っている場合
2．仕事と構造化度、フォロアーの達成意欲と自律度、そして課題関連教育、ないし経験のレベルが低い場合（つまり、フォロアーに仕事の能力が備わっていない場合）

リーダーによる課題指向行動が低いと効果的である場合

1．フォロアーの仕事が高度に構造化され、かつフォロアーの物事の達成や自律に対する意欲が弱いにもかかわらず、フォロアーが課題に関連した適度の教育、ないし経験を持っている場合
2．フォロアーの仕事の構造化の程度が低く、そして物事の達成と自律にフォロアーが強い意欲を持ち、しかも仕事に関連する教育や経験がも高い場合[14]

図5.6は、課題構造とフォロアーの能力のいろいろな組合せに対して高い成功率を持つリーダー行動のスタイルを示している。フォロアーの能力は、達成意欲の程度、自立欲求、仕事に関連する教育と経験にかかわっている。

図5.6は、高課題＝低関係なリーダーシップ・スタイルは、低能力のフォロアーに構造化度の低い仕事をさせ監督するときに、効果が上がりやすいことを示している。高度に行動構造主導的で、しかも高度に関係指向的なスタイルは、高度に構造化された仕事をしている高能力のフォロアーに適切なように見える。高度に関係指向的だが、課題指向度の低い（リーダー）行動は、高度に構造化された仕事をしている低能力なフォロアーに有効である。そして最後に、関係指向度も低く、課題指向度も低い（リーダー）行動は、構造化度の低い仕事を担当する能力の高いフォロアーに適切であると思われる。

スティンソン＝ジョンソン・モデルは、フォロアーの特徴 —— この例では、彼らの達成と自立の意欲と関連教育、および経験 —— が、最も適切なリーダーシップ・スタイルを決定している、といういまひとつの証明ということになる。

図5.6　リーダーシップ・スタイルと種々の課題構造、およびフォロアー能力との組合せに基づくスティンソン＝ジョンソンモデル

		課題構造	
		低	高
フォロアーの能力	高	低関係 低課題	高構造 高関係
	低	高課題 低関係	高関係 低構造

ブルーム＝イェットンの状況呼応モデル

V.ブルームとフィリップ・イェットン（Phillip Yetten）によって開発された状況呼応モデルは、状況呼応アプローチをとるリーダーシップ研究者たちが研究に当たって一般に使う共通のモデルに基づいている。[(15)] 図5.7に示されたこのモデルは、リーダーの個人的特性や性質に干渉する状況要素が、組織の効果性に影響するリーダー行動として現れるという前提に基づいている。この組織における変化—組織は、状況の一部であるから—が、引き続くリーダーシップのあり方に影響するのである。

これは解説済のテーマである。先に解説したK.レビンのモデルを思い出していただきたいたい。

$$B = f(P, S)$$

併せて、先行諸章で紹介したN．R．F．メイヤーの因果関係律やSOARモデルを思い出していただきたい。

図5.7では、既述のいくつかのアイデアを総合しつつ、リーダーシップを解説していくので、少し立ち止まって、これらの既述モデルを再考してみたい。図5. 7 は、状況変素（要因）が、次のようなものであることを表している。すなわち、①フォロアー、時間、そして仕事の必要、人間的特性の相互の影響、等々、②リーダーの経験や意思疎通スキル、リーダー行動が引き起こす結果、③リーダーのスタイルとして、それの組織の効果性に対する影響、④世界経済の状況や競争会社の動き、政府の法制など、リーダーがコントロールできない

図5.7　リーダーシップ研究で使われる主要変素（要因）の図式

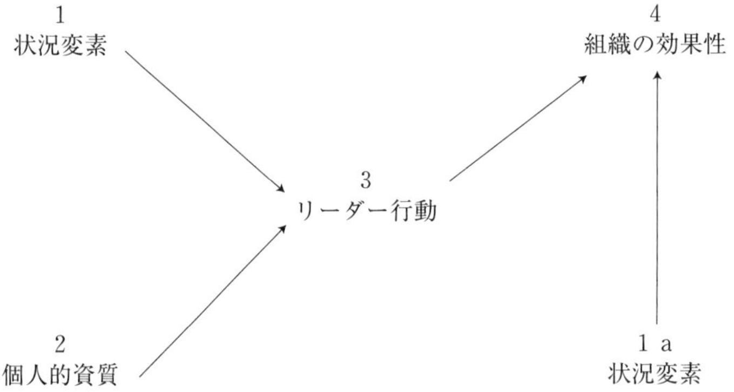

外的要因、など、諸要因であるが、これら諸状況要因については、引き続く各章を通じて、もっと詳しく論じたい。また、図5.7の説明を終わる前に、この図がリーダーシップへの状況対応アプローチに基づいているばかりでなく、先に検討した特性的アプローチからとったいくつかの人間的特性をもとりあげていることをつけ加えておきたい。。

ブルーム＝イェットンの状況呼応モデルは、どのように使えばよいのだろうか？　例えば、率いるグループを意思決定に参画させると決めたとしよう。そうすると、ＡからＧまでの質問に順番に答えながら、図5.8を手引として使うことができる。表5.1は、このモデルを使ってできる５種の異なったタイプの決定スタイルを説明したものである。表5.2は、７項目の問題（ＡからＧまで）について、対応する診断用の質問を付して示した表である。ご覧のように、診断用質問は、図5.8のものと同じである。では、例をやってみよう。

図5.7と同じプロセスによって、まず、状況変素を診断する。この目的のためには、表5.2が大いに役に立つし、決定の成功率を大きく高めることがわかっている。これらの７つの質問を行った後、図5.8を見ながら、このデシジョン・トリーを左から右へＡからＧまでの質問に答えて進んで行く。回答が、決定のタイプを指示する、例えば、ＡＩと出たら、表5.1を見て、適切とされる決定スタイルの説明を求めるという具合いにである。

このモデルは、リーダーの行動がこれらの質問と質問に答えるための状況診断で決められるので一種の状況対応モデルであると言える。おそらく読者は、ここに使われている質問が、N.R.F.メイヤーによって広く知らしめられた意思決定の質と受容の観念を反映していることに気づかれよう。最初の３つの質問は、決定の質ないし技術的正確度にかかわるものであり、最後の４つの質問は、グループ・メンバーの決定に対する受容度にかかわるものである。この質問表は、決定の質や受容度を損なう危険のある項目を適切としてしまう恐れを取り除くようデザインされている。

ブルーム－イェットン・アプローチは、いくつかの理由から重要である。その１つは、これがリーダーシップ研究者に広く尊重されていることである。いまひとつ、著者らが信じるように、リーダーたちには状況に対応してスタイルを変える能力が備わっている。この点は、リーダーシップに対する状況対応アプローチを受け入れる上で、決定的に重要である。第３の理由は、著者らも信じるように、人間は、より効果的リーダーへ育てることができる。ブルームは、この生産的研究を、最近、アーサー・ジェイゴ（Arthur Jago）と一緒に続けている[16]。

図5.8　ブルーム・イェットンの意思決定モデル

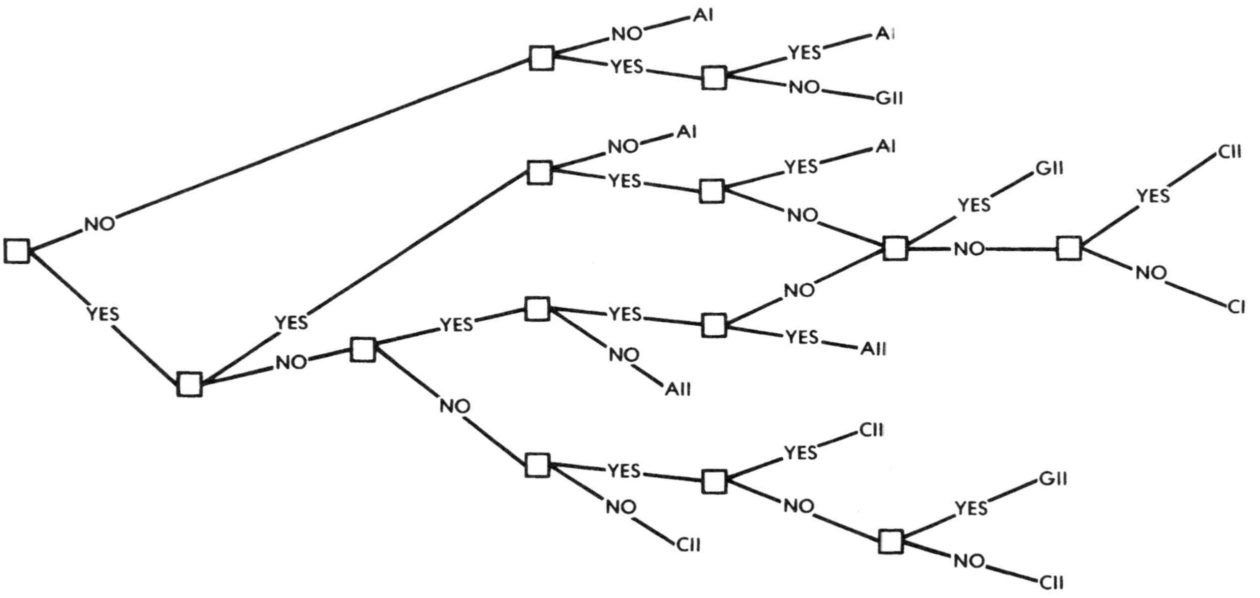

A
他の解決よりも特定の解決のほうを合理的とする解決の質にかかわる要件があるか？

B
質の優れた解決をするのに十分な情報を持っているか？

C
その問題は、構造化されているか？

D
フォロアーに受け入れてもらうことがその事の実施に大きく関係するか？

E
独りで決定しても、フォロアーが、その決定を受け入れてくれる可能性は高いか？

F
この問題の解決に際して、フォロアーは、組織目的を共有してくれるか？

G
望ましい解決についてフォロアー間に、意見の違いはあるか？

出所：Victor H. Vroom, Journal of Contemporary Business, Autumn 1974, Used with permisssion.

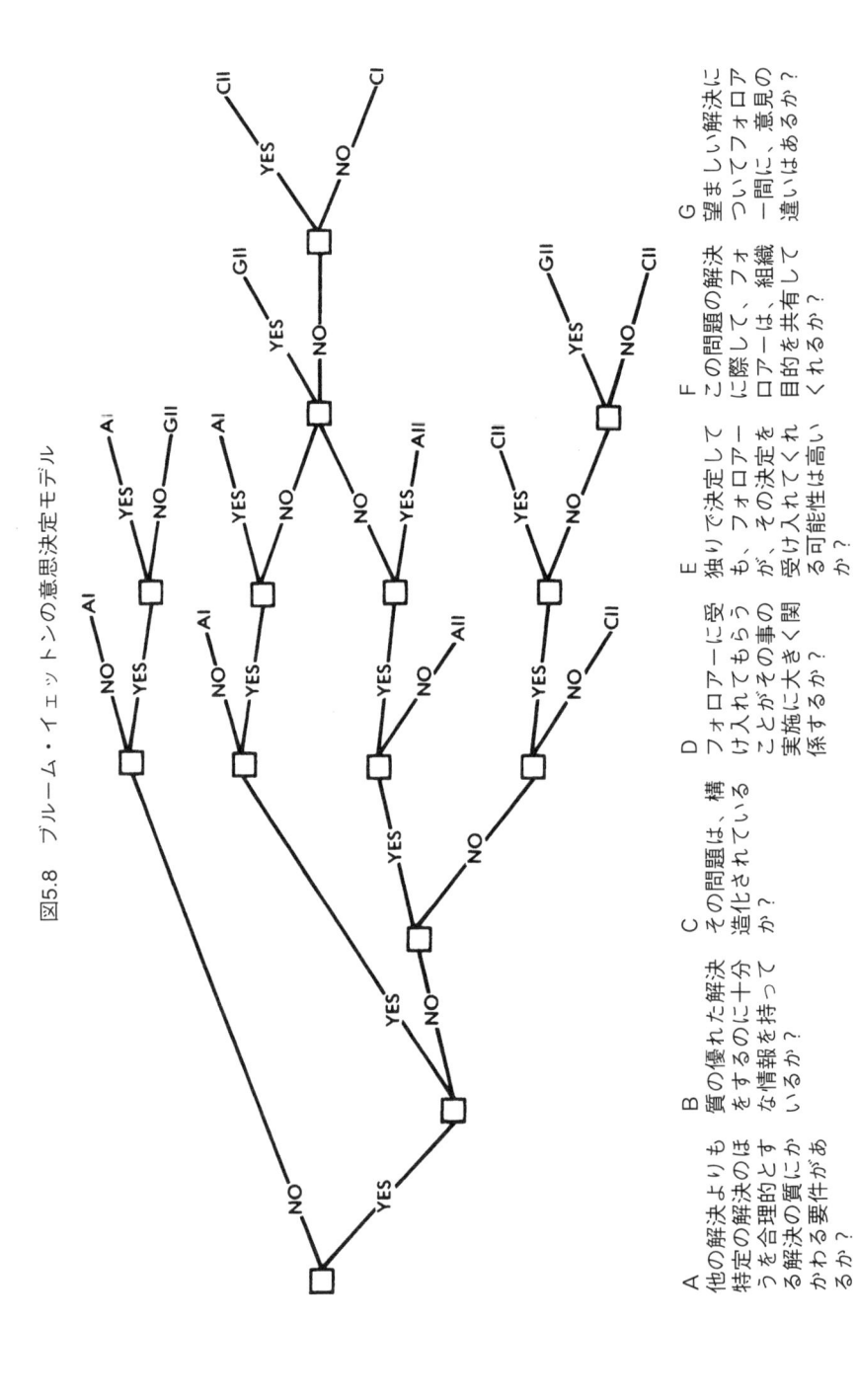

表5.1　ブルーム・イェットンモデルにおける意思決定スタイルの種類

A 1	手元の情報を使って、自分で問題を解決、ないし、自分で意思決定する
A11	フォロアーから必要な情報を得て、自分で問題を解決する。情報を得るに当たっては、フォロアーに、問題の説明をしても、しなくても、どちらでもよい。この決定に関してのフォロアーの役割は、必要な情報を提供することであり、解決を考えたり、提案することではない。
C 1	関係あるフォロアー個人に問題を説明し、アイデアや提案を受け入れるが、フォロアーをグループにまとめては行わない。
C11	グループとして、フォロアーに問題を説明し、彼らのアイデアや提案を、グループの中で受ける。そして、フォロアーの意見を反映させ、または反映させないで、自分で決定する。
G11	フォロアー・グループに問題を説明する。みんなで解決を考え、検討して、同意（合意）を図かる。あなたの役割は、会議の議長のようなものである。“自分の”解決を受け入れるような圧力をかけたりせず、このグループが指示する解決なら、どんな解決でも受け入れ、実施する。

表5.2　ブルーム・イェットン・モデルで使われた質問の性質

質問の性質	質問化した診断ポイント
A．解決の質の重要さ	他の解決に比べて、特定の解決をより合理的とする“質”の問題はありますか？
B．良質の決定を下すのに必要な情報／専門性をリーダーが持つことの程度	良質の決定を下すのに必要な情報を持っているか？
C．問題構造化の程度	問題は構造化されているか？
D．フォロアーの受け入れ、ないし献身が、決定の効果的実施に致命的であることの程度	フォロアーの受け入れが、効果的実施に、致命的かどうか？
E．リーダーの権威主義的決定が、フォロアーに受け入れられるか否かの読み	独りで決定しても、フォロアーたちに受け入れられる可能性は高いか？
F．問題の解決から明らかになる組織の目標を達成することにフォロアーが、動機づけられることの程度	フォロアーは、問題の解決に伴って達成される組織目標を共有しているか？
G．望ましい解決についてのフォロアー間の意見の対立	望ましい解決について、フォロアー間に意見の違いはあるか？

出所：Victor H. Vroom, Journal of Contemporary Business, Autumn 1974. Used with permission.

ハーシィ＝ブランチャードの３次元リーダー効果性モデル

このリーダーシップ・モデルでは、「指示的行動（task behavior）」と「協労的行動（relationship behavior）」という用語が、オハイオ州大の研究での「構造主導（initiating structure）」と「配慮（consideration）」が表す概念を示すために使われている。リーダーの４つの基本的行動を示す象限は、それぞれ高指示＝低協労、高指示＝高協労、高協労＝低指示、そして低協労＝低指示（図5.9）で表されている。

これらの４種の基本スタイルは、基本的に異なったリーダーシップ・スタイルを示している。個人のリーダーシップ・スタイルとは、その人が「他人の行動に影響するときに示すと他人が認知した行動のパターン」である。この他人の認知の内容は、本人のそれとはずいぶん異なっているかもしれないが、本人の認知は、スタイルと言うより、むしろ「自己認知（self-perception）」である。さて、リーダーシップのスタイルは、指示的行動と協労的行動の組合せに関係している。このリーダーシップ概念の中心をなしている２つのタイプの行動の定義は、次のとおりである。

- **指示的行動**　リーダーが、率いる集団のメンバー（フォロアー）の役割を組織・規定し、そして各人がどのような活動を果たすべきか、いつ、どこで、いかに課題を達成すべきかを説明することの程度。なお、その活動は、組織パターンの明確化、意思疎通経路と職務遂行のあり方の確立、に努め

図5.9　２次元モデル：ハーシィ・ブランチャードが提案する基本的リーダー行動スタイル

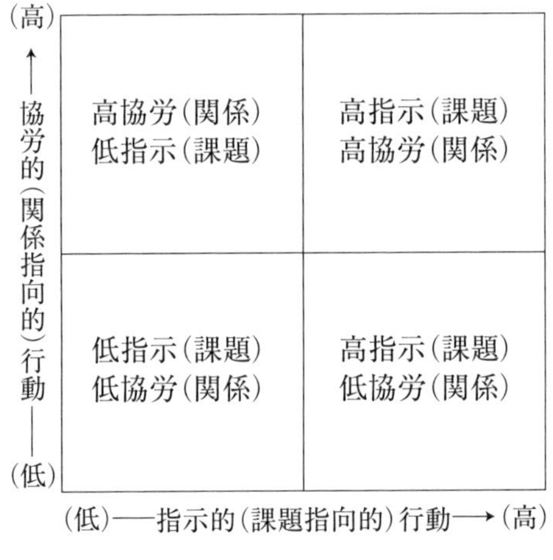

ることで特徴づけられる。

- 協労的行動　リーダーが、自分と率いるグループのメンバー（フォロアー）との間にコミュニケーション経路を開き、連帯的支援、積極的傾聴、「心理的ストローク」、そして促進的行動を与えることの程度[17]

効果性次元

リーダーの効果性は、リーダーシップ・スタイルと状況との関係がどのように適切であるかで決まる。したがって、効果性次元が、２次元モデルに加えられるべきである。では、３次元モデルを図5.10でご覧いただきたい。

リーダーシップ・グリッドのような昔の態度モデルにおける課題への関心と関係への関心の次元に、効果性次元を加えて、「３次元のマネジメント・スタイル理論」を開発したのは、ウィリアム・J.レディン（William J. Reddin）であった[18]。本書で紹介する著者らの３次元リーダー効果性モデルの開発に大きな影響のあった先駆的労作を発表したW. J.レディンは、役立つ理論モデルは「状況に応じて、効果的であるかないかはともかく、いろいろなスタイルの存在を許すものでなければならない」と考えた[19]。

先のオハイオ州大リーダーシップ・モデルの課題指向次元と関係指向次元に効果性次元を加えることによって、著者らはリーダー・スタイルの概念を特定状況の必要と統合しようと試みた。リーダーのスタイルが、所与の状況に適切である場合、それは効果的とされ、所与の状況に不適当な場合は、非効果的と呼ばれる。

図5.10　ハーシィ＝ブランチャードの指示的、および協労的次元に効果性次元を加える

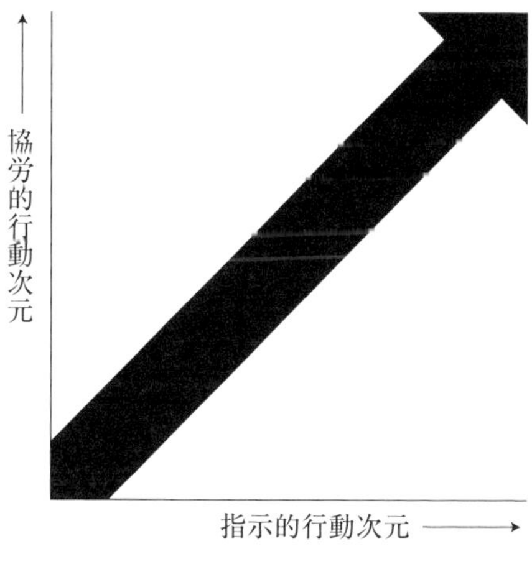

リーダー行動のスタイルの効果性が、それが発揮される状況に依っているとすれば、どのようなスタイルも状況によって効果的でもあれば非効果的でもあることになる。効果的スタイルと非効果的スタイルの差は、リーダーが発揮した行動によるものでなく、そのリーダー行動の状況への適合性によることも多い。現実では、第３の次元とは状況のことである。効果的であるか、非効果的であるかの

程度は、基本スタイルの状況との関係の仕方で決まる。第３次元を効果性と呼ぶわけは、たいていの組織状況では、いろいろな職務遂行の基準に基づいて、リーダーやマネジャーの効果性や非効果性が測定されている。しかし、著者らは、第３次元がリーダーが行動する環境のことを意味していると考える。リーダーの基本スタイルを、〈刺激〉であると理解して、この刺激に対する反応が、効果的であったり、非効果的であったりするのだと言う人がいるかもしれない。唯一最善のリーダーシップ・スタイルの存在を主張する理論家や実務家も、刺激の効果・非効果という判断を下しているのだが、状況対応アプローチをとる人たちは、刺激でなくて反応、ないし結果に関心を向けているのである。

では、例で説明しよう。ある部長が、ある部から重要な別の大きな部へ昇進させられた。こうなると、この部長の最も効果的なリーダーシップ・スタイルは、何だろうか？　多くの場合、高関係（協労）＝低課題（指示）スタイルとされる。このスタイルは、この新しい状況に適切だろうか？　このスタイルは、極めて有効か、極めて無効か、それともその間のどこかである。与えられたリーダーシップ・スタイルの効果性は、そのリーダーのフォロアー、上司、また

表5.3　リーダーの基本行動スタイルは、どのような場合に効果的で、どのような場合に非効果的か

基本スタイル	効果的な場合	非効果的な場合
高指示 低協労	目標達成の方法を明確に熟知していると受け取られ、頼り甲斐があると思われる。	他人に一方的にやり方を押しつけ、ときに不愉快と思われ、短期的な成果にしか関心を持っていないように見られる。
高指示 高協労	目標の設定、仕事の組織化というグループのニーズを満たすとともに、高度な社会連帯的支持をも与えてくれているように見られる。	必要以上に仕事の指図に熱心で、ときに対人関係が誠意のない上べだけのものと見られる。
高協労 低指示	部下に暗黙の信頼を寄せ、彼らの目標達成を促進することに意を用いていると見られる。	基本的に和を重んじ、人間関係を損ねたり、「いい人だ」という自分のイメージを傷つける恐れのあるときには仕事を犠牲にすると見られる。
低協労 低指示	仕事の進め方については、部下の決定に正しく任せ、社会的連帯的な面でもほとんど不必要な干渉はしないと見られる。	求められているのに、必要な仕事の組織化や社会的連帯的支持の提供を怠けると見られる。

は同僚が認知した状況との関連で決まる。表5.3は、他人がそれぞれのスタイルを効果的であるか非効果的かを認知する、その認知のあり方を簡単に示したものである。

「３次元リーダー効果性モデル」のようなモデルは、すべての状況に適切であるような唯一の理想的なリーダー行動のスタイルを主張するものではないから、その点は特徴的である。例えば、高指示＝高協労なスタイルは、特定の状況においてのみ有効である。軍隊や消防隊のように基本的に危機状態に対処するための組織では、戦闘や消火活動など、緊急状態では、成否が命令に対する素早い応答にかかっていることが多いので、最も適切なスタイルが高指示で、低協労であることも多い。時間がないと、決定についての討議や説明は許されない。だが、危機が去ってしまえば、他のスタイルが適当になるかもしれない。例えば、たとえ消防隊長が、火事現場で高度の行動構造主導をしていようとも、署に帰ったら、隊員たちも消防器材の保守や新しい消火技術の研修など、他の補完的業務に就くように、隊長としても他のスタイルを採るのが適当と言えよう。

診断表化

リーダー行動についてのデータの収集に、著者らは２種の「リーダー効果性・適応性診断（LEAD=Leader Effectiveness and Adaptability description）[20]表」を、研修場面で使えるように開発した。診断表には、「リード診断表―自己（Lead-Self）」と「リード診断表―他人（Lead-Other）」がある。「リード診断表―自己」には、12の状況描写があり、各状況に対する４つのとりうる処置―高指示＝低協労行動、高指示＝高協労行動、高協労＝低指示行動、そして低協労＝低指示―の中から、その与えられた状況でとるであろう自分の行動に最も近いものを選ぶよう求められる。なお、リード診断表―自己から、「状況」と「とりうる処置」の組合せの一例を示せば、表5.4のとおりである。

「リード診断表―自己」は、リーダー行動の３つの相についての自己認知のあり方を測定しようとするものである。すなわち、①スタイルについて、②スタイルの幅、そして③スタイルの適応性について、の３相である。スタイルとスタイルの幅は、４スタイルそれぞれの得点数で決められ、そしてスタイルの適応性（効果性点）は、基準点数に基いて評価される。「リード診断表―自己」は、もともと研修用の道具として開発されたものであり、研修場面でのみ使われるべきであって、一部研究者のように、研究用具として使ってはならない。「リード診断表―自己」は、リーダー自身で分析・採点するものである。しか

表5.4　〈リード診断表―自己〉からの項目の例

状況	選択行動
今まで概して職責に良く応えてきた部下たちだったが、最近、仕事上の諸基準を再明確化したところ、あまりこれに乗ってこない。	私なら……… A．部下たちを参画させて基準を整理し、介入を控え目にする。 B．基準の明確化をそのまま推し進める。 C．介入を控え、部下たちとの対立を避けて、状況をそのまま見守る。 D．部下たちの意見は取り入れるが、新基準が守られるようしっかり監督を進める。

し、「リード診断表―他人」は、そのリーダーのフォロアー、上司、または同僚（仲間）によって記入、完了されるものである。これら2つの診断表の詳細は、別に説明する。

一貫性については、どうか？

一貫したリーダーシップでは、同じリーダーシップ・スタイルをいつも使うわけではなく、フォロアーのレディネス・レベルに適切なスタイルを、相手になぜその行動、そしてそのスタイルがとられているのかをわからせて、とるのである。一貫性のないリーダーシップでは、どの状況でも同じスタイルをとっている。したがって、仕事をよくやっている場合も、仕事をよくやっていない場合も、支援的な高協労で、低指示なスタイルをとっているとすると、そのマネジャーには一貫性がない（「ある」、ではない）ことになる。フォロアーが良い仕事をやっていなければ叱るが、良い仕事をやっているときには、支持し褒賞するからこそ一貫性があるのである。フォロアーが仕事をよくやっていようがいまいが、いつでも微笑み、支援的であるとすれば、そのマネジャーには一貫性がないのである。

著者らの言う意味で一貫性を持つためには、マネジャーとしては、状況が同じなら、誰に対しても同じように振る舞わなければならない。すなわち、一貫性のあるマネジャーとは、誰かが大きな失敗をしたからといって制裁を加えるわけではなく、といって他のフォロアーを罰するわけでもない。逆の場合も、そうである。フォロアーを率いるに当たって大切なことは、同じ状況なら、たとえ不都合であっても―時間がないとか、その気になれないとか―同じようにリードすることである。

マネジャーによっては、都合のいいときだけ一貫性を示している。気分が向いたら部下を褒め、励まし、そして時間のあるときに部下を再指導し、監督する。例えば、ウエンディとウオルトが、子供たちの言い争っているのを見て、これを抑えようとしたとする。だが、この両親の一貫性には、例外があった。招かれたディナー・パーティーに急いでいるときには、子供の喧嘩には、概して介入しない。また、子供たちを連れてスーパーマーケットへ行っているときにも、他の人たちの前で子供を叱りつけるのは具合いが悪いので、家庭でなら許さないことも見逃している。子供たちは、どこまでやってもいいのか、常にその限度や境界線に注意している（子供たちは、何が許され、何が許されないのかを、知りたがっている）。ウオルトとウエンディの子供たちは、ママとパパがお出かけに急いでいるときやお店にいるときは別として、喧嘩してはいけないと憶える。こうして、親やマネジャーたちが、たとえ不都合でも、一貫性を保つようにしないと、彼らは、事実上、間違った行動を奨励していることになる。

いまひとつよく起こることは、フォロアーのレディネスや、仕事振り、示された能力、などに適応した適切なリーダー行動を使わないで、リーダーが年齢や性別に基づいて、特権（仕事）を与えることである。例えば、無責任な17歳の息子に、午前２時までに帰宅すればよいと許し、責任ある態度の15歳の娘に、12時までに帰るよう、言いつける親がそうである。

「態度」対「行動」

旧来の一貫性の定義の背後には、マネジャーの行動は、そのマネジャーの態度と一貫していなければならない、という考えがあった。この考えが、人間関係論や感受性訓練（Sensitivity-training）運動にかかわった人たちを悩ましてきた。彼らは、もし人間のことを気にし、人間について前向きの想定を立てるのなら、当然人間には人間らしく接し、指示的・規制的でないようにすべきだ、と考えたのである。

この問題の多くが、若干の理論家や実務家が、態度モデルと行動モデルとの区別をしなかったことに由来している。例えば、マネジェリアル・グリッドの次元（課題への関心、人間への関心）、そしてW.J.レディンの３－Ｄマネジメント・スタイル論（課題指向、関係指向）は、すべて態度的であることに気づかれよう。関心や指向は、感じ方であり、何かに対する感情である。同じことが、D.マグレガーの人間性に対するX仮説＝Y仮説についても言える。X仮説は、人間性に対するマイナス感を、Y仮説はプラス感覚を言っている。これらのモデルは、態度や感じ方を描写するものなのである。

他方、ハーシィ＝ブランチャードの3次元リーダー効果性モデル（指示的行動、そして協労的行動）は、観察された行動を次元にとっている。したがって、3次元リーダー効果性モデルは、「人々がいかに行動するか？」を描写しているのであり、マネジェリアル・グリッド、3―Dマネジメント・スタイル理論、そしてX仮説＝Y仮説は、生産や人間に対する態度、ないし心の構えを描写しているのである[21]。

態度モデルと3次元リーダー効果性モデルは、リーダーシップの異なった面に注意を向けているが、両立しないわけではない。両者が矛盾するのは、マネジェリアル・グリッドやX仮説＝Y仮説のような理論など、態度モデルの分析から行動にかかわる前提が導き出されるときだけである。第1に、態度や価値観から行動を予見することは極めて難しい。むしろ、行動から価値観や態度を推測する方がはるかに確実であることがわかっている。事実、相手の気持がどうであるか知りたいのなら、相手のすることを見ればよい。相手の行動に着目すればよいのである。

例えば、あるマネジャーが生産に高い関心を持っているとしよう。この事実は、このマネジャーのすることを予見させてくれるだろうか？　そんなことはない。生産の質に高い関心を持つマネジャーでも、「品質のことは言わないでもらいたい。目下のところ、変更したくないんだ」と言うかもしれない。言い換えれば、このマネジャーは、回避行動、ないし撤回行動（低関係的行動で、低課題的行動）をとっているのである。また、製品の品質に高い関心を払っているマネジャーが、フォロアーに何を、いかに、いつ、そしてどこで（高課題行動＝低関係行動）で接することもありうる。さらに、製品の品質に高い関心を払うマネジャーが、現場に訪れて「こりゃあ大変だなぁ。問題だらけじゃないか。報告することが、あるんじゃないの？　ともあれ、話し合おう。何とかしてあげたいんだ（高関係行動＝低課題行動）」といった場合もありえよう。さらにまた、製品の品質に高い関心を持つマネジャーが、職場に自立的な部門間チームの設立するのに、極めて高度の課題指向行動と関係指向行動をとるかもしれない。

著者らが提議しているのは、同じ価値観がいろいろな行動につながる、ということであり、価値観から行動を予見するのは容易ではない。行動科学における最も簡単なモデルのひとつを見るだけで、著者らの見解がはっきり理解されよう。その簡単なモデルとは、S（刺激）—O（生物）—R（反応）（生物体に向けられた刺激が、反応を起こす）である。多くの人間関係論派教育研修担当者が陥る落し穴は、刺激、すなわちリーダーシップ・スタイルからマネジメントの効果性を判断するということである。言い換えれば、彼らは、良いスタイルと悪いスタイルがある、と言っているのである。著者らは、仕事振りを評価するには、刺激を評価するのではなく、結果—すなわち、反応—を評価すべきだ、と言っているのである。仕事振りを評価することが重要なのである。この点こそ、まさに著者らの主張するところであり、最善のリーダーシップ・スタイル、つまり、最善の刺激、など存在しない、と言っているのである。どのようなリーダーシップ・スタイルも、そのスタイルがその状況で引き起こす反応に応じ、効果的でもあれば、また非効果的でもある。また、リーダーがヒューマン・リソースに与えるインパクトについても考えてみなければならない。今後6カ月の間、未曾有の生産を上げたとしても、それだけでは十分ではない。その場合のやり方が、従業員を驚かせ、そのために辞めたり、他社へ走ったりする連中がいるかもしれない。また、育成や能力開発に関して、フォロアーたちにどのようなインパクトを与えているか、にも注意しなければならない。このように、反応や結果を問題にしているのは、アウトプット、そして人的資源へのインパクトを問題にしているからである。

態度尺度に基づいて行動を推し量る場合、いまひとつ慎重であるべき理由がある。生産や人間の両方に対する高い関心（9－9的態度：図4.10参照）や肯定的に人間性を捉えるY仮説では、効果的マネジャーの基本的要素であるかもしれないが、そのマネジャーも周囲の事情に合せて、違った行動をとってもよいはずである。したがって、マネジェリアル・グリッドの9—9チーム・マネジメント・スタイルやY仮説に通じるとされる参画的な高関係＝低課題行動スタイルも、いつも適当とは言えないのである。

例えば、フォロアーたちが自分たち自身で職責を担うことができるとすれば、彼らに対して適切なリーダーシップ・スタイルは低課題／低関係である。この場合、マネジャーは、彼ら自身の職務遂行の計画、組織、統制の責任を委譲するのが適当だろう。マネジャーは、必要に応じ連帯的支援を与えるなど、裏方的役割を果たすことになる。このスタイルが適切に使われていても、マネジャーが、「無用の長物」になるわけではない。事実、有能で自信のある人たちに委譲するのは、マネジャーが人間性に対する「9—9的態度」と「Y仮説的態度」を示すための最高の方法である。同じことが、指示的な高課題＝低関係スタイルを使うときにも言える。相手に自信が欠け、職務遂行のスキルが備わっていない場合など、相手にやり方を指示して規制してやり、事細かに見てやることが、ときに人間と生産に対する関心（9－9）を示す最善の方法であることがある。

本章のまとめ

経験に基づいた研究では、（最善の）模範になるようなリーダーシップ・スタイルは認められていない。効果的なリーダーは、フォロアーと具体的な状況の必要に、自分のリーダー行動を合せたものである。つまり、（リーダーシップの）効果性は、リーダー、フォロアー、そしてその他の状況変素によっているのである。リーダーとしての効果性に関心を持つ人は、行動と状況の両方に使い関心を払うべきである。

第6章

リーダーの効果性決定

応用行動科学が当面している最重要問題のひとつに、人間の生産性—仕事の質と量の問題がある。生産性は、効果（目標達成）と効率（人間の生活の質に関係するヒューマン・リソースのコストを含めたリソースのコスト）の両方に関係している。経営管理論の創始者であるP.F.ドラッカーも「効果性は、成功の基礎である—そして効率は成功を収めた後の最低生存条件である[1]」と書いているが、本章の焦点は「効果性」に当てたい。効率は、正しくやることに、そして効果は正しいことをやることにかかわっている。

マネジメントの効果性とリーダーシップの効果性

効果性を論じるに当たって、マネジメントとリーダーシップの相違を確認しておく必要がある。既述のように、リーダーシップはマネジメントよりも広い概念である。マネジメントは、組織目標達成が前提となる特殊なリーダーシップと考えることができよう。リーダーシップは、何らかの理由から、他人やグループに影響を及ぼそうとする試みである。影響力とリーダーシップは、互換性のある同意語として使える。すべてのリーダーシップ行動が必ずしも組織目標達成に向けられるとは限らない。事実、誰か他人に影響を及ぼそうとするときに、組織に属していないこともある。例えば、友人にどこかへ同行してもらおうと思うとき、マネジメントをしているわけではないが、リーダーシップを揮おうとしていることは間違いない。もし、一緒に来ると賛成してくれたら、効果的リーダーだったのだろうが、効果的マネジャーであったわけではない。組織の中ですら、組織の目標というよりは、自分の個人的目標の達成を狙って、マネジャーがマネジメントというより、むしろリーダーシップを揮っている場合もある。

例えば、副社長に社長になりたいという強い個人的目標があったとしよう。この目標の達成のために、この経営者は、組織目標をまったく考えないで、もっぱら社長のプランや同じ椅子を争う他の経営者の足を掬《すく》って邪魔しようとするかもしれない。この副社長は、この個人的目標を達成するかもしれないが、そうなったとすると、その限りでは成功したリーダーである。しかし、彼のこうした行動は、おそらく会社の効果的営業の妨げになっていただろうから、この副社長を効果的マネジャーだと考えることはできない。

パーキンソンの“法則”は、個人的目標を組織目標に優先させるはっきりした例になっている。この法則によれば、官僚機構においては、不必要な人員や器材を加え、設備を拡大して、自分の部門を構築しようとするマネジャーが少なくない(2)。この傾向を通じて、そのマネジャーの名声や重要性は上がるかもしれないが、これは「非能率で、硬直的な、そしてその状況に耐えねばならない組織構成員にとってフラストレーティングな組織環境を作る(3)」。したがって、効果性を論じる場合、個人的な目標、組織目標、リーダーシップ、そしてマネジメントを区別すべきなのである。

成功するリーダーシップと効果的なリーダーシップ

誰かが誰かの行動に何らかの影響を与えようとすることは、「意図されたリーダーシップ」と呼ばれている。この意図されたリーダーシップは、期待する反応の導き出しに成功することもあれば、不成功なこともあろう。どのような組織においても、マネジャーの基本的責任は、率いる従業員とともに、ないし従業員を通して仕事をすることであり、その成否は率いるグループのアウトプット、または生産性で測られる。これと関連して、バーナード・M.バス(Bernard M. Bass)は成功するリーダーシップと効果的リーダーシップ、ないしマネジメントの明確な区別を提唱している(4)。

仮にマネジャーAが、Bにある仕事をさせようとしたとする。そうすると、Bが仕事を達成することの程度で、Aの意図の成否が測られることになる。これは厳密には、二者択一的状況ではない。図6.1に示されるように、文句のない成功から明らかな不成功まで、その間にどちらとも言えない灰色の領域が、コンティニュアム（連続線）のどこかに求められる。

では、Aのリーダーシップが成功したと仮定しよう。つまり、Aの働きかけに対するBの反応が、コンティニュアム上の成功側にあったわけである。だが、それでもまだ、効果性を全面的に掴んだわけではない。

Aのリーダーシップ・スタイルが、Bの期待に添わないものであり、Bが反感を抱きながら、Aのポジション・パワーのせいで仕事をしたとすると、Aは成功したとは言えるが、効果的であったとは言えない。Bが仕事をするのは、Aが褒賞や制裁の権利を握っているから仕事をしたのであり、マネジャーの目的や組織目標の達成がBのニーズ充足につながっているからではない。

他方、Aの意図したリーダーシップが思い通りの反応を引き出し、Bもそうすることで、個人的に得るところがあるとすると、Aはポジション・パワーばかりでなく、パーソナル・パワーも持っていた、と考えることができる。Bは Aを尊敬し、Aの要求が自分の目標のどれかに合うと思うので、進んで協力したのである。事実、Bも自分の目標がこの活動を通じて、達成されていくことを実感するだろう。これが、効果的リーダーシップの意味であるが、この効果性も図6.2にに示されるように、極めて効果的から極めて非効果的までのコンティニュアム（連続線）で表すことができる。

リーダーシップの成否は、相手となる個人、ないしはグループが、どう行動するか、に関係している。他方、効果的であるかどうかは、相手、ないし相手グループの内面や気持にかかわっているから、その性質上、態度的である。リーダーシップの成功だけに関心がある人なら、ポジション・パワーを強調し、事細かく監督すればよい。だが、効果的である人は、パーソナル・パワーにも依拠して、おおまかな監督を行う。ポジション・パワーは、組織階層を上から下方へ委譲されていくのに対し、パーソナル・パワーはフォロアーの支持を通して下から上へ上がってくる。

ネブラスカ大学経営学教授のフレッド・ルーサンズ（Fred Luthans）は、成功したマネジャー（昇進の早かった人）と効果的マネジャー（満足し、仕事に献身的な部下を持ち、生産性の高い部門を率いる人）に共通する点と相違する点は何かを決定するのに4年にわたる観察を行った[(5)]。この研究から、成功するマネジャーは、組織内外の人とのネットワーキングに、より多くの時間を費やしていると報告されている。伝統的なマネジメント活動―計画、意思決定、統制―に使う時間は少なく、政治的活動や社交活動に費やす時間がほとんどで

図6.1　バスの成功したリーダーシップのコンティニュアム

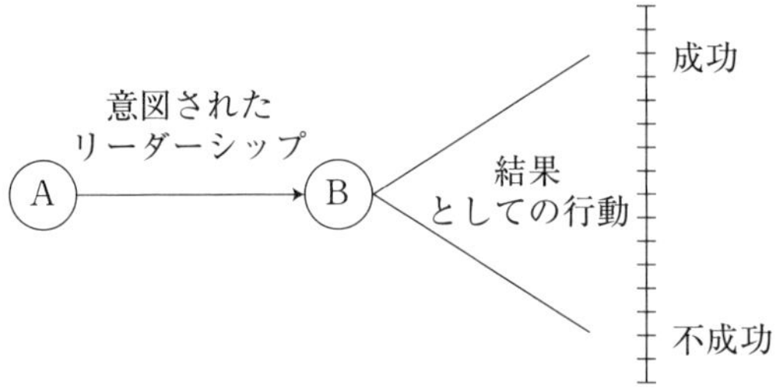

出所：Based on Bernard M. Bass, Leadership, Phychology, and Organizational Behavior (New York: Harper & Brothers, 1960),pp. 90, 448.

図6.2　バスの成功したリーダーシップと効果的リーダーシップのコンティニュアム

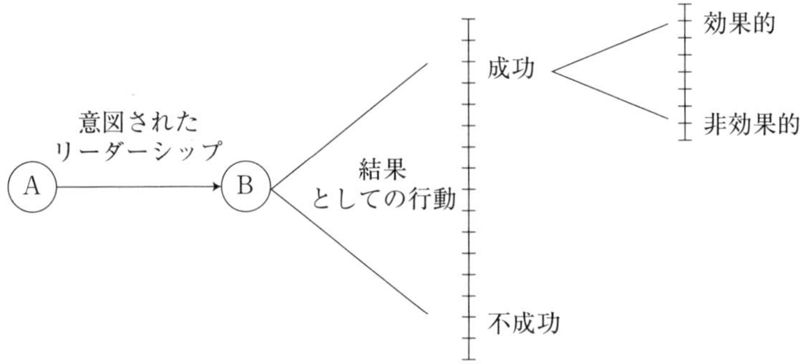

出所：Based on Bernard M. Bass, Leadership, Phychology, and Organizational Behavior (New York: Harper & Brothers, 1960),pp. 90, 448.

あった。対照的に、効果的なマネジャーは、ほとんどの時間を、情報交換や書類処置などのコミュニケーションやヒューマン・リソースの管理に費やしていた（図6.3）。こうした活動が、彼らの高生産性部門の質と量に大きく貢献していたのである。

この研究の対象となったマネジャーのうちの10%以下が、成功的なマネジャー、および効果的なマネジャーであった。これらのマネジャーは、バランスのとれたアプローチをしていた。他とよく連携し、正しい仕事をやっていた。この研究では、政治的、社交的スキルに富んだマネジャーでなく、効果的マネジャーを支持し、従業員に報いるシステムの構築に注意を払うべきだ、と結論している。効果的なマネジャーに報いることによって、急速に変化する市場や環境条件に応える組織の能力を高めることができるというのである。

組織の経営管理において、リーダーシップが成功的なものであるか、効果的

図6.3　マネジャーの本来の活動

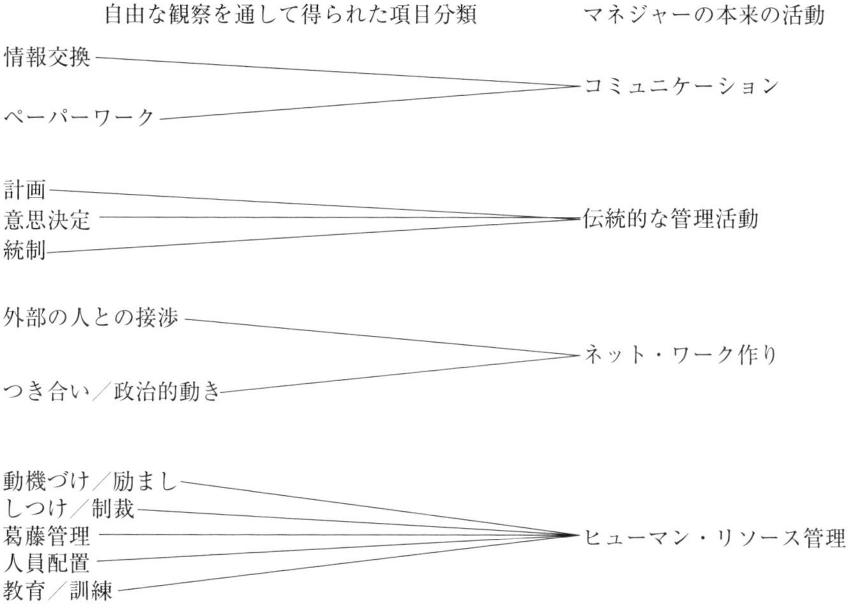

なものであるかを区別することによって、なぜ多くの監督者がただ座って、部下を監視しているだけで、満足すべき結果が得られるのか、を説明することができる。しかし、監督者が席を外すやいなや、生産は低下し、ばか騒ぎや不良品が増加することも多い。

同じような現象は、注文を電話で受付ける組織でも起こる。監督者は電話応対の様子を聞くことで、担当者が電話に素早く、正確に、親しみやすく応対しているかどうかを、知ることができる。しかし、その電話注文受付係が、このようなモニタリングを否定的に受け止め、監督者を非効果的だと思っていたら、モニタリングしないと、担当者の仕事振りは悪くなる可能性がある。モニタリングが、部門目標達成を支援するための方法であり、電話注文受付のあり方の向上を褒賞する手段であると考える監督者の下では、モニタリングを止めても、担当者の仕事振りは安定し、向上するかもしれない。この場合、監督者は効果的リーダーシップによって、担当者を助け、部門と会社の目標の達成に貢献したのである。

こうした現象は、教育や企業組織に留まらず、家庭のような非公式な組織にもあてはまる。両親が、成功的、かつ効果的で、ポジション、およびパーソナルパワーの両方を兼備していれば、子供たちも家族の目標を自分たちのものとして受け止める。結果として、両親が週末に家を空けても、普段と変わらず、両親がいるときと同じ行動をとるだろう。だが、両親が絶えず厳しく監視しており、子供たちも日頃から自分たちの目標が親の目標に押しつぶされていると感じている場合には、親はポジション・パワーだけを持っているのである。褒美と罰を握っているので、秩序が保たれているに過ぎない。子供を残して旅行にでも出ようものなら、帰ったときにはめちゃくちゃな状態に見舞われているだろう。

要するに、成功的であっても効果的でないと、相手の行動に短期的にしか影響を及ぼせないことがあるのである。他方、成功的で、しかも効果的なマネジャーは、長期的な生産と組織開発に影響することができる。実のところ、これこそリーダーシップとマネジメントの意味するところである。ウォール・ストリートジャーナル紙の言葉を借りれば、「マネジャーの最初の仕事は、組織に仕事をさせることである(6)」。

しかし、「成功的対効果的という捉え方は、行動上の特定の事件を捉えるものであり、時間的経過の中の仕事振りを測るものではない」。長期的経過の中の事象の評価は、特定の具体的リーダーシップ事象を捉えるものではなくて、多くの異なるリーダーシップ事象の要約であり、一般化したものである。長期間のリーダーシップ現象や組織の評価については、後述することにしたい。

組織の効果性は何が決めるか？

以上の効果性の解説は、視点を個々のリーダーなり、マネジャーなりが上げる結果に置いてきた。こうした視点も重要であるが、効果性の最重要側面は、組織全体との関係にある。本節では、特定リーダーシップの結果だけでなく、時間的経過（期間）の中の職場全体に対する効果をも、論じてみたい。R.リカートは、時間的経過の中の効果を検討するために役立つ3つの可変要素(Variable＝以下、変素)、すなわち、原因変素、媒介変素、そして結果変素を挙げている(7)。

原因変素（Causal Variables）

原因変素とは、組織内の事象の展開、そしてその結果や成果に影響する要因である。これらの独立変素は、組織やマネジメントの立場で変更することができる。ビジネス環境条件のような組織のコントロールが及ばない変素ではない。例えば、リーダーシップの方略やスキル、リーダー行動、マネジメントによる意思決定、あるいは経営方針や組織構造などは、原因変素の例と言えよう。

媒介変素（Intervening Variables）

リーダーシップの方略、リーダーシップ・スキルやリーダー行動などの原因変素は、組織のヒューマン・リソースや媒介変素に影響する。R.リカートによれば、媒介変素は組織内部の現状を示すものである[8]。これは、組織構成員の組織目標への打込度や働く意欲、士気、そして彼らのリーダーシップ・スキルやコミュニケーション・スキル、葛藤解決や意思決定、問題解決スキルなどに反映される。

結果変素（Output, or End Result, Variables）

アウトプット、または結果変素は、組織の成果を反映する従属変素である。効果性を評価する場合、マネジャーの90%がアウトプットのみに注目する。そこで、マネジャーの効果性は純利益で、大学教授の効果性は発表された論文と著書の数で、バスケット・ボールのコーチの効果性は勝敗記録で判定される。

同じように、アウトプットを強調することで、効果性を問題にする研究者も多い。例えば、F.E.フィードラーは、自分の研究の中で「与えられた主要課題についてのそのグループの業績」で評価している[9]。W.J.レディンも、マネジメント・スタイルを論じたとき、効果性を同じように考えている。マネジャーの効果性は、「担当部門の利益への貢献—最大生産量、市場占有率、などを基準に—客観的に評価して測られるべきだ」、と述べている[10]。

効果性を、単一の尺度で測るのを避ける傾向が生まれてきている。例えば、ピーター・B.ベイル（Peter B. Vail）は、組織の利害関係者は、５つの価値領域について、「勝を占めること」に関心を示すようになってきていると言っている。すなわち、次の５つの領域である。

- 経済的価値：会社が上げる利益を反映
- 技術的価値：会社がなそうと決めたことを、いかになすかを反映
- 社会的価値：会社が従業員にとって、どんな「家」であるかを反映
- 社会政治的価値：外部の人たちに、会社がどのような隣人であるかを反映
- 超越的価値：深いレベルで、真実のところ会社が外部の人たちに、どのよ

うな意味を持つかを反映

これら５つの領域は、ますます強調されつつある組織というものの価値を反映している。

同じような価値領域のセットを、ロバート・S.カプラン（Robert S. Kaplan）とビジネス・コンサルタントのデビッド・P.ノートン（David P. Norton）が、ハーバード・ビジネス・レビュー誌に発表した[12]。経営管理では、業績測定には４つの視点に集中すべきだというのである。その４つの視点とは、次のとおりである。

- 顧客の視点：客は、どう見ているのか？
- 内部業務の視点：どの点で、優れていなければならないのか？
- 変革の視点：いかに改善し続け、価値を創造するのか？
- 財務の視点：株主を、どう見るのか？

第３の例は、フォーチュン誌の企業著名度毎年調査である。フォーチュン誌が使っている基準は、マネジメントの質、製品の質、そしてサービスの質であり、財務的健全性、長期投資の価値、企業資産の使い方、革新性、地域社会と環境への責任性、人材を惹きつけ、育成し、保持する能力、などである[13]。

さて、R.リカートのモデルに戻って、変素の３種の関係を、図6.4[14]に示すように、刺激（原因変素）が、生物体（媒介変素）に作用し、特定の反応（結果変素）を生み出している関係として想像してみることができる。

媒介変素のレベルや状態は、原因変素によって大きく左右され、それがさらに結果変素に影響する。したがって、媒介変素に直接働きかけ改善を図るよりも、原因変素の改善を通じて、間接的に改善を図る方がやりやすい。同じよう

図6.4　リカートの原因、媒介、結果変素の関係

原因変素(変数)	媒介変素(変数)	結果変素(変数)
リーダーシップの方略・技法およびスタイル 経営上の意思決定、組織の理念、目標、方針および構造テクノロジー、　等	目標への献身、メンバーへの意欲と士気、リーダーシップの技法、コミュニケーション、葛藤の解決、意思決定、問題解決、　等	生産 (アウトプット) コスト、 売上、 収益、 労使関係、 離職率、　等

に、結果変素の改善を試みる場合、媒介変素に働きかけるよりも原因変素を修正する方が効果的である。

長期目標と短期目標

媒介変素は組織の構築や発展に関係があるので、長期目標となる場合が多い。また、これらも効果性の一部であるが、組織では長期的可能性とともに短期的業績も強調される。ちなみに、長期的視点で捉えられる効果性は、多くのマネジャーがややもすると、見落してしまいやすい。もっともこれが見落とされがちなのは、多くのマネジャーが、長期的な組織の健全性や開発への関心を持たなくとも、生産増加や収益増加のような短期的結果変素に基づいて昇進させられるからである。この見逃しが、１つの組織のジレンマを生む。

組織のジレンマ

今日の産業界の主要な問題のひとつは、効果的マネジャーの不足である。したがって、「生産的である」と、半年や１年で昇進させられることも珍しくない。このようにトップが短期的生産に基づいて昇進させることが多いと、マネジャーたちは生産レベルを高めることに熱心のあまり、課題（仕事）を強調し過ぎて、不適当でも、誰彼なしに過度のプレッシャーをかけてしまう。

オフィスや家に入って来るなり、大声で叱りつけた経験は、おそらく誰もが持っていよう。その結果、即刻、または短期的な効果として、活動は向上するかもしれない。しかし、もしこのやり方が相手に合わなければ、しかも、こうしたやり方を長く続けたら、組織のモラールは悪化してしまう。職場のこうした媒介変素の悪化を示すものとして、離職、欠勤、事故の増加、スクラップ増加、そして無数の苦情がある。特に苦情に関しては、件数ばかりでなく内容も重要である。苦情は本当に重要な問題なのか、それとも不安や不満でうっせきした感情の反映なのか。これらの苦情が、単なる不満として本人と直接上司の間で処理されているか、それとも上層部へ持ち上げられ、上級者の処置、あるいは仲裁が必要とされているのか。組織のジレンマは、多くの場合、マネジャーが、みんなにプレッシャーをかけ、そして短期的アウトプットを上げたマネジャーが、媒介変素に崩壊の兆しが現れる前に、昇進し、その状況から他所へ転出してしまっている、という形で表れる。

媒介変素の悪化とこうしたマネジメントの下での従業員による生産抑制との間には、時間的ズレがあるのが普通である。つまり、従業員たちは「そのうちに、よくなるだろう」と思いがちだからである。その結果、圧力をかけたマネジャーは、早々に栄転し、危機一髪のところで“虎口を免れる”のである。

災難は後任のマネジャーを襲う。生産記録は高くとも、多くの問題を引き継ぐのである。徐々に崩れかけていた媒介変素は、新任マネジャーの登場をきっかけに簡単に崩壊してしまう。士気と意欲の著しい低下は、そのまま顕著な生産の低下を招く。変化は、それ自体、気持を不安定にする。媒介変素は、すでに悪化しつつあったから、マネジャー交代は、大きなショックになる。新任マネジャーのスタイルにかかわりなく、従業員たちの期待があまりにもこじれてしまっているので、組織目標と従業員たちの個人的目標との間の「不信のギャップ」を埋めるには、多くの時間と忍耐が必要なのである。新任マネジャーが、長期的にどれだけ有能であろうとも、生産低下に気づいた上級マネジメントは、業績向上に数カ月程度しか待ってくれないかもしれない。しかし、R.リカートの研究が示すように、小さな組織でもグループの媒介変素の再構築には、1年から3年かかり、大組織となると7年にも及ぶ。

このジレンマはビジネス組織に限られたものではない。学校組織においても、校長や学区長などの上級管理者が革新的プログラムを開発・実施し、その実績を買われて、給与のよい別の仕事に昇進してゆくが、ここにおいても、こうしたことがよくある。ある学区長が、管下の学校へあらゆる革新的アイデアを導入し、その小さな町を全国的に有名にしたことがあった。その過程で、プログラム導入の決定に関して、先生や校長、地域社会の関係者たちには、ほとんど関与も参画もさせなかった。2年後、こうした革新のおかげで、この学区長はある大きな学区へ、年収1万5千ドルの増収で転出することになった。後任者が来ると、荷も解かないうちに、先生たちの離職が相次ぎ、職員組合が結成され、基金募集案は否決されるなど、一挙に混乱が起った。混乱が激しくなると、人々は前任者の復帰を望むようになった。しかし、実際には、媒介変素を悪化させ、問題の種を蒔いたのは、前任者のスタイルだったのである。

コーチの評価には、普通、勝敗記録が使われる。ある高校チームのコーチ、チャーリーは数シーズンにわたって、好成績を上げてきた。もう1シーズン良い成績を上げれば、ある名門校からもっと高い給与で迎えられることがわかっていた。このような条件があると、チームの短期的ポテンシャルに集中しようとする。経験豊かな上級生選手だけを使ってゲームし、シーズンの終わりに輝かしい記録を得ようとする。これで短期的目標の達成可能性は高まる。しかし、この間、チームの媒介変素は正しく使われていない。チャーリーが、このチームを去り、他へ移ってしまうと、新任コーチはチーム再建に大変な苦労を強いられる。1、2年生を育てて、良いチームに建て直すには、相当な時間と労力が必要であり、その間、何シーズンかを芳しくない成績に甘んじなければならない。ところが、卒業生やファンがチームが負けるのを見ていると、「大事なのは勝敗ではなく、いかに戦ったかである」という古い格言を忘れ、新任コーチを無能だ、と決めつけてしまう。つまるところ「チャーリーの頃は良かった」ということになってしまう。彼らは、チャーリーがチームの将来を犠牲にして、当面の勝利だけにこだわってきたことを知らないのである。問題は、新任コーチの効果性が、前任者がとった勝率方式で判定されていることにある。新任コーチは、チーム再建に良い仕事をやっているのかもしれないし、2、3年後には良いシーズンを迎えるかもしれない。しかし、新任コーチに再建の機会が与えられる見込みはあまりない。

リーダーがアウトプットに関心を集中している間は、問題は起こらない。例えば、第2次世界大戦中の米空軍を描いた往年の名画「Twelve O'clock High(頭上の敵機)」で、グレゴリー・ペック演ずるところのフランク・サベッジがある日突然、爆撃隊の指揮を任される。前任司令官は、皆から慕われ尊敬されていた。だが、前任者は部下たちに溶け込み過ぎ、人間的配慮も過ぎていたために、気合いの抜けた、戦闘に役立たない部隊を作り出してしまっていた。[(15)]

ここではっきりさせておきたいが、この問題は二者択一的問題ではない。問題は、アウトプット（結果変素）と媒介変素のどちらにどの程度の比重を置くかである。バスケットボール・チームの例に戻ろう。ある女子チームが、多数の経験豊かな選手を擁し、ポテンシャルも十分に高いとする。だが、シーズンが進むにつれ、必ずしも成績の良い年ではないとわかってきたとしよう。そこでコーチは、基本的な決定を下さなければならない。経験豊かな上級生を使って、残されたゲームの勝率を上げるか、それとも勝敗にこだわらず、将来の優勝チームに育てるために残りのゲームで、1、2年生に経験を与えるかが、これである。短期的目標をとるか、長期的目標をとるかの選択である。将来へのチーム作りを目標とするのなら、コーチはそれを基準に評価されるべきであり、勝率で評価されるべきではない。

媒介変素は、勝率記録や、バランス・シート、セールス・レポート、経理の勘定口座、などには示されないが、こうした長期的配慮は、短期的成果変素と同じように、組織にとって重要である。したがって、測定は難しいが、組織への効果性評価に媒介変素を見過ごしてはならない。なお、こうした媒介変素を測定するのにR.リカートが使った道具（質問表）の1つを、先に紹介した。

要約すると、実際問題としては、効果性はマネジャー、ないし組織が決める目的や目標によって判断されなければならないが、効果性が次のものの関数であることを忘れてはならない。

1．成果変素（生産性、業績）
2．媒介変素（ヒューマン・リソースの状態）
3．短期的目標
4．長期的目標

目標と効果性の統合

組織目標の達成によって、個人目標とグループの目標がどこまで達成されると考えているかの程度で、「統合の程度」がわかるといってもよいだろう。組織目標が全員に共有されていれば、D.マクレガーの言う〈真の〉目標の統合がなされている、と言える[16]。

これを説明すると、組織はマネジメントと従業員の２グループに分けることができる。これら２つのグループの、それぞれの目標と、結果として達成される組織目標が、図6.5にに示されている[17]。この例では、マネジメントの目標は組織目標と概ね一致しているが、必ずしもぴったりではない。他方、従業員の

図6.5　マネジメント、従業員、そして組織の目標の方向
——組織目標の中程度の達成

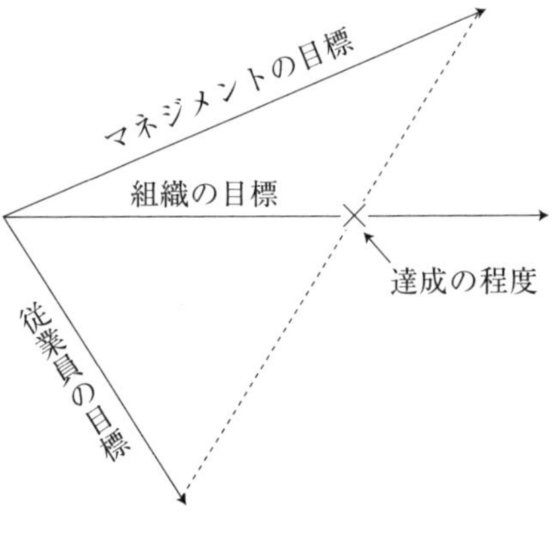

図6.6　組織があまり成果を上げていない

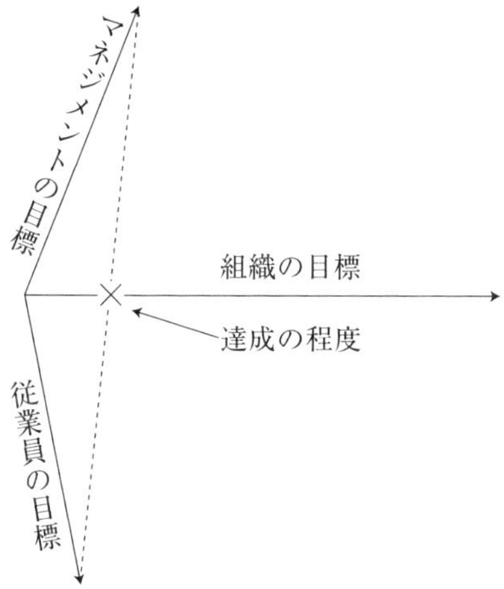

図6.7　組織は、前向きに進んでいない

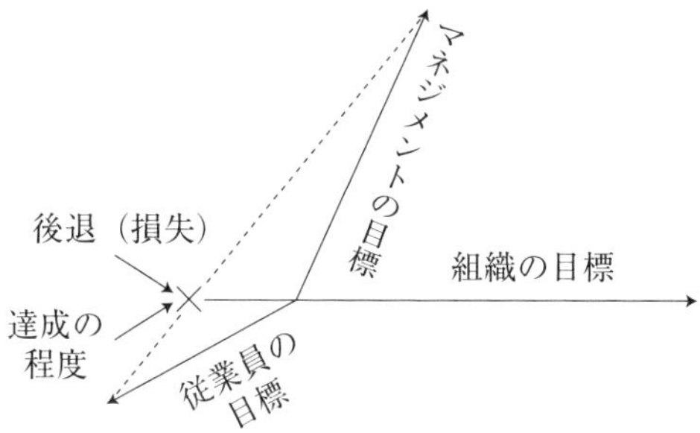

目標は、組織目標とかなり食い違っている。マネジメントと従業員の目標の相互作用の結果は妥協であり、業績は両者の組合せである。そして、組織目標達成の度合は、図にあるように、両者を結ぶ線上に求められる。

状況が悪化すると、図6.6のように組織目標の達成は、ほとんどなくなってしまう。この状況では、組織の繁栄は、概して無視されているように見える。マネジャーも従業員も、自分たちの目標が組織目標に逆行すると思っている。その結果、士気も業績も低下し、組織目標の達成は極小化してしまう。

ときには、組織目標がまるで反対の方向に向いていて、前進の無いこともある。結果として、実質的な損失、ないし資産の流出を招くことさえある（図6.7）。事実、まさにこうした理由から、倒産する企業が日々後を絶たない。

組織に望まれることは、次の２つのいずれか１つが起こるような土壌を作ることである。すなわち、組織の中の個人（マネジャーと従業員の両方）が、自分たちの個人的目標を組織目標と同じと見るか、あるいは同じではないまでも、組織目標の達成に尽くすことによって、自分の目標が果たされると考えるかのいずれかである。個人の目標が組織の目標に近づけば近づくほど、図6.8に示されるように、組織の業績は増大する。

図6.8　マネジメント、従業員、そして組織の目標の統合——高い組織業績

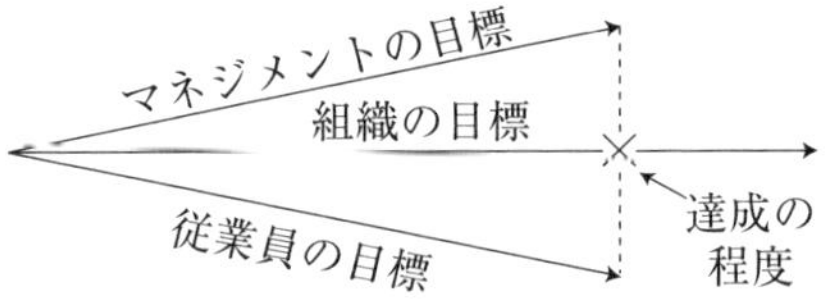

効果的リーダーが、個人の目標と組織の目標のミゾを埋める１つの方法は、フォロアーの間に、自分に対する忠誠心を植えつけることである。そのためには、上級マネジメントに対するフォロアーたちのスポークスマンにならなければならない[18]。このようなリーダーは、組織目標をフォロアーに伝えるのに困難を感じないし、フォロアーたちも組織目標受入れと自分の欲求充足とを容易に結びつける。

参画と効果性

組織においては、個人、ないしグループの業績基準は、事前に双方で確認して決めておくべきである。その決定に当たっては、マネジャーとフォロアーは、アウトプットも媒介変素も、また短期目標も長期目標をも考えておくべきである。このプロセスをとることで、２つの利点が考えられる。その１つは、従業員に自分の努力を評価する基準の設定に参画させることである。第２は、計画の過程に従業員を参画させることによって、彼らの設定された目的や目標に対する献身度を強めるという点である。このことは、調査研究によって裏付けられている。

この分野における古典的研究の１つに、レスター・コッホ（Lester Coch）とジョン・フレンチ（John French）が、あるアメリカの工場で行った研究がある[19]。彼らは、マネジャーと従業員が技術上の変更を予め話し合っている場合には、変更の導入に当たって、生産性も高まり、導入に対する抵抗も少ない、

という事実を発見した。その他の研究も、同じ結果を示している[20]。これらの研究は、わが国の社会では、従業員を意思決定に参画させることが、効果的である傾向を証明している。しかし、再び強調するが、参加的マネジメントの成否も、状況によっていることを忘れてはならない。この方式は、アメリカ合衆国の産業では、効果的であるようだが、他の文化では適切でないかもしれない。

この主張は、J.フレンチ、ジョキム・イスラエル（Joachim Israel）、そしてダッフィン・アス（Dagfinn As）が、ノルウェーの工場で行ったL.コッホとJ.フレンチの実験を再現しようとして、はっきりと証明された[21]。この状況では、ここでは、参画的マネジメントを適用したグループと、そうでないグループの間には、生産性に大した差が認められなかった。言い換えれば、意思決定への参画を高めても、ノルウェーの工場ではアメリカで見られたほどの劇的な効果は表れなかったのである。R.リカートの研究をナイジェリアで再現してみたP.ハーシィの研究でも同様のことが判明したが、ノルウェーでの研究は、フォロアーの文化、および状況の差異がリーダーシップ・スタイル決定に大きな意味を持つらしいことを示している。

目標による管理

個人の目標と組織の目標とを統合することが容易ではないことは、わかっている。しかし、不可能ではない。アメリカ文化のある組織で成功した参画的アプローチは、目標による管理（management by objectives＝MBO）と呼ばれるプロセスである。この目標による管理の背景となる考え方は、1950年代初め頃にP.F.ドラッカー[22]によって紹介され、その後、特にジョージ・オデオーン（George Odiorn[23]）とジョン・ハンブル（Jone Humble[24]）らの努力によって世界中に知られるようになったものである。彼らの努力、およびその他の人たちの努力もあって今では産業、教育、行政、軍隊などあらゆるマネジャーたちが、目標による管理のプロセスをマネジメント概念の基本として、組織運営をしようとしている[25]。目標による管理とは、基本的に次のようなプロセスを言っている。

「企業の上級マネジャーと下位マネジャーが協力して、共通の目標を洗い出し、それぞれが分担する主な責任領域を、期待される結果として定義して、……こうして話し合って決めた尺度を基準に部門を管理し、両者の貢献度を評価する。[26]」

このやり方は、ときにはマネジャーのレベルを越えて、時間給労働者にまで適用され成功した例もある。目標による管理の考え方は、マネジャーによる他律統制と従業員本人による自己統制との統合を強調する経営思想に成り立っている。この制度は、職責レベル、部門の如何にかかわらず、どんなマネジャー、どんな従業員、また規模の大小にかかわらずどんな組織にも適用できる。

このシステムを円滑に機能させるものは、マネジャーと従業員との間で、期間を限って設定した仕事の目標についての合意である。これらの目標として、結果変素、ないし媒介変素、またはその両方の組合せを設定することができる。大切なのは目標が事前に協力して設定され、合意されていることである。所定期間の終了後、その従業員の業績が、合意された目標に照らして検討・評価される。この検討と評価に、マネジャーと従業員の両者が立ち会う。彼らの参画を通して立てられた目標は、組織の誰か偉い人に押しつけられた目標よりも、受け入れられやすいことがわかっている。この領域における指導と参画は、目標達成に対する担当者の個人的な意気込みを高めるようである。

個々の目標設定に先立ち、組織全体の共通目標が明確にされるべきである。そして同時に、職名、任務、指揮命令系統、権限、職責、統制の限界なども必要があれば、組織上、変更しておくべきである。

また対象期間を通じて、組織全体が達成すべき目標を、実際に達成された目標と比較し、必要な調整を行って、不適切な目標は除去する。目標と業績についての最終的話し合いを行う期間の終わりには、この両者に違いがあれば、どのようにしてその問題を処置するかが話し合われる。このステップを通して、次の期間のための目標設定の準備が行われる。なお、この目標による管理のサイクルの全体が図6.9[27]に示されている。

目標による管理（MBO）は、多くの企業で効果性を上げる良い方法とされているが、長年の間に欠点も明らかになってきた。ずっと命令ばかりしてきた管理職がなぜいまごろ従業員のインプットに関心を持つのかと、従業員は目標による管理（MBO）制度の導入に不信感や疑惑を持つこともある。

MBO制度導入後、関係書類や事務処理の量が増大することがある。コミュニケーションや計画の改善も、書類整理の中で消え去ってしまう。これに関係するのが、目標達成業務の成績の評価の強調し過ぎである。MBO制度では、仕事の改善に従業員が互いに助け合うことを重視する必要がある。

MBO制度のいまひとつの問題は、マネジャーが無意味、ないし達成の極め

図6.9　目標による管理（MBO）のサイクル

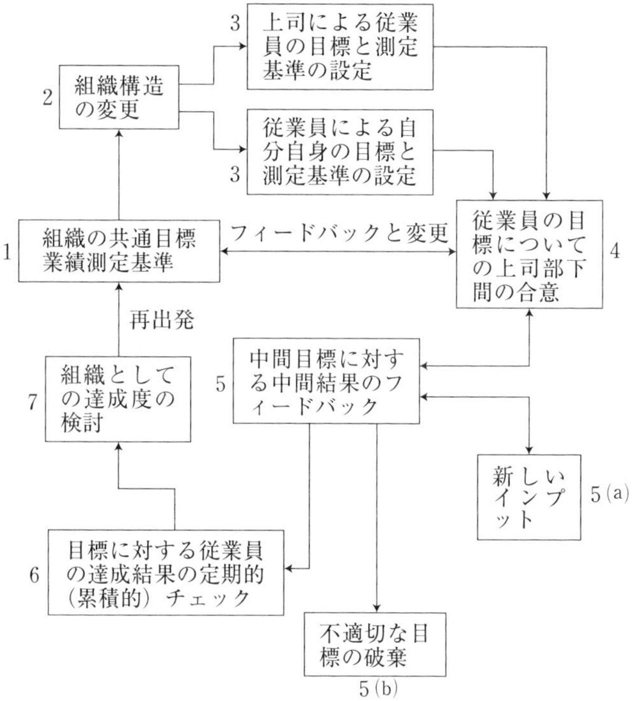

て容易な目標を設定したときに起こる。目標は、企業全体の目的・目標を踏まえて、注意深くモニターされねばならない。また、フィードバックが遅れ、マネジャーが急速に変化する状況に合わせて、目標を変え、また調整することができないと、問題が起こる。

目標による管理は、こうした形の従業員参画が適切な組織では、双方の合意と高い生産性を上げるための強力な手段になる。しかし、このシステムの問題点を理解した上で、これを展開し、実施し、管理する必要がある。

スタイルと効果性

どのリーダーシップ・スタイルでも、状況によっては、効果的でもあれば、非効果的でもあることをを裏付ける研究は多い。アブラハム・K.コーマン（Abraham K. Korman）は、唯一最良のリーダー行動のスタイルがあるという考えを消し去る上で、非常に説得力のある例証を収集した[28]。A.K.コーマンは、オハイオ州大の行動構造主導（仕事中心）、および、配慮（関係中心）という２つの行動次元に基づくすべての研究、および賃金、ストレス下の業績、管理上の評判、職場の苦情、欠勤、離職、など集団の生産性を含む種々の効果性指標との関係をテーマとする25件を越える調査研究を検討してみた。これらのすべてを通して、「リーダー意見調査（LOQ）」、または「リーダー行動記述調査（LBDQ）」を使って、行動構造主導と配慮の２つの次元について調べられた。前者は、所与の状況で「リーダーはどう行動すべだと考えているか」が調べられ、後者では、「フォロアーが、リーダー行動をどう見ているか」が調べられた。A.K.コーマンは、次のように結論している。

「〈配慮（Consideration)〉と〈構造主導（Initiating Structure)〉は、アメリカ産業心理学の常識になっているにもかかわらず、これら２つの可変要素（変素）が、どのように職場チームの業績に、そしてその業績の予見にかかわる条件に、どう影響するのだろうか—現状では、これらがそうした予測にどう役立つのか、ほとんどわかっていない[29]。」

したがって、A.K.コーマンは、効果性という点では、配慮と構造主導の概念は、予測に役立つとは言えないと気づいた。言い換えると、このことは状況が変わると、リーダーのスタイルも変わるべきであることを意味している。

F.E.フィードラーは、自分の状況呼応モデルを16年間（1951年～1967年）をかけて、50の研究と比較してテストし、指示的で課題指向的なリーダーも、非指示的で、人間関係指向的なリーダーのどちらも特定の条件では効果的であると結論している。F.E.フィードラーは、次のように言っている。

「人は、決して不可能だなどと言うべきではないにしても、将来、誰かが万能のリーダーシップ・スタイルなり、万能のリーダー行動なりを発見したというかもしれないが、われわれのデータによっても、他の研究者たちによる健全な研究から得られたデータによっても、そのような奇跡的な救いは望めそうにない[30]。」

いかなる状況にも効果のある唯一万能のリーダー行動やスタイルなどはないことは、はっきり証明されている。この章における著者らの基本的な結論は、必要なリーダー行動は、状況によって異なるということであるが、この結論だと、リーダーたる責任を担う人に多くの疑問を残してしまったかもしれない。こうした人は、個人的にも、状況によるとはいえ、「どのように状況によるのか」とこうした理論の実践的価値に、関心をお持ちかもしれない。こうした関心に応えるため、後章でリーダーやマネジャーが問題ある状況で、効果的決定を下す上で、助けとなる環境要素について論じることにしたい。

第7章

状況（環境）を診断する

リーダーシップを状況との関係で捉えるアプローチは、リーダーの効果性が状況に対応したリーダー行動のスタイルの適否で決まる、とういう前提に基づいている。したがって、マネジャーやリーダーに大切なことは、リーダーシップの３つの主要能力の１つである状況診断能力の学習である。残る２つは、すでに言及したように、適応力とコミュニケーション能力であることがおわかりだろう。

状況中の可変要素

組織状況（環境）は、リーダー、フォロアー、上司、同僚、組織、職務の要請、時間、その他によって構成されている[(1)]。これが完璧なリストいうわけではないが、少なくともリーダーにとっての重要な要素の多くが含まれている[(2)]。図7.1に示すように、リーダーをめぐる状況は、その他にもその場に特有な状況要素が存在すると思われる。

職務の要請を除けば、図7.1に示した状況要素は、それぞれ２つの主要な構成要因から成っている、と考えることができる。

すなわち、スタイルと役割期待がそれである。したがって、前図の可変要素（変素）は、以下の構成要因に分けることができる。

図7.1　組織環境の相関変素

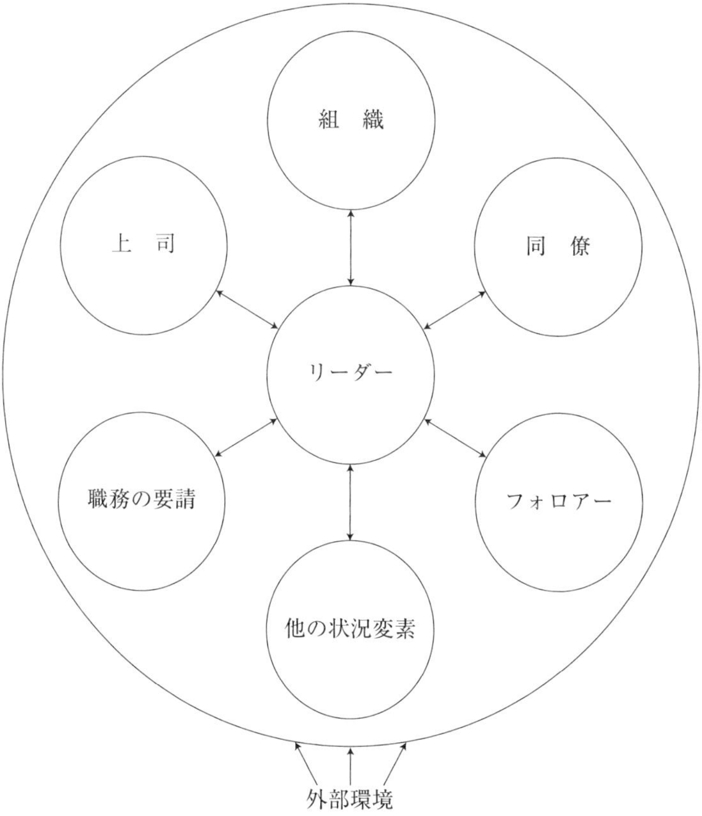

リーダーのスタイル　　リーダーに対する（役割）期待
フォロアーたちのスタイル　　フォロアーたちに対する（役割）期待
上級マネジャーのスタイル　　上級マネジャーに対する（役割）期待
同僚たちのスタイル　　同僚たちに対する（役割）期待
組織風土のスタイル　　組織風土（社風）からくる期待

職務からの要請
その他状況要因
組織外の的要因

スタイルの定義

リーダーのスタイルとは、他人とともに、または他人を通して仕事を進める際に、その他人たちが感じ取ったリーダーの行動のパターンをいう。行動のパターンは、同条件下で起こる特定の反応（つまり特定の行動）の観察を通して知ることができる。その意味で、彼ならこうするはずだ、と日頃接している人ならある程度予測できる行動の習慣だと言えよう。筆者らを含めて、研究者たちの中には、ともするとスタイルとパーソナリティを同義語として使用している者がいる。両者の相違については、後章で詳しく論じたい。

期待（役割期待）の定義

期待（役割期待）とは、自己の役割や職責、そして他人の役割や職責にふさわしい行動についての認識や意識を言う。換言すれば、所与の状況で自分はどう行動すべきか、また自分の職位との関連で他の人たち（マネジャー、同僚、フォロアー）がどう行動すべきかが、期待（役割期待）を通して規定されるわけである。したがって、他人と「期待（役割期待）を共有する」とは、関係者が自分および相手の役割をお互いに把握し、容認している状態を指す。すなわち、役割期待を両立させるには、関係者が標的や目標を共有し合う必要がある。また、役割が異なるために異なった行動スタイルが要求される場合でも、組織の効果性を高めるには、関係者のそれぞれが組織目標を自分のものとして納得していなければならない。

図7.1に示すように、リーダーは相関するすべての状況要因の中心に位置しており、リーダーをめぐる状況の診断は非常に複雑である。状況の中のすべての変素がリーダーに対する役割期待にかかわっているから複雑なのである。

スタイルと期待（役割期待）の相互作用

ヤコブ・W.ゲッシェルス（Jacob W. Getzels）によると、マネジャーの行動はスタイルと役割期待の相互作用の結果である[(3)]。マネジャーの職責や役割には、ほとんど役割期待のみによって構成されているものもある。こうした職責では、自分のスタイルを表に出す余地は残されていない。例えば、陸軍軍曹の行動は役割期待とほぼ一致しなければならない。陸軍軍曹には、新しく変わった行動は許されない。例えば、X仮説的に高度に構造化された監督行動は、密着した細部にわたる監督になってしまいやすいようにである。

他方、役割期待も少なくスタイルにも自由が許されるマネジャー職もある。例えば、創意工夫の望まれる宣伝担当マネジャーの行動は、当人の個人的スタイルに負うところが大きい。一般に、定型業務を監督する場合よりも、非定型業務を監督する場合には、当人のスタイルが役割期待よりも重要になる、と言える。

定型業務・非定型業務の2つの職責を例にとって、リーダーのスタイルと役割期待の関係を図示したものが図7.2である。例えば宣伝担当マネジャーの職務では、陸軍軍曹の職務におけるよりも、スタイルが重要な要素となっている。スタイルと役割期待の比率は仕事の種類によって違いがあるにしても、組織内でとられる行動は「スタイルと期待」に規定され、また「仕事への関心」とその仕事を担当する「人間への関心」という2つの指向性を、何らかの組合せで含んでいるものである。

図7.2　定型業務と非定型業務におけるスタイルと期待のあり方の違い

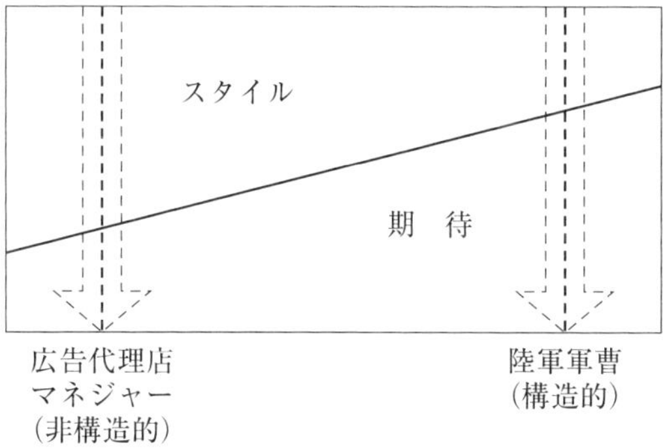

リーダーのスタイルと役割期待

リーダーシップの最も重要な要素のひとつは、リーダーのスタイルである。リーダーは、経験、教育、訓練などをもとに、長期間、自分のスタイルを形成する。R.タンネンバウムとW.シュミットによれば、管理者のリーダーシップ・スタイルに影響する当人の内面からくる要素として、少なくとも4つのものがある。すなわち、当人の価値観、当人のフォロアーに対する信頼の程度、当人の個人的性向、そして不確実な状況に耐える能力である[(4)]。

マネジャーの価値観には、一般に次の点に対する答えが含まれる。すなわち、フォロアー自身に影響ある決定にフォロアーをどこまで参画させるべきか？　給与を受ける者としては、どこまで個人的に職務に責任を負うべきか？　などである。これらの点に対する信念のあり方が、リーダーシップ・スタイルに、そして特にフォロアーに対する指導や支援の程度に影響する。

フォロアーへの信頼は、マネジャーの人間性に対する考え方、すなわち、X仮説に拠っているか、Y仮説的に拠っているかで変わる。言い換えれば、フォロアーに対する統制や許す自由の程度は、フォロアーを生来怠惰で信頼できない無責任者だと考えるか、動機づけさえチャンと行われていれば、創造的で意欲に満ちている人たちと考えるか、で変わるわけである。さらに、部下が持つ当該領域についての知識と能力の程度を、どれくらいと見積るか、その管理者の見積りのあり方でも部下に対する信頼度は変わる。

マネジャーの個人的性向も、当人のリーダーシップ・スタイルに影響を与える。したがって、マネジャーによっては、指示的（監督・規制的）にやらないと気持が落ち着かない人もあれば、ある程度の指導を与えたり、相互交流を図ったりするチームワーク体制でなければやっていけない人もいるだろう。さらには、特定課題や問題の処理をフォロアーに任せるマネジャーもいることだろう。

マネジャーが感じる不確実状況下での安定感は、不確実状況下での意思決定責任委譲に大きな影響を持つ。ここでの問題は、不確定に対するマネジャーの寛容度である

それぞれのマネジャーに異なったリーダーシップ・スタイルが存在することを知ることも大切だが、そのスタイルがリーダー本人が自認する行動ではなく、他人（特に部下たち）が認めた行動であると知ることも大切である。ちなみに、これはリーダーにとってなかなか理解できない考え方である。例えば、フォロアーたちがジェーンのことを仕事一辺倒の猛烈リーダーであると思っていたとすると、ジェーン自身が、自分を民主的な人間関係を重んじるリーダーであると思っているかどうかは関係ない。フォロアーたちは、自分たちが抱いている考えに基づいて行動する。また、部下たちはジェーンに対して仕事一辺倒の猛烈リーダーとして接するだろう。したがって、リーダーは自分が他人の目にどう映っているかを知らねばならない。しかし、この種の情報は極めて得にくい。誰でも、この種の話題では正直に話したがらない。上下の関係があるときにはなおさらのことである。

部下（フォロアー）のスタイルと期待（役割期待）

リーダーが状況を診断する上で、フォロアーのスタイルも重要なポイントになる。事実、フィルモア・サンフォード（Fillmore H. Sanford）が示したように、フォロアーをリーダーシップ発揮上の“最重要”条件とみなすだけの根拠はある。(5) いかなる状況においても、フォロアーはリーダーをリーダーとして認

めるか否かを決めるだけでなく、グループとしてリーダーのパーソナル・パワーを規定する力をフォロアーは持っているからである。フォロアーがいったん不服従を決めたら、他の状況要素の意味はなくなってしまう。

これはすべてのマネジメント階層について重要なポイントである。V.H.ブルームは、リーダーの効果性が、部下（作業員）のスタイルに拠るところが大きいことを証明した。[(6)] S.W.ゲラマンも、作業員の重要性を下記のように強調している。

「自主・自尊を強く求めるフォロアーを、監督者が鉄の規制下に置こうとすると問題が起こりやすい。同様に、上司に仕えることに慣れた従順なチームを、自分たち自身で仕事を管理する自主的方式を求める監督者の下に置くと、彼らは上司が自分たちの仕事を本当に知ってくれているのかどうかに迷って不安を感じやすい。[(7)]」

R.タンネンバウムとW.H.シュミットは、次の根本条件が満たされた場合、リーダーがフォロアーに自由裁量を許す余地が大きくなると言っている。

- 部下が自主・独立の必要を、比較的強く感じている場合
- 部下が意思決定責任を負うに足るだけのレディネスの高さ（責任負担準備度）を持つ場合
- 部下の不確定性に耐える能力が、比較的高い場合
- 部下がその問題に関心を持ち、重要だと受け止めている場合
- 部下が組織目標を理解し、一体感を感じている場合
- 部下がその問題の処理に必要な知識と経験を持つ場合
- 部下が意思決定責任の分担に慣らされている場合

マネジャーたちがフォロアーたちのスタイルを変えたいと思っても、一時的には部下たちの行動スタイルに合せなければならない。例えば、部下の職責負担を増やし、密着した監督をやめて総括的管理の下に置こうと思っても、こうした変更を一夜のうちになし遂げることはできない。また、計画的に時間をかけて変更を導入するにしても、ある程度はマネジャーの現行行動を部下たちの期待に添ったものに保っておかなければならない。学校においても、こうした診断の必要を痛感させる事例が数多く見られるが、例えば、人間主義を標榜する教師たちは学生たちが教師からの学習指示を待っているのに気づかず、学習

の主体性を学生に譲ろうとしてしまうなどである。こうしたやり方の急速な変化は、学生を自主性に目覚めさせるどころか、無責任さを生んでしまう。

先に人間の勤労意欲について考えたが、そこでは仕事上の満足が極めて重要な要素である、と知った。人間は仕事に意義を感じようとし、人生に豊かな人間関係を求めようとする。業績を上げるには、それを可能にする環境を創造して従業員の質を保つ必要があると、雇用者たちは学び取りつつある。このことは、わずかの中枢従業員が事業活動の成否に大きな影響を与えることができるコンピュータ会社やソフトウエア会社など“情報”産業において特に重要であることを示している。競争に生き残るためには、献身的に働く従業員を抱えていなければならない。したがって、従業員を意欲づける能力が会社に備わっているか否かは、事業の存亡に決定的意味を持つ。

ハイラー・ブレイシイ（Hyler Bracey）は、リーダーは、「ハート（Heart）で管理すべきだ」といっている。つまり、次のとおり。

- 耳を傾け、わかって欲しい（Hear and understand me）
- 意見が別でも、誤解しないで（Even if you disagree with me, please do not make me wrong）
- わたしの中の価値を認めてほしい（Acknowledge the greatness with in me）
- わたしの善意を信じて下さい（Remember to look for my good intentions）
- 理解を持って、正直に話して下さい[9]（Tell me the truth with understanding）

ハート（HEART）で管理することによって、上下の信頼関係は向上し、充実感が生まれ、仕事の喜びが増大するので、組織の競争力も具体的に高まる、というわけである。

リーダー、特に新任のリーダーは、フォロアーが特定状況で期待する行動のあり方を知るべきである。前任リーダーの行動は大きな影響を残しているだろうが、これがもし新任リーダーのやり方と違っていた場合、この相違はたちまち問題を生み出すことになる[10]。フォロアーの期待に合せるためには、リーダーの側でスタイルを変えるか、フォロアーの期待を変えさせるか以外に手はない。しかし、リーダーのスタイルは長い期間に亘って形成されたものであり、リーダーたちにとっても、短期間に大きく変更できるはずがない。したがって、フォロアーたちの期待を変更させることに力を注いだ方が効果的であるかもしれない。

上司のスタイルと期待（役割期待）

リーダーをめぐる状況のいまひとつの重要要素は、上級マネジャーのリーダーシップ・スタイルである。ちなみに、「上級マネジャー」とはリーダーの上司のことである。ともあれ、誰にも何らかの形の上司がいるものである。たいていのマネジャーは、フォロアー管理に心を配っているが、自分自身のフォロアーとしてのあり方に十分な配慮をしていない人もいる。しかし、下位リーダーのスタイルが上司の期待に応えようとして影響を受けることもある。特に上司が近くにいるときにはそうである。

例えば、上司が仕事一辺倒である場合、その上司は部下にもそうあって欲しいと望むかもしれない。

こうした場合、協労的行動は、結果の如何を問わず、不適当とされる。新任下位リーダーが「人間関係スキル訓練」などに参加したとき、こうした上級マネジャーの硬直性は曝《さら》けだされてしまう。会社へ戻って、訓練で学んだアイデアのいくつかを実践してみようとする。ところが、こうした新しい考え方を受け入れない彼らの上司は、新任第一線監督者が覚えてきた「人間への関心」にいい加減苛々してしまう。その結果、「作業員にゃ、そんなことはどうでもいい。仕事をさせな」、といった反応を生むことになってしまうが、そうなると、新任第一線監督者も遠からぬうちに、元通りのスタイルに戻ってしまい、その後はいっそう行動変容が難しくなってしまう。

マネジャーにとって自分の上司の期待を知ることは重要である。特に組織内で出世を望むならそうである。昇進を望む場合、職場仲間のしきたりや慣行（スタイルや役割期待）に添おうとしないで、むしろ指向する集団のしきたりや慣行の方に従う傾向をみせる[(11)]。その結果、彼らが日常接触する仲間集団（同僚や部下）の期待よりも、上司の期待の方が重要になってしまうかもしれない。

マネジャーの期待の重要性とその期待がリーダーシップ・スタイルに及ぼす影響は、ロバート・H.ゲスト（Robert H. Guest）が行った組織変革事例の分析[(12)]に生き生きと示されている。R.H.ゲストは、ある自動車会社の大組立工場Y工場を調査し、2人の違ったリーダーの下における状況を対比研究した。工場長スチュアートのY工場における職場の人間関係は敵意と不信に満ちたものであった。スチュアートのスタイルの特色は、絶え間なく生産増強に駆り立てる高指示的なものであった。その結果、職場は緊急事態が踵を接する異常な雰囲気の中にあり、人々はいまにもこっぴどくと叱りつけられるのではないかと恐れ、またどうする権限もない事柄の責任をとらされて仕事を失うのではないかと恐れ、戦々兢々と働いていた。この会社の６つの工場のひとつであるＹ工場は、最低の生産記録しか上げておらず、しかも事態は悪化しつつあった。

クーリーがスチュアートを引き継いだが、クーリーは極めて有能なリーダーのように見えた。その後３年の間に、劇的な変化が起こったのである。原価、業績、等々６つの工場の成績評価に使われるいろいろな評価尺度に照らしても、Ｙ工場は間違いなくトップに立つことになったのである。また、Ｙ工場内の対人関係と従業員の満足度は、スチュアート時代の状況に比べて顕著に改善されたのであった。こうした変化に、わずかの解雇者と配置転換の代償しか払わなかった。やや多めに使われた協労的スタイルを通して、クーリーはＹ工場を180度転換させたのであった。

外見的には、大きな違いはリーダーシップのスタイルにあった。クーリーは、良いリーダーであったが、スチュアートはそうではなかった。R.H.ゲストは事例分析を通じて、リーダーシップ・スタイルが２つの主要要素のひとつであった、と指摘している。いまひとつは、ここの具体的状況の改善のために、スチュアートは事業本部から日々指示を受けていたが、クーリーは任されていた。クーリーはリードすることが許されていたが、スチュアートはリードの仕方を指図されていたのである[13]。言い換えれば、緊急体制から平常体制への転換の際にＹ工場の生産性は低下し始めたが、スチュアートの上司はスチュアートが手綱をとるようになれば、生産性が上向くと期待していたし、またそうするようにスチュアートに大きなプレッシャーをかけていた。R.H.ゲストは、こうした期待がスチュアートに危機管理的で独裁的な管理を余儀なくさせていた、と指摘している。だが、クーリーが工場長に任命されたとき、彼の上司たちは「任せること」を方針としたのであった。トップ・マネジメントの期待がこのように変化したことが、クーリーにまったく違ったスタイルをとることを可能にさせたのだ、とR.H.ゲストは指摘している。

同僚たちのスタイルと期待（役割期待）

リーダーの同僚、つまり仲間とは、同一組織内で同じような職位にある人たちを言う。例えば、製造担当副社長の同僚とは、社内の他の副社長たちであり、教師の同僚とは他の教師たちということになる。だが、リーダーにとってすべての同僚が重要というわけではない。ふだん接触することの多い同僚のみが、リーダーのスタイルと効果性に影響を及ぼすのである。同僚が持つリーダーのスタイルと役割に対する期待は、それらの同僚とのリソース（資材／資源）についての取引や駆引など、接触が多い場合には重要である[14]。

先に昇進意欲の強いマネジャーについて言及した。しかし、現職で満足する人もある。こうした人たちにとっては、自己の行動を形成する上では、上司の期待よりも同僚の期待の方が重要かもしれない。大学の教員たちは、その傾向を示す好例である。彼らは、自分の専門分野に関しては、大学管理職員の意見よりも、他の教授や同僚の意見に対して、より大きな関心を寄せることが多い。

組織のスタイルと期待

組織が持つスタイルと組織の期待は、その組織の歴史や伝統、ならびに現行のトップ・マネジメントのスタイルや期待を反映した経営目的や組織目標を基盤に形成される。

個人の場合と同様、長い期間に組織も特定の行動様式を形成し、それがスタイルとして認知されるようになる。このように組織スタイル、ないし社風が形成される過程は、「制度化（Institutionalization）」と呼ばれてきている[15]。この過程を通じて、その組織の歴史やその組織の形成と成長に決定的役割を果たした人たちの価値観体系が組み込まれる。したがって、ヘンリー・フォード（Henry Ford）の同社形成に与えた影響を知らずにフォード自動車会社を理解することはできない。例えば、望ましい経営幹部とはダイナミックで想像力豊かな、決断力と説得力のある人物であるという考えを堅持する組織もある。また、他人と効果的に協働する能力（対人関係能力）を、重要な経営幹部に求められる能力とする組織もある[16]。

組織メンバーは、所属組織の価値体系をすぐに感知し、その価値体系から導き出される多くの期待に応えるべく行動する。組織の側の期待は、長い間に形成された非公式な慣行や慣習だけだなく、方針、諸手続、諸規定の形で示されることが多い。

組織目標

組織の目標は、一般に最終的に期待する結果（すなわち、アウトプット）とそれに至る媒介変素の組合せから成り立っている。前述のように、結果変素は、純利益、年商、損益記録など、測定容易な短期目標である。他方、媒介変素は、従業員の協調能力、意思疎通力、意思決定能力など、計量化困難な長期目標を反映した組織内状況から成っている。

リーダーシップ、および、品質管理に関して14冊もの著書を著しているジョセフ・バッテン（Joseph Batten）は、組織が掲げる価値体系と期待との関係を次のように要約している。

「組織の方針、手続、手順、そしてプログラムは、そのひとつひとつが、組織のビジョンや価値観のエッセンスであるその組織の経営理念に立脚しているべきであり、またその理念はその組織のすべての部分とすべての従業員に行き渡っていなければならない。簡潔に凝縮された理念が欠如した組織では、凡庸さや無方向性が横行してしまう[17]。」

状況の中のその他の可変要素（変素）

職務の要請

リーダーシップ状況において、いまひとつの重要な要素は、リーダーが率いるグループに課せられた職務の要請である。F.E.フィードラーは、これを職務構造変数—仕事の構造化の程度（Variable task structure）—と呼んでいる[18]。彼は、「リーダーとフォロアーの仕事の進め方を具体的に指示した仕事」と「進め方の指示のない構造化されない仕事」とが、異なるリーダーシップ・スタイルを必要とすることを発見した[19]。高度に構造化された指示を必要とする仕事は、課題指向的行動（指示的行動）を大きく必要とし、他方、指示の必要のない構造化されていない仕事は、関係指向的行動（協労的行動）になじむように思われた[20]。

担当者に要請される他の人たちとの接触の量は、マネジャーが状況を分析する際、重要なポイントになる。V.H.ブルーム、ならびにフロイド・C.マン（Floyd C. Mann）は、ある大運送会社を舞台にこの点を研究した[21]。対象となったのは2つのグループの作業員であった。ひとつのグループは梱包に携わり、いまひとつはトラック運転手と配車係から成るグループであった。梱包作業では、少人数がかたまって働く必要があった。連携とチームワークが作業員同士ばかりでなく、作業員と監督者との間でも必要だったのである。この状況では、作業員たちは関係指向的な監督者の下で働くことを望んだし、またその方が作業成績も上がった。他方、トラック運転手は、通常、他の人と接触することなく単独で働いていた。彼らは、配車係からに正確な情報をもらうこと以外、仕事の目標の達成に他人の助けを必要としない。このようにトラック運転手は概して単独で働いていたので、仲間との協調にはあまり関心を持っていなかったが、どこで、いつ集配するかといった、仕事内容には関心を持っていた。こう

図7.3　統制システムの３つの基本タイプ

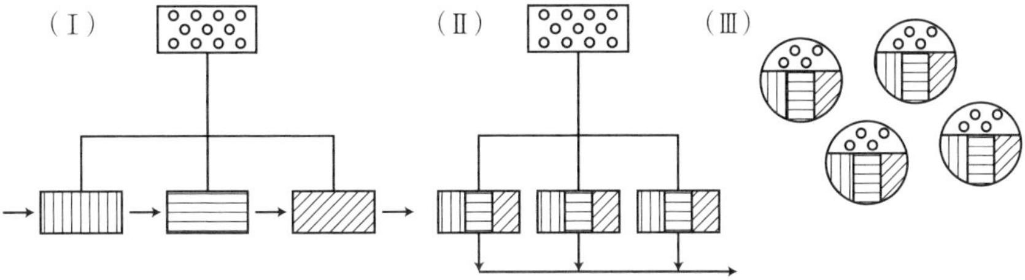

した状況に合ったトラック運転手は、課題指向的な監督者を望んでいた。

マネジャーが考慮すべき、いまひとつの業務ニーズの局面は、そこで使用されている制御統制のシステムの種類である。われわれの研究では、制御統制のシステムは３種類確認されている。図7.3のように、タイプ（Ⅰ）は、最も簡単で、かつ最も構造化された統制システムである。このシステムでは、１人の監督者が３人の部下を監督し、各部下はそれぞれ異なった仕事をしている。横方向に向く矢印は、仕事が流れ作業的に動いていることを示している。

タイプ（Ⅱ）は、「仕事が拡充された（職務拡大された）場合」の統制システムを示している。この場合、監督者は相変わらず３種類の仕事に従事する３人の部下を統御しているが、これら３種の仕事は各人の仕事の中に分配されて組み込まれている。

タイプ（Ⅲ）は、構造化の程度の最も低い（職務充実された）統制システムであり、それぞれの部下はタイプ（Ⅱ）システムの利点に加えて、タイプ（Ⅰ）やタイプ（Ⅱ）の統制システムでは監督者のみに得られる意思決定責任まで委譲されている。

冊子（ブックレット）製作業務を例にとって、タイプ（Ⅰ）統制システムを説明すると、従業員Ａはワード・プロセッサー（植字）を担当し、従業員Ｂは冊子印刷を、従業員Ｃは冊子配送を担当する、といったふうになる。この場合、マネジャーはこれらの業務の調整（コーディネーション）、結果（業績）、そして顧客との関係の維持に責任を負うことになる。

先に、タイプ（Ⅱ）の統制システムでは職務拡大が起こっていると述べた。すなわち、冊子製作業務では、マネジャーは植字、製作、配送の３種作業に携わる３人の部下の活動を指揮することになる。そうなると意欲管理の問題が起こってくる。マネジャーは、顧客（冊子を必要とする人）との直接折衝を通じて動機づけられている。部下たちの場合も、顧客との距離が縮んで、仕事を新しい視点から見るようになり動機づけが高まる。

タイプ（Ⅲ）の統制システムでは、この職場の４人とも全員が、別々に意思決定と作業（業務）に責任を負うばかりか、タイプ（Ⅰ）およびタイプ（Ⅱ）の統制システムでは監督者にしか許されなかった顧客との直接コンタクトの利点が得られている。

時　間

リーダーをめぐる状況のいまひとつの重要要素は、意思決定に許される時間である。オフィスが突然火災になったとしたら、そのような場合に部下の意見や提案を聞いて最善の退去方法を求めることもできないし、他の参画手段を模索する余裕もない。しかもリーダーは、即座に決定し処置をとらねばならない。したがって、緊急事態におけるように時間的余裕のない場合には、課題指向的（指示的）に流れやすい。他方、時間がそれほど重要な条件でない場合には、その他の可変状況要素を考慮しつつも、より幅広くリーダーシップ・スタイルの中から選ぶことができる。

その他の可変状況要素

その他にも、挙げていくとすれば、いろいろな状況要素を挙げることができる。例えばリーダーの体格ですら、リーダーのスタイルに影響を及ぼしうる。身長２メートル近く、体重が115キロもある鉄工場のフォアマンを例に採ってみると、この男は身長が１メートル60センチで、体重50キロ弱しかないフォアマンとは違ったスタイルがとれるだろう。これはリーダーの身体上の外見の違いが部下たちの彼らの行動に対する期待に影響を及ぼすからである。性別もまた似たような影響を及ぼすだろう。女性の上司、同僚、部下には、男性の場合とは違った対応をする人もいる。逆のケースもある。こうした性の違いの影響は、疑いもなく異性と働いたことの過去の経験の量によっている。だが、こうしたこともリーダーシップ研究上、検討に値する状況要素である。

以上、検討を進めてきた状況要素は、教育機関、非公式組織、企業組織のどの組織に関心を持つかによって重要度は異なる。さらに特殊な組織では、その組織に特有の状況要素を加えて検討しなければ、その組織におけるリーダーシップの効果性が決定できないこともあるだろう。

外的要因

昔は、外的要因がマネジャー自身や意思決定に影響があると思われなかったので、マネジャーたちは外的要因をあまり気にしなかった。今日ではそうはいかない。組織は、真空中に存在するわけではなく、外的状況の中のいろいろな変化にいろいろな形で影響されている（既述のSOARモデルを参照）。

たいていの著作では、国内および海外の外的要因を３つのサブ・カテゴリーに小区分している。すなわち、遠隔要因、産業要因、操業要因である[22]。また、ほとんどの組織は遠隔要因の中の経済、社会、政治、技術、環境などの状況要因には影響力を及ぼすことはできないし、及ぼすことができたにしてもわずかの影響である。例えば、組織が為替レートに影響を及ぼすことはほとんどない。組織は、与えられた為替レートを受け入れるのみである。

組織は、その規模によって、産業界への参入に対する障害、元売会社の影響力、代替製品の入手、競争の激烈度、など産業要因に影響を及ぼすことができる[23]。

操業要因は、課題、競争、環境などとしても知られているが、競争相手、貸主、顧客、労働力、納入業者などを含んでいる[24]。では、操業要因の中の２つのサブ要因について考えてみよう。そのひとつの動向は、家族に対する責任の増大である。労働力のほとんど半分が扶養家族の面倒をみなければならないし、３分の２以上が日々の家事を抱えている。この事実は、マネジメントにとって極めて重要な動向である。こうした責任は、職場に大きなストレスをもたらすので、フレックス・タイムや児童保育など、家族に配慮した制度方針の必要性を高める[25]。

いまひとつの動向は操業縮小化傾向であるが、これも多くの企業に影響を及ぼしている。この動向のマイナス面のひとつは、自発退職制度がもたらす才能、希少スキル、そして知識の流出である。企業が留まってもらいたいと望む従業員たちを含めて、この制度を大いに歓迎している。例えば、いくつかの大学では主要学科が閉鎖されることもあった。退職する従業員にとって、この制度は元の雇用者から提供された便益を確保しながら自由を勝ち取る方法と映ったのである[26]。

先に、ここ数十年のうちに組織の手の届かないところにある力や事象に、組織がチャレンジされるようになってきたと述べたが、いま一度その点を強調しておきたい。今日の増大する地球化傾向や環境への関心の深まり、人口移動、社会的風潮の変化、生活の質自体への関心と生活の質と労働生産性との関係、経営参加、働きがい、等々の問題への関心の拡大がもたらすリーダーシップに対する意味合いを考えてみるとよい。

「これらの動向やその他の社会的変化は、今後のリーダーシップを効果的たらしめるために、従来にも増して高度な感受性と柔軟性を必要とするだろう。今日のマネジャーは、部下として扱われることに憤りを感じ、いかなる組織にも懐疑的であるくせに、自分たちが参画し、影響力を及ぼすことを期待し、またそうした彼らの忠誠と献身を求める制度からの疎外の瀬戸際にある、そのような従業員たちを扱わなければならない。加えて、(今日のマネジャーは）極めて激動的な予想し難い状況に直面していることも多い[27]」。

したがって、エディス・ワイナー（Edith Weiner）が予言するように、「企業が、ここ10年、そしてその先を生き残るには、新しい視点が必要である。ところが、多くの企業が旧態依然たる解釈によって、世界、人類、社会構造、市場動向を見ている[28]。」

方略の展開

スタイルの変容

個人のスタイルを完全に変容させることは、至難のことのひとつだが、それにもかかわらず企業は、年々巨費を投じてリーダー・スタイル変容のための教育訓練プログラムを行ってきている。F.E.フィードラーも示唆しているように、

「個人のリーダーシップ・スタイルは、その人の基本的動機や欲求の構造を反映するものである。個人の人格構造を恒久的に変容させるには、うまくいって１年から３年の集中的な心理治療を必要とする。数時間の講義やロールプレイ、さらには１～２週間程度の集中訓練を行ったからといって、人間の根本的価値観の変容が、そう多く起こるとは考え難い[29]。」

F.E.フィードラーはいい点を指摘している。マネジャーたちのスタイルを一夜のうちに変容させることは難しい。変容の見込みがまったくないわけではないが、変容は創造的な計画と忍耐の必要な、高価で時間のかかるプロセスである。事実、R.リカートは、組織の規模や組織構造の複雑さにもよるが、彼の新マネジメント理論を効果的に実践するのに、３年から７年もかかることを発見している。急ぐことは、変容が生み出す心労とストレスのゆえに、自滅の

道であると言えよう。組織メンバーたちを新しいリーダーシップ・スタイルになじませ、これを上手に、そして容易に、かつ習慣的に使えるレベルの到達せしめるためには、十分な時間を与えることに勝る方法はない[(30)]。

今日の教育訓練プログラムでは、特定の模範的行動スタイルをとるように勧められることが多い。われわれの文化では、そうした模範的スタイルとは、普通は関係指向的（協労的）傾向の強い行動と軽度の課題指向的行動（指示的行動）、ないしは強度の課題指向的行動、とを組合せたスタイルである。これら２つのスタイルが、強課題指向的／弱関係指向的（高指示／低協労）、または低協労／低指示なスタイルよりも効果的である場合が多いと筆者たちも認めているが、われわれ自身の文化においてさえ、いつでもそうであるとは限らないこともわかっている。事実、ひとつの職場集団の中ですら、そうでないことが多い。強関係指向的（高協労的）なスタイルには、たいていの人が好意的に反応するが、少数ながら、これを甘いと受け止めて反発する人もいる。その結果、人によって違ったふうに扱わねばならないことも起こる。こうした人たちは、密着した（高指示で低協労な）監督にしか反応しないのかもしれない。このようにどのスタイルをとり上げたにしても、どこでも使えると考えるのは非現実的である。こうしたスタイルの適用の問題に加えて、すべてのリーダーの誰もがどれか１種の模範的スタイルだけに自分の行動を限ることができるかどうかも疑問である。

たいていの教育訓練プログラムでは、上記の２つの問題点を考慮していない。その結果、強課題指向的（高指示的）な権威主義的リーダーとして長年振る舞ってきたフォアマンが、スタイルの変更—時流に合わせること—を勧められることになる。プログラムを終えて職場へ帰ったフォアマンは、新しく覚えた何らかの関係指向的技法（協労的行動）を試みることになる。事態がスムースに動いている間は、そうした技法の使用に支障はない。だが、重大問題があったり、緊急事態が起こったりすると、そのフォアマンは従来の自分の基本スタイルに立ち戻り、新規の関係指向行動と旧来からの習慣に支えられた課題指向行動との間を行ったり来たりすることになりやすい。つまり、彼は長年使ってきたスタイルと新しく学んだ考え方との矛盾を抱えることになる。

このことは、ゼネラル・エレクトリック社（GE社）が、自社のタービン発電機工場で行った研究でも証明されている[(31)]。この研究では、約90名のフォアマンのリーダーシップ・スタイルが分析され、「民主的」「権威的」「複合」に分類して評価された。そして、その結果をS.W.ゲラマンは次のように論評している。

「……“民主的”と“権威的”の両極の間だと判定されたフォアマンの部下たちのモラールが最低であった。GE社研究チームは、これらフォアマンのやり方が、あるときは優しく、あるときは厳しくと一貫性なく変わり、部下たちはどう扱われるのか見当をつけることができずにフラストレートしている、と感じた。そして、人間関係訓練に参加した、生まれつき権威的な監督者が、まさにそのように振る舞っていたのである。……こうした行動パターンができてしまうと、この監督者の下では、彼が“啓蒙される”前の方が働きやすかった、と言えよう[32]。」

要約すれば、マネジャーのスタイルを変えることは、難しいプロセスであり、相当な時間を必要とすると言えよう。一夜にして起こる奇跡を期待しても失望するだけであり、マネジャーにとっても、部下にとっても、気持ちの落ち着かない話しである。したがって、関係者の誰にとっても現実的な期待と結びつくよう、著者らはマネジメント・スタイルの全面的変更と実践は、長期的な計画を立てて行うよう勧めたい。

期待の変更とスタイルの変更

先に述べたフィードバック・モデル図（図2.10参照）を使って、リーダーシップ・スタイルを短期間に変容させることがいかに難しいか、を説明することができる。前述のように、ある行動へ向けて動機づけられたとき、その行動自体も当人の経験の総体に加わる新たなインプットになる。こうしたインプットのとり入れの時期が、人生の早い時期であればあるほど、将来の行動に対する影響は大きくなりやすい。インプットの時点に、その行動が経験の総体に占める割合が、後日の同じ経験の割合よりも大きくなるからである。加えて、その行動が長く強化されればされるほど、行動パターンとして定着するから、変容は難しくなる。だからこそ、人格変容は若い頃の方が容易なのである。年をとると、行動を変容させるためには、より長い時間と新しい経験とが必要になってくるのである。

強制力が働いていなければ、行動変容の方が、知識や態度の変容よりも、はるかに難しく、かつ時間がかかる。期待の変更とは、実は知識や態度の変容である。こうした変更はスタイルの変更よりも早く行うことができる。事実、どのようなやり方・行動で処していくかを、リーダーが当の部下に、単に説明し明らかにするだけで、期待の変更は可能かもしれない。部下たちがリーダーのスタイルを理解しさえすれば、フォロアーは自分たちの期待を容易に調整できるはずである。

チーム作り：鍵となるフォロアーの選抜

職場の上司とフォロアーが必ずしも似たスタイルでなければならないわけではない。人間は、共存のために同じ人格を備えなければならないわけでもない。必要なことは、お互いに役割を理解し合い、共通の目標、ないし目的を持つことである。マネジャーにとっては、苦手な領域を補う片腕となる人物を手に入れる方が、似た者同士の側近に取り巻かれるよりもましである。だが、社風に合わない人物を除くためのテストや選考プロセスを使うことによって問題を作り出している大企業が、今日でも存在する。普通、トップ・マネジメントの価値観やスタイルを調べ、それと共存できる新入者を選び出すというプロセスをとる。ここでの想定は、これら新入者がトップに昇りつめるためには、彼らの価値観やスタイルはその組織が求めるものでなければならない、ということである。こうした規範が、選考プロセスに入り込んでいるとすれば、少なくともその組織では、理想的スタイルの存在を認めていることになる。

“同類”の採用が広まった理由は、ハーモニーのとれた組織を求めるところにあった。例えば、仮に同じ種類の価値観を持ち、似たように振る舞ったとしたら、われわれは仲良くやっていけるのだろうか？ おそらく共存は可能だろう。諍《いさか》いも対決も、あまり無いだろう。一見、こうした選考法は、極めて良いように見える。だが、このやり方は経営組織の「近親交配」であり、創造性や革新性を損なう恐れがある。長期的に成功するためには、組織にはオープンな対話が必要であり、そうしたオープンな対話には不可避的にある程度の葛藤、対決、そして新しいアイデアや行動を育む見解の相違が含まれるものである。それがなければ、組織は外的環境における競争に対応する能力を失ってしまう。内部昇進だけに依存する旧来の方針のために競争力を失った組織が、オープンな対話を刺激するために、鍵となる人物の外部からの雇い入れを余儀なくされている。

組織に必要なことは、マネジャーのスタイルを真似ることよりもマネジャーを補うことのできる人物を雇い、そうした人々で職場チームを作ることの強調である。例えば、父権的（権威主義的）なリーダーであったと思われているH.フォードは、組織内の主要ポストに、彼のスタイルを真似る人物よりも自分を補う人材を配置した。例えば、ヘンリー・ベネット（Henry Bennett）は処刑人の役割を果たし、組織内のクズ連中を一掃した（強課題指向／高指示）。また、別の幹部はH.フォードの相談相手（強人間指向／高協労）となった。

彼らのスタイルは、ずいぶん違っていたが、当時のH.フォードの成功は、彼らへの期待の共存可能性にあった。すなわち、お互いに相手の役割は心得ていたし、共通の目標／目的に打ち込んでいたからである。当今のマネジメント動向について論評したジョン・バイアーン（John Byrne）は、「多くの人たちが信じるように……リストラや規模縮小の波によって打ち砕かれた一体感と帰属感を復活させるものとして、チームワーク（の強調）」を最近の重要な展開だと強調している[33]。多様性は近代的チームを構成する場合の重要な要素である。しかし、あるコミュニケーション担当マネジャー、デボラ・D.リチャード（Debra D. Richards）が、「いまだに白人の昇進を優先させる人たちのグループが存在しているが、この障壁を打ち壊すことは難しい」と言っている[34]。しかし、その障壁もゆっくりとだが壊れつつある。組織の側でもようやく多様性が、世界市場制覇の道を開くと悟り始めたのである。

他の例を上げることもできる。こうしたチーム作りは、例えばアメリカン・フットボールのようなスポーツの世界では普通である。ライン・コーチやバック・コーチなど、アシスタント・コーチは、それぞれ違った作戦上の役割を担っていると同時に、１人ひとりのプレイヤーに対してもプレイ（行動）の仕方をコーチする指導の役割を担っている。また、主将と副将の役割分担もそうである。

状況要素の変化・変更

リーダーシップ・スタイル変容に集中する教育訓練プログラムの限界に気づいたF.E.フィードラーは、「現状では、マネジャーたちに自分が効果的に振る舞える状況の判別法と自分のリーダーシップ・スタイルを活かすための状況修正法を教える方がうまくいきそうである」と言っている[35]。この考え方をF.E.フィードラーは「組織工学」と呼んでいるが、これは次のような想定を踏まえている。すなわち、「たいていの場合、人格や他人との折衝のスタイルを変容させることよりも、仕事の環境を変化させることの方が容易である[36]」。F.E.フィードラーの想定には、基本的には同意できるが、著者らには、人間の側の変容と状況の変化の両方が必要であり、ともに困難なものの、不可能ではないように思える。F.E.フィードラーの見解は、状況をリーダーのスタイルに適合させるよう変更する方法を示唆する点で有用ではある。これらの示唆は、彼の「状況呼応モデル」に拠っている。ご記憶のように、所与の状況がリーダーにとって有利に働くか不利に働くかを決定する主要状況要素として３種のものを挙げている。すなわち、①リーダーとメンバーとの人間関係…リーダーと部下との人間同士としての関係のあり方、②職位上の権力…職位に備わる力（パワー）と権限、③仕事の構造…部下グループに課された仕事の仕組まれていることの程度（例えば、ルーティン業務に対するチャレンジングな業務）の３つである。F.E.フィードラーの挙げたこれら状況要素のどの要素についての変化も、課題指向、ないし人間（関係）指向のどちらについても示すことができる。また、表7.1に示すように、どの変化も課題指向的リーダー、ないし人間（関係）指向的リーダーのどちらかに有利に作用するようである。

こうした変化が可能であることを踏まえて、F.E.フィードラーは、リーダーは直面する状況要素を、自分のスタイルに合うように修正することができる、と主張している。だが、著者らも論じてきているように、組織工学の成否は、自己のリーダーシップ・スタイルとその他状況要素を診断できるように、どこ

表7.1　リーダーの課題（仕事）指向スタイルおよび関係指向スタイルに合せた状況変更の導入

変化の対象となる変素	変化の内容	
	リーダーのスタイル	
	仕事指向的リーダーには、	対人関係（協労）指向的リーダーには、
リーダーとメンバーの関係	1．多くの面でリーダーと違ったフォロアーをつける 2．向こう意気の強いフォロアーをつける	1．態度、意見、専攻、等でリーダーと類似したフォロアーをつける 2．上司とうまくやっていくのに巧みなフォロアーをつける
リーダーの職位上の力（ポジション・パワー）	1．高い職位とそれに伴う名声、例えば副社長職等を与える 2．2・3ランク下のフォロアーをつける 3．リーダーの指導、指示に依存的なフォロアーをつける 4．最終決定権を与える 5．グループの中でも抜きん出るほどの組織計画に関するすべての情報を与える	1．職位または公的権威を低くする 2．リーダーと同等の職位のフォロアーをつける 3．自分の分野におけるエキスパートでリーダーに依存しないフォロアーをつける 4．意思決定権限を持たせない 5．フォロアーにリーダーと同程度の組織計画に関する情報量を与え、情報についての両者の差をなくす
仕事の構造化度	1．リーダーとフォロアーが何をなすべきか、について明確な指示のある高度に構造化された生産業務を与える	1．作業手順などの固まっていない、構造化されない業務を与える

までリーダーたちを訓練することができるかにかかっている、と彼は言っている。これらが正確に捉らえれてはじめて、これら状況要素の変更が必要か否かが決められる。また、たとえ変更が望ましいにしても、リーダーとしては必ずしも当面する状況に手を加える必要はない。自分のスタイルに合った状況に、自分が移ることも考えられるからである。新しい環境では、当面、変化の必要はないはずである。

状況（環境）の診断――ある事例

以上に述べた状況要素（周囲の人たちを含む）は、すべて課題（仕事）と人間の面から分析することができる。では、別工場の工場長への昇進を提示された統括課長スティーブの事例を考えてみよう。スティーブは、現職に過去15年間就いており、流れ作業数ラインの監督責任を担当し、課題指向型のマネジャーとして極めて有能であった。

スティーブは、すぐには昇進と昇給を受けて、新任地へ家族を引っ越しさせることを考えた。だが、まず、赴任予定の工場へ行き、赴任後、一緒に働くことになるはずの人たちと話し合うことが大切ではないか、と思い返した。そうすることで、新任予定職責の重要側面についての理解が深まるのではないかと思ったのである。そうした課題（仕事）面と人間面からの状況要素分析の１例が、図7.5に要約されている。スティーブがこうした分析を行ったとすれば、彼は諾否決定に十分な基礎を持っていたと言えよう。

図7.5　課題面、および関係面を含むすべて状況変素の分析の例

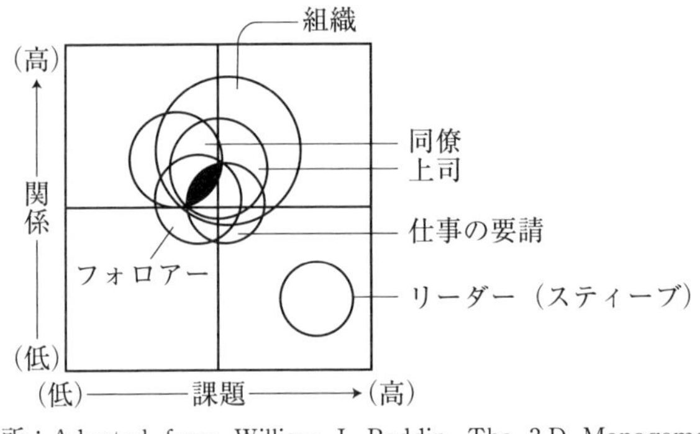

出所：Adapted from William J. Reddin, The 3-D Management Style Theory, Theory Paper #6－Style Flex（Frederiction, N.B, Canada : Social Science Systems, 1967）,p. 6.

リーダーを示す円は、スティーブのリーダーシップの第１スタイルを表している（高課題で低関係、つまり、高指示で低協労）が、このスタイルは過去15年間に渡って強化されてきている。他の円は、他の状況要素（周囲の人たち）が工場長に対して抱く工場長に期待する行動を表している。この工場では、ほとんどの人たちが工場長に、高課題で、高関係な（つまり、高指示で、高協労な）、または、高協労で、低指示なやり方を望んでいるようにみえる。残念ながら、スティーブのスタイルは、この工場のどの人にも適合していない。したがって、彼がこの職務に就いた後もスタイルを変えないとすると、失敗する可能性は高い。そこで、彼は肚を決めなければならない。スティーブにとりうる処置は、次のようなものが考えられる。

1．新任地の（周囲の人々を含む）諸状況要素にうまく適合して働けるよう、スタイルを変える。
2．新任地の諸状況要素の全部、ないし一部を変化させるよう試みる。例えば、教育訓練プログラムやコーチング・カウンセリングを通して、部下の行動や期待を変化させるよう働きかける。
3．ひとつの状況要素だけに働きかけるのではなく、自分自身の行動と状況要素の全部（または一部）の両方を変容させ、長い目で両者が互いに接近すように仕向ける。
4．新任務を断わり、自分の行動（のスタイル、等々）に合致しやすい状況に恵まれた別の工場長職を探す。
5．現にうまくいっており、今後もうまくいくに違いないので現職に留まる。

同様の分析を行ったW. J.レディンは、組織、上司、同僚、部下、職務の要請が交錯するところを発見しようとした（図7.5の塗り潰し部分[37]）。彼によれば、この交錯した部分でこそリーダーが効果的に機能できるところではないか、というわけである。状況諸要素（周囲の人々）の期待が、図のように互いに近接し、集まったスティーブの場合には、おそらくこうした平均化が使えるだろう。だが、状況が違うとそうはいかないから、これではスティーブの新任務への適応・不適合は判定できない。

ちなみに図7.5を使って、すべての状況要素の適合・不適合を分析できるので、これは診断用具としては極めて優れている。例えば、関係主要諸状況要素（周囲の人々）が抱く期待が交錯しない場合、リーダーとしては、平均化されたスタイルを使うことはできない。状況の中の１人ひとりに合せて、異なったスタイルをとらざるをえなくなる。そこで例えば、販売マネジャーのドロシーは、彼女の部下や同僚を扱うのとは異なったやり方で自分の上司と接しなければならないことになる。また、彼女の部下の販売員たちについても、それぞれ異なった扱い方が必要になることだろう。

以上の諸例は、個人を前提として説明されているが、こうした分析を組織（職場）の観点から行うことも重要である。組織の主要ポストに配置された人々には、組織目的の効果的達成に貢献・寄与するという大前提が与えられている。マネジメントとしては、ある職位で有能であったからといって、他の職位でも有能である、とは限らないことを知るべきである。ローレンス・J.ピーター（Lawrence J. Peter）は、この想定について、「組織階層の中では、どの従業員も無能のレベルまで昇進する」というピーターの法則を発表している(38)。

抗ピーター法則ワクチン

L.J.ピーターの唱えた“法則”は必ずしも真実ではない。組織にとっては、この問題に免疫性を生み出すための方法がいくつもある。そのひとつは、昇進の前に従業員を教育訓練しておくことである。そうした教育訓練の方法として、昇進前にある程度の責任権限を委譲し、新任職務に似た状況を作って現実経験を積む機会を与えることがある。高業績の会社は教育訓練を競争に対処するために不可欠としている。例えば、モトローラ社では、教育訓練の重要性を信じ、自社の大学を設立している(39)。いまひとつの解決は、前任職務での好成績だけに依存した昇進に代えて、人格・期待ともに新任職務に適当する人物を慎重に選ぶことである。

教育訓練は、従業員のキャリアを通じて継続的に与えられなければならない。新入社員の新任配置は当人の資格に基づくべきであり、その資格をもとにその後の昇進も決められるべきである、と誤って信じているマネジャーも多い。パトリシァ・M.バーラー（Patricia M. Buhler）は、新入社員は、どのような資格を備えていようとも、その組織のやり方に従って教育訓練されるべきである、と言っている。従業員は、入社の段階から、継続し繰り返される教育訓練を、確実な昇進の道程であり、役立つ従業員として留まる道と知るべきである。マネジャーとしては、フォロアーが必要なスキルに事欠くことのないよう配慮すべきである。継続的な教育訓練が、「組織の貴重資源たる人材を維持せしめるのである。……組織のめざすところに共感するのはマネジャーの責任である。また、すべての従業員は、彼らがめざすものが何であるかを知ることを通じて、いま少し努力を尽くすことになるだろう(40)」。教育訓練は、明らかに組織にピーターの法則に対する免疫性を得させるものである。

状況諸要素への対処法をマネジャーは、いかに学べるか？

本章で討議した相互作用するすべての状況要素を考慮し、そのつどマネジャーがリーダー行動のあり方を決めるのは不可能である。だが、著者らは“キー”となる要素がひとつある、と考えている―すなわち、リーダーとフォロアーとの関係がそれである。フォロアーがいったん従わないでおこうと決めたら、ボスがどう考えようと、仕事がどのような性質のものであろうと、どれくらい時間がかろうと、そして他の状況要素がどうあろうと、それは問題ではないからである。

第8章

状況対応リーダーシップ®

リーダーの診断能力の重要性は極めて高い。エドガー・H.シャイン（Edger H. Schein）は、このことを「マネジャーが成功するには、診断上手でなければならないし、探究する精神の価値を心得ていなければならない。部下たちの能力や動機はそれぞれ異なる。したがって、マネジャーたる人は、こうした部下たちの相違を知り、その違いの意味を悟る、感受性と診断能力を備えなければならない」とうまく表現した[(1)]。換言すれば、マネジャーは、状況の中の微妙な手掛かりを見分けねばならない。だが、たとえ診断上手であったとしても、状況の必要にスタイルを適合させることができなければ、効果的リーダーとは言えない。これは、先に論述したリーダーシップの3種の重要能力の第2番目の能力である。「リーダーたる人は、自分のスタイルを変化させるための特有の柔軟性とスキルの幅を持たねばならない。もし、フォロアー（部下）たちの欲求と動機が異なるとすると、それぞれを異なるように扱わねばならないからである[(2)]」。

自分の効果性を高めるには、行動科学の理論と研究成果を活用して、診断技能を伸ばすべきである、とマネジャーに説くことは易しい。だが、どのようにその技能を使うべきか、を説明するのは難しい。第1に、応用行動科学の分野で今日発表されている研究成果は、実務家である多くのマネジャーにはわかりづらく、マネジャーの役に立つことより、他の研究者たちに感銘を与えることを狙っているように見える。第2に、実務家に研究成果が理解できても、意思決定に当たって、すべての状況要素をひとつひとつ考慮するなど、非現実的も甚だしい、と主張する人も少なくはないだろう。

その結果、著者らの研究の主要焦点のひとつは、マネジャーや販売担当者、教師、親たちが、他人を動かそうとして決定を下すときに、そのつど使ってもらえるような、実践的モデルを開発することであった。その結果が、状況対応リーダーシップであった。このアプローチでは、マネジャー—すなわち、家庭では親、職場では監督者であるが—の日々の日常的状況の中での意識（受け止め方）と観察を基本データとして使用する。

状況対応リーダーシップは、1960年代後半、リーダーシップ研究センター（Center for Leadership Studies、＝CLS）において、ポール・ハーシィ（Paul Hersey）とケネス・H.ブランチャード（Kenneth H. Blanchard）が開発したものである。(3) 1982年に至るまでP.ハーシィとK.H.ブランチャードは共同研究を続け、状況対応リーダーシップ研究を深めた。その後、ブランチャード教育訓練社（Blanchard Training and Development, Inc.＝BTD）のブランチャードと彼の共同研究者たちは、元の状況対応リーダーシップに手を加え、自分たちのアプローチに沿った教育訓練プログラムのための診断表と訓練資料を開発した（SLⅡという）。状況対応リーダーシップに対するこのアプローチは、『1分間マネジャー（Leadership and the One Minu-te Manager）ダイヤモンド社刊』に解説されている。(4) ところで、本書で使われている状況対応リーダーシップ・モデル図は、P.ハーシィ、およびリーダーシップ研究センター（CLS）の現在の考え方を反映しており、K.H.ブランチャードと彼の共同研究者たちがＳＬⅡ®で行ったモデル図の改変は、含まれていない。

状況対応リーダーシップ®

リーダーシップ研究センター（Center for Leadership Studies＝CLS）

状況対応リーダーシップは、①リーダーが与える指示・指導の量（Task Behavior＝課題行動）、②リーダーが与える連帯的支援（Socioemotional Support＝関係行動）の量、③特定業務や作業、機能、目標を追求する際にフォロアーが示すレディネスのレベル、などの相関に基づいている。この考え方は、役割の如何を問わず、他の人たちとの日常接触を効果的に進めたいと望む人たちのために開発された。すなわち、この考えは、効果的なリーダーシップ・スタイルとフォロアーのレディネスのレベルとの関係について、リーダーの理解を深めるためのものである。

したがって、すべての状況要素（リーダー、フォロアー、マネジャー、同僚、組織風土、職務〔業務〕の要請、そして時間）が重要なのだが、状況対応リーダーシップでは、特にその中でもリーダー行動とフォロアーとの関係に焦点を当てている。F.H.サンフォードも示唆したように、フォロアーは、「いかなるリーダーシップ状況においても、最重要因子である[5]」。いかなる状況においても、フォロアーは、リーダーの受け入れや拒否を決めることができるだけでなく、フォロアーの集団が、リーダーのパーソナル・パワー（力）を実際に規定するからである。

ここでモデルと理論の相違を説明しておきたい。理論は、なぜ物事がそのようになるのか、を説明しようとするものである。したがって、物事の再現や繰り返しを意図するものではない。他方、モデルは、既存の事象の生起のパターンを示すものであり、これは学習や再現、繰り返しが可能である。例えば、H.フォードがなぜ自動車の大量生産に関心を持ったのか、を想像しているときは、理論を扱っているのである。しかし、大量生産の手順、手続きやそれがどのように流れるのか、を記録しているときは、生産プロセスのモデルを作っているのである。状況対応リーダーシップは、モデルであって、理論ではない。状況対応リーダーシップの考え方、手順手続、実際、結果などのすべてが、証明済みの、実際的で、適用容易な、方法論に裏付けられているのである。

リーダーとフォロアーの関係を論じるとき、必ずしも上下関係―すなわち、上司と部下の関係―を語っているわけではない。状況対応リーダーシップにおいても同じである。したがって、状況対応リーダーシップで、リーダー、ないしフォロアーと言うときには、常にリーダー、ないしフォロアーになる可能性（ポテンシャル）のある人を意味している、と了解されたい。たとえ挙げられた例が、上下階層を示唆しているような場合でも、状況対応リーダーシップでの考え方は、フォロアー、上司、同僚、友人、親戚、集団のどれに対しても、応用可能なのである。

状況対応リーダーシップの基本的な考え方

状況対応リーダーシップによれば、他人に影響を及ぼすための最善の方法などは存在しない。どのリーダーシップ・スタイルを使うにしても、影響の対象となる個人、または集団のレディネスのレベルに合せるべきなのである。状況対応リーダーシップの応用を論じる前に、本モデルで使われているリーダーシップ・スタイルとフォロアーのレディネスの概念を理解することが大切である。

先にリーダーシップの諸理論について述べたが、その際、リーダーシップのスタイルに関する定義を紹介した—すなわち、「フォロアーが認知したリーダーの行動」、がそれである。また、課題行動（Task Behavior＝指示的行動）と関係行動（Relationship Behavior＝協労的行動）の分類を含めて、リーダー行動の分析・分類の仕方について説明した[6]。

「課題行動（指示的行動）とは、リーダーが個人、ないし集団の任務や職責遂行のあり方の指定に立ち入ること（お膳立）の程度と定義できる。すなわち、課題行動は、相手に、何をなし、いかになし、いつなし、どこでなし、誰がなすか、を指定することにかかわっている。」

強度の指示的行動（課題行動）は、例えば、誰かに道順を教わるときなどに望ましい。指示的な相手は、正確、かつ明快に、どの道を、どこで曲がるか、などを教えるだろうし、いつ出発し、どこまで行けば到達するか、を説明してくれるだろう。ここで大切な点は、指示的であることが、押しつけがましいこと、気短であること、とは違うということである。相手は、気持ちよく指示的、—つまり、あなたに役立つ道案内をしようとして—課題処置や説明がテキパキしているのである。課題行動の特徴は、リーダーからフォロアーへの一方的な意思疎通であることにある。コーチらの気持をそれほど気にしないで、コーチらの目的達成を主にしているのである。

「関係行動（協労的行動）の特徴は、リーダーが双方向、ないし多方向意思疎通を行うことにある。例えば、傾聴、斡旋、促進、その他支援的なリーダー行動がこれに当たる[7]。」

仕事に行き詰まったときなど、強度の協労的行動（関係行動）を与えて欲しいことがある。どうすればよいかはわかってはいるのだが、障害を乗り越えるのに、何らかの励ましが欲しいのである。こうした場合に、リーダーが聞いてくれること、励ましてくれること、そして支援してくれること、などが関係行動（協労的行動）の例と言えよう。

課題行動と関係行動とは、明らかに異なった次元の別種の行動である。そこでこれらの行動を、2次元のグラフ上に異なる軸に分けて示し、4つの象限を得て、リーダーシップ・スタイルの4種の基本型を示すことができる[8]。図8.1は、これらスタイルの基本型を示すものである。課題行動を横軸に「低から高」

へ、また関係行動を縦軸に「低から高」へ延ばし、リーダー行動を 4 種の形、すなわち、スタイルで表すことができる。

図8.1は、リーダー行動効果性評定の基盤として使うことができる。ところで、すべての状況に有効なスタイルなど存在しない。それぞれのスタイルは、状況に応じて、適当であったり、効果的であったりするのである。

図8.1　リーダーシップ・スタイル

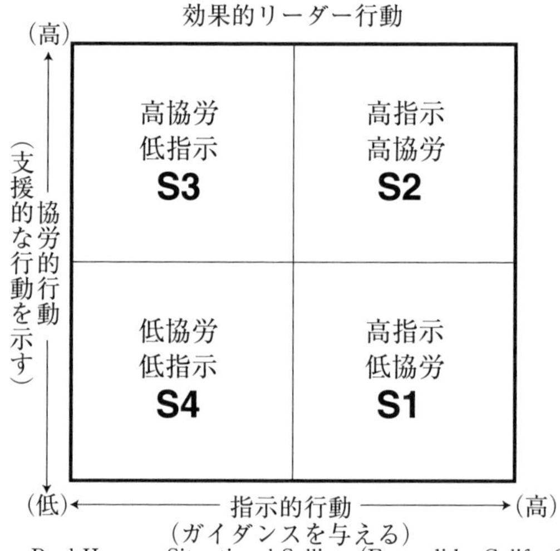

Adapted from Paul Hersey, Situational Selling (Escondido, Calif:. Center for Leadeaship Studies, 1985), p. 20.

これら 4 種のスタイルとは、次のとおりである。

- スタイル 1 （S 1）　このリーダーシップ・スタイルの特徴は、平均以上の課題行動と平均以下の関係行動から成り立っていることにある。
- スタイル 2 （S 2）　このリーダーシップ・スタイルの特徴は、平均以上の課題行動と関係行動から成り立っていることにある。
- スタイル 3 （S 3）　このリーダーシップ・スタイルの特徴は、平均以上の関係行動と平均以下の課題行動から成り立っていることにある。
- スタイル 4 （S 4）　このリーダーシップ・スタイルの特徴は、平均以下の関係行動と課題行動から成り立っていることにある。

このモデルが示す重要なポイントは、先に述べたように課題行動と関係行動の定義を機能的な意味で明らかにしたところにある。家族、学校、その他、がかかわっているリーダーシップ状況を語るときには、「課題」とか「関係」などの用語は変えた方がよいかもしれない。例えば、「ガイダンス」とか、「支援的行動」とか、あるいは「指示的行動」とか、「促進的行動」、ないし「協労的行動」とかのようにである。しかし、根本的な意味には変わりはない。

フォロアー、またはフォロアー集団のレディネス

先に与えられた環境の中の複合する諸条件のパターン—つまり、「状況」について考えた。また、唯一最善のリーダーシップ・スタイルなどは存在しないということも確認した。リーダーシップは、リーダーシップ発揮の舞台となる状況のあり方に規定されるのである。リーダーが自分の行動を状況に合せれば合せるほど、リーダー行動（つまり、他人への影響力の行使）は、効果的になる。他方、状況は、諸種の環境条件によって影響される。

リーダーの効果性に影響ある主たる状況要素に、次のような要素がある。

- リーダー本人
- フォロアー（相手、部下）
- 上司（リーダーの上司、上級上司）
- 主要な同僚
- 組織と組織風土
- 職務の要請（仕事上の必要）
- 決定に与えられた時間（緊急度の度合い）

これらの状況要素は、独立して作用するわけではない。相互に影響し合う。例えばスタイル1は、危機的状況に適当なことが多いので、しばしば「危機スタイル」と呼ばれる。ここで大事な点だが、このスタイルは危機に対処するために使われるべきで、危機を呼ぶのに使うべきではないということである。「組織が危機状況にあるかのように扱えば、まさに危機に見舞われる。相手を子供として扱えば、相手も子供のように振る舞うことが多い。これは応用行動科学の重要概念のひとつ—「自己充足的予言（Self-fulfilling Prophecy）」—である。他人を指導し、成長を助ける場合、リーダーは本人の可能性を前向きに捉えるべきである。有能なリーダーは、人間には成長の可能性が備わっており、機会さえ与えられれば成長し、また、機会には進んで応えるであろうことを疑わない[9]。

リーダーシップ状況では、リーダーとフォロアーの関係もまた、重要な決定

要因のひとつであることを忘れてはならない。フォロアーが「従わない」と心に決めれば、上司や同僚がどう考えようと、業務の必要がどうあろうと、そんなことは問題ではない。「従う人がいなければ、リーダーシップもありえない」。

リーダーとフォロアーの関係を最も有効化するには、リーダーとしては、相手が個人であると集団であるとを問わず、フォロアー（相手）に達成させるべき作業結果（課題）が何であるか、を確定しなければならない。期待結果、目標、作業課題、進行指標、等々が明確でなければ、相手のレディネスはもちろん、そのレディネスのレベルに相応しいスタイルはどうあるべきか、を決めることすらできないからである。

レディネス（Readiness）の定義

状況対応リーダーシップにおいて、レディネスは「特定課題の達成に対するフォロアーの能力と意欲の程度」と定義される。与えられた「課題」によって、個々人のレディネスのレベルは異なるのが普通である。レディネスは、個人的特質ではない。人間の資質でも、価値観でも、年齢でもない。特定作業（課題）の遂行に対する準備や用意の程度がレディネスである。レディネスの概念は、特定の具体的状況にかかわっている——一般化された状況にかかわるものではない。リーダーが達成しようとする特定の課題、役割、目標について、誰でも何らかの程度で「担当し、遂行する用意がある（つまり、レディ）」なものである。したがって、新規顧客獲得の責任に十分に応えられる販売員も、そのセールスをクローズするための手続きを終わらせる点ではいい加減であることもありうる。その結果、マネジャーとしては、セールスを進めさせる上では、この部下を放っておいてもよいが、セールス手続きの点では、チャンとやれるようになるまで密着した監督を行うべきだろう。

個人のレディネスのレベルの診断に加えて、母体であるグループのレディネス・レベルを診断しなければならないこともある。特に同じクラスの生徒のように、同一場所で頻繁に接触を重ねるような場合がそうである。その結果、特定領域に関するクラス全体のレディネス・レベルと個々の生徒のレディネス・レベルとは異なるかもしれない。そこで、クラス全体に対するときと、個々の生徒に対するときとでは、教師のやり方も大きく違ってくるかもしれない。現実に、クラスの生徒のレディネスはいろいろなレベルにあるに違いない。いつも宿題を怠け、たまにやってきてもいい加減で勉強の跡が見られない、といった生徒もいるだろう。この生徒に対しては、指示を厳しく、密着した指導をやらなければならない。また、別の生徒が勉強はチャンとやっていても、自信と積極性に欠けているとすれば、この生徒に対しては勉強に関しては指導の必要はあまりないにしても、意思疎通を図って支援し、他の生徒との積極的接触を奨励するなどの処置が必要かもしれない。さらにまた、別の生徒が学業優秀で自信に満ちているとすれば、この生徒は放っておいても大丈夫だろう。すなわち、リーダーは、グループ全体に接する場合と個々の構成員に対する場合とでは、やり方を変えなければならないことを知るべきである。

レディネスを構成する2大要素は、「能力」と「意欲」である。[10]

「〈能力（Ability)〉とは、特定課題（作業、活動、課業）の遂行に関して、その課題の遂行者が持つ知識、経験、そしてスキル（技能）のことである。」

他人の能力を論じる場合、「課題を特定する」ことが重要である。音楽の分野で博士号と20年のピアノ演奏歴を持つ専門家も、新型ジェット・エンジンの設計では何の役にも立たない。目標とする具体的成果に着目し、その具体的成果との関係で能力を論ずべきなのである。

「〈意欲（Willingness)〉とは、特定課題（作業、活動、課業）の遂行に関して、その課題の遂行者が持つ自信、打込度（熱意)、動機の強さのことである。」

意欲という言葉は、複雑な事象を一語で説明している。本当に意欲がないわけではなく、その作業をやったことがないため、二の足を踏むことがるある。ひょっとしたら、その作業をやったことがないので、自信に欠け不安なのかもしれない。一般的に言って、やったことがない問題なら、問題は不安である。ちなみに、著者らは「意欲が低い（unwilling)」という用語は、何らかの理由で退行したり、熱意や打込を失ったりした状態を表す言葉として適当ではないかと考えている。

能力と意欲は、互いに異なった概念を示すが、この2つは「相互影響システム」を形成している。すなわち、一方における変化が全体に影響を及ぼすわけである。フォロアーが特定状況で示す意欲は、その状況で当人が発揮する能力のあり方にも影響する。さらには当人の力量や能力の成長と開発にも影響を与える。同様に、特定課題に対して当人が持つ知識、経験、スキルの量も、当人の力量、打込度（傾注度)、動機強度などにも影響する。すなわち、レディネス・レベルとは、課題ごとに示される能力と意欲の組合せなのである（図8.2）。

図8.2　フォロアーのレディネス（の連続線）

高	中程度		低
← R4	R3	R2	R1
能力が高く、意欲や確信を示す	能力は高いが意欲が弱く、不安を示す	能力は低いが意欲や確信を示す	能力も意欲も低く、不安を示す

フォロアーのレディネスは、４つのレベルに分類できる。各レベルは、フォロアーの能力と意欲、および／ないし確信（自信）、の組合せを表している[11]。

- レディネス・レベル１（Ｒ１）　能力低く、意欲も低い。すなわち、能力は低く、打込も、動機も弱い。または、能力低く、不安を示している。または、能力は低く、確信にも欠けている。
- レディネス・レベル２（Ｒ２）　能力は低いが、意欲が高い。すなわち、能力は欠けるが、動機づけられ、努力しようとしている。または、能力は低いが、確信を持っている。すなわち、能力には欠けるが、リーダーのガイダンスがある限りやれると思っている。
- レディネス・レベル３（Ｒ３）　能力は高いが、意欲は低い。すなわち、能力は高いが、その能力を使おうとしない。または、能力は高いが、不安を示す。すなわち、能力は持つが、単独作業に不安を感じ、神経質になる。
- レディネス・レベル４（Ｒ４）　能力・意欲がともに高い。すなわち、能力が高く、仕事に打ち込んでいる。または、能力高く、確信がある。

リーダーシップ研究センターのロン・キャンベル（Ron Camplell）は、フォロアーのレディネス尺度（図8.2）を拡充し、レディネスの４レベルを示す指標行動を組み入れた。各レベルは、フォロアーの能力と意欲、ないし確信（自信）の異なる組合せを示している。図8.3に示すように、特定の課題に関しＲ１レベルにある人は、課題を期待通りに果たせず、しかも課題から尻込みしている。

当人が、能力も意欲も低いのか、能力が低くいために不安を感じているのか、を見分けることが大切である。R.キャンベルは、レディネス尺度の精度をさらに高めて、これらの２種のＲ１レディネス状態を区別できるようにした。ち

図8.3　レディネス・レベル１（R1）

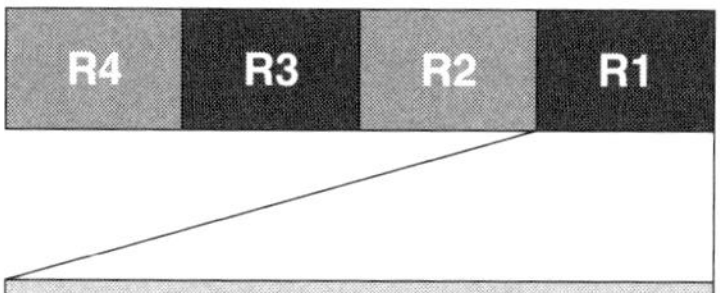

能力も意欲も低く、不安を示す

指標：

・受け入れることのできるレベルの仕事をしない
・課題にたじろいでいる
・方針・方向ががはっきりしない
・ぐずぐずしている
・仕事（課題）が終わらない
・仕事（課題）について質問する
・仕事（課題）を避け、責任を転嫁する
・防衛的で、落ち着かない。

なみに、能力も意欲もともに低いＲ１は、次のような状態（指標行動）を示すと思われる。

- 防衛的で、言い訳を構え、苦情不満を訴える
- 仕事が遅れる
- 言われたとおりにしか仕事をやらない
- 強い欲求不満を訴える

また、能力が低く、不安を示すＲ１状態は、例えば次のような状態を示すようである。

- 落ち着かない態度を示す、眉の間の皺を作る、肩を落とす、背を反らせる
- 混乱した、はっきりしない行動・態度をとる
- 起こるかもしれない結果に脅えて、取り越し苦労する

●失敗を恐れる

以下は、残りの３レベルのレディネス状態に対する指標行動を示したものである。Ｒ２に対する指標は、図8.4に示されている。なお、能力は低いが、関心を持つ、ないし確信を持つＲ２状態は、次のような指標行動を示すようである。

●早口で、熱心にしゃべる
●明快な説明を求める
●うなずき、「ええ、わかってます」式の返事をする、熱意が見える
●注意深く聞く
●質問に、表面的に答える
●仕事を積極的に受ける
●素早く行動する
●進め方よりも、最終結果に気を取られている

図8.4　レディネス・レベル２（R2）

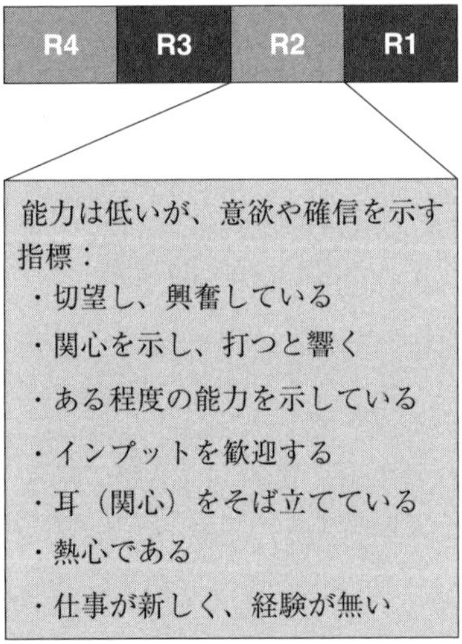
R4
R3
R2
R1
能力は低いが、意欲や確信を示す指標：
・切望し、興奮している
・関心を示し、打つと響く
・ある程度の能力を示している
・インプットを歓迎する
・耳（関心）をそば立てている
・熱心である
・仕事が新しく、経験が無い

R３のレディネス状態を示す指標行動は、図8.5のとおりである。能力があっても、関心がないR３状態は、具体的には次のようであると思われる。

- 躊躇《ちゅうちょ》する、もしくは抵抗する
- 義理にやらされている、無理している、と感じている
- 励ましや慰めなど、他人の支援を求めている
- 仕事に軽い精神的苦痛を感じている

能力があっても、不安を感じている状態では、

- 自分の能力を疑っている
- 起こるやも知れない問題を気にしている
- 自負心に欠けている
- リーダーの介入を求める

図8.5　レディネス・レベル３（R3）

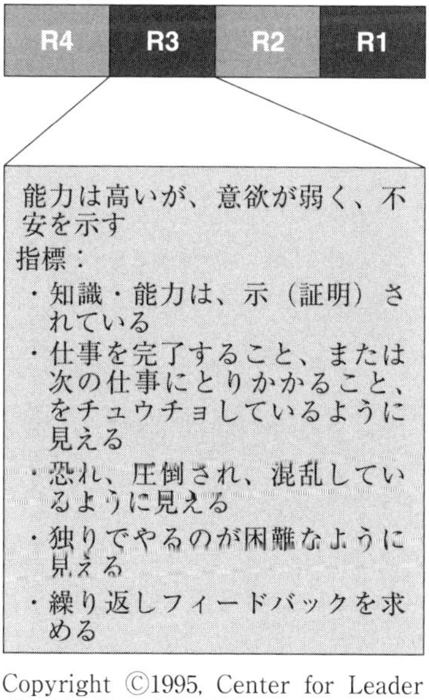
R4
R3
R2
R1
能力は高いが、意欲が弱く、不安を示す
指標：
・知識・能力は、示（証明）されている
・仕事を完了すること、または次の仕事にとりかかること、をチュウチョしているように見える
・恐れ、圧倒され、混乱しているように見える
・独りでやるのが困難なように見える
・繰り返しフィードバックを求める

R４の指標行動は、図8.6に示されている。能力も、関心も備わったR４状態は、具体的には、次のようである。

- 仕事の進行状況について、上司に十分に知らせている
- リソースを効率的に使っている
- 責任ある、結果指向的姿勢を示す
- 知識豊富で、仕事の進行を図って、知識・情報を他人と分かち合う
- 喜んで、他人を助ける
- 創造的アイデアを分かち合う
- 仕事の“責任をとる”
- 仕事の期限を遵守するばかりか、概して早めに仕事を完了する

図8.6　レディネス・レベル４（R4）

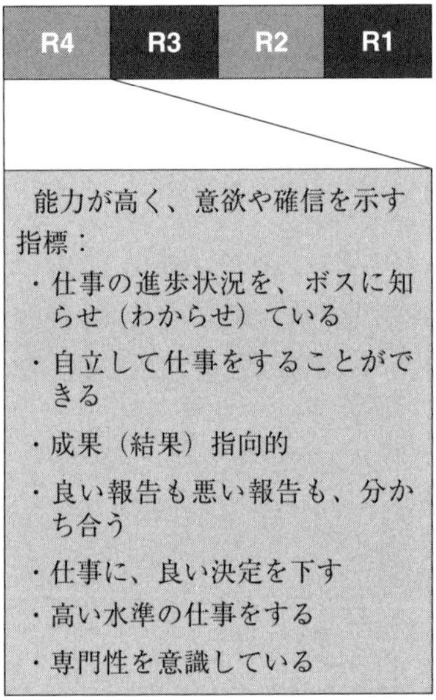

R4
R3
R2
R1
能力が高く、意欲や確信を示す
指標：
・仕事の進歩状況を、ボスに知らせ（わからせ）ている
・自立して仕事をすることができる
・成果（結果）指向的
・良い報告も悪い報告も、分かち合う
・仕事に、良い決定を下す
・高い水準の仕事をする
・専門性を意識している

これら指標行動は、フォロアーのレディネスを判定する上で、重要な手掛かりになる。医者が患者の病気の診断に手掛かりを使うように、正確なレディネスの診断にはリーダーもフォロアーの行動に含まれる手掛かりに注意を払う必要がある。

Ｒ１から、Ｒ２へ、そして、Ｒ３への移行

Ｒ１から、Ｒ２、Ｒ３へのフォロアーの成長の理解に苦しむ人がいる。不安な状態から、確信のある状態へ移行し、そしてなぜ不安な状態に逆戻りするの

か？ レディネスが低い状態では、リーダーが、何を、いつ、どこで、いかに、などお膳立し、指図していることを忘れてはならない。すなわち、リーダーが作業の進め方を決めている（Leader-directed＝リーダー主導）のである。フォロアーのレディネス・レベルが高くなると、フォロアーは自ら作業遂行に責任をとって、作業の進め方を自分で決定する（Self-directed＝本人主導）ようになる。このリーダー主導状態から本人主導的な自律的状態への移行が、過度の気遣いや不安に結びつくのである。

フォロアーが、低いレディネス・レベルから高いレベルへ移行すると、その状況の変化につれて、必要な指示的行動（課題行動）と協労的行動（関係行動）の組合せも変わり始める。図8.7下段に示した4種のリーダーシップ・スタイルを貫くベル曲線は、下段のレディネス尺度と対応する有効確率の高いリーダーの指示的行動と協労的行動の組合せを示している。このモデル図の活用には、まずレディネス尺度（コンティニュアム）図上に、診断対象フォロアーの特定

図8.7　状況対応リーダーシップ・モデル

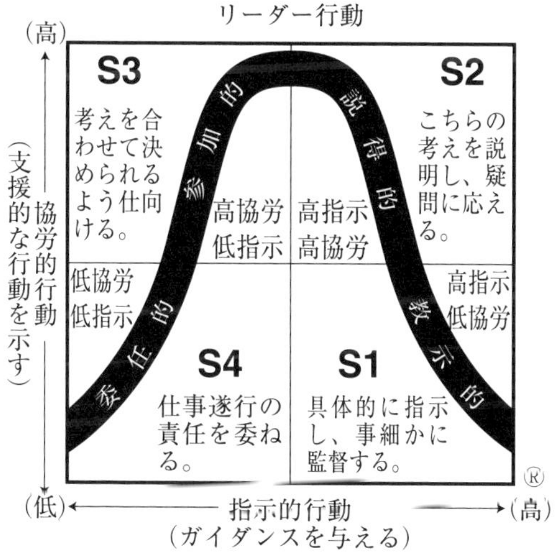

部下のレディネス

(高)	(中程度)		(低)
R4	R3	R2	R1
高能力で意欲や確信を示す	高能力だが意欲弱く不安を示す	低能力だが意欲や確信を示す	低能力で意欲弱く不安を示す
自律的		他律的	

業務遂行に関するレディネス・レベルを定め、その点から上方のベル曲線に向けて垂直線を立て、曲線との交点を求める。この交点が、その場合の状況に対する指示的行動と協労的行動の最適組合せを示している。指示的行動と協労的行動の最適組合せを定める場合、必ずしも厳密である必要はない。最適組合せから遠ざかれば遠ざかるほど、初めは少しずつ、後になればなるほど急速に有効確率は低減していく。したがって、最初から一発で最適組合せを当てる必要はない。およそのところで合せ、適当に微調整して行けば、それで十分な有効確率が得られる。

最適スタイルの選定

レディネス・レベル１に対応する最適スタイルはスタイル１、すなわち、教示的スタイル

特定課題に対して、レディネスのレベルが「１」であるフォロアーに働きかける場合、支援的な行動よりも、指図やガイダンスを強める方が適当である。このような形のリーダーシップ・スタイルを、「教示的＝Telling」という。つまり、相手に、「何を、どこで、どのようになすべきか」を教示するスタイルである。このスタイルは、相手や相手集団の能力・意欲がともに低く、指示を必要としている場合に適当である。この形のリーダーシップ・スタイルを表す別の略称としては、「教示的＝Telling」の他にも、「教導的＝Guiding」、「指示的＝Directing」、「主導的＝Structuring」などが考えられる。図8.8は、教示的スタイルを要約した図だが、レディネス・レベル１に対応させて、このスタイルが効果的に使われた場合とそうでない場合の略称を列挙したので参照されたい。[12]

「能力低く、意欲の弱いＲ１」に対して適当なリーダー行動は、

- 事実を具体的に説明してやる
- よい方向の進歩は、少しでも強化してやる
- やらなければどうなるかを考えさせる
- 冷静さを保つ

「能力低く、不安を感じているＲ１」に対しては、

- 課題説明は、相手の理解度を考えて、一度に適当量を
- フォロアーの気持ちを圧倒しない

図8.8　スタイル１（Ｓ1）：高指示／低協労

®

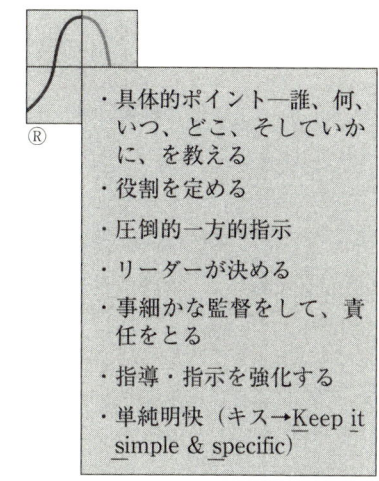

・具体的ポイント—誰、何、いつ、どこ、そしていかに、を教える
・役割を定める
・圧倒的一方的指示
・リーダーが決める
・事細かな監督をして、責任をとる
・指導・指示を強化する
・単純明快（キス→Keep it simple & specific）

効果的	非効果的
教示	要求
ガイド	貶す
指図	支配
決めてしまう	責める

- 失敗に対する恐れを減らしてやる
- １歩ずつ、教え助けてやる
- 教えることに集中する

レディネス・レベル２に対応する最適スタイルはスタイル２、すなわち、説得的スタイル

次のレベルのレディネスは、レディネス・レベル２である。このレベルは、能力は低くとも、努力をしている個人、ないし集団を示している。意欲、あるいは、確信を持っているのである。この場合の有力な有効スタイルは、指示的行動と協労的行動がともに高いスタイルである。相手の能力が低いので指示が必要である。また、努力の姿勢が窺われるので、意欲と打込を支援することが大切である。

このスタイルは、「説得的スタイル」である。このスタイルは、リーダーの意図するところを相手が「心理的に受け入れられる（得心できる）」ように、ガイダンスばかりでなく、対話や質問の機会をも与えているという点で、教示的スタイルとは異なっている。「ドアへ行って、人が入らないよう見張って下

図8.9　スタイル2（S2）：高指示／高協労

・誰、何、いつ、どこ、いかに、そしてなぜを説明する
・決定を説明して、疑問点の質問をさせる
・双方向の対話（説明）
・リーダーが決定する
・フォロアーの役割を説明する
・能力程度を調べるための質問をする
・少しでも改善・向上が見られたら、これを励ます

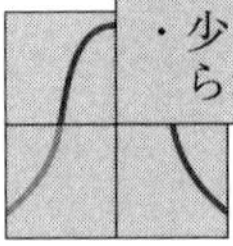

効果的	非効果的
売込み	操作
説明	説教
明確化	言い訳け
説得	合理化

さい」とリーダーが言ったとすれば、これは「教示的スタイル」である。それに対して、リーダーが「ドアの傍で入って来る人を見ていて、この人たちが授業の邪魔にならないよう教室の外を回るようにしてもらえると助かるんだがね」と言えば、これは「説得的」である。この場合、リーダーからのガイダンスはあるにしても、フォロアーにとってなお質問や説明を受ける余地が残されている。

定義によれば、指示的行動には「何を、いかに、いつ、どこで、誰が、を示してやること」も含まれる。「なぜ」が含まれない理由は、なぜという理由説明の努力が、指示的行動と協労的行動との橋渡しをするからである。「教示的」であることと、「説得的」であることの違いのひとつは、理由説明の有無にある。ちなみに、このスタイルを表す他の略称として、「説明的（Explaining）」、「説伏的（Persuading）」、「解説的（Clarifying）」などがある。図8.9は、説得的スタイルの要約であり、効果的に使用された場合と非効果的に使用された場合の略称をそれぞれ列挙しておく。

能力は低いが、意欲の高い、または確信を持つＲ２に対して適当なスタイルは、次のとおりである。

- 説伏を通して、得心させる
- 課題の理解度をチェックする
- 質問を奨励する
- 詳細を話し合う
- 関連技能・能力を調べる
- 「なぜ」を説明してやる
- 一歩ずつ、教え助けてやる（ざっとの説明は、不可）
- ハウ・ツー（やり方）を強調する

レディネス・レベル3に対応する最適スタイルはスタイル3、すなわち、参加的スタイル

レディネス・レベル3は、能力があっても、能力を得てから日も浅く、独りでやってみる機会に恵まれなかったため十分な自信を得るに至っていない個人や集団を含む。例えば、新米販売員が上司から離れて独りでセールスに行くようなものである。

レディネス・レベル3は、もともと能力も意欲も備えていた人、ないし集団が、何らかの理由で意欲を落している状態であるとも言える。気が動転しているのかもしれないし、上司に腹を立てているのかもしれない。また、単に仕事に飽いて、意欲を失っているのかもしれない。

ともあれ、こうした場合に適当な行動は、指示的要素の少ない対話と支援行動である。相手は、すでに当該作業に対する能力を示しているから、何を、どこで、どのようになすべきか、を詳しく指示する必要はない。この場合は、話し合いや支援など、励ましを与える方が、問題を解決したり、動揺した気持を宥めたりするのには適切だと言えよう。

「参加的」スタイルでは、リーダーの主たる役割は、励ましと対話になる。このスタイルのリーダーシップは、別に「協働的（Collaborating）」、「促進的（Facilitating）」、「協約的（Committing）」とも略称されるが、どの略称も高協労で低指示的な行動を示唆している。図8.10は、参加的スタイルの要約であり、R 3レベルに対して効果的、および非効果的に使われた場合の略称を併せて列挙した。

能力は高いが、関心（意欲）が低いR 3に対して適当なリーダーシップ・スタイルは、次のとおりである。

- 決定の責任をフォロアーにも分担させる

図8.10　スタイル3（S3）：高協労／低指示

・インプットをくれるよう奨励
・積極的に聞いてやる
・フォロアーに決めさせる
・双方向コミュニケーションと参画
・冒険を支持してやる
・仕事をほめてやる
・ほめて、信頼を築く

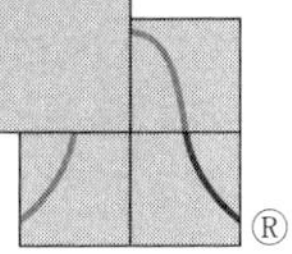

効果的	非効果的
参画	保護
励まし	懐柔
支持・支援	へり下り
権限附与	なだめる

●フォロアーの訓練必要点に応えてやる
●仕事の結果に焦点を当て、重視する
●仕事の結果に対する責任を部下にも負わせ、打込と意欲を高めてやる

また、能力が高いのに、不安を感じているR 3に対する適当なスタイルは、次のとおりである。
●意思決定をフォロアーと共同でやってやる
●先を読んで、次のステップを決めておく
●励まし、支援する
●不安点について、話し合ってやる

レディネス・レベル4に対応する最適スタイルはスタイル4、すなわち、委任的スタイル

レディネス・レベル4は、能力もあれば、意欲もある、または、能力と自信を兼ね備えた個人や集団を意味している。十分な経験を積んでいるので、リーダーの指図がなくとも気にしない。

フォロアーには、すでに能力が備わっているので、「どこで、何を、いつ、

図8.11　スタイル４（Ｓ４）：低協労／低指示

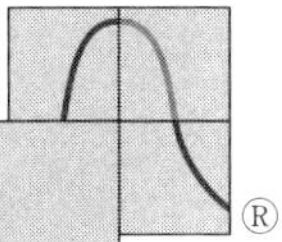

・仕事を委任する
・大きな夢を持たせる
・フォロアーが決める
・ゆるやかに監督する
・活動（行動）をモニターする
・成果を認め、ほめてやる
・近寄りやすくしている

効果的	非効果的
委任	放任
観察	放擲
信頼	回避
依頼	引込

どのように」など、指図をする必要がないのである。同じように、彼らは確信を持ち、仕事に意欲的に打ち込んでいるので、あまり多くの激励や支援を与える必要もない。適切なスタイルは、当人に責任を持たせて自由にやらせることである。

このスタイルは、「委任的（Delegating）」と呼ばれる。その他の略称としては、「観照的（Observing）」、「査察的（Monitoring）」などがある。しかし、このレベルの相手に対しても、ある程度の励ましや支援的行動が必要であることを忘れてはならない。もっとも、その量は標準以下であるのが普通である。また、事態の動きを査察（モニター）している必要もある。だが、このレベルのフォロアーには、責任を持って自分でやる機会を与える必要があることは言うまでもない。

ここで注意すべき点だが、“向上している”場合は、問題は概して“不安”の形をとりやすく、“退行している”場合は、“意欲低下”の形をとる、ということである。この点については、後章で詳しく述べたい。図8.11は、委任的スタイルの要約であり、このスタイルがＲ４レベルに対して効果的、および非効果的に使われた場合の略称を併せて列挙した。

なお、能力も関心（意欲）も高いＲ４に対して適当なリーダーシップ・スタイルは、次のとおりである。

- 仕事の実情を掴むべく十分に聞くこと
- 過度な仕事は与えない
- 自立（自律）を奨励する
- 仕事の全面的委任を心掛け、見守る
- フォロアー主導のコミュニケーションを奨励する
- 支援し、リソースを与える
- 仕事を委任する
- 仕事上の冒険を自由に試みるよう奨励する

最適リーダーシップ・スタイル

レディネス・レベルの４分類―低め（Ｒ１）、中程度低め（Ｒ２）、中程度高め（Ｒ３）、高め（Ｒ４）―は、それぞれ「教示的スタイル（Ｓ１）」、「説得的スタイル（Ｓ２）」、「参加的スタイル（Ｓ３）」、「委任的スタイル（Ｓ４）」に対応している。すなわち、低めのレディネスには「教示的スタイル」が、中程度低めのレディネスには「説得的スタイル」、等々が、それぞれ必要であるということに他ならない。これらの組合せを示すのが、表8.1である。

状況対応リーダーシップは、各レディネス・レベルに対する最有効リーダーシップ・スタイルを教えてくれるばかりでなく、最適スタイルが使えないため他のスタイルを使った場合の成功率をも示してくれる。４種のレディネス・レベルに対する各リーダーシップ・スタイルの成功率は、ベル曲線モデル図上での最有効スタイルからの離れ方の程度に（距離）よって、次のように決まってくる。

- Ｒ１に対して　Ｓ１は最有効、Ｓ２は２番目、Ｓ３は３番目、そしてＳ４は最低
- Ｒ２に対して　Ｓ２は最有効、Ｓ１は２番目、Ｓ３は３番目、そしてＳ４は最低
- Ｒ３に対して　Ｓ３は最有効、Ｓ２は２番目、Ｓ４は３番目、そしてＳ１は最低
- Ｒ４に対して　Ｓ４は最有効、Ｓ３は２番目、Ｓ２は３番目、そしてＳ１は最低

表8.1　レディネスの各レベルに対する有効リーダーシップ・スタイル

レディネス・レベル	適切なスタイル
R1　低度のレディネス 能力も低く不安を示す	S1　教示的スタイル 高指示—低協労
R2　低度から中度のレディネス 能力は低いが、意欲や確信を示す	S2　説得的スタイル 高指示—高協労
R3　中程度から高度のレディネス 能力は高いが、意欲が弱く、不安を示す	S3　参加的スタイル 高協労—低指示
R4　高度のレディネス 能力が高く、意欲や確信を示す	S4　委任的スタイル 低協労—低指示

状況対応リーダーシップでは、リーダーの行動の適否を決めるのは、フォロアーである。フォロアーが先に自らの行動を決め、そのフォロアーの行動がリーダーの行動を規定するのである。いまや、こうした素晴らしい発想が、家庭でも、職場でも、その他いかなる対人的状況にも応用可能なのである。例えば、子供が「自分の行動を決定し、管理するのは、両親じゃなくて自分自身、しかも、自分が父母の行動を制御するんだ」と気づいたとき、親の仕事はぐんとやさしくなってくる。

次に、「なぜ生来の自然なスタイルが必ずしも“最有効”スタイルとはならないのか？」という問題を考えてみよう。それは、最有効スタイルが意識的努力の結果だからであり、そのスタイルを繰り返し練習してきているばかりか、ときには専門家の助けまで得て、励んできているからである。こうした後天的に習得したスタイルは“意識的”使用を通じて、このスタイルと行動の細部にまで関心を払ってきているからである。生来のスタイルに対しては、習得したスタイルほどに努力を注いできていない。その結果、生来の自然なスタイルは習得したスタイルほど効果的でないのである。

なお、状況対応リーダーシップは、自動的適用を予想した機械的法則ではない。行動科学には法則はない。状況対応リーダーシップの行動科学上の貢献は、「有効確率の向上」であり、そのことを通じて、マネジャーたちがより効果的なリーダーとして成功できるよう試みてきたことにある。

状況対応リーダーシップの応用

状況対応リーダーシップの応用に当たっては、「他人に影響を及ぼすための唯一最善の方法などありえない」と知るべきである。むしろ、対象となる相手のレディネス・レベルのいかんで、どのリーダー行動もそれなりに効果的であったり、無効であったりする。図8.12は、前述数頁の説明を総合した状況対応リーダーシップ・モデル図である。このモデル図は、①レディネス・レベル診断、②適合リーダーシップ・スタイルの選定、③選定されたスタイルの行動化、など、簡易手引として使うことができる。状況対応リーダーシップには、「フォロアーが能力と意欲を示している限り」当人のレディネスを育ててやるべきだ、という考えが暗に含まれている。そして、そのフォロアー育成は、図8.12に示すベル曲線モデル図の4種のスタイルに沿ってリーダー行動を調整し、行われるべきなのである。

状況対応リーダーシップでは、レディネスの低いフォロアーを生産的にするためには強い指図（課題行動）が適当である、と主張している。同様に、低めのレディネスのフォロアーのレディネスが向上した場合、その向上に報いるという意味で、正の強化（Positive reinforcement）や連帯的支援（Socio-emotional Support）など、協労的行動を増強していくべきである。最後に、このようにしてフォロアーのレディネスが高くなったら、次はフォロアーの行動に対する統制と協労的働きかけを減らして対応すべきである。レディネスの高い人たちの場合、リーダーの連帯的支援よりも、自治・自立の方が重要になっているからである。このレベルに達した相手には、大きな自由裁量を許すことを通じて、信任や信頼を示すことができる。これはリーダーとフォロアーの間の相互信頼が減ったわけではなく—事実は、“増えた”のだが—、したがって、リーダーが支援行動を示す必要も減る。

当人や相手集団の当面のレディネス・レベルいかんにかかわらず、レディネスのレベルは変化する。理由が何であれ、フォロアーの仕事振りが悪化し始めたら、意欲、ないし能力が退行し始めたのであり、リーダーはフォロアーのレディネス・レベルを再診断し、適当量の連帯的支援と指示を与えて診断レベル曲線を後方（右方）へ遡行すべきである。

このようなレディネス・レベルの成長（育成）と退行のプロセスは、後章で詳しく論じることにする。ここでは、「状況対応リーダーシップが、フォロア

図8.12 拡大状況対応リーダーシップ・モデル図

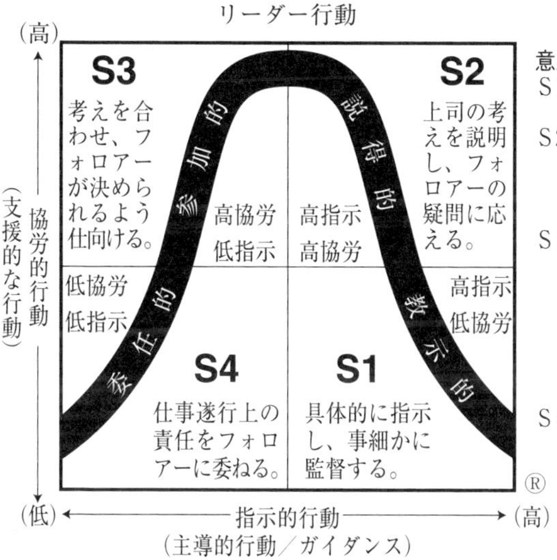

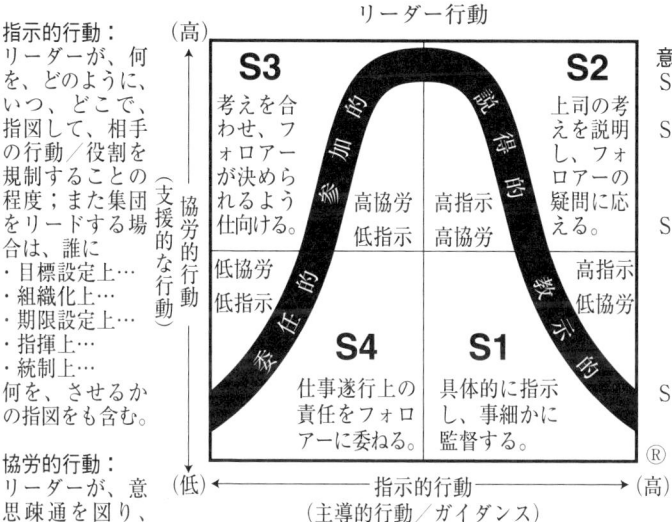

指示的行動：
リーダーが、何を、どのように、いつ、どこで、指図して、相手の行動／役割を規制することの程度；また集団をリードする場合は、誰に
・目標設定上…
・組織化上…
・期限設定上…
・指揮上…
・統制上…
何を、させるかの指図をも含む。

協労的行動：
リーダーが、意思疎通を図り、聞き、支援し、連帯感を示すなど、双方向疎通行動を採ることの程度；
すなわち、
・支持・支援
・意思疎通
・接渉促進
・傾聴
・フィードバック
など関係増進行動を云う

意思決定のスタイル
S1：リーダーが、一方的に主導
S2：話し合ったり、説明したりして、リーダーが主導
S3：フォロアーによる決定、またはリーダー支援のもと、リーダーとフォロアーが合作して決定
S4：フォロアーが決定

部下のレディネス

(高)	(中程度)		(低)
R4	R3	R2	R1
高能力で意欲や確信を示す	高能力だが意欲弱く不安を示す	低能力だが意欲や確信を示す	低能力で意欲弱く不安を示す
自律的		他律的	

能力（Ability）：
所要の知識、経験、技能を持っている。
意欲（Willimgness）：
必要な確信、打ち込み、動機を備えている。

レディネスに対応したリーダー行動が適切にとられた場合を“有効対応（High Probility Match)”と呼んでいますが、下記の略称は様々な有効対応リーダーシップ・スタイルの呼称例です。

S1	S2	S3	S4
教示的（Telling)	説得的（Selling)	参加的（Participating)	委任的（Delegating)
教導的（Guiding)	説明的（Explainig)	奨励的（Encouraging)	観照的（Observing)
指示的（Directing)	解説的（Clarifying)	協働的（Collaborating)	査察的（Monitoring)
断定的（Establishing)	説伏的（Persuading)	協約的（Committing)	自足的（Fulfulling)

ーの課題別（仕事・事柄別）レディネスを尺度に、リーダーシップ・スタイルの適合性、ないし効果性を考えるものである」という点を強調するに留めておきたい。

適合スタイルの決定

所与の状況で、「当面のフォロアーにどのようなリーダーシップ・スタイルを使うべきか」を決定するには、いくつかのことを決めなければならない。

どのような目標を達成したいのか？（目標は何か？）　第１に、どの領域（課題）について相手に影響を及ぼしたいのか、を決めなければならない。特にどの目標を達成したいのか、である。仕事の世界では、担当職責によって、こうした領域は異なってくる。例えば、あるセールス・マネジャーが、セールス事務、サービス提供、プロジェクト活動、などの領域で責任を担っているとしよう。したがって、このセールス・マネジャーはリーダーシップのスタイルを決める前に、「どの領域について影響を及ぼしたいのか」を決めなけらばならない。

例えば、「すべての注文について、注文後24時間以内に発送する」という目標は、あまりにも一般化され過ぎているので、職責として分担させるには、もう少し細分化し特定化しなければならない。そこで、顧客サービス部門と協力して、次のように細分化してみた。

1．目標（記述）を、例えば、“迅速サービス”などの特定用語を使って、簡潔化する。
2．目標達成の作業手続は、担当者に確認させる。
   a）電話応対
   b）注文書記入
   c）梱包
   d）発送
   e）顧客苦情処理

担当者のレディネスは？　次いで、このセールス・マネジャーは、これらの作業に対する担当者のレディネスを診断しなければならない。ここで鍵となる点は、「担当者が、これら業務（作業手続）の遂行に、どこまで用意があり、どこまでの受け入れ体制を持っているか」である。担当者のレディネスが高ければ、リーダーシップ（リーダーの介入）は少しでよい。他方、担当者のレディネスが低ければ、かなりのリーダーシップが必要になる。

どのようなリーダー行動をとるべきか？　次のステップは、４種のリーダーシップのどれが、相手に適合するか（表8.1参照）を決めることである。仮に、全作業の遂行について担当者のレディネス・レベルは高い ── つまり、能力も意欲もある（Ｒ４）── と、このマネジャーが診断したとしよう。表8.1によれば、委任的（Ｓ４）スタイル（低指示／低協労）をとるべきだとわかる。さて、この職場集団（部下）の中の何人かの特定作業に対するレディネスは、職場集団全体のそれより低いかもしれない。例えば、そのうちの１人が、新規格品に対する顧客苦情処理に関し、Ｒ３（能力はあるが、不安）だったとしよう。この場合、マネジャーは、その担当者の自信と自負を築くためにＳ３（高協労／低指示）リーダーシップ・スタイルをとることになる。

リーダーシップを揮った結果、どうなったか？　このステップでは、結果が期待と一致したかどうか、を判定する必要がある。個人にしても集団にしても、学習は一度に少しずつしか起こらない。育成指導においても、個人や集団が望ましい業績レベルにステップ・バイ・ステップで次々と達していく過程で、継続的に正の強化を少しずつ与えていくことが関係している。したがって、リーダーシップ介入を行った後、マネジャーとしては目標を再検討し、レディネスを再診断し、さらに事後のリーダーシップ介入の必要を確認するなど、を通じて結果を評価し続けなければならない。

フォローアップが必要だとしたら、どんなフォローアップが必要か？　現行の成績と望ましい成績との間に差がある場合、追加リーダーシップ介入の形のフォローアップが必要になり、再び育成指導サイクルが繰り返される。リーダーシップ状況のようなダイナミックな状況においては、フォローアップは不可欠である。現代のような競争社会では、リーダーシップは、動く標的を狙うことと変わりはない。仕事やレディネス、結果、などは、すべて変化し続けている。したがって、フォローアップは、不可欠である。すなわち、「リード（指揮）」は、毎日、そして毎時、果たさねばならないフルタイム業務なのである。

効果的な職務記述

明確に整理された職務記述は、レディネス診断に大きく役立つ。逆に、職務記述が雑であいまいであると、レディネスの正確な診断を困難にし、不必要な摩擦や衝突を起こしかねない。経営コンサルタント会社、P・E・コーポレート社長のグスタフ・パンセグロウ（Gustav Pansegrouw）は、次の技法が職務記述、特にフォロアーの立場から見た職務記述に、大変役立つことを発見した。例えば、主要受注業務を、まず下記のように記述したとする。

―― すばやく電話に出る

この職務記述を手掛かりに、マネジャーが受注担当のレディネスを、R２（意欲はあるが、能力がない）と診断する。しかし、同じ手掛かりを使っても、受注担当者自身は自分のレディネスを、R４（意欲も能力も備わっている）と自己診断するかもしれない。

こうしたマネジャーと受注担当者自身とのレディネス診断の相違は、多くの場合、“すばやく”という用語に異なった意味を含ませていることの結果である。もし、職務が次のように記述されていたとしたら、両者の職務の理解は、もっと明快であったと想像される。

―― 最初のベルで電話に出る

このような具体的な職務記述が手掛かりであれば、仕事別レディネスの診断も容易になる。また、両者の診断結果が等しくなる可能性も高まる。

上に挙げた２つの職務記述例文の間の主な違いは、２番目の例文に、「明確に定義された、かつ測定可能な業務遂行基準が含まれている」ことにある。すなわち、職務記述には、期待基準の明確な記述が不可欠なのである。

仕事の遂行にかかわるすべての状況要素の中でも、個人のレディネスが最も重要である。すなわち、与えられた仕事について言えば、誰でも何らかのレディネス・レベルにあるからである。これは、個人のレディネスが高いとか低いとかということではなく、誰でも特定の課題に関する限りある程度の遂行準備を持つということである。

だが、たとえ「レディネス」という観念が、診断上このように有用であるにしても、他の状況要素 ―― 例えば、マネジャーのスタイル（マネジャーが傍にいるとして）、危機状況や緊急事態、仕事の性質、等々 ―― も、レディネスと同じように、あるいはそれ以上に、重要であることを忘れてはならない。こうしたことを考えてもなおかつ、レディネスという概念は、特定時点の特定フォロアーに対する適合スタイルを選定する上で、確実な指標となる。

レディネス変化の向き

リーダーシップ研究センター（CLS）が行った最近の調査から、フォロアーの総合レディネス・レベルを、R１やR２と診断するだけでなく、そのレディネスの“方向”を診断することも役立つことがわかった。主な理由は、フォロアーのレディネスが高まっているのか、退行しているのか、それとも停滞しているのかによって、リーダー行動に大きな違いがあるからである。

例えば、下記の３事例の中で、読者がリーダーとなったとしよう。ご記憶のように、リーダーの役割のひとつは、フォロアーの能力と意欲を診断し、特定の目標を達成する努力に活かすことにある。そこで、下記の各事例について、「フォロアーがあなたのリーダーシップにどこまで応えるか？」を考えていただきたい。

- 状況１　フォロアーの自信、打込、動機は低く、かつ低下を続けている。その仕事についての知識、経験、そして技能も、やっというところ。
- 状況２　フォロアーの知識、経験、そして技能は、初心レベルよりは向上しつつあるものの、自信、打込、動機は低いままである。
- 状況３　フォロアーの能力と意欲は低いままでであり、仕事の能力に欠けるばかりか、不安を感じている。

これら３事例の検討に当たって、能力と意欲という鍵に注意することで、適切なレディネス・レベルを診断することができる。能力を構成する要素は、知識、経験、技能であり、意欲を構成する要素は、自信、打込、動機である。これらの要素を判定するための簡便法として、レディネスの高さを示す指標、「＋＋＋（プラス）」、または低さを示す指標、「－－－（マイナス）」、などの尺度を使うこともできる。

フォロアーが、ある作業目標に対して能力も意欲も低く、かつ不安を感じているので、〈R１である〉と正しく診断を下したとする。次にフォロアーのレディネスの方向の診断である。では、前述の各事例には、どのような〈向上、退行、停滞〉を示すデータが含まれていただろうか？

状況１では、フォロアーのレディネスは退行しており、状況２では、フォロアーのレディネスは向上している。状況３では、フォロアーのレディネスは停滞し、変化がない。

これらの分析は、読者のリーダーシップ努力に、どのような意味をもたらすのだろうか。どの事例でもフォロアーの総合レディネス・レベルは、R１である。だが、これはリーダーシップ介入が同じであってもよい、という意味だろうか？ おそらくそうではない。状況１では、退行を阻止する処置の必要が示唆されており、状況２では、育成措置に継続が、そして状況３では、育成処置の導入が示唆されている。こうしたリーダーシップ介入のあり方については、後述したい。

レディネス測定のための用具（診断表）

レディネスの的確な判定のために、リーダーシップ研究センター（CLS）は２種のレディネス診断用具 —— リーダー用とフォロアー用（自己診断用—を開発した[13]。両方とも、行動の５つの面での職務レディネス（能力）と心理レディネス（意欲・関心）を測定するものである。

例えば、リーダー用診断表では、マネジャーがフォロアーの仕事の主要な目標、ないし職責の１つ以上５つまでを選び、診断表に記入する。次に、マネジャーは各目標／職責について、フォロアーの職務レディネス、および心理レディネスについて、５つの視点（項目）から、実際に観察された行動に基づいて判定する。また、職務レディネス次元の５項目、および心理レディネス次元の５項目のそれぞれから２項目（視点）を選んで図解したのが図8.13である。なお、診断表中の全項目（10項目）は、２つの次元のそれぞれについて30項目以上の指標行動を試験調査し、煮詰めた結果得られたものである。また、「この仕事に関する経験を持っている」と「関連する経験を持たない」という行動指標を両極にした８点法スケールが使われていることに注目されたい。

その後の研究を通じて、リーダーシップ研究センターは、リーダーのリーダーシップ・スタイルと部下のレディネスとの対応を一覧することのできる「最適スタイル診断表（Readiness Style Match）」を考案している。図8.14は、そうした最適対応を示している。この診断表は、能力次元と意欲次元をそれぞれ別個に測定するものである[14]。また、この診断表では、能力（知識・技能・経験）を程度の問題として捉えている。

すなわち、人間の能力は「短時間に急激に変化するものではなく、漸進的に変化する」ということである。つまり、ある瞬間を捉えて言えば、特定領域について“わずかに、ある程度、相当に、または、大きな”能力を備えている、ということである。

だが、意欲（自信・打込・動機）は違っている。人間の意欲は、ある瞬間からある瞬間へ振幅する。したがって、人間は“稀に、ときに、しばしば、また

図8.13 〈レディネス・スケール（リーダー用）〉より

あなたの名前＿＿＿＿＿＿＿＿＿＿＿＿＿＿　日付＿＿＿＿＿＿＿＿

対象者の名前＿＿＿＿＿＿＿＿＿＿＿＿＿＿＿＿＿＿＿＿＿＿＿

		次の＿＿＿＿＿＿＿＿＿＿＿＿＿職務の遂行（目標達成）に当たって、この対象者は、	
職務レディネスの次元	1．過去の職務経験	この職務に関連する経験を持っている 8　7　6　5	この職務に関連する経験を持っていない 4　3　2　1
	2．過去の職務知識	必要な職務知識を持っている 8　7　6　5	必要な職務知識を持っていない 4　3　2　1
心理レディネスの次元	1．責任を担う意欲	たいへん意欲がある 8　7　6　5	たいへん嫌っている 4　3　2　1
	2．達成意欲	高い達成の意欲を持っている 8　7　6　5	達成の意欲はあまり持たない 4　3　2　1

は、常に”特定の仕事に責任を負うことに意欲づけられている、と言うべきだろう。

最適スタイル診断表に、リーダー用とフォロアー用の２種があるわけは、状況対応リーダーシップを「リーダーシップ契約制度（Contracting for Leadership Style)[15]」と結びつけるためである。なお、「リーダーシップ契約制度」については、第12章でいま少し詳しく説明することにする。

リーダーシップ・スタイルの要素

影響対象の相手なり、集団なりのレディネス・レベルが診断できたら、次は対応するリーダーシップ・スタイルを確定することである。では、マネジャーとして、４種のリーダーシップ・スタイルを、どのように行動化すべきだろうか？

図8.14　リーダーシップ・スタイルの４基本型とレディネスの定義

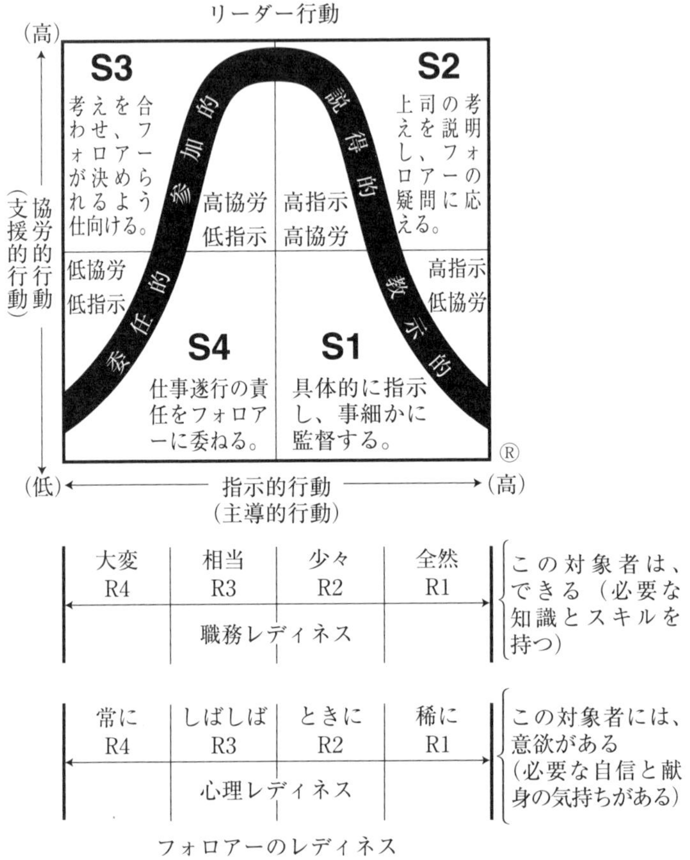

リーダー行動測定のための用具(診断表)　リーダーシップ・スタイルを、リーダーにもフォロアーにも、より的確に判断できるように、リーダーシップ研究センターでは、２種のリーダーシップ測定用具（診断表）を開発している。すなわち、「リーダーシップ・スケール（リーダー用)」、および「リーダーシップ・スケール（フォロアー用)」の２種である[16]。どちらの診断表も、「指示的行動と協労的行動」をそれぞれ５項目（視点）から測ることができるようになっている。これら指示的行動次元の５項目、および協労的行動次元の５項目は、表8.2のとおりである。

指示的行動と協労的行動の２つのリーダー行動について、それぞれ５項目を求めた後、識別を容易にするため、これらの行動の両極端をそれぞれ「高」および「低」としている。例えば、フォロアー用の指示的行動の「組織化」の項目については、両極端をそれぞれ「仕事は、他の人に組織化してもらいたい」と「仕事は自分自身で組織化したい」とした。また、協労的行動次元については、「成績のフィードバック」の項目では、両極端をそれぞれ「仕事の成績について、よく教えてくれる（高）」と「成績確認は、自分に任せられている（低）」に分けられた。

表8.2　指示的行動と協労的行動の両次元のそれぞれについての指標行動

指示的行動次元	行動指標
	リーダーの下記の行動の程度
目標設定	達成すべき目標を明確にしてやる
組織化	職場や仕事を整理し、組織化してやる
期限設定	時限／期限を決めてやる
指示	具体的な指示をしてやる
統制	進捗に関し、報告を定め、求める
協労的行動次元	**行動指標**
	リーダーの下記の行動の程度
支持・支援	支援や励ましを与える
コミュニケーティング	仕事についての“話し合う”討議にまき込んでやる
接触促進	他人との接触を促進してやる
積極的傾聴	意見や関心を聞き出し、耳を傾けてやる
フィードバック	達成した事柄についてフィードバックしてやる

ひるがえって、前述の‘最適スタイル診断表’では、スタイルの基本型のそれぞれは、図8.14にあるように説明されている。すなわち、

- 教示的（S 1）　具体的で、特定的な指示を与えて、密着した監督を行う
- 説得的（S 2）　決定内容を説明し、質問の機会を与える
- 参加的（S 3）　考えを出し合い、決定を促進する
- 委任的（S 4）　決定と実施の責任を委ねる

いろいろな職場状況における状況対応リーダーシップ

状況対応リーダーシップが、オフィス、生産工場、学校、官公庁、軍隊、さらには家庭など、いろいろな組織状況に適用可能であることがわかってきた。要するに、誰かが誰かの行動に影響を及ぼそうとする場面では、どこでもこの考え方が適用できるのである。

状況対応リーダーシップの諸状況への適用の過程で発見された唯一の問題は、それぞれの状況に合せて用語を補正し、使い分けねばならない、ということであった。例えば、専業主婦には、「指示的行動」とか「協労的行動」といった用語は、ピンとこない。家庭では、「指示的行動」などというより、「指図」といった方がわかりやすく、また「協労的行動」などというより「支持・支援」といった方が通じやすいことがわかった。

他方、人間関係訓練参加経験やカウンセリング経験に富む教育訓練担当者やコンサルタントにとって、「指示的行動」という用語自体が否定的な感じを伝えやすいことがわかった。したがって、こうした人たちには「指示的行動」などというより、「ガイダンス」の方が受け入れられやすいこともわかった。

著者らは、「指示的行動」、および「協労的行動」という２つの基本的リーダー行動に対していろいろなレッテル（名称）を貼って呼んでいるが、定義を変えているわけではない。指示的行動とは、要するに「リーダーがそれぞれの相手に、いつ、どこで、いかに、何をなすべきかを説明する一方的意思疎通に携わることの程度」である。また、協労的行動は、これを支援的行動と呼んでいる場合を含めて、連帯感（Socio-emotional Support）を感じさせ、心理的ストローク（Psychological Strokes）を与え、励まし行動（Facilitating Behavior）を示したりすることの程度を意味しているのである。

こうした用語補正が大切な理由は、行動科学の要となる概念が「意思疎通(コミュニケーション)」だからである。人を育成し成長させるためには、概念枠組、概念、研究成果を、対象となる相手に理解できるようにしなければならない。相手を得心させ、育成の可能性を増すためには、当然、このことが大切になってくる。

親子関係

状況対応リーダーシップが、家庭の親子関係に大きな応用可能性を持つことがわかってきた。ちなみに、書籍『ファミリー・ゲーム―親業への状況対応的アプローチ（Family Game; A Situational Approach to Parenting）』[17]は、状況対応リーダーシップの家庭状況への応用をとり上げている。

一般的に言って、子供に対する場合（個人差を考慮しなければならぬものの）、彼らの成長過程を通じて、親のリーダーシップ・スタイルのあり方に、パターンがあるように思われる。例えば、特定課題についてレディネス・レベルが低い子供に対しては、指示的なスタイルがもっとも有効と思われる。特に環境制御に力を及ぼすことの少ない生後数年間の幼児を対象とする場合はそうである。こうした発育過程については、後述したい。

非効果的な親のスタイル

状況対応リーダーシップは、最有効リーダーシップ・スタイルを事前に知るのに役立つばかりでなく、どの状況でどのスタイルが効果的でないかを知る上でも役立つ。例として、子供の成長過程を通じて１種類のリーダーシップ・スタイルしかとらない４人の親の例を想定してみよう。

最初に、子供の発達過程を通じて高指示で低協労的なスタイル（Ｓ１）をとる親、つまり、「この家にいたいのなら、午後10時までには帰宅しなければいけないし、私のやり方に従わなければいけない」というやり方をとる親について考えてみよう。この場合、２つの場合が予測できる。第１は、子供が荷物をまとめて早々に家を出ていくことである。家を出ないとすれば、押えつけられ、おとなしい依頼心の強い人間に育って、一生、他人にああしろこうしろと指図されなければ行動できない人間になってしまうかである。

高指示で、高協労なＳ２スタイルの親に育てられた人間は、言うなれば“ママ・ボーイ”、ないしは、“お父さんのペット娘”に育つ可能性が極めて高い。大きくなっても、肉体的には大人でも、精神的には両親に決めてもらわないと何もできない。こうした若者は、自分の行動に対する指図と連帯的支援を両親から与えられてきために、自分自身で指示・支援を調達することができなくなってしまっているのである。

では、指図や指示を手控えて、支援や励ましを主にして子供を育てた場合、子供はどうなるのだろうか？　こうした高協労・高支援―低指示スタイル（Ｓ３）がもたらす結果は、他人の権利に配慮のないルール無視の「悪ガキ」症状である。

「同じリーダーシップ・スタイルを、終始一貫して使ってはなぜいけないのか」と疑問に思う人もいるかもしれない―事実、子供の頃から「一貫性を持つことは良いことだ」と教えられてきている。なるほど、いままでなら、この教えでも良かったかもしれない。しかし、状況対応リーダーシップでは、一貫性は「同じスタイルを使い続けること」を意味するわけではない。「一貫性とは、同じ状況に同じスタイルを使うことであり、状況が変化すればスタイルもまた変わるべきだ」と考える。したがって、「子供が間違ったことをやっていれば叱責し、子供がちゃんと振る舞っていれば認めてやる」のが、一貫したやり方なのである。さて、以上の一貫性の論議から、「子供は生活のいろいろな面で、異なったレベルのレディネスにある」から、子供の活動領域が変われば、親のスタイルも変えなければならないことを親たちにも認識してもらいたいものである。

研究開発スタッフの管理と育成

高度な訓練を受け、かつ情緒的にも安定した人たちを管理する場合、低協労で低指示的なスタイルが有効であることが多い[18]。この事実が、軍隊において劇的に証明された。軍隊や消防隊のように危機状況向けの組織では、戦場や火災現場では、往々にして命令に即応することが成否を決定するので、一般に高指示的なスタイル（Ｓ１）が有効である。事の緊急性が、話し合いや説明の余裕を与えないのである。この場合、事の遂行が反射的でなければならないのである。戦闘を指揮する将校には高指示的なスタイルが有効であっても、軍の研究開発スタッフには高指示スタイルが役立たないことが多い。

このことは、ウエスト・ポイント士官学校出の将校を早期警報ネットワーク基地の指揮者に任命してみてわかった。その基地は極地にあり、科学技術スタッフたちは基地内で共同生活を営んでいたが、戦闘将校たちの高指示的なリーダー行動は受けなかった。彼らの教育程度、研究経験、レディネスが、軍人指揮者たちに仕事のやり方をいちいち指図されることを拒ませたのである。それどころか、指図されると憤る傾向が見られた。また他にも、科学研究スタッフたちが、リーダーの連帯的な支援行動ですら多くを望まない、という報告もある。

教育の場

教育の場は､状況対応リーダーシップ適用の数多くの好例を提供してくれる[19]。

教師と生徒の関係　教育の場では、状況対応リーダーシップを教師と生徒の関係に当てはめることができる。例えば、P.ハーシィ、と２人のブラジル人協力者、アリゴ・L.アンジェリニ（Arrigo L. Angelini）とソフィア・カラカシャンスキー[20]（Sofia Caracushasky）は、状況対応リーダーシップの教育の場への適用に関して研究を行った。この研究では、①主として従来通りの教師と生徒の関係に基づく授業に参加した学生たち（コントロール・グループ）と②同じ教師による状況対応リーダーシップ基づく授業に参加した学生（実験グループ）との間の学習効果スコアの比較が行われた。コントロール・グループでは、主として講義中心で授業が行われたが、討議、視聴覚器材、その他参画学習技法も併用された。また、実験グループでは、生徒のレディネス・レベル（学習を自分で方向づけ、学習への励ましを内面的に自分自身で購い取る意欲と能力）を、教師の授業スタイルの系統的変移を通じて高める、という方法がとられた。

まず、教え方のスタイルを、教師が生徒に一方的に講義する形式のＳ１（高指示／低協労）でスタートし、次いで車座になって教師が生徒たちと話し合う形式のＳ２（高指示／高協労）へ、それから内容に立ち入らないようにしながら、教師が討議促進役となって討議に参加する形式のＳ３（低指示／高協労）へ、そして生徒の自由な討議を主に、求められたときにのみ教師が参加する形式のＳ４（低協労／低指示）へ展開させていったのである。（なお、本実験におけるクラス編成は、図13.2のとおりであった）。このプロセスにおいて、当初は生徒のレディネス・レベルは、ゆっくりと向上して行った。教師の介入はだんだんと弛められ、励ましが強化されていった。そして、生徒が学習の方向づけを自分で果たせるようになり、学習の喜びを実感できる（自己満足できる）ようになったとき、教師の連帯的支援と学習指示も減らすようにされた。

上記の２つの実験において、実験グループは学習内容習得度のテストで好成績を上げたばかりでなく、学習意欲上も、怠けや欠席が減ったばかりか、高い意欲、高い士気、強い動機づけが観察されている。

教育機関理事会と事務局の関係　教育機関事務局のトップ（例えば、大学総長や学校監督官）にとって重要な領域は、監督機関である理事会との関係の維持である。教育機関の理事会は監督下の大学総長や監督官のリーダーシップに疑問を抱いた場合、彼らに対する最終罷免権を持っているので、大学総長や監督官たちは、こうした上位の意思決定機関に対しては遠慮がちに指図を控え、協労的に接する傾向（Ｓ３）を持つ[21]。事実、学校側は理事会の批判を恐れて、理事会の処置に対する指示を避けようとすることが多い。だが、状況対応リーダーシップに照らして言えば、これは正しくない。

理事会メンバーは、責任ある教育の高い人たちではあることが多いだろうが、教育現場の経験はあまり持たないことが多い。例えば、ニューヨーク州内の大学評議員会を対象としたある調査によれば、何らかの形で教員なり、学校職員なりの経験を持つ人は、評議員会メンバーの10%以下であった[22]。事実、この調査の対象となった1,269名の大学評議員の大半は、もともと製造業、銀行・保険業、運輸業、病院、法曹界などの仕事に携わる人たちであった。しかもその半分の人たちが、実質的に財務を担当する重役、取締役、ないしはそれ以上の地位の企業経営幹部であった。こうした教育関係の業務以外の経験に加えて、これらの評議員たちは多くの責任を兼任していることが多く、大学の問題に期待するほどの時間が割けなかったと思われる。事実、評議員たちが最も多く洩らした不満は、評議会に十分な時間が割けないことであった。

評議員たちは、この問題に対しては経験が浅く、しかも他の問題にかかわり過ぎているから、大学総長が彼らに高協労的に接するのに併せて、指示を強めるのは妥当だと思われる。実際のところ、評議員の役割を定め、職責を整えるのは、大学総長の仕事である。前ブラウン大学学長のヘンリー・リストンは、この点を次のように説明している。

「一見、奇妙に見えるかもしれないが、これは大学総長の仕事である。ちょっと考えれば、他の人にはできない仕事であることは明白である。評議員は無給であるし、教職員の能力を分析したり、仕事を割り当てたりする方法を持たない。総長こそ、そうした立場にいるのである[23]。」

学校事務長と教員の関係　経験ある教員に対しては、個々人に意思決定の責任を委譲した分散化された組織に特有の低協労／低指示なスタイル（Ｓ４）を使って接するのが適当である。彼らの教育や経験のレベルは高く、総長や学部長のお膳立を必要としないことが多い。お膳立されると憤る人すらある。加えて、教師によっては、連帯的支援（協労的行動）すら望まないないこともある。

また、適宜の補正は必要だろうが、教員に対しては低協労／低指示なリーダーシップ・スタイルが効果的であることが多い。例えば、学年初めやカリキュラム変更の時期における担当教科や担任、割当時間や教室の指定など、ある程度の指図はなされなければならない。だが、いったんこうした要件と制約が教員たちに理解されたら、事務長は経験豊かで責任ある自律的な人たちにふさわしい低協労／低指示スタイルに早く戻るべきである。

なお、以上に説明した応用以外の応用も必要になることがある。例えば、新任の経験の浅い教員の場合には、教室経験を十分に積むまで、指示や支援をもっと必要とするかもしれない、などである。

初期調査研究の理解

参画の有効性の決定

状況対応リーダーシップの視点から行った「参画に関する研究」から、参画の適切な使い方について、面白い事実がわかってきた[24]。状況対応リーダーシップでは、対象者個人、ないし対象集団の事柄別（仕事別）レディネス・レベルが高ければ高いほど、参画的な管理・監督手法の成功率が高いことになる。また、レディネス・レベルが低ければ、参画的なマネジメント手法の有効性は低くなる。

レディネス・レベルの極めて低い対象者を意思決定に参加・参画させることは、無知をプールすることであり、先の見えない人が先導する状態を作るに等しく、こうした場合には、指示的なリーダーシップの方が成功率は高い。また、レディネス・レベルのいま一方の極端（つまり、レディネス・レベルの極めて高い）の人の中には、「愚か者の小田原評定（なかなか結論が出ない話し合い）」に加わることを嫌う人もいる。彼らは、その道の専門家が決定することがよいと考える。例えば、「ビル、これはどうすべきかね。君の専門だからな」といった具合いにである。このように状況対応リーダーシップでは、管理・監督手法としての参画の有効性は、レディネス・レベルが低い状態から中程度へ高まる（図8.15では、右から左へ）につれて高まっていく。そして、フォロアーの課題レディネスがもっと高くなってくると（図8.15）、この手法の有効性はやや下がり気味に、しかし高く維持される傾向を示す。

参画に関していまひとつ論及しなければならないポイントがある。参画させることは、相手に意思決定プロセス上「必要とされているという実感」を与え、当人の「親和欲求」や「自我・自尊の欲求」を満たすことにつながることが多いが、必ずしも自己実現欲求に応えるものではない。こうした高次元欲求は、達成感や成長と向上の実感を味わう機会に恵まれたり、挑戦の機会に恵まれたりすること、を通して充足されることの多いものである。

文化的変動の影響

今世紀初頭から今日に至るアメリカ社会の科学技術的発展には、想像を絶するものがある。全体として田園的な農業社会から、かつては想像もできなかっ

図8.15　有効なマネジメント技法としての参画

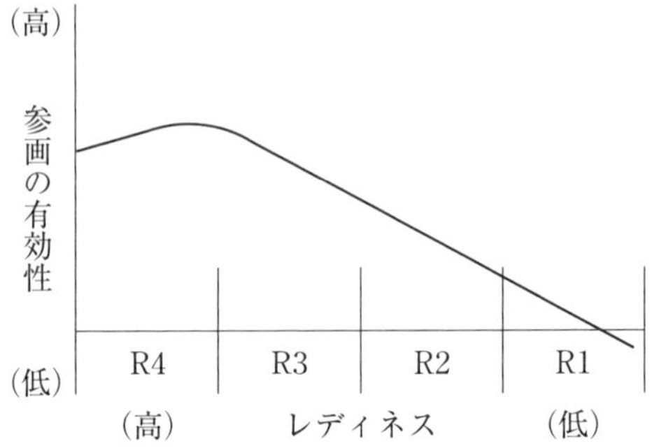

た高い教育と生活水準を享受するダイナミックな工業社会へ変貌を遂げた。この現象は、企業諸組織に働く労働力に対しても、著しい影響を及ぼすことになった。[25]

今日、多くの労働者は、どの時代にも増して高い生活水準を享受しており、教育水準は概して高く、教養的にも高度な状態にいる。その結果、労働者たちの自分たち自身を自律し自制するポテンシャルも高まっている。こうしたレディネスの変化に呼応して、マズロー流に言えば、多くの人が生理的欲求や安全安定欲求など、基本的欲求をも相当程度まで充足させてしまっている。したがって、経営者としても、こうした欲求の充足―従業員動機づけの基本と考えられた賃金や奨励刺激制度、健康保険、などを通じた―に依存できなくなってきている。現代社会では、生理的欲求や安全安定欲求の充足は、当然のことになってしまっている。事実、たいていの人にとって「次の食事をどこで得ようか」とか、「災害から守られるかどうか」とかをあまり心配する必要はない。労働者たちは、もっと他の欲求に訴えた動機づけ―集団への帰属、“ひとかどの人間”として認められること、自分の可能性を最大限に活すこと、などの欲求に敏感になっている。ウィリアム・H.ハネィ（William H. Haney）も言ったように、マネジメント手法は―部下の成長、他律への依存度の減少、自己統制の増大に焦点を当てて、彼らの「現時点のレディネス・レベル」に合わせるべきである。で、そうなることを部下たちは望んでいるのだろうか？ 然りである。こうした条件に恵まれてこそ、充足可能で、しかも充足が求められている欲求、―つまり、自我と自己実現の欲求―の職場での動機づけが可能になるからである。[26]

上記の考え方を図解したのが、図8.16である。

図8.16　他律的統制と自己統制

現代人のレディネス・レベル、および欲求処理のあり方の変貌は、リーダーシップ・スタイルと生産性の関係の研究 ── 例えば、R.リカートやA.ハルピンが行った研究 ── を通じて発見された結果が、両極端（Ｓ１やＳ４）でなくスタイル２と３付近に集まる傾向があること、の理由を理解させてくれる。

状況対応リーダーシップは、実際に役立つか？

状況対応リーダーシップが、20年以上にわたって実用的に有効な理論として広く受け入れられてきたことは、多くの文献で証明されている。世界中の経営管理者、親たち、教師、その他事務行政担当者たちが、難問解決に当たって、状況対応リーダーシップが実践的で使いやすいアプローチを提供してくれた、と言っている。また、バンク・オブ・アメリカ、キャタピラー、ＩＢＭ、モービル・オイル、ユニオン76、ゼロックスなどなど、フォーチュン誌500社中の400社以上の会社で、状況対応リーダーシップが教育研修プログラムに組み込まれている。軍隊や成長の著しい多くのベンチャー・ビジネスにおいても状況対応リーダーシップが広く採用されている。毎年、100万人以上の経営・管理者が状況対応リーダーシップ訓練を受けている。調査研究を通じて、いろいろな視点・角度から状況対応リーダーシップ有効性の証明されてきているが、マネジャーや教師、親たち、事務行政担当者が知りたいのは、要するに「状況対応リーダーシップは、実際に役立つのか？」である。この問いに答える多くの研究の中の２つの研究報告について、次に述べておこう。

1970年代に、ゼロックス社のコピー複写機部門である情報システム・グループ（ISG）は、同社の教育訓練に状況対応リーダーシップを採用することに踏み切った。このように状況対応リーダーシップがＩＳＧの教育戦略の要となり、中間管理者、および第一線監督者らに教えられてきている。ちなみに、同社のレイモンド・A.ガンパート（Raymond A. Gumpert）、並びにロナルド・K.ハンブルトン（Ronald K. Hambleton）は次のように指摘している。

「状況対応リーダーシップ・モデルには直感に訴えるものがあり、当社の管理者たちにとっても取っつきやすかったにもかかわらず、情報システム・グループ管理者育成部門は次の決定的疑問に答えねばならなかった。すなわち、“状況対応リーダーシップ・モデルを適切に使っているマネジャーは、そうでないマネジャーより効果を上げているか？”である。状況対応リーダーシップが他の同類のものと変わらないとすれば、状況対応リーダーシップ研修を行うことの意味がなかったからである[27]。」

そこでセールス部門、サービス部門、総務、その他スタッフ部門などのマネジャー65名が調査に参加し、次のような３つの様式の検証を行った[28]。

- マネジャー質問表　この質問表では、年齢、性別、勤続年数等々、記入者自身に関するデータ、および状況対応リーダーシップの使用と自分の勤務成績との関係についての実感が尋ねられた。
- 職務（レディネス）スケール　この診断表を使い、主要職務目標についての部下のレデレディィネス・レベルが診断された。ちなみに、各マネジャーとも１～４名の部下について診断を行った。
- マネジャー評価表　この評価表を使って、参加マネジャーたちに「自分自身のリーダーシップ・スタイル」、および部下たちに各主要職務目標についての「部下の職務成績」を評価するよう求められた。なお、評価には次のような評定尺度（ゼロックス社の業績評価評定尺度と同じもの）が使われた。

評　点	説　　　明
5	抜群（Exceptional）
4	常に期待水準を越える（Consistently exceeds expected level）
3	期待基準通り（Expected level）
2	期待に最低限に応える（Meets minimal requirements）
1	不十分（Unsatisfactory）

このようにして状況対応リーダーシップの有効性を証明するため、次のような２つの事前想定を立て、データが収集された。

- 効果を上げるマネジャーは、そうでないマネジャーに比べて、状況対応リーダーシップの知識、ならびに状況対応リーダーシップ活用の点で優れている。
- 状況対応リーダーシップを適切に活用すると、そうでない場合よりも、部下の職務成績が上がる。[29]

そして、検証の結果は次のとおりであった。

- 大きな成果を上げたマネジャーたちは、そうでないマネジャーたちよりも、状況対応リーダーシップに関する知識・活用の両面で優れていた。
- この検証に参加したマネジャー全員が、何らかの形で状況対応リーダーシップを使ったことがある、と報告していた。この事実は、状況対応リーダーシップ研修が、日常の職場管理上、マネジャーたちに実質的な影響を及ぼしていることを示すものであった。
- このモデルを正確に活用したマネジャーたちは、そうでないマネジャーたちよりも、平均して部下の成績を高く評価していた。すなわち、これらのデータは、状況対応リーダーシップ・モデルの有効性を強く支持するものである。[30]

以上の結果、ゼロックス社のR.A.ガンパートとR.K.ハンブルトンは、次のように結論づけている。

「端的に言えば、優れたマネジャーは状況対応リーダーシップをよく知っていたし、状況対応リーダーシップをよく活用していた。この事実を支持するデータは、マネジャーたち自身から得られた。また、適切に状況対応リーダーシップが適用された場合、部下の職務成績が高く評価され、部下の職務成績の向上は、実際的にも統計的にも際立っていた。[31]」

次に、大規模な組織構造改革を行っていた某大企業で、コンピュータ（Interactive Video）を使った状況対応リーダーシップ学習を対象に調査研究が行われた。調査の９カ月から18カ月前の間に状況対応リーダーシップ研修を受けていた161名のマネジャーに、①研修内容評価、②習得した知識技能の維持度テスト、③研修結果応用事例報告、④一般的コメント、など４部から成る質問表に答えてもらったのである。

結果は、状況対応リーダーシップが極めて有効であることを示していた。マネジャーたちは、状況対応リーダーシップ研修を高く評価し、高い研修内容維持度を示したばかりか、多くの状況対応リーダーシップ・スキル職場適用成功事例を報告したのである。ちなみに、この結果は、職場変革下においてもなお、管理者研修が職務成績を向上せしめる効果があるという主張を裏付けるものでもあった。[32]

適切なリーダーシップ・スタイルの変化

現に、部下たちのレディネス・レベルに適合したスタイルを使っているものとして、「そのスタイルをいつ、どこまで変えるか」を示す指標のひとつは、部下の職務成績（仕事の結果）である。[33]部下たちが現職でどのような成績を上げているのか？　成績が向上しているのなら、職務レディネスが上がっているのである。したがって、状況対応リーダーシップ・モデル曲線に沿って左方向にスタイルを変えてゆけばよい。もし、成績が下降しているのなら、曲線に沿って右方向にリーダー行動を変える必要があるかもしれない。

第9章

状況対応リーダーシップ®、意識、そしてパワー（力）

リーダーシップとパワーの関係は経営思想発展の歴史を通して人々の活発な関心、論議、そしてときに混乱さえ引き起こしてきた。パワー（力）の概念はリーダーシップの概念と密接につながっている。パワーが、他人の行動に影響を及ぼす際のリーダーの手段のひとつだからである[1]。リーダーシップとパワーの間にこうした不可分の関係があるとすれば、リーダーは自分自身のリーダー行動を評価して、自分が現実にどれだけ他人たちに影響を及ぼしているかを知るばかりでなく、自分がどれだけのパワーを持ち、どう使っているかをも検討していなければならない[2]。

パワー（力）の定義

先に、リーダーシップを他の個人、ないし集団に影響を及ぼそうとする試みであり、リーダーシップは影響のプロセスであると定義した。パワーは、リーダーに他人から服従、ないし献身を勝ち取らせるリソース、―すなわち、「影響のポテンシャル（可能性）」である。だが、こうした決定的重要性にもかかわらず、このテーマは敬遠されることが多い。それというのも、パワーには問題が付帯しているからである。パワーを語ることを避けようとする人々も多いし、パワーなど存在しないかのように振る舞う人たちも少なくない。だが、パワーは現実的問題である。パワーの何たるかを知り、パワーをいかに活用すべきかを知ったリーダーは、そうでないリーダーやパワーを使いたがらないリーダーに比べてはるかに効果的である。他人の行動に有効に影響を及ぼすためには、リーダーとしては、いろいろなリーダーシップ・スタイルに及ぼされるパワーの影響を知らねばならない。現代世界では、組織内の多くのパワー基盤が規制され、交渉対象化され、抑圧されている。今日のリーダーには、昔使うことのできたある種のパワーの行使は制約されているため、活用可能なパワーは効果的に活用することが大切である。パワーの基盤は、リーダーシップ・スタイルを動かすものであるから、パワー基盤の適切な活用によって、リーダーの効果性も高められる[3]。

「パワー」という用語は、経営関係諸文献に広く使われているにもかかわらず、いろいろな定義が行われている[4]。ジェームス・ヒルマン（James Hillman）は、パワーは……「単純に言えば、ラテン語の〈Potere（できる）〉に由来する〈行動のための、行為のための、存在するための作用〉を意味する、……パワーは単に潜在力であり、可能性であり、行為そのものではなく、行動の能力である、などど定義することもできる」と言っている[5]。D.C.マクレランド、およびディビッド・バンハム（David H.Burnham）は、パワーを「他人に影響すること」と定義している[6]。また、ジョン.B.マイナー（John B.Miner）は、パワーを「……その人が、本来ならやらなかったこを、やるように仕向ける能力」と定義している[7]。J.B.マイナ－は、さらに「影響は広い概念であり、他人の行動、態度、価値観、気持、等々を変容させる何ものかを指している…パワーは、影響のひとつの形態である……」とすら書いている[8]。S.P.ロビンズは、「パワーとは〈Aが、Bが本来ならやらないことを、Bにさせるよう影響を及ぼす〉、そのような能力のことである」と示唆している[9]。この定義は、①必ずしも現実化されなくともよい、可能性であること、②両者間に依存関係があること、そして③Bに自分の行動にある程度の自由裁量が許されていること、がパワーの条件であることを示唆している。

本書では、M.F.ロジャ－の単純な定義である「パワーとは、影響の可能性（Potential for Influence）で ある」を使うことにする[10]。パワーは使われたり、使われなかったりするリソースのひとつであり、相手（個人なり、集団なり）が期待される行動変容を起こすことの確率に変化をもたらすようなパワー行使を「影響」と呼ぶ。そこで、M.F.ロジャーの定義に基づき、次のようにリーダーシップとパワーを区別したい。リーダーシップは、与えられた状況で目標達成に向け、個人なり集団なりに影響を及ぼすプロセスである、と定義されるが、リーダーシップとは単に影響を及ぼそうとする試みであり、パワーとはリーダーが保有する影響の可能性である。そして、そのような影響を可能にするのが、その背景にあるリソースである。

パワー、崩れ行く概念

パワーが影響のポテンシャルであるとすれば、権威（Authority）は、どう説明すればよいだろう。権威とは、リーダーが占める立場や地位に由来するパワーの具体的表現のひとつである。すなわち、権威はリーダーの組織（社会）内の公的役割によって合法化されたパワーである。

数百年の昔、農奴たちには、何のパワーもなかった。王や王妃がすべてのパワーを独占していた。彼らの地位が、権威を付与していたのである。多年の間、企業のマネジャーも、王や王妃のようであった。彼らは、すべての決定を下すことができた。相手の風采や髪の手入れの仕方が気に入らなければ、それだけで解雇することもできたし、労働者の側ではこうした気ままな処置にどうすることもできなかった。今日では、そのようなことはありえない。本章では、パワーの近代的意味について論じることにしよう。

ポジション・パワーとパーソナル・パワー

リーダーシップの特徴のひとつは、「リーダーが、パワーを揮う」点にある。アミタイ・エチオニ（Amitai Etzioni）が、ポジション（地位／位置）・パワーとパーソナル（個人的）・パワーの相違を論じている。彼の区別は「パワーを、行動を誘発したり、行動に影響を及ぼしたりする能力」と定義する自説に根拠を置いている。彼は、パワーは組織内の公的地位か、個人的影響力、ないし両方に由来すると主張している。組織内の地位に基づいて、他人に仕事をさせることができる人は、ポジション・パワーを持っているわけであり、パワーをフォロアー（相手）から得ている人は、パーソナル・パワーを持っている、と考えることができる。また、なかには、ポジション・パワーとパーソナル・パワーの両方を持つ人もある[11]。

では、マネジャーたちは、ポジション・パワーをどこから入手するのだろうか？ A.エチオニなら、マネジャーとしての職位が、このパワーをもたらすと主張するだろうが、筆者らはポジション・パワーは、“上から”与えられると考える。その意味で、ポジシヨン・パワーは職位に必ず伴うものではない。同じような組織内の職位にあっても、マネジャーによっては、前任者や同僚に比べて、保有パワーに大小があることがある。ポジション・パワーとは、上司がマネジャーに委譲する責任権限の程度である。したがって、ポジション・パワーは、一般に上から下へ流れる。これで明らかなように、職位にパワーが付帯しているわけではない。しかし、リーダーが自分のパワーをどうすることもできない、というわけではない。リーダーにもできることがある。上司の信頼や信用を築くことで、パワーの委譲の程度に影響するからである。しかし、上司はパワーを委譲するばかりでなく、これを取り上げることもある。事実、職責が従来と変わらないのに、突然に今まで持っていた職務遂行上の「権限（部下を考課し、懲罰する、など)」取り上げられるのを、誰でも見聞きしているに違いない。

パーソナル・パワーは、「フォロアー（相手）がリーダーを尊敬して好意と忠誠心を抱き、リーダーの目標達成を通して自分の目標の達成を感じることの程度」の表れである。言い換えれば、パーソナル・パワーは、「人々のリーダーに進んで従おうとすることの程度」である。その結果、組織内のパーソナル・パワーは、下—つまり、部下—から上に向けて流れることになる。したがって、リーダーを“カリスマ的”と呼んだり、「人格的魅力をにじみ出させている」と描写したりするときには注意が必要である。パ－ソナル・パワーは、リーダーに“必ず備わる”ものではない。仮にそうだとすれば、パーソナル・パワーを持つマネジャーはどの部門を担当しても、その部門の部下たちの忠誠と信頼を、それまで担当した部門におけると同様に勝ち取ることができるはずである。ところが、そんなことがありえないことは、誰でも知っている。部下の扱い方を通して、マネジャーが自分のパーソナル・パワーを左右することは可能かもしれないが、このパワーは不安定である。部下はこのパワーをすぐに取り消せる。大きな失敗を何度か繰り返せば、いったい何人の人たちがついてきてくれるだろう。パーソナル・パワーは、いわばその日その日の現象である—勝ち取れるかもしれないが、撤回されるかもしれないパワーなのである。

A.エチオニは、リーダーにとって最良の状態は、「パーソナル・パワーとポジション・パワーの両方を握っている状態である」と言っている。しかし、上・下双方に良い関係を維持することが難しいこともある。そこで、パーソナル・パワーとポジシヨン・パワーのどちらを持つことが大切か、という問題が起こってくる。過去数十年、人間の幸福と人間関係が大切であるとされてきている。こうした背景の下では、たいていの人がパーソナル・パワーをより重要と考えるに違いない。しかし、ことはそう単純ではない。

N.マキャベリは16世紀に『君主論』を著わし、その中で「〈愛（パーソナル・パワー)〉に基づく関係と〈恐れ（ポジション・パワー)〉に基づく関係のどちらが優れているか」、という面白い問題を提起している。[12] N.マキャベリも、A.エチオニと同じように、「愛され、同時に恐れられる」のが1番良いと言っている。しかし、もし両方を持つことができない場合、愛のみに基づく関係は、仕返しの恐れがない限り不安定で永続性がなく簡単に打ち切られてしまう。それに対し、恐れに基づく関係は、関係断絶には制裁や懲罰（代償）を覚悟しなければならないので、「長続きしやすい」とN.マキャベリは言う。この主張に同意できない人も多いだろう。リーダー、—上司、教師、親のいずれを問わず—にとって最も難しいことのひとつは、大切に思う相手を矯正指導することである。フォロアーの成長と向上を望むなら、リーダーとしては短期的な友好関係を犠牲にしてでも、長期的な尊敬を勝ち取らなければならないこともある。なおこの場合、N.マキャベリは「恐れが憎悪につながらないよう注意すべきだ」と警告している。憎悪は、復讐や足の引っ張り、反逆、などにつながりやすいからである。

要するに、ポジション・パワーは、賞罰、制裁の権能であって、上から委譲されるものである。パーソナル・パワーは、リーダーとフォロアーとの間の「結びつき」であり、献身であり、親愛度である。

また、フォロアーが自分の目標がリーダーの目標と「同じである」、または「類似している」と感じ取ることの程度であり、少なくとも「自分たちの目標の達成がリーダーの目標達成に依存している」と理解することの程度もある。

パーソナル・パワーとポジション・パワーは、それぞれ独自のかつ別個のものであるが、相互に影響し合うシステムを形成している。例えば、リーダーが「どの程度の褒賞力と懲罰力を持つか、そしてまた上層部に対してどの程度の影響力を持つか」をフォロアーたちは自分たちなりに感じ取って、その感じをもとに反応するものである。また、上級者があなたにどの程度のポジション・パワーを委譲するかは、「あなたがどの程度までフォロアーの信頼と忠誠を得ているか」を上司なりに推し量って委譲の程度を決めたりする。したがって、ポジション・パワーやパーソナル・パワーを単に持つだけでは不十分である—これらどちらのパワーも努力して購い取らなければならない。

自組織の中での売り込み

あなたが組織内のどのような立場にいようとも、誰かに何らかの影響を与え

図9.1　下は管理・監督し、上へは売り込む

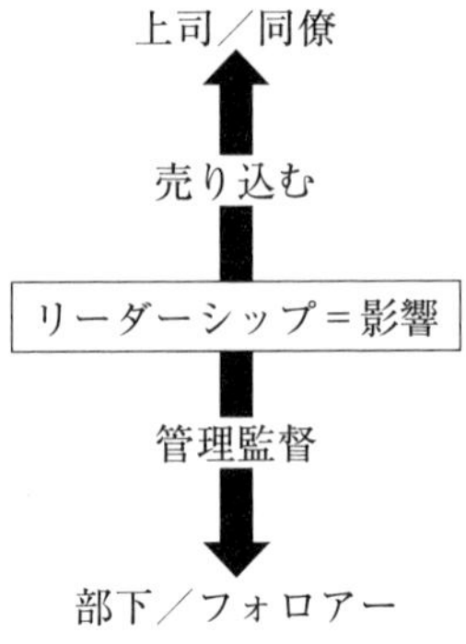

出所：Paul Hersey, Situational Selling (Escondido, Calif.: Center for Leadership Studies, 1985), p.15.

ようとしていること、をまず確認しておきたい[13]。この場合、あなたがもし管理的業務に就いている場合には、部下を動かすのにポジション・パワーとパーソナル・パワーの両方を使うことができる。だが、上司や上級幹部、あるいは同僚らに働きかける場合には、主としてパーソナル・パワーに依存せざるをえない。したがって、“売り込む”ことになる。ポジション・パワーが皆無、またはわずかしか持たない場合、相互の関係の前提となる信用と信頼を築き上げねばならないので、パーソナル・パワーを通じて相手に親近感（rapport）を感じさせねばならない。図9.1は、この関係を図解したものである。パワーが、現実的問題であることを忘れてはならない。パワーを理解し、使い方を知る人は、パワーに無知な人やパワーを使いたがらない人よりも、仕事を効果的に進めることができる。また、すべてのマネジャーが“売り込み”という仕事に携わっていること、を認識すべきである。

その他のパワーの基盤

ポジション・パワーとパーソナル・パワーという概念は、パワーの研究に重要、かつ有用だが、パワーを常にポジション・パワーか、パーソナル・パワーかの2つに分割して理解させてしまうという限界がある。R.L.ピーボディ（R.L.Peabody）は、警察署員、福祉事務所員、および小学校教職員の調査から得た結果に基づいてパワーを4つに分類した。公権（法令、規則、方針）に由来するパワー、地位・立場に由来するパワー、能力（専門や技術上の卓越性）

に由来するパワー、および人間性に由来するパワーの4つであった[14]。

A.C.フィレー(A.C.Filley)とA.J.グリムス(A.J.Grimes)は、ある専門家団体の諸業務に関連して、他人の見解を得て決定する理由を11点挙げている[15]。これら11の理由を、頻度の最も高いものから低いものへ順番に挙げてゆくと、当該業務担当責任者(相手がその仕事に責任を持つ場合)、組織規定上の形式責任者(規定上、相手がその事柄に決定を下すよう定められている場合)、リソース所管者(相手が予算、情報、等々の所要リソースを握っている場合)、相談仲間(相談することが、仲間内で決められている場合)、操作(期待通りの決定が得られとわかっている場合)、責任転嫁、または責任回避(相手が当該問題決定の能力も意思も持つと予想される場合)、遂行規則(規則により相談が義務づけられている場合)、慣行(業務慣行、伝統、年功、等々により相談が慣行化している場合)、公正性(相手が公正中立な相談者と認められる場合)、友好(相手に好意が持てる場合)、専門(相手が当該問題に関して卓越した知識を持つ場合)である。

これ以外にも多種のパワー分類枠組が考案されているが 、J.R.P.フレンチ(J.R.P.French)とB.H.レイビン(B.H.Raven)[17]の考案した枠組が最も広く受け入れられているようである。彼らは、パワーの基盤として5種のもの—規制力(Coercive Power)、専門力(Expert Power)、公権力(Legitimate Power)人格力(Referent Power)、褒賞力(Reward Power)—を提唱している。

その後、B.H.レイビンはW.クルグランスキィ[18]と共同して、6番目のパワー基盤を挙げた。すなわち、情報力(Information Power)である。次に、1979年、P.ハーシィとマーシャル・ゴールドスミス(Marshall Goldsmith)は、J.R.P.フレンチ、B.H.レイビン、およびW.クルグランスキィの定義に修正を加え、7番目のパワー基盤、すなわち、コネ力(Connection Power)を唱えた[19]。

パワー意識

以下のパワー基盤に関する論述では、例えば、「規制力—すなわち、制裁を下せると意識された力／認知された力、など—“意識された(受け取られた／認知された)”という表現」を使ってきた。その理由は、パワーの概念が、マネジャーが実際にどれだけのパワーを持つかではなく、フォロアーが「マネジャーのパワーをどう意識し、どう受け止めるか」によっているからである。行動を引き起こすのは真実や現実ではない。行動は、真実や現実をどう意識し認知するかで誘発される。例えば夫婦喧嘩では、原因が現実のものか想像上のものかは、あまり問題ではない。要するに、喧嘩なのである。つまり、影響力を生み出すのは、相手側の意識であり、受け取り方なのである。
われわれは、頭の中に描かれた心理地図を基にして行動する。しかし、いかに注意深く作業し、いかに詳細に心に写し取り、いかに精密に情報を盛り込もうとも、地図は現実ではない。だが、心理地図を現実に近づければ近づけるほど、現実世界での行動の有効率は高まる。

データを示せ

コーチらに“パワーを持っている”と、相手に思わせるだけではなく、コーチらに“そのパワーを使う能力と意思がある”と思わせなければならない。つまり、パワーは持つだけでは不十分なのであり、そのパワーを使う意思があることを相手に知らせる必要がある。情報は、その情報を取り出し、利用者に理解でき、かつ受け入れることのできる形で伝えられて初めて価値を持つ。あなた自身が自分のラッパ（＝パワー）を吹かなければ、誰かがそのラッパを痰壷（＝価値の低いもの）にしてしまうのである。
息子の通信簿にズラリと並んだ“D”を見てショックを受け、軽い心臓発作を起こしている父親を想像していただきたい。自分の遺伝子の産物が、これほどまでに家族の名誉を傷付けたかと怒り心頭に発して、息子に「デーブ、こりゃあ何だ。こんな成績じゃ、ダメじゃないか。やる気を出して、すぐにも勉強を始めなけりゃあ、ひどい目にあわせるぞ」と怒鳴りつけたとしよう。6週間後、デーブがまた通信簿をもらってくる。今度も、しっかりと赤インキで書かれた“D”が見事に並んでいる。そこで父親は、「デーブ、ここへ来なさい。お父さんは本当に怒ってるぞ。もう勘弁できない。今度こそ、本当に勉強しなけりゃあ、承知しないからな！」と怒鳴りつける。
3回目に通信簿をもらってきた。相変わらずの成績である。違うところは、デーブの教室での態度の悪さに、注意書きがついている点である。父親は、顔を真っ赤にして、吃りながらビール缶を握り潰し、「もう最後だ。もう承知できない。もうこれっきりだ……」と。で、デーブは、これで何を学んだのだろうか？ 自分を痛めつけるだけのパワーのある父親が、結局のところ、そんなパワーを使いはしない、と学んだのである。脅かすだけで、父親にはパワーを使う気がないとわかっているデーブには、数分間の雷を我慢さえすれば、次の6週間は安泰だ、とわかっているわけである。
パワーは、意識（受け取り方）の問題である。“使うか、なくすか”のどちらかである！

レディネス、スタイル、およびパワーの基盤

レディネスとリーダーシップ・スタイル、およびスタイルを支えるパワー基盤など、三者の関係を管理リーダーシップの観点から次に説明したい。

規制力（Coercive Power）

想像された制裁、ないし懲罰の能力、または、言うことを聴かなかった場合の結果

レディネス・レベルＲ１のフォロアーには、ガイダンスが必要である。しかし、支援的行動が多過ぎると、“甘い”と受け取られたり、“できなくても、労ってもらえる”と思わせたりする恐れがある。

“教示的スタイル”もある程度の規制力によって裏付けられていなければ、相手への影響力も効果を上げえない。期待に応えなければ、代償を払ったり、制裁を受けたり、ないしは何らかの結果を受けねばならないと、知るべきである。こうした代償や制裁は、訓戒、減給、配転、降格、さらには解雇にまで至るかもしれない。

徹底を欠くために、規制力を失うマネジャーも少なくない。制裁や懲罰の能力を持っていても、何らかの理由で行使をためらうことがある。このためらいがパワーの喪失につながるのである。規制力が蝕まれていくいまひとつの理由は、部下の仕事振りの良否にかかわりなく規制力を使うことである。

仕事振りの如何にかかわらず、いつでも懲罰されると受け取られたら、規制力は意味を失ってしまう。不用意な発言で、規制力を失ってしまうこともある。業績評価面談を成績不良な部下と行っていて、「君は勤続20年のベテランだが、そうなるとクビにするわけにもいかない」とでも言ったとしたら、これだけで、相手が予期していたかも知れない規制力を捨ててしまったのである。

コネ力（Connection Power）

想像された有力者や有力組織とのつながり

コネ力は、“教示的スタイルや説得的スタイル”を裏付ける重要な推進因である。Ｒ１やＲ２レベルにあるフォロアーは、一般に「実力者や有力者につながる制裁を避け、庇護は求めたい」と思っていることが多い。ここで重要なポイントは、“現実に実力者に結びついているかどうかではなくて、こうした有力筋との結びついていると思われているかどうか”である。

例えば、一般に、第一線監督者に大きなパワーがある、とは思われていない。しかし、この第一線監督者が社長の親戚の娘と結婚したら、他の従業員たちが想像する彼の“コネ”は、職場の仲間の中では大きな影響力を持つかもしれな

い。

褒賞力 (Reward Power)

望みのものを与えてくれる（と想定された）能力

適切な褒賞を与える能力があると思われると、褒賞力は強くなる。低能力／高意欲（R２）のレベルにあるフォロアーは、仕事振りの向上が褒賞につながると感じると、新しい行動を進んで向かう傾向が高まる。こうした褒賞には、昇給、賞与、昇進、栄転などが含まれよう。さらには、肩を叩いての労りや業績認知など、無形の励ましも含まれよう。そして最終的に、マネジャーは褒賞したことの成果を刈り取るわけである。

今日では褒賞力の相当部分が、法的規制を受けたり、交渉の対象となったり、規定化されたりしてしまっている。この傾向は、学校ばかりでなく、ほとんどすべての組織で窺われる。それにもかかわらず、マネジャーたちは、守れもしない約束をすることによって、このなけなしのパワーをさらに小さくしてしまっている。例えば、次のような具合に……

販売員：やりました。割当を15％も越えましたが、まだ余力がありますよ。で、例の10％ボーナスはいつ支給されるんですか？

課　長：残念だがね、景気が冷え込んでるんで、支払いは延期になるね。でも、気にすることないさ。頑張ってりゃあ、いつかはちゃんとするから。約束するよ。

また、“A”を期待しながら、“B”を褒賞することによって、褒賞力を蝕ませているマネジャーもいる[20]。例えば、全販売員に10％の生活費手当を支払っている会社で、売上成績を上げた販売員に１～２％の奨励ボーナスを支払っているとすれば、仕事で頑張らなくとも、会社に“へばりついて、うろうろしている”だけでも十分に報いられていることになる。こうした状況が、頑張り屋のやる気と忠誠心を潰してしまうのであり、他社への鞍替えを考えさせる、のである。

公権力 (Legitimate Power)

組織内の肩書、役割、職位などから当然と思われる裁決の権利

説得的スタイル、および参加的スタイルの裏付けとして、公権力は有効な推進因になる。能力も意欲も、両方ともに低い（低レディネスの）フォロアーにとっては、相手の肩書がマネジャーだろうが、地域担当マネジャーであろうが、はたまた副社長だろうが、そう変わりはない。同様に、レディネスの高いフォロアーもまた、相手の専門性や識見、博識に対するほどには、肩書や地位からは感銘を受けない。しかし、中程度のレディネス・レベルのフォロアーは、そのような決定を下すのは当然と考える職位や肩書の人から影響を受けやすい。例えば、最近の部内再編成のことを販売員が同僚に批評しながら「……販売部長のパットが、今度の組織改革に最終決定を下すのは当然だな。販売部長はそのために月給もらってるようなものだから……」と言っているような場合である。

人格力（Referent Power）

リーダーの対人交渉上の魅力

能力は高くとも、不安を感じていたり、意欲に欠けるところのあるフォロアーに対しては、高度な協労的行動が必要である。フォロアーの自信に問題があるときには、励ましてやらなければならない。もし、フォロアーの意欲に問題があるのなら、“話し合って、問題を解決”してやる必要がある。どちらの場合も、日頃から気持のつながりを保つために話し合いをやっていないと、“参加的スタイル”をとっても、“お節介だ”と受け取られかねない。他人に影響を及ぼす場合には、信頼、信用、気持のつながりが大切である。フォロアーが、必要なときにはマネジャーが励まし、かつ助けてくれる、と感じているか否かが、影響の成否に大きく関係する。人格力は、マネジャーの人間的特質に負うものである。人格力に恵まれたマネジャーは、その人格のゆえに他人に好かれ尊敬されるのである。そうしたフォロアーの敬慕の気持と同一化願望がマネジャーの影響力を強めるのである。

情報力（Information Power）

有用な情報、ないし有用情報への手掛かりを持つ、と思われること

Ｒ３／Ｒ４など、中程度値以上のレディネスにあるフォロアーに影響を及ぼす場合、“参加的スタイルと委任的スタイル”が効果的であることが多い。これらのスタイルの推進因としては、情報力が効果的である。爆発的なハイテク時代の訪れとともにデータの保管と検索が強調されるようになり、それとともにこのパワーがますますに重要になってきている。

情報力の根拠は、“データ入手の容易性”にある。このパワーは、“情報を理解、もしくは活用する専門力”とは異なる。例えば、最近の某大企業幹部の秘書たち対象の研究から、秘書が相当な情報力を持つ反面、技術領域に関する専門力をあまり持たないこと、が発見されている。秘書は、情報入手を助けたり、妨害したりできても、自分自身では技術上の専門性をほとんど持たないのである。

専門力（Expert Power）

関連する教育や経験、能力を持つと思われること

有能で自信にあふれたフォロアーには、指図や支援はあまり必要ではない。自立して仕事をする能力と意欲とが備わっているからである。こうしたフォロアーに影響力のある推進因は、専門力である。高い能力と意欲を持つフォロアーに対するときには、フォロアーが重要と受け止め、尊重する専門能力や知識・技能をリーダーが備えていると効果的なのである。適例を挙げれば、ニューヨーク州前知事アル・スミス氏がある。彼が未だ新米の州議員であった頃、州のいろいろな社交的会合への出席をサボって、夜遅くまで連日ニューヨーク州予算を調べていた。当時、経営界事情に詳しかった経営評論家・作家であったトム・ピータース氏は、「比類を見ない彼の予算への精通が、彼の驚くべきキャリアの基礎となった[21]」と述べている。

理想的パワーは存在するか？

フレンチ＝レイビン初期分類法は、多くの研究者に、次の問題を提起した。「リーダーの効果性を最大化するためには、多様な利用可能パワー基盤の中のどのパワーを重視すべきか」がその問題であった。この問題に答えるには、「効果性（Effectiveness）」の定義をいま一度思い返してみることが重要である。組織の効果性もリーダーの効果性も、どちらも業務成果（結果変素）と業務過程（媒介変素）の函数である。

K.R.スチューデント（K.R.Student）は、ある家庭器具製造会社の２工場で40の職場グループについて研究した[22]。J.R.P.フレンチとB.H.レイビンが挙げた５種のパワー基盤について、「調査対象従業員が上司のどのパワーに反応したか」を調べたが、公権力が最も強力に作用することを発見した。次いで、専門力、褒賞力、人格力の順で、最後に、規制力が挙げられた。

K.R.スチューデントは、さらに作業員の目に映った上司のパワー基盤行使を、いろいろな仕事振指標を使って測定してみた。その結果、フォロアーたちを服従させる上で公権力が最も有効であるにもかかわらず、公権力が彼らの仕事の成績に結びついていないことを発見した。褒賞力と規制力は、提案数や資材供給コストなど、特定の仕事振指標に正の関係で結びついているが、平均収益や維持コストなど、他の仕事振指標とは負の関係で結びついていること、が発見された。また、専門力と人格力は、それぞれ４種の仕事振指標、および５種の仕事振指標と大きく正の関係で結びついており、専門力と人格力が管理監督上の最も有力なパワー基盤であると確認された。K.R.スチューデントは、専門力と人格力が、公権力や褒賞力、そして規制力とは質的に異なることが、こうした結果を生むのではないかと言っている。専門力と人格力は、性質上、当人の個人的特異性にかかわっており､役割行動とも結びついていると考えられるが、公権力や褒賞力、そして規制力は、同一レベルの管理・監督者に対しては、すべて一様に組織から与えられるものである。K.R.スチューデントの結論に暗に主張されているのは、「フォロアーがポジション・パワー（つまり、公権力や褒賞力、規制力など）だけに頼る上司には、反応も満足もしない傾向を持つ」ということである。

同様の結論が、J.G.バックマン（J.G.Backman）、C.G.スミス（C.G.Smith）、および、J.A.スレジンガー（J.A.Slesinger）[23]によっても出されている。この結論の基となったデータは、ある全国的規模の販売会社の36の事業所から得られた。各事業所には、監督者が１人配置されていたが、「これらの事業所の従業員に、上司の命令を聞くことの程度を尺度にして５種のパワー基盤の順位づけを行う」よう要請したのである。次に、得られた結果が「満足度指標」、および「仕事振指標」と照合された。この結果でも、公権力と専門力がそれぞれ重要度の第１位と第２位を占め、人格力、褒賞力、そして規制力と続いた。

人格力と専門力の順位の高かった事業所では、仕事振りも優秀で、満足度も高かった。褒賞力の順位の高かった事業所では、仕事振りが落ちる傾向があり、満足度は極めて低かった。また、規制力と公権力は、低満足に結びついていたが、仕事振りには関係がなかった。

K.R.スチューデントやJ.G.バックマンらの発見は、J.Gバックマン、D.G.バウアー（D.G.Bowers）、P.M.マーカス（P.M.Marcus）[24]らによる比較研究の中に含まれている。上記の家庭器具製造会社と販売会社の調査に加えて、この調査はさらに12の文科系大学、40の保険会社、およびアメリカ中西部の水道光熱関係事業体の大きいもの21事業体へ拡大された。大学群および水道光熱関係事業体群に対しては、共通の順位尺度を、保険会社群に対しては別の独自の尺度を使って、マネジャーたちのパワー基盤の強さが調べられた。

この調査においても、専門力と公権力が諸大学、諸会社、そして諸事業体のすべてを通じて、上司に従う最大理由であったが、大学群と保険会社群では、専門力が1番重要とされ、公権力がこれに次ぎ、水道光熱関係事業体群では順位が逆になっていた。人格力は、大学群では重要度第3位だったが、保険会社群では第4位、水道光熱関係事業体群では第5位であった。最後に、規制力の重要度は、大学群と保険会社群では最低、水道光熱関係事業体群では第4位であった。

これら3群の組織を対象にした調査でも、専門力と人格力は満足度に対して、強いプラスの結びつきを示したが、褒賞力と公権力は満足度とはあまり強く結びついていなかった。また、規制力は常に不満と結びついていた。さらに、仕事振りに関するデータは保険会社群から得られただけで、大学群および水道光熱関係事業体からは得られなかった。専門力と褒賞力は、保険会社群の仕事振指標とプラスの関係で結びついていたが、規制力、公権力、ならびに人格力は、保険会社群の仕事振指標とははっきりした結びつきを示さなかった。

J.M.イヴァンスヴィッチ（J.M.Ivancevich）とJ.H.ドネリィ（J.H.Donnelly）らは、某大食品製造会社の31事業所において、販売員のパワー基盤の受け止め方について研究した[25]。販売員たちに、上司への服従の程度を尺度に上司のパワー基盤を順序化するよう依頼したのである。その結果、専門力が最も重要で、次に公権力、続いて褒賞力、人格力、そして規制力の順になることがわかった。また、人格力と専門力は仕事振指標とプラスの関係で結びついていたが、褒賞力、公権力、および、規制力は、結びつきを示さなかった。

R.J.バーク（R.J.Burke）とD.S.ウィルコックス（D.S.Wilcox）らもまた、大規模水道光熱関係事業体の6事業所を対象にして、リーダーのパワー基盤とフォロアーの満足度の研究を行った[26]。1位から5位までの順位付法で調べた結果、専門力がもっとも重要で、次いでに公権力、規制力、人格力、褒賞力、の順であった。人格力と専門力が最大の満足度と結びつき、公権力と褒賞力が中間、そして規制力が満足度では最低であった。

D.W.ジャミソン（D.W.Jamieson）とK.W.トーマス（K.W.Thomas）らは、学校でのパワー問題を調べた。高校、大学、および大学院などの学生と先生・教授たちとの関係におけるパワー基盤についてデータを収集し、結果を数種の学生満足度指標と照し合せてみたのである。高校生の場合、公権力が最重要で、次いで規制力、専門力、人格力、そして褒賞力の順であった。大学生の場合は、規制力が最重要、次いで公権力、専門力、褒賞力、そして人格力の順となった。それに対して大学院生の場合、専門力が最重要とされ、次いで公権力、褒賞力、規制力、人格力の順であった。これら3群を通じ、規制力は極めて強く不満と結びついていたが、他の4種のパワー基盤については顕著な相関は見られなかった。

ウォルター・ネイトメイヤー（Walter E.Natemeyer）は、“職場リーダーのパワー基盤とフォロアーたちの満足度と仕事振り”の関係を調べた主要調査研究を要約するに当たって、フォロアーの服従を勝ち取る上で専門力と公権力が最重要のように見えるが、フォロアーの満足と良い仕事振りに常に強く結びつきやすいのは専門力と人格力であり、調査結果は“最善のパワー基盤”を決めるに足るほど明確ではない、と一般的結論を述べている。事実、最善のパワー基盤の如何は、大きく状況変数に左右される。言い換えれば、リーダーには、状況に合った、いろいろなパワー基盤が必要だろうということである。

パワー基盤とレディネス・レベル

P.ハーシィとW.E.ネイトメイヤーらは、個人や集団のレディネスのレベルとパワー基盤、および服従の確率の間に直結した関係があるのではないか、と考えている。状況対応リーダーシップでは、レディネスを「特定の状況において、個人なり集団なりが自分（たち）自身の行動に責任をとる能力と意欲」と考える。したがって、レディネスが、仕事別／事柄別（Task-specific）の概念であって、リーダーが達成しようとする意図（目標／目的）に関係している。

レディネスが低いレベルから高いレベルに移行するにつれ、当人の作業／処理能力と自信は向上する。そうして、7つのパワー基盤は、相手のそれぞれのレディネスのレベルについて、図9.2に示すように、対応した影響を及ぼすようである。

図9.2　各レディネス・レベルに対するパワー基盤の影響

状況対応リーダーシップを通じてのパワーとレディネス・レベル、そしてリーダーシップ・スタイルの統合

状況対応リーダーシップは、各パワー基盤の影響のポテンシャルを理解するための手掛かりを提供してくれる。筆者らの主張は、「フォロアーのレディネスが最有効リーダーシップ・スタイルのあり方を規定するばかりでなく、服従を勝ち取り、また、影響を及ぼすために、リーダーが準拠すべきパワー基盤を決定する」と考えている。

状況に合せたパワーの活用

たとえリーダーが、相手のレディネス・レベルに適合したリーダーシップ・スタイルをとっていても、そのスタイルにふさわしいパワー基盤に基づいていなければ、リーダーシップ成功率は最大にはならない。したがって、フォロアーのレディネス・レベルに合せてリーダーシップ・スタイルを変えるべきであるのと同様に、パワーの使い方も変えるのが適当と言える。いろいろなレディネス・レベルの相手に影響を及ぼす上で適切なパワー基盤については、図9.3を参照されたい。

図9.3は、レディネス・レベルとパワー基盤との関係だけを示している。いろいろなレディネス・レベルにある相手の行動に影響を与えようとする場合、特定リーダーのパワー基盤とそのリーダーに合ったリーダーシップ・スタイルとの間には、直接的な関係があるように思われる。

規制力　レディネスの低いフォロアーは、一般に、強力な指示的行動をとらないと生産的にならない。だが、この教示的スタイルを効果的にとるには、リーダーに規制力が必要なことが多い。レディネスの低い人の行動は、ルールに

図9.3　いろいろなレディネスのレベルの人たちに
影響力を行使するためのパワー基盤

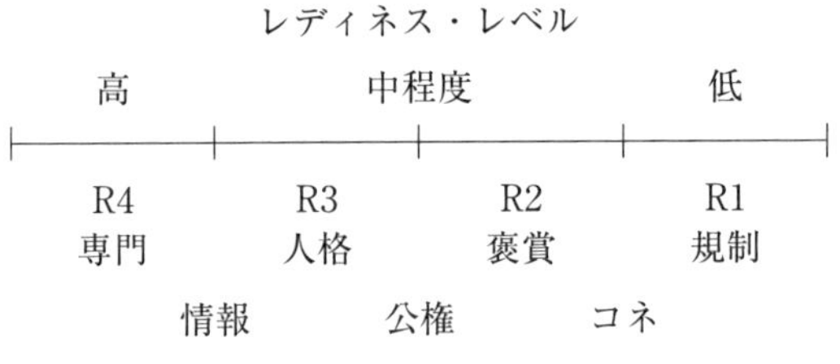

従わないと代償が大きい、とわかると指示を聞く傾向がある。したがって、能力も意欲も低い相手を従わせるには、リーダーとしては制裁—解雇、左遷、降格、等々、—に思い至らせることが重要かもしれない。そこで、リーダーは規制力を使って、相手にリーダーの指示に従い懲罰や“代償”を避けるようにさせるわけである。

コネ力　レディネス・レベルがＲ１からＲ２へ移行しても、リーダーの指示的行動はなお必要であるが、支援的行動を増やしてやることも大切になってくる。ところが、これらのレベルにふさわしい教示的／説得的リーダーシップ・スタイルも、リーダーにコネ力があると、より効果的に発揮される。これらのレベルにあるフォロアーは、強力なコネクションを通して下される懲罰を避けたり、また、コネクションを通して得られる褒賞に期待したりしがちなので、コネ力を持つことがフォロアーの服従につながりやすいのである。

褒賞力　中程度低めのレディネスのレベルにあるフォロアーは、支援的行動と指示的行動とを多く与えねばならないことが多い。この説得的スタイルの効力は、褒賞力によって高められることが多い。このレディネス・レベルにある人は、新しい行動を進んで試みる傾向が強いが、そうしたフォロアーの行動を促進し、また心服を得るには、リーダーに褒賞の力がある、と思われていることが大切である。

公権力　中程度低めと高めの２つのレディネス・レベル（Ｒ２とＲ３）に対して効果を上げやすいリーダーシップ・スタイルは、“説得的スタイルと参加的スタイル”である。これらのスタイルの効果的行使には、公権力が有用なようである。フォロアーがこのレベルのレディネスにに到達する頃には、リーダーのパワーをフォロアーは当然のものとして受け入れるようになっている。つまり、組織内での職位に基づいてフォロアーを服従させたり、影響を与えたりすることができるようになっているわけである。

人格力　中程度高めのレディネス・レベルにあるフォロアーには、あまり指示は必要とされないが、まだリーダーからの頻繁な意思疎通と多くの支援は必要である。このような参加的スタイルはリーダーに人格力が備わっていると効果的に行使されやすい。このパワーの基盤は、フォロアーとの良好な関係に基礎を置いている。能力が高いにもかかわらず、意欲が低かったり、引っ込み思案だったりするフォロアーに、自信を吹き込み、励ましや評価など、支援的行動を与える上で、このパワー基盤は重要な手段となる。こうした支援的行動が与えられると、このレベルのレディネスのフォロアーは一般にリーダーに好意を持ち、尊敬しているので、前向きに反応してリーダーの影響を受け入れるものである。

情報力　標準以上の高いレディネス・レベル（R３／R４）にあるフォロアーの動機づけにつながりやすいのは、“参加的、そして委任的スタイル”のリーダーシップである。これら２種のスタイルに役立つのは情報力である。レディネスがこれらのレベルにある人たちは、仕事の維持改善に進んで情報を求める。中程度のレディネスから高レディネスへの移行プロセスは、リーダーが「必要に応じ問題を明確化してくれ、報告、通信文書など関係デ－タの入手や閲覧などにも協力してくれる」とフォロアーにわかっていると、促進されやすい。すなわち、情報力を通して、意欲・能力の両面で高いフォロアーに対する影響力が促進されるのである。

専門力　高いレベルのレディネスに到達したフォロアーには、指示も支援もあまり必要ではない。こうしたフォロアーは、課題達成の能力と意欲が備わっており、リーダーの“委任的スタイル”とリーダーの専門力に極めて反応しやすい。リーダーとしても、高い専門性、技能、識見を身につけることによって、このフォロアーの尊敬が勝ち取れるので、影響力を及ぼしやすくなってくる。

パワー基盤の適用判断を簡便に行なう方法として、図9.4のようにレディネス・レベルを平均（中程度）以下、平均（中程度）、平均（中程度）以上の３段階に分け、各レディネス・レベル段階に影響を及ぼしやすいパワー基盤を３種ずつを組にして三角形で囲む方法がある。

特定のレディネス・レベルに適切な成功率の高いパワー基盤を調べる方法のひとつは、図9.5のような逆三角形をレディネス・レベル図上に描くことである。なお、R１およびR４の両極端のレディネス・レベルには、それぞれ３種ではなく、２種のパワー基盤しか含まれないことに注意されたい。

パワー基盤の開発

７種のパワー基盤は、理論的には他人の行動に影響を及ぼす手段として、どのリーダーにも身に付けられるものだが、現実にリーダーたちが備えているパワーには随分相違がある。極めて大きなパワーを持つリーダーがいるかと思え

図9.4　いろいろなレディネス・レベルにある相手に影響を及ぼすのに必要なパワー基盤

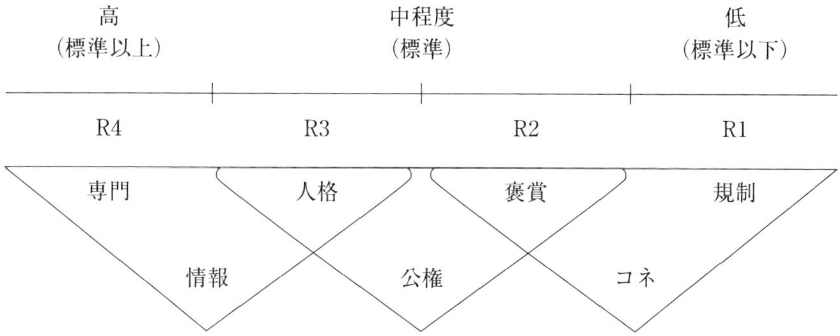

図9.5　特定のレディネス・レベルにある相手に影響を及ぼす場合に必要なパワー基盤

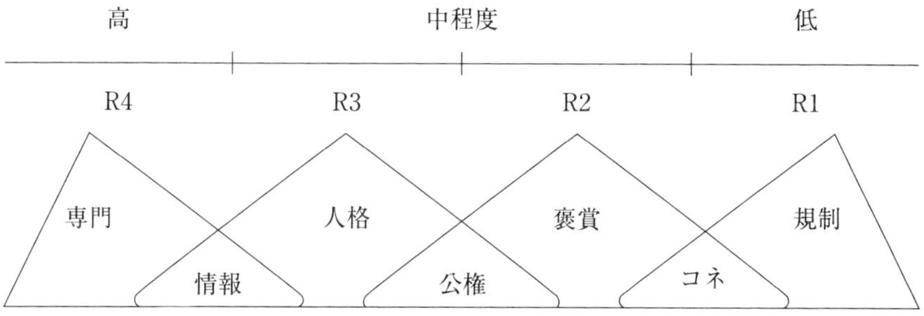

ば、パワーの小さいリーダーもいる。現実に揮われたパワー上の相違は、図9.6に示すように、部分的には所属組織の性質やそのリーダーの組織内の位置（ポジション・パワー）により、また部分的にはリーダーの個人的相違（パーソナル・パワー）によるものと思われる。

平均以下のレディネス・レベルの相手には、組織の側（上）が授けるパワー基盤が、よく機能するようである。それに対して、平均以上のレディネス・レベルにある相手には、当の相手から購い取らねばならないパワー基盤が有効なように見える。したがって、著者らは、規制力、コネ力、褒賞力、公権力などポジション・パワーを行使したときには、“服従させる（Compliance）や従わせる（Power over）”などのた表現がふさわしいが、人格力、情報力、専門力などパーソナル・パワーなどによる相手の行動への効果は、“影響を及ぼす（Influence）や仕向ける（Power with）”という表現にすべきだと考える。

パワーの基盤

図9.6　パワー基盤、レディネス・レベル、そしてリーダー・シップ・スタイルの関係

はじめは大きなパワーを持たなくとも、パワー基盤を少しずつ開発し、築き上げていくリーダーもいるが、逆にパワー基盤を崩し、失っていくリーダーもいる。これはなぜだろう？　この問いに答える前に、マネジャーとしては、ポジション・パワーやパーソナル・パワーの基盤を理解しなければならない。

端的に言って「ポジション・パワーは、組織を通じて委譲されてきた権威である」と考えることができる。しかし、当のマネジャーが、どの程度のポジション・パワー（規制力、コネ力、褒賞力、公権力）を持つかを決める上で無力なわけではない。上司や上層部との間に築き上げる親密感や信頼感、そして信用が、これら上の人々が委譲してくれるパワーの量を決定づける。その意味で、ポジション・パワーもまた、マネジャーが日々勝ち取らなければならないものである。

マネジャーが持つパーソナル・パワー（褒賞力、情報力、専門力）は、影響の対象となる相手から購い取る信頼と信用に負うものである点を除いて、同じことが、パーソナル・パワーについても言える。例えば、あるリーダーにはカリスマ性が備わり、他のリーダーにはそうでないことがある、と考えるかもしれない。しかし、リーダーには、カリスマ性などは備わっていない。カリスマ性は、フォロアーがリーダーに付与するのである。これは選挙された公務員によく見られる。カリスマ性のゆえに当選しても、当選後の活動が世間から評価されないと、そんなカリスマ性は一夜で失われてしまう。しかし、ここでもまた、マネジャーが自分がどの程度のパーソナル・パワーを持つかに影響できないわけではなく、このパワーもまた、日々、購い取らねばならないものなのである。

ポジション・パワーとパーソナル・パワーは、「相互影響システム」を形成している。別言すれば、何もないところからパワーは生じないということである。パワー基盤には、それぞれ他のパワー基盤に影響する傾向がある。そこで、相手マネジャーにどの程度のパーソナル・パワーを認めるか（付与するか）は、そのマネジャーに「どこまで褒賞を与え、懲罰や制裁を下す力（ポジション・パワー）があると、フォロアーが認めるか」にかかっている。同時に「リーダーの上司が、そのリーダーにどこまでポジション・パワーを委譲するか」は、そのリーダーがフォロアーから「どの程度好かれ、情報に通じた見識（パーソナル・パワー）のある人として、どの程度尊敬されているか」についての、そのリーダーの上司の受け止め方によるところが大きい。ここで注意してもらいたいのは、筆者らが「上司からの委譲を受けるために、また、フォロアーの尊敬を勝ち取るためのに」どれだけの量のパーソナル・パワーやポジション・パワーが必要か、に言及しなかったことである。先にも述べたように、「他人がパワー基盤をどう意識しているか（受け止めているか）」が、重要なのである。つまり、行動科学の全領域を通じて、「受け止め方（認知の仕方＝意識の仕方＝認知＝Perception）」という概念こそ、キーワードだと言えよう。

崩れゆくパワー基盤

リーダーには、限られたパワーしか自由にならないから、手持ちのパワーは何であれ死守したいと、誰もが思うに違いない。ところが、最初は相当なパワーを持っていたリーダーが、そのパワーを少しずつ失っていき、崩れるままにしていることがある。そうしたパワー喪失を防ぐ鍵は、パワーを使うことである。例えば、大きな規制力を持っていても、脅かしだけではその規制力は失われていく。リーダーがいくらフォロアーを脅かし続けていても、実際に制裁を下さなかったら、相手はリーダーに制裁を下すパワーが実はないのではないか、と疑うようになってしまう。同じように、良い仕事をしたしないにかかわらず、全員に褒美を与えたり、勤続年数や年齢に基づいて褒美を与えたりしたのでは、そのリーダーは褒賞力を失ってしまう。家庭によっては、子供に物事をさせるのに年齢基準を作っていることがある。「13歳になったら、夜10時を過ぎて家に帰ってもいいよ。16歳になったら、独りで留守番してもらうからね」といった具合いにである。このように年齢を基準に使ったときの問題は、「相手のすることが、年を取ること」だけになってしまうことである。そうなると、親やリーダーの褒賞力は、もちろん失われてしまう。子供が“責任ある振る舞い”に対してではなく、“年を取ること”に対して褒美をもらっているからである。

コネ力も、そのコネを結んでいる有力者や後見者が、介入も贔屓《ひいき》も制裁もしないとわかると、力が薄れてくる。言い換えれば、コネ力を維持するためには、コネ源となる有力者の時折の介入が必要なのである。職務責任上、当然下すべきだと思われている決定を下さないと、公権力もまた失われてしまう。さらに、マネジャーが実効を伴わない決定を下し続けることによっても、このパワーは失われる。そんな状態が続くと、たとえ「研究開発技師」とか「部長」とかの肩書を持っていても、部下たちが決定に期待しなくなってしまうのである。

こうしたことは、人格力についても起こる。チャンとやっている部下も、そうでない部下も、同じように認めてやることで、あなたは人格力を失い始める。努力して“あなたの評価”を勝ち取る必要がないので、あなたの人格力は失われてしまうのである。

リーダーは、情報力や専門力の喪失についても注意が肝要である。特に、目的を異にする相手に情報や専門知識・技能を与えるときには、そうである。彼らに情報、知識を与え過ぎると、あなた自身の必要性までなくなってしまう。これを防ぐための唯一の方法は、常に新しい情報、知識を開発し、相手を情報の源泉に戻らなければならないようにすることである。

リーダーが自分のパワーを失われるままに放置していると、リーダーシップをも弱体化させてしまう。例えば、「教示的スタイル（Ｓ１）」を効果的に発揮するには、ある程度の規制力が必要である。リーダーが懲罰や制裁を下さないとわかれば、このスタイルの行使にも限度ができてしまう。

同じことが「説得的スタイル（Ｓ２）」についても言える。リーダーに褒賞や評価を与えることができなければ、腕を磨き、力をつけても、そのリーダーに報いる力はないと思われてしまうからである。

「参加的スタイル（Ｓ３）」も、リーダーが軽蔑され、嫌われていたのでは機能しない。また、日頃から部下に無関心で、褒賞力を使っていないときには、急に参加的で協労的なスタイルをとっても、これは褒賞と受け取られず、懲罰的介入と受け取られてしまう。部下に無関心で、長い間放置していたところが、その部下の家庭に問題が起こり、あわててその部下を労り慰めようとしているマネジャーを想像してもらいたい。すでにそのマネジャーの人格力は失われてしまっているから、そうした労り慰める支援的リーダーシップは、“励み”と受け取られるどころか、“制裁、介入”と受け取られてしまうのである。長い間放っておかれて、上司が側にいることが苦痛になってしまっているのである。

また、極めて有能で、高い意欲を示すフォロアーを監督する場合、リーダーが意味ある介入を行うためには、何らかの専門力が必要である。リーダーの情報力・専門力が、両方ともに弱い場合には、フォロアーに意味ある働きかけを行うことが極めて限られてしまうのである。

パワーを使う意思

前述したように、リーダーであろうとする人には、当然、リーダーの役割に伴う責任を担う意思が必要である。これは、パワーの涵養と行使経験の獲得を意味する。管理、監督、そして指揮は、すべて影響力行使行為である。パワー行使を嫌がっていたり、その能力に欠けていたりしたのでは、どのような管理、監督、指揮も、うまくいくはずがない。

カサリーン・ベンジンガー（Katherine Benjinger）は、パワー獲得とパワー行使のプロセスに関して特筆すべき洞察を行っている[30]。そこで、以下に若干の紙数を割いて、彼女の労作の要約を試みてみたい。

K.ベンジンガーは、パワーを「思い通りにする能力」と定義している[31]。彼女は、パーソナル・パワーと組織から付与されるパワー（組織性パワー）との間に大きな相違があるという。前者では、影響行使の対象者を選ぶ自由があり、また対象が小さいグループに限られる。後者では、部下、同僚や上司を選ぶことはできないし、対象グループの構成員数も多い。こうしたパワーのあり方の相違は、男女のアプローチの違いを考えたとき、極めて重要である。K.ベンジンガーは、男性が子供の頃から社会的に―特に体育系グループでは―たとえ、個人的には嫌いな相手に対してであっても、グループ仲間同士では相互に信頼と尊重し合うことが大切であると教えられてきている、と指摘する。ところが、女性の場合、社会的に子供の頃からパーソナル・パワーを行使するよう育てられてきている。女性は不快な状況に置かれると、その状況の原因である不快な人を避けるか、それともその人に順応してしまうか、のどちらかになってしまうというのである。筆者らはリーダーシップと影響行使とを同じものとして扱ってきた。ところが、K.ベンジンガーは、もっともながら、相手に“順応すること”は影響行使にはならないという。すなわち、「パーソナル・パワーと組織性パワーの間の基本的相違は、組織性パワーの獲得には、職場仲間の信頼と尊敬の意識的獲得努力が必要である」という点にある[32]。

K.ベンジンガーは、「女性は、経験した、つまり、職場や同輩グループといった家族程度の大きさの集団にパワー基盤を求める傾向がある」と言っている。女性は、部下集団を握っていると、自分が有能で効果的に仕事をしていると他の人に思われる、と思いがちである。しかし、この考えは組織構造と結びついたパワー、つまり、自分の立場と外側との関係で形成された外延的パワーを見逃していることになる。K.ベンジンガーの見解では、男性は直接の部下は当然支配下にあるものと想定し、他職場や部外の人間をパワーの焦点に据えて考える。こうした（パワー認識の男女の相違）から、パーソナル・パワーと組織性パワーの第２の相違が浮き上がってくる。すなわち、「第２の相違は、多数の相手に対する影響力行使を求める」という点である。

パワーが欲しい？

K.ベンジンガーは、「キャリアを昇り詰めたり、組織の中で大きな影響力を揮ったりしたいと思うなら、パワーを理解するだけでなく、パワーを積極的、かつ巧妙に獲得すべきである。……挫折や燃え尽きから身を守るには、肚をくくってパワーを追求すべきであるし、パワーに伴う一切の責任を負う覚悟が必要である」と助言している[34]。また、彼女は以上のことについて、次のような２つのガイドラインを挙げている。

1．パワーの獲得には、相当な時間が必要である。これに時間を惜しむようならパワー獲得は、あなた向きではない、と言えよう
2．組織内でのパワー獲得には、対決が必要である。頂上を争い、そこで頑張る“お山の大将”が嫌いなら、パワー追求はあなたには向かない

さて、パワー獲得を決めたら、K.ベンジンガーの次の12ステップの戦略を試みてみるとよい。

1．所属組織に特有の言葉、象徴、記号、などを憶え、これらを使うこと
2．所属組織内で慣行化している物事の優先順位に従うこと
3．組織内のパワー・グループ系列を知ること
4．パワーを持つ有力者を見極め、彼らと知り合うこと
5．自分自身の専門性を高めること
6．自分のパワー技能を伸ばすこと
7．物事に、前向きに取り組むこと
8．威厳・威風を整えること
9．リスクをとること
10．自己を顕示すること
11．上司の必要に応えること
12．自らを大切にすること[36]

K.ベンジンガーは、上記のリストに次のようなノートを加えている。「ある種の人にとっては、パワーを持つことは、思うほどに気疲れのすることではない。それどころか、パワーを持つことは面白いことでもあるようだ。物事が思いのままになるのだから[37]」。

男女マネジャーの相違についてのその他の見解

男女マネジャーの相違について、意見を述べている著者たちが他にもいる。ハーバード・ビジネス・レビュー誌の記事の中で、ジュディ・ローゼナー(Judy Rosener)は「女性が、組織内の地位や立場よりも、カリスマや対人的能力、個人的努力、個人的なつながり、など、個人的特質にパワーを結びつけやすいのに対し、男性は、組織性パワーなど公式のパワーに依存しやすい」と言っている[38]。

だが、スウ・シェレンバーガー(Sue Shellenbarger)は、男女を固定観念化し過ぎないよう警告している。15の会社と団体が資金支援するある労働者についての研究から、マネジメントの仕方に男女区別をしてはならないとマネジャーたちが考えていることがわかった。女性は、ときに男性より思いやりがあると思われていが、このこと自体が固定観念を表している。女性マネジャーの数は増加の傾向にあるが、組織としてもこの傾向、そして男女マネジャーの相違を取り上げた他の諸研究に注目すべきである[39]。

エンパワーメント(活力化)について

近年、極めて書かれることの多いマネジメント関連のテーマのひとつは、エンパワーメント(活力化)である。このテーマは、責任権限委譲の延長線上にあり、マネジャーが自分の権限の一部を切り取って部下たちに与えることを示唆している。ウィリアム J.ランソム(William J.Ransom)は、「うまくいったときの結果は、想像以上に報われるところが大きい。自分しかできないプロジェクトに時間を割くことができる。部下・同僚は、仕事に堪能になり、仕事がはかどるようになる……。誰もが喜びを感じ、より有能になるのである」と言っている。

アメリカ経営者協会のマネジメント・レビュー誌の常連寄稿者であったオレン・ハラリィ（Oren Harari）は、エンパワーメント（活性化／活力化）について、少々違った見解を持っている。

「目標は、エンパワー（活性化）することではなく、リベレィト（解放）することである。解放とは、責任を進んでとろうとする姿勢を抑制する組織（あなた自身を含めた）の束縛から解放することにかかわっている。パワーは感性であり、経験である。これは解放の結果である。マネジャーとして成功したある人物が、粗雑な表現だが、次のように言っている。『良いリーダーシップが、どんなものかわかってるかい？ 職場のルールを教えて、奴らを鍛え、それから身を引くんだな』。これはまさに解放である。こうすることによって、自ずからパワーの実感が感じられるようになる。」

パワー（力）は、天与のものではないから、エンパワーメント（力をつける＝活性化）は、まやかしである。人間をパワフルにする（力に満ちさせる）ことなど、誰にもできない。われわれにできることは、力に満ちているように感じる状況、つまり、自分で力が作り出せる状況、を創出することである。

ここに紹介した一見矛盾するエンパワーメントについての２つの見解も、結局はどちらも正しいと言えよう。責任権限の委譲によって、行動の自由の境界線を定めていると考えれば、O.ハラリィの言う解放にも一理あることになってくる。従業員には、定められた委譲範囲で、意思決定の自由が与えられるべきである。責任権限の委譲には、常に限度が伴う。そこが放任とは異なるところである。他方、権限が具体的方針やガイドラインの設定を含んでいると考えると、エンパワーメントに大きな意味が生まれる。すなわち、（エンパワーしてやることによって）、具体的アクションの権限を委譲していることになるからである。

著者らは、フォロアーのレディネス・レベルが高く委任的スタイルが求められるケースでは、O.ハラリィの「解放論」支持に回りたい。後章のリーダーシップ・スタイル契約の説明でもわかるように、どの領域で“解放されたいか”を、フォロアーが決めるのである。レディネス・レベルがＲ１のフォロアーの場合、（解放される）領域は狭い、レディネス・レベルがＲ４のフォロアーの場合、限りがないわけではないが、領域は結構広い。これが著者らの言う「自由にボールで遊ばせてやれ、ただし、フィールドの中で……」ということである。

パワー意識診断表

リーダーに「自分がどのパワー基盤をすでに持ち、どのパワー基盤を新たに開発すべきか」など、自分のパワー基盤を自覚させるためのフィードバック用として、P.ハーシィとW.E.ネイトメイヤーは、「パワー意識診断表[42]」を開発した。この診断表には「自己診断表」と他人の認識を知るための「他人診断表」の2種がある。

パワー意識診断表の開発

パワー意識診断表は、フォロアーがリーダーの求めに応じる理由・根拠として挙げることの多いものを選んで、これらを21組の強制選択の形で示したものである。

パワー意識診断表を記入することによって、記入者は7種のパワー基盤のそれぞれについて、相対的な強度を示す点数を導き出すことができる。この点数は、自分自身の影響力についての受け取り方、または、他のリーダーの影響力についての受け取り方を示すものである。

強制選択を使った診断表の欠点のひとつは、診断がそこに提示された項目や分類の間の比較に留まり、全体概念への展望をもたらさないことである。言い換えれば、リーダーが持つ特定パワーの強さをそのリーダーが持つ他のパワーと比較はできるが、他のリーダーが持つパワーとの比較はできない、ということである。つまり、あるリーダーの規制力の点数が、他の6種のパワーの点数より低くとも、他のリーダーの規制力と比べると高いかもしれないということである。この欠点を補うため、パワー意識診断表では、他の強制選択形式診断表とは異なり、7種のパワー基盤のそれぞれについて、記入者の知る他のリーダーのそれと比較するよう求めている。

パワー意識診断表の使い方

パワー意識診断表は、職場ばかりでなく、学習場面—例えば、学校や企業内研修—でも活用できる。特にある程度の期間一緒に学んできた学習グループ、つまり、長い時間を演習活動やその他の研修を通して、事例や問題をともに考え、解決してきた—では、この診断表が役立つ。こうした研修場面では、研修参加者の中の誰かを対象に、全員で1枚の診断表を使い、各質問項目に全員の合意かどうかを討議しながら共同記入していくのである。共同記入のための合意確認討議には、もちろん分析対象者本人は加わらない方がよい。また、仮に加わったにしても分析対象者本人には、討議中に、質問、解説、釈明、などはさせるべきでない。合意確認討議中に、本人が言えることは、せいぜい、「その点をもうちょっと説明してくれませんか？」、「その点について、もうちょっと聞きたいですね」といった程度のことに留めるべきである。このように合意確認討議を進め、討議終了の時点で、本人に発言の機会を与える。こうしてこのプロセスを全員について繰り返し、参加者全員にフィードバックの機会を得させるのである。

職場でパワー意識診断表を活用する場合、同一職場の適当な回答者を選んで各人に診断表を１枚記入してもらう。この場合、対象者（リーダー／上司）本人は記入済診断表回収にはかかわるべきではない。信頼できる第三者—例えば、人事担当や研修担当—が診断表回収に当たるべきである。また、記入者には、個々のデータがリーダー（対象者）にフィードバックされるわけではなく、本人には総合されたデータしかフィードバックされないことを十分にわからせておくことも大切である。これらの点は、極めて大切である。例えば、もしリーダー本人が個々のデータの回収に携わると、たとえ匿名記入であっても、記入者が“リーダーの気に入るか否かを意識して”記入に手ごころを加えることになりやすいからである。有効なデータ・ベースを得るためには、第三者にデータ回収を託すべきである。

パワー基盤理解の大切さを、いまひとつ言及しておきたい。すなわち、対象職場集団にどのパワー基盤が有効かがわかれば、誰にその職場集団を担当させるべきかについても、ある程度の洞察が得られることになる。任務に就く人が、その任務にふさわしいパワー基盤を持ち、その状況に適したリーダーシップ・スタイルを、こだわりなくとれるようでなければならない。また、その任務に就くことを望んでいても、ふさわしいパワー基盤を持たない場合には、自己啓発の問題として処理しなければならない。そうしたパワー基盤、ないしリーダーシップ・スタイル形成のためのプログラムを作ることも可能である。このことは、対象領域—その職場の人たちに影響を及ぼすのに必要なパワー基盤とリーダーシップ・スタイル—の見当さえつけば、マネジャーの成功可能性をも増大することができるということでもある。すなわち、これはチーム形成でもある。この点については、詳しく後述したい。

本章のまとめ

リーダーが効果的に機能するか否かは、スタイルだけの問題ではない。リーダーにどのようなパワー基盤が備わっているかの問題であり、そのパワー基盤が影響対象としての相手（ないし、相手集団）のレディネス・レベルに合っているかどうかの問題でもある。ダイナミックに成長する組織では、少しずつ相手の「順応を前提としたパワー基盤」から、相手の「自発的影響許諾を前提としたパワー基盤」へ移行していることがわかる。そして、このような推移が、革命的変化であるよりも、漸進的変化であることを知ることが大切である。

第10章

人的資源の開発

先に業績評価では達成結果（生産性）と媒介変素（人的資源の状態）の両方を考慮すべきだ、と述べた。また、この2つの変化要素（変素）は、短期、および長期の両組織目標に照らして考慮されるべきだとも強調した。媒介変素の重要性がわかれば、家庭での親、企業のマネジャーを問わず、マネジャーにとって、人的資源の開発は当然の責任であると肯けよう。マネジャーたる人は、部下のリーダーシップ、意欲、士気、職場風土、目標への献身、意思決定と意思疎通、問題解決能力、の涵養に時間を割くべきである。つまり、マネジャーにとって、部下の仕事関連レディネスの育成は重要な業務なのである。

著者らは、状況対応リーダーシップの育成上の側面を強調することは大切であると考える。この点の強調をしておかないと、状況対応リーダーシップが都合のよい行動の正当化に利用される恐れがあるからである。この考え方では、“最良の”リーダーシップ・スタイルは存在しないと主張しているから、どのようなスタイルを使っても、「相手のレディネス・レベルがこれこれだから」と言い訳できることになってしまう。しかし、自立行動の経験の乏しい相手には、当初は、密着した監督や指示も必要であるから、このスタイルは第1段階に過ぎないことを認識すべきである。マネジャーとしても、部下の向上を助け、責任が負担できるよう部下を育てることを、奨励されるべきである。例えば、著者らが研究に携わってきたいくつかの進歩的企業では、次のような主旨の新ポリシーを紹介することが多かった。すなわち、本組織では少なくとも2つのことをマネジャーが行わねば、昇進させない。第1は、なすべく期待される仕事で成果―つまり、利潤につながる結果変素―を挙げること。第2は、自分の職務を明日にも継承できる後継者（媒介変素）を育てておくことである。

このことは、与えられたレベルのレディネスに、有効なリーダーシップ・スタイルで対応しているだけでは、十分ではないことを意味している。マネジャーは自分の仕事の目標を達成しているだけでは、責任は完遂されない。目標達成に合せて、人的資源（フォロアー）をも育成しなければならないのである。

効果性の増強

R.リカートは、総括的な管理を行う従業員中心（Employee-centered）のマネジャーは、密着した監督を行う仕事中心（Job-centered）のマネジャーよりも、生産性の高い職場に恵まれる傾向があると言っている[(1)]。しかし、R.リカート自身のデータでも明らかなように例外があるので、筆者らは“傾向”という言葉を強調しておきたい。R.リカートは、従業員が一般に上司の高い期待と真摯な信頼によく応え、期待を裏切らないように努力することに気づいた。すなわち、部下の高い業績は、上司の部下に対する強い信頼をいっそう強化する。そして、期待に応え、ときに期待を上回る成績を上げる部下を信頼し、尊重する（したがって、部下中心になる）のは、至極当然である。

この現象を説明するために、J.L.リビングストンは、ジョージ・バーナード・ショウ（George Barnard Show）の劇「ピグマリオン（ヒットしたミュージカル：マイ・フェア・レディの原典）」中のイライザ・ドウリトルのセリフを引用している。

「誰でも気づくこと（着ているもの、言葉づかい、等々）は別として、レディと花売り娘の違いは、振舞いにあるんじゃなくて、扱われ方にあるんです。ヒギンズ先生は、いつも私を花売り娘として扱われますから、私は花売り娘のように振る舞ってしまうのです。貴方は、私をいつもレディとして扱って下さいますから、私は貴方の前ではレディでいますし、そのように扱って下さる限り、私はいつまでもレディです[(2)]。」

J.L.リビングストンは，経験や研究から次のようなことに気づいた。

「マネジャーの中には、良い成績が上げられるように部下を扱う人もいる。

しかし、大多数のマネジャーはヒギンズ先生と同様、意図することなく、部下に能力以下の低い成果しか挙げられないような扱い方をしている。マネジャーの部下の扱いは、部下に対する期待を微妙に反映する。期待が高ければ、部下の生産性も高くなりやすく、期待が低ければ、部下の生産性も低くなる傾向がある。あたかも部下の成績は、マネジャーの期待に添って高く、また、低くなる、という法則が存在するかのようである。[(3)]」

諸事例の科学的調査やその他の証拠から、以下のことが判明している。

- マネジャーの部下への期待と扱いが、部下の成績や能力の向上、そしてキャリア開発を大きく左右する。
- 優れたマネジャーの特徴は､部下に対し高い業績期待を設定する能力である。
- 非効果的なマネジャーは､このように部下の能力に期待することができず、結果として部下の生産性も悪影響を受ける。
- 多くの場合、部下は自分なりに受け止めた上司の期待に添って行動する。

マネジャーの高い期待に部下が高い業績で応えた場合、図10.1に示すように「有効循環」が生じる。

だが、先に指摘したように、効果性を評価する基準として、アウトプットに目を向け過ぎると、短期的な仕事一辺倒な行動に走りやすくなってしまう。このスタイルは、ときに部下との信頼関係の構築を難しくしてしまう。部下のアイデアや感情への配慮に欠くばかりか、「何を、どうやるか」の指示だけになってしまう。この状態が続くと、部下は最小限の努力しかしなくなり、上司に反感を抱くようになって、成績は低下する。低い期待しか持たないマネジャーは非効果循環を呼ぶ。著者らは、これを非効果的循環と呼んでいる。図10.2に示すような問題は、組織では日常茶飯事的問題である。

これらの循環は、静止したものとして描かれているが、実際は動態である。状況は、改善されるか、悪化するか、2つに1つである。例えば、高い期待は

図10.1　有効循環

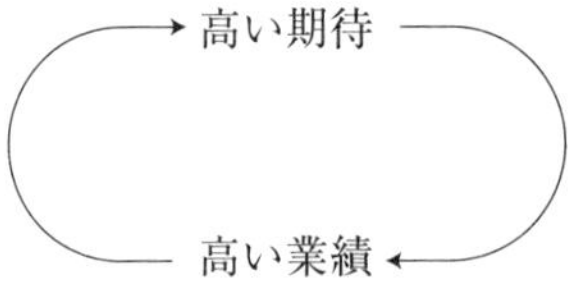

図10.2　非効果循環

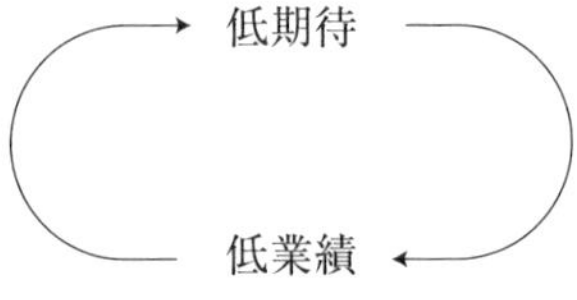

図10.3　有効循環の上昇スパイラル効果

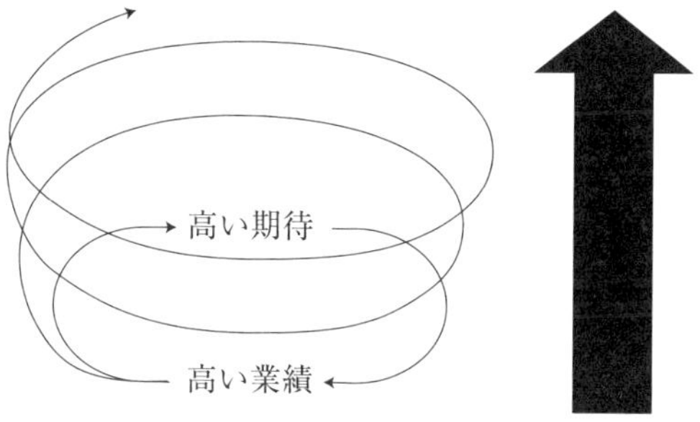

図10.4　非効果循環の下降スパイラル効果

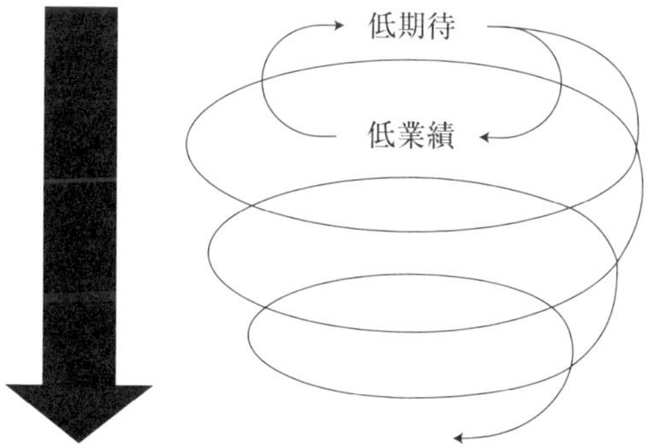

優れた成績を生み、その優れた成績がいっそう高い期待と生産性につながる。これは図10.3で示すような上昇スパイラル効果を示す。多くの場合、このスパイラル効果は動機づけ要因の活用をテコにして生まれる。すなわち、仕事をすれば、それなりに大きな責任と達成の機会、そして成長と向上の機会に恵まれる、というわけである。

スパイラル効果が下方に向くこともある。期待が低いと悪い成績を生み、その悪い成績が低い期待につながって、いっそう低い生産性につながる。すなわち、図10.4のような下降スパイラル効果が生まれる。下降スパイラルが長期間続くと、組織中にマイナス経験が大きく蓄積し、短期間では容易に方向転換し切れない点にまで到達する。こうなってくると、関心やエネルギーの多くが、仕事そのものよりも、対人関係問題やマネジャーへの敵意など、職場の問題に向けられるようになる。職場の環境要因の悪化は、敵意、中傷、足の引っ張り合い、サボタ－ジュとして現れる。こうなってしまうと、マネジャーがやり方を変えてみても、長期間の経験が生んだ不信感のために、部下の反応は変化しないで、不信と懐疑が続くことになる。

こうなってしまったときには、ときに新しいマネジャーを外部から連れてくる、という方法も必要になってくる。こうした方がうまくいきやすいが、その理由は、新しいマネジャーとともに、過去の悪しき経験はすべて“白紙に戻され”、新マネジャーのやり方がより信頼しうるとして受け取られ、部下の行動も変容しやすくなる。先に紹介したゲストが描写するＹ工場の事例でも、この点は明らかである。非効果的サイクルは、スチュワートが果たしうる改善の努力ではとうてい及ばないところまで下降してしまっていたが、新しいマネジャーのクーリーの就任で著しい改善が可能になったのである。

非効果循環からの脱却

新任マネジャーの方が下降スパイラルにあった状況の改善に着手する上で有利な立場にあったとはいえ、困難な任務であったことには変わりない。何はともあれ、非効果循環を断ち切る必要があった。この状況で、マネジャーには２つの選択肢があった。成績の悪い従業員をクビにして、有能と思われる新人を雇うか、不良な業績に高い期待と信頼で応えるか、であった。

しかし、有能な交替要員がいつもいるとは限らないこと、また、やめさせたい部下に何らかの雇用保障（法的規制や労働協約上の保障）があってクビを切るのに時間、エネルギー、紛争など、相当な犠牲を払わなければならないなど、があるかもしれないので、前者の方法がいつでもとれるわけではない。

他方、後者についても、困難な点がある。ポイントは、要するに部下の期待や行動を変化させることにある。しかし、マネジャーにとっては、高い期待や信頼に値するとも思われない部下に高い期待を寄せ、その部下を信頼することは難しい。鍵は、適切に変化することである。

状況対応リーダーシップでは、フォロアーの課題レディネスを変え、最大化させるために使うことのできる２つのサイクルを考えた—成長（向上）サイクルと退行サイクルである。本章では、成長サイクルを採り上げたい。退行サイクルは、後章で採り上げる。

成長（向上）サイクル

部下のレディネス・レベルを高める上で、マネジャーの役割は、大変重要である。マネジャーの多くが、部下の成績に、特に悪い場合にそうだが、責任をとろうとしない。部下が問題を抱えていると、マネジャーは“ピーターの法則”の見本だなどと言って、部下の悪い成績の責任をとろうとはしない。部下を解雇したり、定員外人数として隠さねばならない場合（ピーターは、これを“横すべり”と呼んでいる）、あるいは、部下の成績に心を痛めている場合、マネジャーは鏡を見るべきである。部下の成績の問題は、自分が原因であることが多い。マネジャーには、部下を“勝者”にする責任があり、こうしてやることが、成長サイクルの意味である。誰かの、ないしグループの何らかの仕事についての課題レディネスを高めようとするときには、そのマネジャーはすでに成長サイクルに取り組んでいることになる。成長（向上）サイクルとは、育成サイクルに他ならない。

マネジャーにとって、何が得られるか

フォロアーのレディネス・レベルが低いとき、マネジャーは、計画化、組織化、動機づけ（指揮）、統制など、“伝統的”管理責任を負わなければならない[(4)]。マネジャーの役割とは，集団の監督である。しかし、マネジャーがフォロアーを育成し、彼らのレディネス・レベルを高めてやると、このような日常的な昔からの管理機能の大半を、フォロアー自身が果たせるようになる。こうして、マネジャーの役割は監督者のそれから、組織上層への職場集団代表のそれに変わることになる。

日常業務の責任をとれるフォロアーを育成することで、マネジャーは自分の時間を「有用度の高い（ハイ・ペイオフ）管理業務」、つまり、職場集団全体の業績向上につながる“連結ピン”活動に使えるようになる。なお、そうした連結ピン活動には、職場の生産性を最大化するために必要なリソ－スの獲得、縦・横のコミュニケーションの改善、他部門の活動との調整を通じての組織全体の生産性向上の努力、などが含まれる。すなわち、マネジャーは、細かい仕事から解放され、長期的視野の戦略計画や創造的活動に時間を使えるようになるのである。

もともと、密着した監督や指示は、自律的に行動できない経験の浅い人に対して有用なのである。しかし、このスタイルは第１ステップに過ぎない。マネジャーが、自分を活かせる“より有用度の高い”領域での可能性を最大化するには、自分のスタイルを変え、部下の成長を助ける役割を積極的に果たさなければならない。ところが、フォロアー育成は、マネジャーの行動だけでなく、マネジャーの価値観や期待のあり方にも影響される。

何に影響を与えたいのか？

部下の育成を考える場合の最初のポイントは、「部下の職務のどの領域について、影響を与えたいのか？」である。すなわち、部下の職責、目標、目的は何か？、である。例えば、あるフォアマンが、生産性、製品の質、廃棄物、欠勤率、事故率、等々に影響を及ぼしたいと考えたとする。また、ある大学の学部長が、教員の執筆・調査活動、講義、コミュニティ・サービスの分野に影響を及ぼしたいと考えたとする。

さて、いったん目的や職責が明確化され、理解されたら、これらの領域で必要な業務の種類を決め、次いで、業務が望ましい状態に向かっているか否かを上司と部下の双方にわかるように、良い仕事振りというものを定義しなければならない。優れた販売成績とは何か？ 販売数？ 販売高？ 部下育成とは何か？「良いマネジャーである」とはどういうことか？ マネジャーとしては、良い業績が、どのようなものであるかを具体的に示さなければならない。相手に、ただ「これを作ってくれ」と言うより、「これを１日200個作ってほしい」と言う方がわかりやすい。マネジャーや部下が、誰かが良い仕事をしているかどうかを知るためには､良い業績というものが明確に示されなければならない。領域がはっきりしないのに、部下の行動を変化させたり、部下を育成したりすることはできないのである。

部下（フォロアー）の現在の仕事振りは？

成長サイクルの開始に先立って､まず､現在の部下の仕事振りを判断しなければならない。言い換えると、「対象者の特定分野のレディネス・レベルはどこにあるか？」である。「特定行動に対する当人の責任負担能力は？」、「どれだけの意欲を持ち、どれだけ動機づけられているか？」。先に述べたように、レディネスは全人格にかかわる概念ではない。では、どのように特定状況におけるレディネスのレベルを診断すればよいのだろうか？

レディネス診断

レディネス・レベルの評価では、対象者の能力と意欲について判断しなければならない。では、その判断に必要な情報をどこから得ればよいのだろうか？ 対象者に直接尋ねてもよいし、当人の行動を観察してもよい。当人に「これこれについて、自分はどの程度うまくやっていると思いますか？」や「その仕事をどう感じますか？」、あるいは、「(その仕事について）熱が入りますか？、楽しいですか？」などと尋ねることができる。本人自身のレディネス評価を尋ねることが、あまり実際的ではないと思えるかもしれない。しかし、やってみると、小さな子供の場合ですら、こうした情報分有に意味があることを知って驚くものである。フィルとジェーンは、2歳の娘リーに物を言いつけるときに、このことをリ－に尋ねて学んだことがある。そのとき、リーは「やれるようになりたくない！（I can't want to)」と答えた。しかし、リーが本当に言いたかったのは、「私には、その能力もないし、意欲もない」であった。両親が、もしそれでもリーにそのことをさせたいと思うときには、娘のその作業行動を密着して監督・指導しなければならない（S１－教示的）ことに気づくだろう。子供は成長するにつれて、自分自身のレディネス・レベル診断に関して、もっと重要な役割を果たすようになる。

読者は、誰でも上司にいつでも本当のことを言うものかどうか、それともうるさい上司を追っ払うために適当なことしか言わないのか、疑問を持たれるだろう。もし部下自身の能力や意欲の診断に疑問を感じたら、上司としては部下の行動を単に観察するだけでよい。また、能力は過去の業績を調べてみることによっても知ることができる。当人のこの分野での過去の成績は良かったのか？、悪かったのか？、この仕事をするために必要な知識を持っているのか？、それとも、当人は仕事のやり方をまったく知らないのか？、などを調べればよいのである。

意欲は、当人の特定状況での行動を観察すれば判定できる。そのことに対する当人の関心の深さはどれくらいか？ 興味を持っているのか？ このことへの当人の打ち込みの程度は？ この仕事を楽しんでいるか？ それとも、仕事が終わるのをひたすら待っているのか？ 自信満々で気持は安定しているか？ 自信に欠け不安を感じているか？ すでにご承知のように、誰でもいろいろな責任領域において、4種のレディネス・レベルのどれかのレベルにあるわけである。そこで、特定の事柄についてのその時点のその人のレディネス・レベルさえわかれば、「その後、当人をどう育成していくべきか？」についての良いヒントが得られることになる。担当業務に対する能力も、そして意欲も低い（低レディネス）部下に影響を及ぼそうとするときには、指示・指導、統制、など、相手の行動に密着して監督すること（教示的）から、成長サイクルを始めなければならない。しかし、もし、相手が動機づけられている（意欲や関心がある）が、能力を持たない場合（低レディネスから、中程度までのレディネス）には、上司としては指示・指導し、かつ支援する（説得的）ことから成長サイクルを始めなければならない。もし相手が指示・指導なしでもやれるのに、意欲や関心、または、自信がなくて不安を感じているときには（中程度のレディネスから、高いレディネス・レベル）、つまり、動機づけの問題を抱えたわけである。できることをやりたがらないのは、自信に欠け不安を感じている場合が多い。こうした場合、支援的スタイル（参加的）を使って、相手がやり方を知っている事柄を自信を持ってやれるようにしてやりながら、成長サイクルを始めなければならない。さらに、部下が自分独りで行動するだけの能力も意欲も備えている（高いレディネス）ときには、単にその仕事の責任を安心して任せればよい。こうなれば、成長サイクルを始める必要はない。すでに相手は、その仕事に高いレディネスを備えているからである。

レディネスの向上

フォロアーの課題レディネスを、当人がすでに到達しているレベルを越えて高めようとするとき、リーダーは育成サイクルに取り組んでいることになる。つまり、育成サイクルとは、成長のサイクルに他ならない。

育成サイクルの十分な理解を図るため、例を使って説明することにしたい。マネジャーが状況を正しく診断し、かつ、部下の部の予算計画に関する課題レディネスが低い（Ｒ１）と診断したとしよう。この部下に仕事を任せてうまくやらせるには、適当なリーダーシップ・スタイルはどうあるべきかを決めてから、育成サイクルを始めねばならない。図10.5に示すように、部下のレディネスがひとたび診断されたら、レディネス尺度上の点から垂直線を立て、図の上の部分のリーダーのスタイルの図を貫いて描かれている曲線と垂直線とが交差する点をもって、適切なリーダーシップ・スタイルを決めることができる。なお、図10.5の場合の育成サィクルは、指示的な教示的スタイル（Ｓ１）から始めることが適切である。では、この状況での教示的スタイルは、どのような形をとるのだろうか？

この場合、マネジャーが行うべきことはいくつかある。まず第１に、部下に部の予算計画立案に、どのような作業が含まれるか、を正確に説明する必要がある—在庫確認、所要人員と資材の見積、前年予算との比較、等々である。次に、これら作業の進め方をやって見せ、説明する。つまり、教える場合の教示的スタイルは、“やって見せ、説明する”の形をとるのである。部下としては、やり方の説明を受け、やり方の見本を示されねばならない。この教示的スタイルが、高指示で低支援だとしても、マネジャーが部下に冷たいということではない。この状況での支援的行動の少なさは、必要がなければ甘やかさない、ということである。部下が値するようになるまで、マネジャーは「何を、いつ、どこで、どうするか」を説明するのに力を入れるのである。

図10.5 適切なリーダーシップ・スタイルの決定

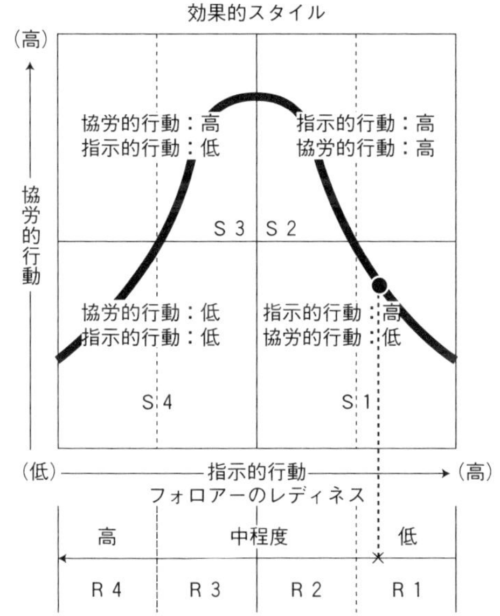

この状況で、マネジャーがＳ１（教示的）スタイルを使い、密着した指導を行うので、部の予算計画は、まずまずのできあがりになるだろう。しかし、このマネジャーがフォロアーの課題レディネス育成を自分の任務だと考えているなら、“ある程度の責任を委譲して、リスクを冒さ”ねばならない。それまで、あまり大きな責任を担ってこなかった相手、ないしはグループを監督している場合には、特にそうである。自分の子供であれ、仕事上の部下であれ、相手の育成を図るときには、リスクを恐れてはならない。育成サイクルではリスクは不可避であるが、そのリスクは適度でなければならない。リスクは大き過ぎてはならない。例えば、ある母親が８歳の娘に皿洗いを教える場合を考えよう。この場合のリスクは、「皿をいくつ割るか」である。したがって、祖母の貴重な焼き物ではなく、古い皿か、プラスティックの皿から始めるべきであろう。これは、リスクをとるかとらないかの問題ではなく、計算されたリスクをとるかどうかの問題である。

連続的向上

リーダーが、フォロアーに教わったことのないことを初めてやらせて良い結果を期待し、しかも何の支援も与えないとなると、これはまるで相手を計画的に失敗し、懲罰できるよう追い込んでいるようなものである。ちなみに、このやり方は広く見かけられる“放っておいて、突然、そしてガッツン方式”の管理に他ならない。リーダーは（フォロアーが、やり方を知っているかどうかを確かめもしないで）、何をすべきかだけを言いつけ、しかも（結果をすぐに出すように期待しているくせに）、その後は放りっぱなし、そして期待する行動（結果）が見られないと、“怒鳴なり”つけるのが、このやり方である。

もし、前述の部の予算計画立案の例で、リーダーがこのアプローチを使ったとしたら、この話は次のようになっていたかもしれない。すなわち、リーダーは誰でも部の予算計画を作成できると考え、フォロアーに10日以内に部の予算計画立案を仕上げるよう言いつける。このフォロアーが独りで予算を立案する能力と意欲を備えているかどうかを調べることもなく、仕事を言いつけて、そのまま自分の仕事に戻ってしまう。10日経って、フォロアーが予算案を仕上げてくると、リーダーはあらゆる誤りや問題点をほじくり出し、仕上がりの悪さを言い立てて、怒鳴りつけ、ワメキ散らすというわけである。

リーダーたる者は、誰でも（自分も含めて）物事を一度に覚えることはできない、と知るべきである。人間は一度に少しずつ覚える。したがって、誰かにまったく新しいことさせる場合、たとえ僅かでも当人が望む方向に進んだら、賞してやるべきである。

多くの親たちが、無意識にこのやり方を使っている。例えば、子供に歩き方を教えるとき、われわれはどのように教えるだろう。まず、エリックを立たせ、そして「歩いて」と声をかけ、もし転んだら、歩けないのを叱って、軽くぶつ。ばかばかしい？　もちろん、ばかばかしい。しかし、これでは、お粗末な部の予算計画しか立案できなかったフォロアーを叱っているリーダーとそう変わらない。転んでぶたれたエリックは、転ぶとぶたれると思うから、歩こうと努力しなくなってしまう。このときエリックは、足が何のためにあるのかすらわかっていない。したがって、親は、たいてい最初に“立つ”ことから教える。子供が１秒でも２秒でも立っていられたら、親は喜び、子供を抱きしめ、キスをして、おばあちゃんを呼んだりするだろう。次に、子供が１人で立ち、机にでもつかまっていられるようなら、親はまた子供を抱いて、キスしたりする。そして今度、子供が一歩踏み出したら、たとえ転んでも、同じようにするだろう。親自身が気づいていようがいまいが、親は子どもが望ましい行動—つまり、“歩行”に向けて向上すると、たとえ少しの向上でも、望ましい方向に向かっている限り積極的に褒賞を与えているのである。

このようにして、個人なり集団なりを育成しようとする—つまり、多くの事柄や仕事の遂行責任を担える力をつけてやる―とき、リーダーはまず若干の責任を委譲し（多過ぎては失敗を招く）、次に望ましい方向に向かう行動や向上が見られたら、直ちに評価してやらねばならない。このプロセスは、フォロアーの行動がリーダーの期待水準へ順次向上し、十分に近づくまで継続される。では、こうした状況での関係維持行動（協労的行動）はどのようなものだろうか？

協労的行動（関係維持行動）は「正のストローク」と強化を与えることを含んでいる。また、正の強化となるストロークは、当人の行動を強化するのに必要なもののすべてを含む。ちなみに、リーダーの指示的行動を減らすことは、相手の望ましい行動を誘発するが、逆に協労的行動、ないし正の強化を与えること（増やすこと）は、望ましい行動を誘発させ、また望ましい行動の再起可能性を高める。なお、この場合、強化は望ましい方向の行動が行われた直後、直ちに行うことが大切である。時間が経ってから強化しても、対象個人、ないし対象集団が従来やったことのないことを、自立的に行わせるのにはあまり役立たない。

この「２ステップ・プロセス」、すなわち、①指示や監督を減らし、②望ましい行動がとられたら、協労的行動（連帯的支援）を増してやる、というプロセスは、「連続的向上プラス強化（Positively Reinforcing Successive Approximations）」として知られている。この考え方は、漸進的行動修正・強化論（Behavior Modification and Reinforcement Theory）[(5)]と結びついたものであり、最近の産業界では、職務行動管理（Performance Management）と呼ばれている[(6)]。では、この考え方を具体例を使って説明してみよう。

あるマネジャーが、部下に対するリーダーシップ・スタイルを図10.6に示すように、状況対応リーダーシップ・モデル曲線上のＡ点からＣ点に変えようと思っているとしよう。まず、最初のステップは、指示的行動をＢ点まで減らして、部下への責任委譲を少し高めることである。このステップでは仕事の指示と管理の一部をフォロアーに任せるので、冒険的ステップであると言ってよい。しかし、こうして増大した責任にフォロアーが応えられるようなら、第２のステップに移行し、図10.6に示すようにその行動を協労的行動（連帯的支援）を使ってＣ点までプラス強化（正の強化）し、高めるのである。

この方法をとる場合、性急に過重な責任を部下に委譲しないよう注意すべきである。これが極めて多い失敗なのである。部下に受け入れの体勢がないまま責任委譲をすることは、部下をハメて失敗させ、フラストレーションに追い込むようなもので、それ以後、部下は責任を避けるようになる恐れがある。この

図10.6　育成の２ステップ・プロセス

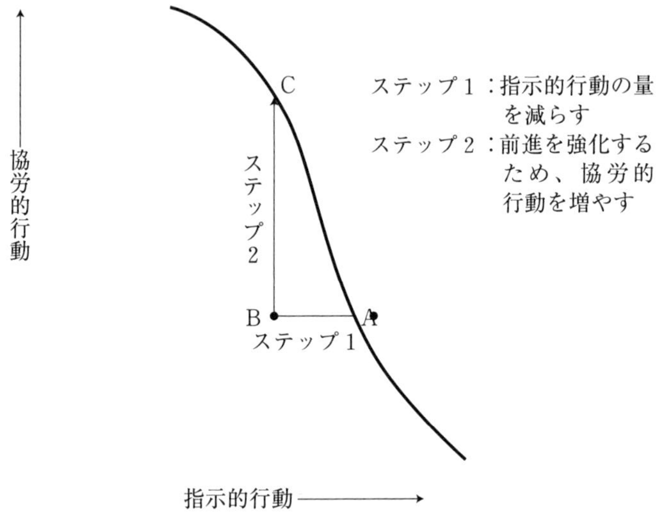

ようなことの推移は、善意から始まることが多い。マネジャーが、最初は指示・指導を与え、仕事を段取りしてやるのだが、その後、急速に「任せっ放しリーダーシップ・スタイル」へ進んでしまう。こうした“教示”から“委任”への突然な移行は、教示によって相手が学ぶと思っているからに違いない。仕事がうまく果たされないと、マネジャーは急に懲罰的な形でスタイル１に戻ってしまう。

また、協労的行動（連帯的支援）も、仕事振りの好転が確認されるまで増やすべきではない。言い換えれば、“何もしないこと”をプラス強化して（褒賞して）はならない、ということである。こうした場合に、プラス強化（褒賞）するマネジャーは、甘いと見られるかもしれない。これが理由で、上例のマネジャーは、図10.6の曲線上をＡ点からＣ点へすぐに移行するのを避けたのである。相手がＢ点で責務を果たしたという何らかの証がないのに、Ａ点からＣ点へ移行すると、相手が褒賞を自ら勝ち取る前に、コーチらから与えてしまうことになる。これは、現状で１時間当たり５ドル相当の仕事しかできない人間に１時間20ドルを先払いするようなものである。たいていの人にとって、このように１時間当たり20ドルの条件を出されたら、仕事振りの改善の気持もおかしくなってしまうだろう。リーダーとしては、フォロアーのレディネスを、それぞれの課題について徐々に高めていきながら、相手の意欲・関心が高まり、相手が能力をつけていくにつれ、指示的行動を減らし、また協労的行動を増やし

図10.7　成長期待が高過ぎたときの調整

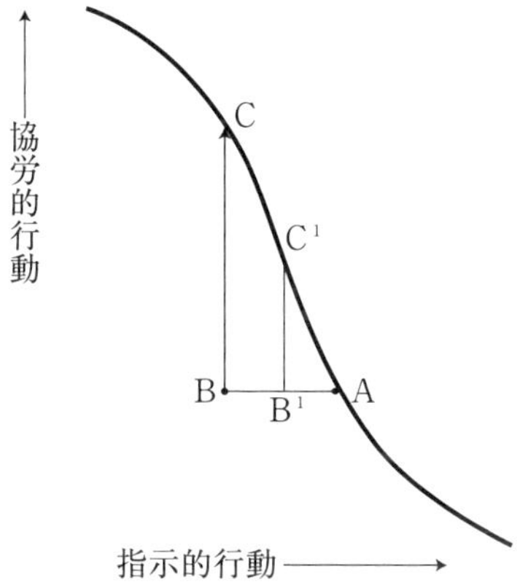

ていくべきである。たとえ特定業務についての仕事振りが芳しくなくとも、短期間の急激な変化は避けるべきなのである。

前例のように、もし上司が指示的行動をＢ点まで減らしたとして、増大した責任にフォロアーが耐えられないとわかれば、Ａ点とＢ点の間の適切な（耐えることのできる）レベルまで戻さねばならないかもしれない。この新しいレベルの指示的行動量は、図10.7ではＢ１で示されている。こうすることで、部下が効果的に仕事ができると確認されたら、協労的行動（連帯的支援）をC¹点まで増やしてやってもよい。ちなみに、このレベルでの協労的行動（連帯的支援）は、Ｃ点におけるそれよりも低いが、指示的行動は、このレベルの部下に必要な程度に多くして与えられることになる。

図10.8に示されているように、この２ステップ・プロセス—指示的行動の削減と責任負担能力向上に合せた連帯的支援の増強—は、部下のレディネス・レベルが中程度に至るまで、少しずつ小刻みに積み上げる形で進められる。この指示的行動の継続的削減は、仕事自体の構造化の程度が縮小したことを意味するわけではない。それまでリーダーによって他律的にお膳立されていた仕事の構造が、部下自身によって内面的に形成されるようになったことを意味する。

育成サイクルが、モデル図の上の部分にあるリーダーシップ・スタイル曲線の頂点に到達すると、面白い現象が起こる。曲線の頂点は指示的行動が中位、または平均となる点であり、この点を越えると、レディネス・レベルが中程度から高目の（Ｒ３とＲ４）の相手へのリーダーシップ・スタイルは、Ｓ３、ないし、Ｓ４で監督するのが適切とされる。この点を過ぎるとプロセスは変化し、リーダーは構造化（指示）を減らすばかりか、フォロアーは自分で仕事を処理

図10.8　育成サイクルを通じて、相手は成長する。曲線に沿った階段状のステップは、漸進的行動修正／向上を示している。

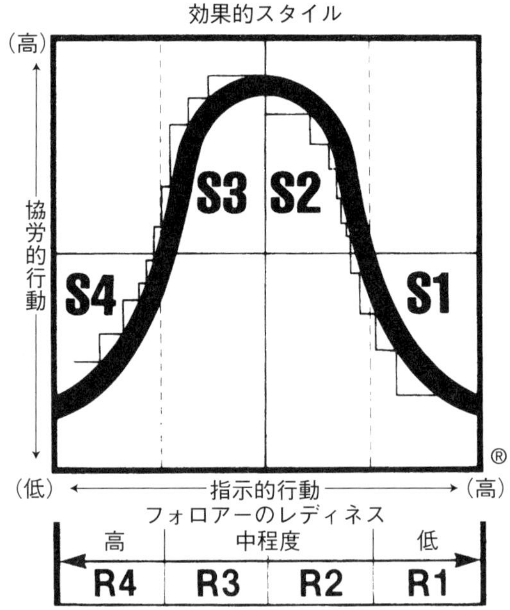

できるので、連帯的支援行動まで減らすことになる。この連続的向上プロセスの下降（後段）部分を示したのが、図10.8である。

「連帯的支援を減らすことは、上下の間の信頼を損なうのではないか」という質問をよく受ける。しかし、実際には連帯的支援と仕事の構造化の程度を適切に減らすことは、上司と部下の間のより深い信頼と大きな期待とを示すものである。

このことは、人間が変容すると、しばしばその人の動機や欲求までもが変容することを示唆している。例えば、レディネスの低い人に連帯的支援や激励を与えると、これを正の強化と受け止めやすい。事実、彼らに自由裁量の余地を与え過ぎると、不安な気持にさせ、恐怖感と不安感を与えてしま可能性がある。その結果、この低協労な行動は、褒賞というよりも懲罰と受け取られてしまうのである。

これに対して、レディネスが高くなってくると、激励や心理的ストロークをあまり必要としなくなる。課題レディネスの高い人に、信頼を示すひとつの方法はどんどん自由に自分でやらせてやることである。レディネスの低いフォロアーの場合、リーダーが与える連帯的支援が正の強化と受け取られやすかったが、連帯的支援が多過ぎることは、レディネスの高いフォロアーには褒賞ではない。事実、こうした支援的行動は、レディネスの高い人には邪魔にもなるし、リーダーが自分たちを信頼しないことの証拠だと受け取ってしまう。

時間と育成サイクル

部下や集団を育成するために必要な時間についての決まった目安はない。1年半～2年程度で、職場のレディネス・レベルをR1からR2に向上させたとすれば、そのマネジャーの手腕は評価できる。しかし、職場のメンバーの中には、全体の成長よりも早く成長する従業員が1人、ないしは何人かいるかもしれない。つまり、必要な時間は、仕事の複雑性と対象となる相手や集団の仕事遂行ポテンシャルの両方に関係しているのである。例えば、数分のうちに相手を、ある特定業務の全サイクル―低レディネスから、極めて高いレディネスまでの―を経過させて育ててしまうことも可能なら、別の業務では、その同じ相手にはるかに長い時間をかけなければならないかもしれない。事実、教示（S1）から委任（S4）までのリーダーシップ・スタイルの全サイクルを経過するのに何週間、何カ月、場合によっては何年間も必要とすることもありうる。短い育成サイクルの例としては、例えば、子供に靴の紐の結び方を教える場合がある。

子供が自分で靴の紐を結ぶことを覚えようとしないため、親が指示して覚えさせることがある。子供のレディネスは低いので、“何をどうしてどうする”かを親が教えなければならない。つまり、靴紐を結ぶ手の動かし方を、手とり足とりで導きながら、コーチング・カウンセリングの真似事から始めなければならない。子供がいくらかでも靴紐結びができるようになったら、教示的行動をやや減らし、「そうだ。うまい。それでいい」など、支援的行動を少し増やす。おそらく数分も経つと、親の行動は極めて構造化されたスタイルから、ある程度の指示を与えながら傍らから声をかけたり、仕草で示したりしつつ温かく支援的に見守ってやる、へと変わっていくことだろう。さらに数分も経つと、子供に自分独りでやるように仕向け、親は逆戻りしないよう、傍らで見守ってやるだけになる。このように10分から15分くらいで、子供の靴紐結びについての親のリーダーシップ・スタイルは、S1から、S2、S3を経て、ほぼ全面的な委任、つまり、スタイル4まで進む。しかし、だからといって、親の子供に対するスタイルが、すべての場合にS4であるべきだとは限らない。靴紐結びという特定の作業についてだけスタイル4が適当である、ということに他ならない。

行動修正法によるレディネスの変化

先の育成サイクルの解説の中で、行動修正法、特に正の強化による連続的向上に焦点を当てて言及した。本節では、行動科学のその他の理論を考察し、これらの考え方が、レディネスの推移に対応させたリーダーシップ・スタイル変容のガイドラインになることを明らかにしたい。

行動修正法は、たいていの状況で役立つので、マネジャーやリーダーにとって有用な手法である。この手法を活用するためには、従来の相手の同意と協力を得る方法を考え直す必要があるが、他人を通して目標を達成しようとする人にとっては、極めて意味のある手法である。しかし、精神療法の中には、この目的のためには不適切なものもある。

例えば、精神療法のあるものでは、相手の行動を変容せしめる場合、当人の内奥にある気持や心構えから始めるべきであるとする。実務家の立場から言うと、精神療法は費用がかかり過ぎ、しかも専門家でないと行えないという難点がある。精神療法と行動修正法という2つの方式の主な相違を知るためには、図10.9に示した動機づけの基本モデルに戻るとよい。同図は、精神療法と行動修正法のどちらも行動への影響を企図するものである。精神療法では、幼年期の経験の集積であることの多い人間行動の裏にひそむ根拠・理由の分析に重点を置いている。行動修正法では、外見的に観察された行動を主に、当人の心の外にある目標や報酬を操作して、当人に望ましい行動をとるよう仕向ける。

行動修正法では、観察可能な行動を根拠に進めるものであり、内在する目に見えない情緒、心構え、感情などを根拠にするものではない。行動修正法の基本的前提は、「行動は、その行動の直接的結果によって規制される」ということにある。行動は、その行動の直後の事象によって、増加、抑制、減少させられる。そこで本書では、物事生起の確率を直接的に知ることは難しいので、対象行動後にとられるその行動の頻度を、その行動の効果を測定するための基準にしたい。さて、行動変容促進にかかわる5つの主要概念は、正の強化、懲罰、負の強化、消去、強化スケジュールである。本章では、正の強化について述べ、また強化のスケジュールについて考えたい。次章では、懲罰、負の強化、そして消去について検討することにする。

図10.9　精神療法と行動修正法の比較

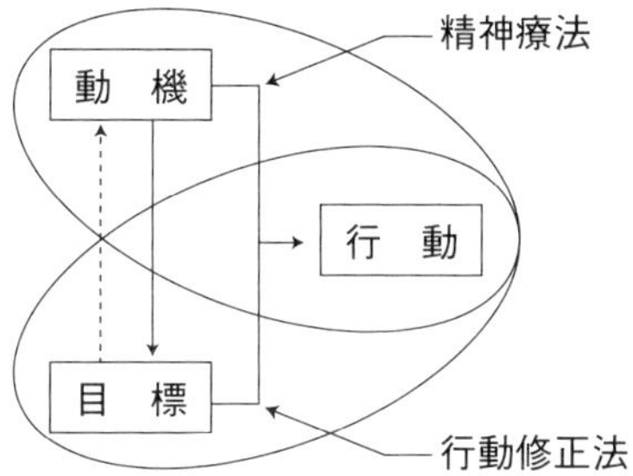

正の強化

前述のように、行動強化の対象となる相手が望み求めるものなら、何でも正の強化たりうる。正の強化は、引き続く反応を強化し、その反応としての行動の再起を促進する。

望ましい行動が起こることの確率を高めるためには、強化を反応（つまり、行動）の直後に与えるべきである。時間が経った後の強化は、望ましい行動変容を起こすにはあまり役に立たない。

強化の個別化

強化は、人によって異なる。ある人には強化になっても、他の人にもそうなるとは限らない。金銭は人によっては勤労意欲を高める。しかし、別の人は仕事のチャレンジが最高の報酬だと考えるかもしれない。加えて、その時点の動機要因の如何で、同じ人でも違う事柄によって動機づけられる。したがって、ある時点では賞賛が強化になっても、別のときには賞賛には反応せず、より大きな責任を望んだりすることもある。マネジャーとしては、過度の一般化の危険を警戒し、部下たち相互の個人差のみならず、同一人におけるニーズ充足上の振幅についても注意しなければならない。

望ましい行動の習得には、望ましい行動に近づく動きが僅かでも観察されたら、その動きに直ちに報いる（強化する）のである。これが正の強化による連続的向上という考え方の基本的前提である。例えば、ある人の業績が悪い場合、いくら期待や強化内容（報賞）を変えたところで、直ちに急激な変化を望むことはできない。

新しい行動を学んでいる子供に、最初から完璧な行動を期待しても無理である。したがって、親や教師、または上司としては、相手の行動が望ましいレベルに近づくのに合せながら、正の強化を使っていく。マネジャーとしては、部下の向上に細心の注意を払い、行動の変化向上を正しく強化しなければならない。

このやり方は、初めから最終業績評価基準を設定するのでなく、中間短期目標を設定し、その中間目標の達成と進捗を順次強化しながら最終目標へ近づくという方式と軌を一にする。これらの中間目標の設定に関して注意すべき点は、“目標を困難だが達成可能”な程度に設定し、体系的にゆっくりと成長できるよう配慮することである。こうすることで、最終的に相手は最終状態へ到達できるのである。

自分の行動の結果に対する報いの種類が、最終状態に迫る早さを決める。行動の結果が、正（金銭、賞賛、報賞、昇進）であることもあれば、負（小言、罰金、出勤停止、困惑）であることもあるし、どちらでもないこともある。ともあれ、結果の正負の相違が重要であることを強調しておきたい。正の結果は、そうして賞された行動のその後の増強につながりやすい。また、負の結果は、懲罰の解説でも明らかなように、行動を混乱、もしくは抑制してしまう。負の結果（強化）は、永続的効果もないし、行動に明確な影響をもたらさない。

強化のスケジュール

新たな行動を習得した部下が、新しく学んだ行動をときの経過とともに忘れないようにすることも大切である。行動を永続化させるためには、強化を効果的に計画して与えねばならない。大方の専門家の見解では、強化のスケジュールには２種類がある。すなわち、継続的強化と断続的強化である[(7)]。「継続的強化」とは、対象者が望ましい行動を示す度に、必ず強化が与えられる方式をいう。これに対し、「断続的強化」では、望ましい反応がその都度必ず強化をされるわけではない。この場合の強化はまったくランダムでもよいし、計画的であってもよい。継続的強化では、対象者が新しい行動を早く習得するが、強化がなくなるという状況変化が起こると、こうして習得した行動の「消去」が相対的に早く起こる。「断続的強化」では、対象者は強化なしの期間に慣れるよう条件付けられているので、消去がはるかに遅くなる。したがって、物事を早く習得させるためには、継続的強化を使うべきであるが、対象者が新行動を習得してしまったら、断続的強化に変えることで、新行動の永続性を強化することができる。

では、強化の概念と状況対応リーダーシップはどう関連しているのだろうか？ 育成サイクルの初期段階で、相手のレディネスが低いときには、責任を少し委譲し、これに相手がうまく反応してきたときには、必ず強化する。すなわち、指示的行動の削減に相手が毎回うまく応えたら、リーダーは直ちに協労的行動を増強するのである。このような強化増強は、リーダーのスタイルが“説得的～参加的”の間にあり、相手のレディネスがＲ３に向かっている間は、継続する。さて、相手のレディネスレベルがＲ３に到達したら、強化を断続に切り替えて、リーダーの指示と支援の削減が懲罰として受け取られることのないように注意しなければならない。リーダーのスタイルが「委任的なスタイル」に移行すると、対象者の行動は自己強化的となり、リーダーが与える外からの他律的ストロ－クが大きく減少する。つまり、育成サイクルでは、継続強化から断続強化に移行するわけである。

強化における一貫性

先に“一貫性”を同じような状況で同じ行動をとること、と定義した。強化を語る際、この定義は非常に重要である。マネジャーの多くは、気分の向いたときに、部下を強化・支援している。これはマネジャーにとって都合が良いからだろうが、部下にはあまり役立たない。マネジャーとしては、いつ支援的であるべきかを知り、また部下の仕事振りが良くないときに、支援しないよう注意すべきである。一貫性が大切なのである！　何でもかんでもでなく、良い仕事振り、そして向上のみが、褒賞されるべきなのである。

強化は贈賄ではないのか？

本章に述べられた育成過程の究極的目的は、相手に自己管理をさせ、自分を自律的に動機づけることのできるようにすることである。ここでこの究極的目的に言及するわけは、読者の強化に対する危惧を払拭するためである。読者の中には、「人は、成功への願望、ないしは周囲の人を喜こばせようとする願い」によって動機づけられるべきであり、「報償の約束によって動機づけられるべきではない」、あるいは「このやり方は、贈賄のように思える」、さらには、「もし正の強化を励行したら、人間は、どんな些細なことにも褒美を期待するようになってしまうのではないか？」などと考えるかもしれない。

以前は、著者らもそうした懸念を抱いたが、組織に働く人たちを観察した結果、経験的にそうでないことがわかった。新しい行動や新しい行動領域で強化され、その後、徐々に自立するよう仕向けられた人は、生産性激減の恐れなく、独りで、自から動機づけられることがわかったのである。

第11章
建設的指導矯正

前章では、正の強化の活用とリーダーシップ・スタイルの変容を通じて、いかにフォロアーのレディネスを高め、自主性を育てるか、を論じた。しかし、何らかの理由で人の仕事振りが退行することがある。マネジャーが直面する困難な課題のひとつに、仕事振りの問題への取り組みがある。それというのも「指導矯正、あるいは、躾（Discipline）」が否定的介入と受け取られることが多いからである。しかし、指導矯正の語源は、“弟子（Disciple）”であり、学生である。

我々の文化では、残念ながら多くの人々が“指導矯正”を懲罰と解釈している。しかし、指導矯正は、必ずしも懲罰ではない。指導矯正が建設的に行われると、その問題解決的性質が、建設的指導矯正を懲罰的指導矯正から区別してくれる。建設的指導矯正は、前向きの成長の機会を提供する学習過程として意図されている。有能なマネジャーは、部下のレディネスが退行したとき、指導矯正を建設的に行って効果的を上げる[1]。本章では、こうした退行が起こったとき、マネジャーとしては、何をなすべきかの説明を試みたい。

退行サイクル

フォロアーが意欲を失ったように見えたら、リーダーは退行阻止の手段を講じなければならない。育成サイクルにおいては、対象者、または対象集団の課題レディネスを従来以上に高めようと努める。退行サイクルとは、対象者、または対象集団の効果性が落ちてきたときにリーダーが行う働きかけのことをいう。したがって、退行サイクルでは、相手がそれまでに示していた高レディネス・レベルに合せたリーダーシップ・スタイルではなくて、現行レディネス・レベルに合せたリーダーシップ・スタイルを使わねばならない。

レディネスの退行は、「強力競合因（High-strength competing responses）」とも呼ぶべき要因が状況の中に存在する場合に起こりやすい。リーダーや組織の目標に競合する要因が別に存在し、それがフォロアーの行動に対する強力競合因となるのである。レディネス退行は、様々な理由で起こる。上司や同僚とのトラブル、過労、退屈など、仕事上、そして職場外にフォロアーは様々な問題を抱えている。これらは仕事振りにマイナス効果をもたらすもののほんの一部の例である。では、仕事振りの問題の例を挙げてみよう。

筆者の１人、P.ハーシィが、ある大研究所のコンサルタントをしていたときであった。極めて働く意欲の高い研究スタッフの１人、ジョンを監督するマネジャーと知り合った。ジョンは、仕事に献身的で、夜８時頃になっても彼の研究室には明かりが灯っていた。ジョンは、週末に働くことも多かった。この男は、所内の誰よりも多く特許を得ていたし、全体に対する貢献度も、誰よりも高かった。

ジョンの上司は、彼の高いレディネス・レベル（R４）に適当な低協労/ 低指示スタイル（S４）を正しく使っていた。つまり、ジョンの監督者というよりも、上層マネジメントに対するジョンの代弁者のような役割を果たしていたのである。ジョンの上司は、つまり、研究に必要なリソースを入手してやったり、他の部下たちの活動との調整をしてやったり、いわば“連結ピン”活動を通して、ジョンの能力を最大限に発揮させようとしていたのである。ジョンは、職場環境では高いレディネス・レベルを示していたが、別の場面—家庭—での関係では、ジョンの行動は違って見られていた。彼の奥さんは「彼の昼夜、そして週末の区別のない仕事への打ち込みは、奥さんや幼い娘への無関心の証拠」だ、と思っていたのである。奥さんの目には、ジョンのレディネスは低かった。その結果、ある晩ジョンが帰宅すると、「人生をやり直したいので、娘を連れて家を出る」旨の書き置きがあった。ジョンは、女房の行為にショックを受けた。彼は、自分自身の行動を奥さんとはまったく違って受け止めていた。彼は、奥さんや子供に尽そうとしていたのである。

家庭問題に心を奪われたジョンの効果性は低下した。家庭のことは家庭内に、仕事のことは職場に留めろとよく言われるが、問題はどちらからも尾を引くの

図11.1　退行サイクルへの働きかけの例

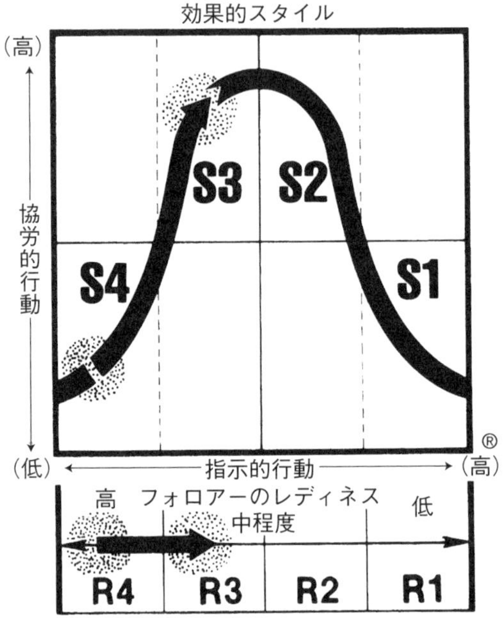

が現実である。家庭の問題は、職場の行動に影響を与えるし、職場の問題は、家庭環境に影響する。ジョンの場合も、まさにそうであった。家庭問題についての心配事が影響して研究スタッフとしてのジョンの仕事振りが、図11.1に示すようにレディネス・レベルのR 4からR 3への退行として現れた。ジョンの仕事では、技術的な能力が強調されたが、心理レディネスの低下が仕事振りにも影響するようになったのであった。ジョンは、家庭問題をどう扱ってよいか、わからないようであった。そこで、ジョンの仕事振りの最大化を図るには、ジョンの上司は、低下したレディネス・レベル（図11.1）に対応するリーダーシップ・スタイルへ、すなわち、スタイル4からスタイル3へ、リーダー行動を変えるべきであった。その結果、指示と構造化の増加と、これに併行した連帯的支援の増強、つまり、双方向意思疎通と積極的傾聴、そして協労的行動の増強の必要が起こったのであった。この段階になっても、この問題は上司よりも当事者本人を悩ましていたが、上司の協労的働きかけは、事態を好転させているようであった。

ジョンが、自分で家庭問題を処理し扱えるようになったら、上司としては、スタイルを一気にスタイル4に戻すことも可能であった。このことは育成サイクルと退行サイクルとの根本的な違いを示している。退行サイクルでは、適切な働きかけが行われたら、リーダーは「プラス強化を使った連続的向上のプロセス」をとらないで、一挙に以前のスタイルに戻ることもできる。部下は、その高いレベルで仕事ができることを証明しているからである。しかし、ジョンの仕事振りが悪化を続けるようなら、状況は明らかにリーダーとフォロアーの両方にとって問題であり、高指示/ 高協労スタイル（Ｓ２）への最終的移行が必要になるかもしれない。

いまひとつ例を挙げてみよう。建設技師のヘンリ－は、プロジェクト・コンサルタントとして働いていた。いろいろなプロジェクトに役立つ専門技能を身につけていたからである。その結果、特定のプロジェクトに縛りつけられることなく、いろいろな箇所で、数種類のプロジェクトにかかわっていた。彼のレディネスは極めて高かったから、上司は、当然スタイル４で彼を監督指導していた。彼の上司は、監督者としてよりも、他の職場との連結ピンとして機能していた。

このスタイルも、ヘンリーがゴルフに熱中し始めるまでは効果的であった。このゴルフという強力な競合誘因の出現で、午後２時以降はヘンリーと連絡を取ることが不可能になってしまった。同僚たちは、彼が別の建設現場に行っているものと思い込んでいたので､上司がこれに気づいたのは何カ月も後だった。上司がついにヘンリーの行動に気づいたときには、現場のいくつかで問題が生じていた。ヘンリーのプロジェクト・コンサルタントとしてのレディネス・レベルは、レディネス・レベル４からレディネス・レベル１にまで、特に午後２時から５時までの間は、低下していたのであった。上司にとって、このレディネスの急激な変化に対応するためリーダーシップ・スタイルをＳ４からＳ１に変えることが適切となった。その結果、職責と彼に対する期待を再確認すべく、「懲罰的指導矯正」介入が必要となった。その介入の結果ヘンリーを悪習から“解凍”することができたので、上司はスタイルを一挙に元のＳ４に戻したのであった。こうした急激な回帰が可能であったわけは、ヘンリーの以前のレディネスが高かったからである。したがって、「プラス強化を使った連続的向上」のプロセスを経て、元の適当なスタイルに戻す必要はなかった。指導矯正においては、元の正しいあり方に戻るようフォロアーの注意を喚起するだけでよいのである。

退行サイクルでの処置は、一度に一象眼（一スタイル）ずつとるべきである。すなわち、相手に委任して自由にやらせ、仕事振りが低下したら、参加的スタイルに移行し、問題の解決を支援してやる。もし、指示を控え支援した（Ｓ３）

にもかかわらず仕事振りが低下した場合には、説得的スタイルに移行し、意思疎通を続け、かつ指示を強める（Ｓ２）。指示的行動と協労的行動の両方をとっている（Ｓ２）のに仕事振りが悪化したら、教示的スタイル（Ｓ１）に移行し、支援的行動を減らして、指示・監督を増やすのである。退行、および育成の両サイクルでは、委任的スタイル（Ｓ４）から説得的スタイル（Ｓ２）や教示的スタイル（Ｓ１）へ、教示的スタイル（Ｓ１）から参加的スタイル（Ｓ３）へと飛躍をしないよう注意しなければならない。リーダーシップ・スタイルを急激に後退させることは、マネジャーがよくやる失敗である。これは“任せておいて（相手が失敗するように仕向けて）、ガツンとやる”管理スタイルであるが、—こうしたやり方が、上下関係を阻害し、相手の成長・向上を妨げる。

育成サイクル、および退行サイクルにおける能力と意欲の関係

「能力は低いが、意欲、ないし確信を示す（Ｒ２）」状態から、「能力は高いが、意欲が弱い、ないし不安を示している（Ｒ３）」状態に移行すること、が果たしてあるだろうか、という疑問が提示されることがある。図11.2が、この疑問に対する答えである。課題に対するレディネスが高くなるにつれて、必要とするリーダー行動も変化する。レディネス・レベル１や２にあるフォロアーは、仕事をうまくこなし、成長するためには、仕事の構造や指導を必要とするのである。さらに、Ｒ１からＲ２に移行するにつれ、課題遂行努力に報いる褒賞や強化因としての（リーダーからの）支援行動を、より必要とするようになる。

フォロアーが、能力が低く不安感を示している状態（Ｒ１）から、能力は低いが確信を示している状態（Ｒ２）へ、移行する現象をよく見ることがある。こうしたフォロアーは、リーダーが傍にいて指示を与えてくれる限り、うまく仕事がこなせる。しかし、成長して自分独りで課題を達成する責任を負うと、初めの何度かは責任遂行にある程度の不安を示すのが普通である。だが、フォロアーがＲ２からＲ３に移行するにつれ、不安感は増大する。これは、フォロアーの「他律的行動の状態」から、「自律的行動の状態」への移行を示している。

読者が、初めて多人数の聴衆に向かって演説しなければならなかったときのことを思い出していただきたい。鏡の前やビデオ・テープに撮って練習したにもかかわらず、おそらくその場に立つまで、ドキドキしただろうし、不安を感じただろう。しかし、何回か成功すると、自分なりにやることに、能力や意欲を感じるようになる。不安感が生じるのは、例えば、トラブルが起こったとき

図11.2　退行サイクルでの意欲と仕事振りとの関係：
育成サイクルでの自信と仕事振りとの関係

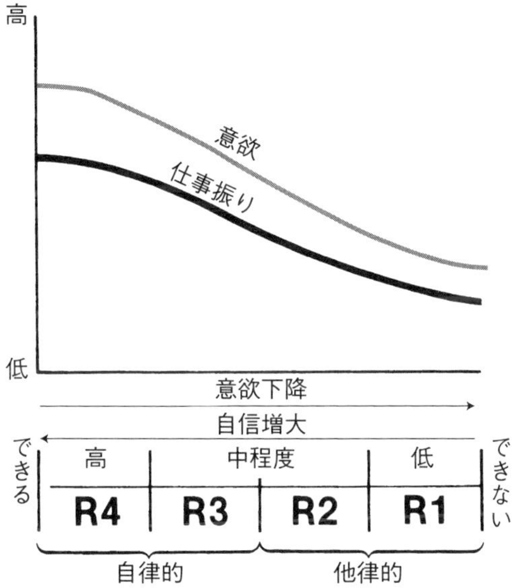

に窮地から救い出してくれるリーダーがそばにいなかった、といった場合である。

図11.2は、能力と意欲の問題をいっそう明確にしてくれる。短期的な仕事振りの悪化は、たいてい意欲の問題である。対象個人や集団の能力が、大きく悪化したわけではなく、問題は能力の“使い方”であり、それが仕事振りの悪化を招いたのである。これは、動機づけの問題であり、能力の問題ではない。したがって、もし仕事振りが悪化し始めたら、おそらくその当人は、上司や同僚に対する苦情、あるいは期待した昇給や昇進が得られなかったことについての会社に対す苦情など、何らかの問題を口に出して、あるいは言外に示しているに違いない。彼の関心は、仕事よりも自分の個人的問題に向けられているのである。なお、家庭に問題があっても、同じようなことが起こる。

図11.2の上に引かれた細い線に示されるように、最初は意欲の減退が起こり、次いで下に引かれたの黒の太い線で示されるように､仕事振りの悪化が起こる。このように意欲の減退と仕事振りの悪化の始まりには、時間のズレがある。また、育成サイクルにおいては、自信や不安感の問題が、心理レディネスの決定に支配的な役割を果たし、退行サイクルにおいては、意欲・関心や献身度が心理レディネス決定に支配的になる。

部下指導矯正上の注意事項

指導矯正が必要となったとき、どのようにやるのが効果的だろうか？ すでに論述したように、その時点のフォロアーのレディネス・レベルに対応したリーダーシップ・スタイルを使うことが大切である。このことは、すなわち、同じ相手でも、場合が異なると、いろいろなスタイルを使うことがありうる、ということである。以下、ガイドラインのいくつかを挙げておこう(2)。

タイミングの良い働きかけ

問題の解決はタイミングよく行わなければならない。働きかけが早いほど、仕事振りの悪化を防ぐ確率は高くなる。働きかけを待てば待つほど、働きかけはより指示的にならざるをえない。結果として、フォロアー側の不安、不満、恨みを残すかもしれない。こうなってくると、たとえ指示的介入が適切に行われても、フォロアーがマネジャーの手から逃げたり、マネジャーが追い出されたりする結果になるかもしれない。

例えば、事務所長メアリーが、全所員の出席率が良くあって欲しいと思っているとしよう。だが、過去３カ月間、データ入力担当のスーザンは繰り返し遅刻している。他の所員たちは、彼女の行動に不満を感じており、メアリーにも苦情を言っていた。メアリーは、スーザンが育児問題を抱えていることを知っていたので、メアリーの行動が改善されるかどうか、しばらく様子をみようと思っていた。２週間経ったが、スーザンの遅刻は相変わらずだった。メアリーは、ついに我慢し切れなくなって、今日こそは厳重に注意しようと決心した。こうなると、スーザンは、“とっちめられた”と感じて、メアリーのことを悪く思うだけで、自分の仕事振りの悪化という本当の問題から焦点がズレてしまう。

もし、メアリーがもっと早く介入していたら、おそらく参画的スタイルで問題は十分に処理できていただろう。しかし今となると、強度に構造化されたスタイルが必要となり、しかもスーザンの恨みまで買ってしまった。これは、指導矯正する場合に陥りやすい落とし穴である。まず、“頭だけ突っ込んで、問題が通り過ぎるのを待つ”という駝鳥式リーダーシップをとる。しかし、問題が通り過ぎなかったら、怒ってフォロアーをとっちめるのである。

介入のタイミングを的確に捉え、相手の現行仕事振りレベルに合せて対応することによって、危機に見舞われて毎回泥縄式に対処するのではなくて、問題に未然に取り組むことができるようになる。

指導矯正は、誤った行動や誤った仕事の後、できるだけ早く行われないと、以後の行動への影響としては、あまり役立たない。マネジャーの中には、“貯蓄型”もいる。部下の日頃のまずい行動を記録しておいて、ある日貯金が一杯になったら、“一切合切をテーブルにぶちまける”のである。年に一度の業績評価まで待つ上司も多い。この年に一度の業績評価を、NIHYYSOB（“Now I have you, you SOB.〔つかまえたぞ、このくそったれ〕”）プログラムと呼んだりする。NIHYYSOB式業績評価を行う上司は、相手の過去数カ月、過去１年に犯した数々の悪業を並べ立てる。その結果、たいていの場合、２人はいわゆる“事実”について口論し、部下は何が悪かったのかわからずじまいで面談を終わってしまう。これは、“放っておいて、突然、ガッツン”方式の一種である。早めに介入していたら、ひとつひとつの行動にひとつひとつ冷静に処理できただろうし、相手もそうしたフィードバックを聴くゆとりがあっただろう。

感情レベルの制御

建設的指導矯正では、育成の場合とは異なった感情のレベルで介入しなければならない。育成的な働きかけでは、フォロアーの現有能力を伸ばそうとしている。したがって、感情を抑え、冷静な調子で取り組むことが望ましい。そういえば、状況対応リーダーシップを理解する上での障害は、「教示的スタイル」が、声を荒げ、怒ることだ、と思い込むことである。実際のスタイル１は、どのようにやるべきかをやってみせてやる、優しく親切なアプローチでもありうる。育成途上の相手を怒鳴りつけ、怒りをぶつけるのは適当ではない。そうしたやり方は、相手を不安がらせ、学習の気持をなえさせるだけである。

他方、フォロアーが自分の能力の活用を避けている場合、建設的指導矯正が望ましく、感情のレベルをある程度上げることも許される。そうすることで、相手の注意を向けさせ、相手の仕事振り上の問題を気にしていると、わからせることができる。しかも、これによって不適切な行動から“解凍”し、当人を変化させることが容易になる。

仕事振りに注目

建設的指導矯正について、次に考えるべきことは、「人柄を攻撃するな―仕事振りに着眼せよ」ということである。相手の人柄を攻撃し、そのために相手が怒り出したら、その相手とうまくやれる確率は下がってしまう。「１週間前にも言っただろ。何をやっても、覚えてられないのか？どうしようもないばかだな」といった具合いに、指導矯正を始めるマネジャーを想像してもらいたい。このようなアプローチは、相手の感情レベルを上げるので、相手は問題に集中できなくなってしまう。話の焦点を、相手の人柄でなく、仕事振りに置くことによって、リーダーもフォロアーも、問題を話し合い、解決を図ることができる。

特定化せよ。準備を忘れるな

仕事振りの問題では、特定化が重要である。一般論で飾り立てないように注意するのである。建設的指導矯正の他の部分ではうまくやれるリーダーは多い。タイミングも良く、感情のレベルも適度に抑えて、しかも仕事振りに焦点を当てながら、レディネスに合ったリーダーシップ・スタイルを使っているのである。ところが、そのリーダーの言い方は、「君はできることをやってないじゃないか。やり直しだ」、といった具合いの働きかけを行っている。相手が理解できないでいると、当惑して、怒り出したりするのである。

こうした一般論で叱っても、仕事は進まない。指導矯正の前に準備すべきであり、問題の解決に役立ちそうな具体的詳細を調べておかなければならない。特定の具体的情報を掴んでいる場合には、指導は、「生産性が14.5％落ちている」とか、「スクラップ・ロスが、6.5％上昇している」あるいは、「プロジェクトZは、5日遅れているが、このプロジェクトの結果は他3部門に影響する」、のようになる。このような具体的指摘があればこそ、リーダーとフォロアーが一緒に解決策を練り上げることができるのである。

著名な経営コンサルタント、ハリー・レビンソン（Harry Levinson）は、このアプローチに賛成を表している。彼は、注意し、指導矯正するための、次の3つの原則を提案している。

1. 言い訳がましく言わない——遺憾や同情を示すのはよいが、言い訳がましく事実や裁定を説明し、そして、厳しい決定（誰もが喜ぶ決定はない）を伝えるのはよくない。
2. 正直であれ——警告を早めに出して、相手が自分自身で直せるように仕向ける。
3. 建設的に進める、かつ、可能なら、相手から提案や示唆を求め、問題の処理に自分自身が関与していると感じさせる。(3)

人前を避けよ

建設的指導矯正に、最後に必要なことは、これを人前で行わないことである。一般的ガイドラインとして、「人前では褒め、問題の解決は個人的に行う」を目安にするとよい。周囲に人がいる中で相手と問題を話し合うと、相手は問題の解決よりも、“やっつけられていると、他人に思われはしないか”どうかを気にしてしまう。問題を個人的に話し合う方が、ポイントを明確に伝えやすいし、相手を問題解決プロセスに集中させることも楽である。

懲罰と負の強化

前述のように、“懲罰”は、否定的反応（マイナスの結果）と受け取られる。懲罰は、マイナス結果を使って、直前の行動を抑えようとするものであり、その行動の再発を抑制しようとするものである。ちなみに、「もし、懲罰と無刺激のどちらか選べるとしたら、誰もが拒否するのは、懲罰である[4]」。懲罰は、そのような懲罰を呼んだ行動を抑制するが、負の強化は、懲罰除去に役立つ反応（行動）を強化する。

では、懲罰と負の強化の例を、それぞれ挙げてみよう。職場のメンバーと情報を常に共有しようと心がけるマネジャーがいるとしよう。しかし、部下の１人のビルがあまり関心を示さず、まわりの仲間とよく喋っている。当然、ビルは情報にうとかったし、マネジャーも焦っていた。そこでマネジャーはビルが喋っていると、話を止めてビルをじっと見つめ、ビルのお喋りを罰することにした。予期しない沈黙（マイナス結果、または懲罰）が起こると、職場の全員がマネジャーの話をやめさせた原因（つまり、ビルのお喋り）に注目するようになった。マネジャーが話をやめ、全員の目が自分に注がれるのは、ビルにとって感じが悪かった（懲罰）。ビルが喋りやめると、マネジャーが話し始め、ビルは聞くことになる。

このマネジャーは、マイナス結果、つまり、懲罰（沈黙と注視）を使って、ビルのお喋りを弱め、抑止したのである。この懲罰は同時に、ビルが話を聞くことに関して、負の強化として作用している。すなわち、ビルへの注目がなくなり、マネジャーが話を続けることで、ビルの聞くという行為を強化しているわけである。罰せられたときの相手の反応は予測できないので、懲罰するときには、細心の注意が必要である。例えば、部下のアルのだらしのない仕事振りを叱ったとする。アルがそのまま引き下がり、悪かったと反省して注意深く働き（負の強化）始めたら、懲罰はうまくいったわけである。このようにうまくいったので、やはりいい加減な仕事をしているメアリーに対しても、このマネジャーは、同じやり方をするかもしれない。しかし、懲罰（叱責）を受けても、メアリーは注意深く仕事をするどころか、仕事振りがいっそう悪くなり、他にも無茶な仕事をするようになった。一方で叱責がアルを立ち直らせたのに、他方でメアリーを問題児にしてしまったのである。

懲罰でいまひとつ銘記すべき重要な点は、懲罰は「してはならないこと」を示しても、「しなければならないこと」は示さないという点である。この点を、ジョン・フーバーマン（John Huberman）は、ずさんな仕事振りや規律違反を懲罰的に処理し続けてきたダグラス合板工場の事例の中で、明快に説明している。[(5)] 懲罰は、好ましくない行動を短い間は抑制するが、長続きしない。この工場では、生産能力を倍増させようと、トップ・マネジメントは工場のシステムを分析し、次の事実が発見して驚いた。すなわち、

> 「"望ましい結果は、ひとつとして見つけられなかった"いままでに罰せられた連中が、相変わらず最低の仕事振りの連中の中にいたし、おおっぴらに敵意は見せないまでも、反抗的であった。そして、彼らの気分は、職場に広く伝染しているようだった。[(6)]」

こうした事実、ならびに「刑務所の入所者の85%が、出所後３年以内に、刑務所へ逆戻りする[(7)]」という事実を知って、マネジメントは懲罰の使い方を真剣に検討し直した。その結果、J.フーバーマンが「懲罰のない規律」と名づけた非常に効果的な新システムを考案した。この新システムの主要点のひとつは、不満足な仕事や規律違反に対する懲罰のアプローチよりも、望ましい行動のあり方を明確に示すとともに、「何をすべきかを示し、職務の要求に応える意思（と能力）があるか否か、また、所属職場の状況の必要を満たす用意があるかどうか」、を当人に決めさせる「６つのステップ・プロセス」を導入したことである。[(8)]

懲罰の後では、指示する必要がある。ひとたび懲罰が行われたらリーダーは望ましくない行動に代わる新しい行動を示さねばならない。そうして初めて、プラスの強化が有効に働き、新しい行動の定着が促進されるのである。

消去（Extinction）

「行動がとられても強化されないと、その行動は消去に向かう」と言われている。懲罰は行動を抑制するに過ぎないが、消去は行動を消滅させる。行動を消去するには、その行動に反応しないことである。例えば、子供がダダをこね

て地団駄踏むと、親の注意を惹くことができ、欲しいものがもらえると思っているとしよう。こうした子供の行動をやめさせたいと思ったら、子供がダダをこねても、（積極的にも、消極的にも）応じてやらなければ、このダダこね行動を消去することができる。ダダをこね地団駄を踏んでも、何も得られないことがわかると、子供は要求の手段としてのこの行動をとらなくなってしまうのである。人間は、プラス（正の）強化につながらなければ、その行動を継続して行うことはない。

消去は、好ましくない行動の除去に役立つが、消去を無目的には使うべきではない。一例を挙げて考えてみよう。だらしない仕事をやっていたアーネストが、ちゃんとした仕事をしたときには、マネジャーが必ず賞賛し（褒賞し）てくれるため、いまでは仕事をキチンとするようになっているとする。ところが、突然、マネジャーは褒賞しなくなった。初め１～２週間は、褒賞されなくとも、キチンとした仕事を続けるだろう。しかし、口では説明しないが、アーネストの行動に変化が現れる。すぐに別の行動をし始める。不注意が増え、ダラしなさが増える。これで否定的反応（懲罰）がなければ、以前のだらしない仕事に逆戻りしてしまうだろう。すなわち、キチンとした仕事と注意深さは、失われてしまったのである。

人間は、外から与えられるか、内面的に与えられるかはともかく、プラス（正の）強化が与えられなければ、物事を続けてやろうとしないものである。アーネストは、注意深く真面目に働くこと自体が楽しいこと、とは気づいていない。マネジャーの指導は、彼の課題レディネス（能力）を高めたが、真面目に注意深く仕事をやっているか否か、をたまに確認するだけでよいほどには、アーネストの心理レディネスは高くなかった（もし、退屈で、打ち込めない仕事なら、そうなる可能性はまずないだろうが……)。

特定行動を消滅させる効果以外に、消去は感情にも影響することがある。例えば、アーネストの場合、ひねくれ、不満が多くなり、同僚と問題を起こす可能性は高くなっただろう。強化や懲罰が留保されて消去が起こると、通常は感情的行動が伴うものである。

子供が悪いことをしているときだけ注意を向ける親は、知らずに子供の行動を消去していることがある。子供がちゃんと行動しているのに、その行動に注意を向けなかったり、向けても大きな関心でなかったりすると、その行動を消去しているのと同じになる。子供が親に注意を向けて（褒賞を与えて）欲しいと思っていると、親には罰としか思えないことでも、耐えることがある。その結果、長い目で見ると、まさにやってもらいたくない行動を助長し、望ましい行動を消去していることがある。

どんな場合でも、リーダーとしては不適切な行動を助長しないよう注意すべきだが、こうしたことは常に起こっている。読者は、泣きわめく子供に飴を与えたことはないだろうか？ 子供は飴をしゃぶって、泣きやむかもしれない。しかし、その子供は次に飴が欲しく（親の関心を惹きたく）なったとき、どうしたら飴がもらえる（親の関心を惹ける）かを知っているわけである―つまり、泣くことである。言い換えれば、読者は、不適切な行動にプラスの強化を与えて助長する失敗を冒したことになる[9]。

この現象は、家庭のみならず、職場でもよく起こる。例えば、仕事の細部まで細かくお膳立てし、ちゃんとやらないと厳しいあるマネジャーの高指示／低協労スタイルに、その職場集団がうまくついてきているとする。ところが、急にこのやり方が効を奏さなくなり、フォロアーは反抗的に、そして筋の通らない要求をリーダーにするようになった。では、リーダーとしては、どうすべきだろうか？ほとんどの人は、「少し厳し過ぎたかな？」と考えて、フォロアーの要求を入れ始める。もっと早く、協労的行動を増やして、高指示で高協労なリーダーシップ・スタイルへ移行すべきだったのだろうか？ しかし、そうすることは、フォロアーたちの望ましくない行動―要求したいことがあると、反抗する―を強化することにつながりはしないか？ 不適切な行動の強化は、概して、いっそう好ましくない行動を強化してしまうのである。

懲罰や消去は、いつ使うか？

著者らが言いたいことは、「要するに、何を強化し、また強化していないのかが、リーダーにはわかりようがない」のだから、リーダーは行動の前に熟慮すべきだということである。特に、懲罰と消去を使う場合はそうである。しかし、望ましい行動の強化に先立って行う不適当な行動の“解凍”には、懲罰や消去が役立つ。懲罰と消去の活用に当たっては、修正の対象となる行動を明確にし、それを何らかの方法で相手（たち）に知らせておかねばならない。いつ懲罰し、いつ無視（強化を控えて消去）するか、を決めるには、リーダーとしては、「望ましくない行動がとられ始めて、どれくらいの期間になるのか」を知らなければならない。もし、その行動が最近とられ始めたものであれば、行動無視（消去）は成功するかもしれないし、相手はその不適切な行動をやめるかもしれない。しかし、その行動がある期間とられ続けてきているものであれば、代わりになる望ましい行動が正の強化の活用を通じて安定化するまで、何らかの懲罰を加えてその行動を抑制する必要があるかもしれない。関連経験の蓄積が多ければ多いほど、その行動は変えにくく、したがって、代わりになる新行動定着化促進のための正の強化が有効に作用し始めるまで、最初の間は働きかけは難しいのである。

行動修正法活用例

高校を卒業したばかりの新入社員トニーの行動を例にとり上げてみたい。トニーは、攻撃的で競争心の強い若者である。入社第1日目に、トニーは職場で、同僚と工具のことで言い争った。さて、「上司として、このトニーの行動をどうしたいのか」、さらに既述の行動修正法の要約も兼ねて、以下に部下の行動修正を図る際にとり得るステップを挙げておこう[10]。

- ステップ1　（まず上司だけで、次にトニーと一緒に）修正すべき行動とそれに代わる新しい行動を明確化する。次いで、トニーが何を正の強化および懲罰と受け取るかを確認する。新しい行動を促進する仕組みを工夫し、そのための正の強化を決定する。
- ステップ2　トニーの行動（工具にかかわる口論）を懲罰し、抑止すべきほど根づいているか、それとも放っておけば自然に消える程度かを見分ける。懲罰が必要な場合、どのような懲罰にすべきかを決める。なお、懲罰が同時に負の強化として作用しやすく、懲罰を逃れるための行動を促進することを忘れず、注意すること。
- ステップ3　トニーの新しい行動を練習させ、新行動を規則的に強化するための仕組みを考案する。トニーの新行動練習が進み、新行動の方が旧行動よりもとられやすくなったら、直ちに断続強化スケジュール（強化と強化の間隔を徐々に長くしながら）に変更し、新行動の消去に対する抵抗力をつける。

以上のステップを検討してみると、上司が一方的に行動修正プロセスを主導し、トニーはそのプロセスに全然参画していないように見えるかもしれない。状況対応リーダーシップによれば、トニーのような経験の浅い新人で、レディネス・レベルの低い相手には、このやり方が適切である。しかし、レディネス・レベルが高くなってきたら、この行動修正プロセスを、双方が協力して行うべきである。

問題と責任の所在―誰の問題？

本章で論じてきたように、有能なマネジャーは部下のレディネスを向上させるだけでなく、レディネス“退行”を容易に察知し、早目に対処して状況を好転させる。では、マネジャーはいかに働きかけのタイミングをつかむめば、よいのだろうか？ 何に着眼すれば、よいのだろうか？

簡単なガイドラインとして、リーダーがフォロアーが抱える問題について部下の誰かから言葉で聞いたとき、ないし非言語的に（部下の仕事振りの観察）フィードバックを得たとき、介入を検討すべきである。「当人が行っていること」と、「リーダー、および当人が起こっていると信じていること」の間に食い違いがあるときに、「問題」が生じる。したがって、当人の仕事のどの部分に着目すべきかを決める上で、問題の確認は極めて重要である。

トーマス・ゴードン（Thomas Gordon）は、自著、『P.E.T.（Parent Effectiveness Training＝親業訓練）』の中で、責任感のある自律的な子供を育てるのに効果的で重要なステップは、子供自身に自分の行動が、親はもちろん、自分にとっても受け入れられるかどうかを判断させることである、と主張している。[(11)] この“受け入れの疑問”に答えが出たら、次にその子の行動に関連して「誰に帰属する問題か？」を明確にするこができる。T.ゴードンの研究は、もともと親や教師を観察することから始まったが、この問題帰属の背景にある考え方は、リーダーが他人の行動に影響を試みる場合には、どのような組織状況においても応用できる。

問題の帰属と状況対応リーダーシップ

次に、状況対応リーダーシップとの関係（文脈）の中で、「問題の帰属」の問題を取り上げてみよう。上司が「問題の帰属」を確認する場合、まず相手のレディネス・レベルを判定し、次いで成功率の高いリーダーシップ・スタイルを確定し、そしてどう相手を指導するか、を決める。これらの要素を総合したのが、図11.3である。

1．リーダーが問題を抱えている場合　この状況では、フォロアーの行動がリーダーにとって問題なのだが、フォロアーにとっては問題ではない。フォロアーは、問題そのものの存在がを知らないので、フォロアーのレディ

図11.3　４種の問題状況

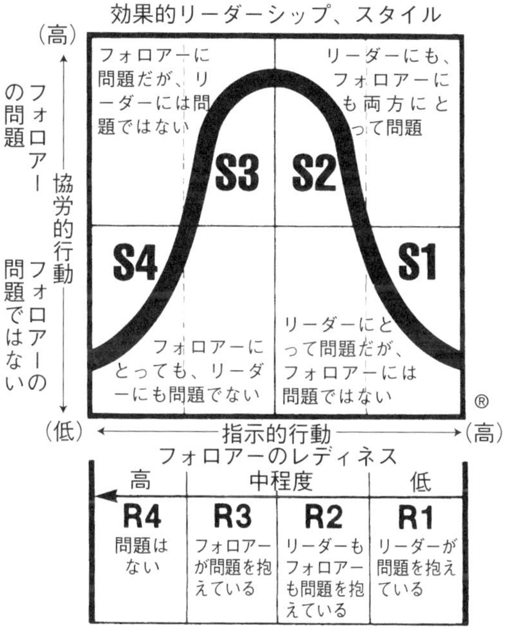

ネス・レベルは、Ｒ１である。この場合、リーダーがとるべき適切なリーダーシップ・スタイルは、「教示的スタイル（Ｓ１）」である。リーダーがこの問題から逃れるためには、フォロアーを指図し、仕事を構造化してやる必要がある。

2．リーダーも、フォロアーも、両方ともが問題を抱えている場合　この状況は、フォロアーの行動が、リーダーにとっても、フォロアー自身にとっても問題と感じられている状況である。この場合、フォロアーにはある程度の指図をする必要があるので、このフォロアーのレディネス・レベルはＲ２である。さらに、この問題はフォロアーにとっても問題であるから、ある程度の上下間の双方向コミュニケーションや協労的行動が必要になる。また、このフォロアーは業務遂行に指示と支援の両方を必要としているので、適切なリーダーシップ・スタイルは、「説得的スタイル（Ｓ２）」である。

3．フォロアーが問題を抱えている場合　この場合、フォロアー自身の行動が問題になっているので、リーダーは問題を抱えていない。また、フォロアーには、リーダーの支援と励ましが必要なので、Ｒ３である。そこで適切なリーダーシップ・スタイルは、双方向的コミュニケーションを促進する「参加的スタイル（S 3）」である。ここで困ることは、このような状況になると、リーダーが問題を「どちらの問題でもない」と捉えがちなことである。リーダーの早急な働きかけがないと、問題はフォロアー、リーダー、そして組織全体にとっての深刻な問題となってしまう。

4．リーダーも、フォロアーも、問題を抱えていない場合　この場合、注意を要する問題はどこにもない。この状況にあるフォロアーのレディネス・レベルは高く、R 4である。また、リーダーは問題が発生しないよう状況をモニターするだけでよいので、最も適切なリーダーシップ・スタイルは、「委任的スタイル（S 4）」である。

上記の考え方が、診断用ツールとして、どのように活用できるか、を若干の例を通して考えてみよう。某大商事会社の社員、ウィリアムの例である。ウィリアムは、常に当社の高い基準に沿って取引を進め、また記録している。ガイドラインに沿って業務を進めているので、彼の業務行動は、リーダーにとっても、会社にとっても、問題ではない。しかし、ウィリアムの行動は、彼本人にとっては問題かもしれない。同職場の親友が、怪しいことをやっており、彼にも加わらないかと、うるさく誘いをかけている。もし、リーダーがこの状況を「自分にとっても、ウィリアムにとっても問題ではない」と認識して、ウィリアムをそのまま放っておいたら、状況は2人にとってすぐに問題になってしまうだろう。職場の同僚の魅力的な誘惑、リーダーによる積極的傾聴や支援の不足、などが原因となって、ウィリアムは同僚に同調するかもしれない。したがって、適切な時期を見計らって、高協労的な働きかけを行わないと、本来は存在しなかった問題を、リーダーは新たに社内につくり出すことになる。

社員の行動がリーダーにとっては問題であっても、社員本人にとっては問題ではない状況では、リーダーは協労的行動をとる必要はない。例えば、「就業時間中に友達が職場へおしゃべりにやってくる」といった問題なら、就業規則でどうなっているか、を当人にリーダーがわからせる（S 1的働きかけ）だけでよい。問題のない従業員なら、そんなことに15～20分も使うことを敬遠するはずである。

また、「誰も問題を感じていない」という、別の状況があるとしよう。例えば、次の日までに、15、20、いや25頁を読んでおくという宿題を、教師が生徒に課したとする。生徒たちは何も言わない。宿題が、大した問題とは感じられていないのである。生徒の関心は、ただ「教師が期待しているものは何か」を知ることにある。生徒たちは、こんなことのために、じっくり話し合おうなどとは思っていない。しかし、もし宿題が100頁だったら、状況は、教師と生徒の両者にとって、すぐさま問題化していたかもしれない。そうなると、教師としては「教示的スタイル」よりも「説得的スタイル」へ転じざるをえないかもしれない。また、教師は意思疎通や話し合いの経路を開くなど、協労的行動をとらざるをえない。宿題の多い理由を説明し、生徒たちを心理的に納得せしめねばならないわけである。例えば、教師としては、「今週、このテーマの専門家の先生が見えます。準備のため、多めの宿題を明日までにやってもらうことにしました。今週は、これ以外には宿題は出しません」、とでも言わなければならないかもしれない。言い換えれば、取引を通じて生徒との関係を維持し、かつ、多めの宿題という決定を納得させようというわけである。

以上の説明と諸例が示すように、状況対応リーダーシップとT.ゴードンの「問題の帰属」の考え方との組合せは、いろいろな状況での適切なリーダーシップ・スタイルの決定にたいへん役に立つ。また、たとえフォロアーの行動がリーダーにとって満足できるものであっても、仕事振りの維持向上のために必要なら、支援や励ましを与えねばならない。もし、フォロアーの仕事振りが、リーダーにとって不満足であるときは、状況改善のために、より以上に指示的な働きかけが必要になる。どこまで指示的であるべきか（単に教示的であるべきか、それとも説得的であるべきか）は、フォロアー自身が「自分の行動を問題と感じているか否か、その問題を自分の抱える問題と感じているかどうか」によっている。もし、相手の成長と向上を助け、相手を自律的な人間に育てたいのなら、自分で考え、自分で解決するように、徐々に仕向けなければならない。

積極的指導矯正

仕事振り基準を満さない従業員や組織（会社）の規則を破る従業員に対する働きかけのための、いまひとつのモデルは、「積極的指導矯正（Positive Discipline）」と呼ばれている[12]。エリック・L・ハービィ（Eric L.Harvey）が考えた従業員指導矯正のためのこのアプローチは、簡単で直截的な３つのステップから成っている。すなわち、

1．口頭で、従業員に注意する

2．文書で、従業員に注意する
3．ステップ1～2が功を奏さなかったら、1日の有給休暇を与える

このモデルは、指導矯正のプロセスから懲罰を除去し、これに代えて適正な職務遂行のための責任を当人に課すものである。最初の2つのステップでは、相手の実際の仕事振りと期待される仕事振りとの具体的な相違、ならびに職務遂行基準を満たさねばならないことの理由の説明に焦点を当てている。リーダーは、職務遂行基準を満たすことの重要性を説明し、相手に仕事振りを修正して職務遂行を満たすことを約束させるのである。従業員は、適切な職務遂行や行動が、本人の責任であって、リーダーの責任ではないことを理解せしめられる。従業員の敵意や自己防衛的反応に対しては、基準からの逸脱の具体的状況と基準達成の必要性について、理性的で大人の説明が与えられる。

もし、その従業員が、最初の2ステップの後も変容しなかったら、第3ステップに進む。決心休暇と呼ばれる1日の有給休暇では、当人はその組織に残りたいかどうかについて考えるよう期待されている。つまり、この休暇は、当人に「解雇ギリギリだよ。どうするつもりか？」を考えさせるものである。また、出勤停止は、状況の深刻さを伝えるものだが、有給扱いであることは、当人の敵意を除き、かつ当人が自分の行動に責任を持ち、また、当人が組織の期待を満たしてくれることを願う組織（会社）の真剣な誠意を示すものである。職場に戻ったら、当人はリーダーに決心を―自己改造と継続就業、または離職について の―報告する。職場復帰後も問題が続くようなら、当人は解雇される。

このモデルは、組織（会社）や管理者には、合理的で適正な基準を設定する―基準からの逸脱の指摘、基準通りに職務を遂行する意思の確認、など―権利がある、という考えに基づいている。この場合、職務遂行責任は、リーダーにではなく、担当者本人に担わされているのである。

本章のまとめ

本章では、フォロアー指導矯正を建設的に展開するための方策について提案した。リーダーは、従来の部下を指揮、統制、監督する職務から離れ、部下たちが自らの足で立ち、厳しい職場の状況にめげず1人ひとりが自らの効果性を高めることを学ぶようリードすべきである。

建設的指導矯正の狙いは、問題の解決を懲罰的な体験と捉えず、これを成長

の機会として積極的に捉えるところにある。したがって、リーダーシップ・スタイルは、フォロアーの現行レディネス・レベルに合わせて使うこと。

- 指導矯正の働きかけは、タイムリーに
- 指導矯正の働きかけにおける感情のレベルは、適切に
- 人柄でなく、行動に焦点を当てよ
- 具体的に、準備を忘れるな
- 働きかけは、個人的に

以上の諸点に留意して指導矯正に臨めば、指導矯正が必ずしも破壊的なものではなく、人間関係維持の重要なよすがになることに気づかれよう。

第12章 効果的関係の構築

部下育成プロセスは、フォロアーのレディネス・レベルの増減、または、向上の段階の高低に合せて、指示的行動量と協労的行動量を増減させながら、リーダーシップ・スタイルを（状況対応リーダーシップ・モデルにしたがって）前後に移動させることである。リーダーシップ・スタイルの変更は、リーダーの側の柔軟性や諸種の状況への適応性を必要とする。だが、すべてのリーダーが、そのように柔軟だろうか？ それとも、柔軟さは２～３のスタイルに限られるのだろうか？ また、リーダーのスタイル上の変化は、フォロアーのリーダーの真意の理解に影響するだろうか？

最初の疑問に関しては、リーダーシップ研究センター（CLS＝Center for Leadership Studies）において、リード診断表（Leader Effectiveness and Adaptability Description＝LEAD）を使い、過去20年にわたって研究されてきている。[(1)] また、第２の疑問に答えようとする試みが、目標による管理制度の効果性を高めるために考え出された「リーダーシップ・スタイル契約制度[(2)]（今日、上下間の対話システムとして広く活用されている）」開発のきっかけとなった。[(3)]

リード診断

リーダーシップ研究センターが開発したリード診断表は、リーダー行動の３

つの面を測定するものである。すなわち、①リーダーのスタイル、②スタイルの幅、ないし柔軟性、そして③スタイルの適合性の３つである。

「リーダーシップ・スタイル」とは、リーダーが他人の行動に影響を及ぼすときに、他人の目に映ったリーダーの行動のパターンである。この場合、他人の見方はリーダー自身の認識と食い違うかもしれないが、この本人の認識は「自己意識」であり、いわゆる「スタイル」とは異なる。リーダーシップ・スタイルの自己認識と他人の認識とを比較することは、本人の認識が他人の認識とどこまで近似しているかによって、実際のリーダーシップ・スタイルと同じであったり、違ったりするので、極めて役に立つ。このような理由から、「リード診断表―自己」、および、「リード診断表―他人」という２種のリード診断表が開発された。「リード診断表―自己」は、対象者がリーダーとしてどのように行動しているかの自己認識を、そして「リード診断表―他人」は、対象者のフォロアー、リーダー、そして仲間、ないし同僚の認識を測定するものである[(4)]。

リーダーシップ・スタイル

長年にわたる研究から、リーダーシップのスタイルについてすべてのリーダーが「第１スタイル（Primary Style）」を、そして多くが「副次スタイル（Secondary Style）」を持つことがわかった。第１スタイルとは、他人の行動への影響を試みる際に、もっともよくとられる行動のパターンである。言い換えれば、好きなリーダーシップ・スタイルである。副次スタイルとは、場合によって使う可能性のあるリーダーシップ・スタイルである。すべてのリーダーは第１スタイルが持っているが、これはつまりすべてのリーダーが、状況対応リーダーシップで言うリーダーシップの４種の基本スタイルのどれかを、他のスタイルよりも頻度高く使う傾向があるということである。しかし、副次スタイルを持たないリーダーも存在するし、３種の副次スタイルを持つリーダーもありうる。

スタイルの幅、または柔軟性

「スタイルの幅」とは、リーダーがリーダーシップ・スタイルを変化させることのできる範囲である。状況に合せてスタイルを変える能力は、リーダーによって違いがある。リーダーによっては、１種のスタイルに限られていることがある。このような柔軟性の乏しいリーダーは、自分のスタイルに合った状況だけでしか有効でないという傾向を持つ。また、リーダーの中には、自分の行

図12—1　指示的行動と協労的行動を使って示したスタイルの幅

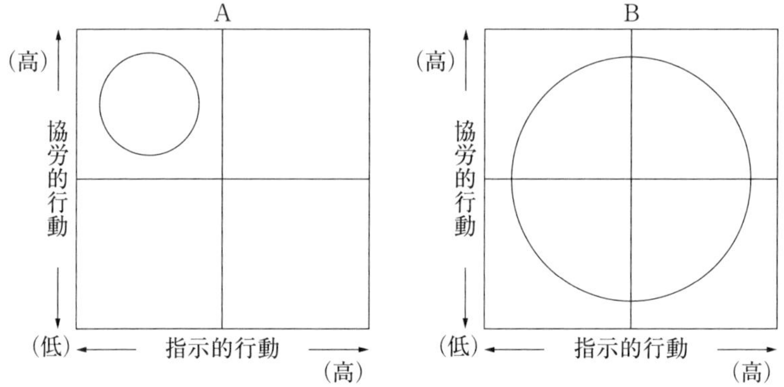

動を４種の基本スタイルのどれにでも合せて修正する能力を持っていることもあるし、２種ないし３種の基本スタイルの幅で行動できる人もいる。柔軟なリーダーは、いろいろな状況で効果的に振る舞える可能性を持つわけである。

リーダーのスタイルの幅は、図12.1のように、指示的行動と協労的行動として示すことができる。図中の円の大きさがスタイルの幅を示している。A図におけるように円が小さい場合には、リーダーの行動の幅は限られている。B図のように大きいと、リーダーの行動の幅は広い。

リーダーシップが揮われる状況は一様ではないので、柔軟性が必要になる。W.J.レディンは、高い柔軟性や低い柔軟性を必要とするいくつかの条件を彼なりの言葉で列挙した。例えば、低い柔軟性を必要とする条件は、下級管理職、確定化した仕事、状況変化の少ない場合などである。他方、高い柔軟性を必要とする条件はその反対で、上級管理職、創造的業務、状況変化が急速な場合などである(5)。

スタイルの適応

スタイルの幅は、どこまでスタイルを変えることができるかを示すものだが、「スタイル適応性」は、どこまで状況に適切にスタイルを変えることができるか、の程度を示す尺度である。では、スタイルの幅とスタイル適応性とを対比してみよう。スタイル適応性を持つリーダーは、自分のスタイルを与えられた状況に適合させて使うことができる。スタイルの幅の小さいリーダーは、自分のスタイルによく適合した状況にいる限り、長く効果的であることができるが、これではスタイルに適応性があるとは言えない。逆に、スタイルの幅の広い人でも、状況のニーズに適合しないスタイルをとると、非効果的である。したがって、スタイル適応性を持つとは言えない。このように、「スタイルの幅の広さは、効果性を保証するものではない。また、スタイルの幅は、スタイル適応性ほどには、効果性には直結するものではない」。

例えば、図12.1のＡ図では、リーダーはすぐれて参加的であり、柔軟性は持たない（狭いスタイルの幅）。だがＢ図では、リーダーは様々な状況を通じて４種のリーダーシップ・スタイルを使い分けることができるので、スタイルの幅は広い。この例では、Ａ図のリーダーは、コーチング・カウンセリングなど、高協労／低指示スタイルが求められる状況では効果的だろう。だが、Ｂ図のリーダーには、いろいろな状況で効果的になれる可能性があるが、Ｂ図のようにスタイルの幅が広くとも、必ず効果的であるとは保証できない。Ｂ図のスタイルが効果的であるのは、リーダーがスタイルを状況に適応させて変化させた場合—すなわち、適応性がある場合—のみである。

柔軟性：すなわち、意欲の問題

リーダーの「診断能力」は極めて重要である。これが適応性の鍵となるからである。だが、多くのリーダーは、「いつどのスタイルを使うか？」よりも、スタイルの柔軟性そのものを気にしがちである。先に挙げた疑問、「果たして、リーダーは、それほど柔軟になれるか？」、「リーダーは、１種か２種のスタイルしか使わない傾向にあるのではないか？」を思い起こしていただきたい。

４種のリーダーシップ・スタイルの使い分けのできないリーダーなどありえないことはわかっている。事実、誰でもこうした行動を日常的に使っているのである。最低１日に１回は、誰かに、何をなすべきかを指示し、密着して監督するだろうし（Ｓ１）、誰かに何をしてほしいか伝え、相手の疑問に答えたり（Ｓ２）、相手とアイデアを出し合って、相手を助けたり（Ｓ３）、また、相手に責任を委せたりするだろう（Ｓ４）。

しかし、ポイントは、４種の基本スタイルの使い分け能力の学習にあるのではない。ポイントは、意欲にかかわるところにある。誰にでも能力は備わっている。だが、相手が学習を望まなければ、どうにもならない。「馬を水場まで連れて行くことはできるが、水を飲ませることはできない」のである。

４種のリーダーシップ・スタイルの使い分け方を学習したいと望むリーダーには、興味深い現象が見られることがわかった。それまでは副次スタイルですらなかったスタイルを新たに覚えると、この新たに覚えたスタイルが、ほとんどの場合、最も効果的なスタイルになる。もちろん、新たに覚えたスタイルの使い勝手は悪いが、これが学習されたスタイルであるため、いちばん効果的なスタイルになるのである。リーダーは、自然なスタイルよりも、学習して覚えたスタイルについて、より多くのことを知っているものである。人は使い勝手のよい第1スタイルなら、知らなくとも、経験で使えるからである。これはリーダーシップ・スタイルばかりではなく、あらゆる面について言えることである。

例えば、あなたがゴルファーで、ドライバーで打つことが好き、しかも上手だとしよう。しかし、あなたは、「ドライバー・ショットは見栄えがするが、勝敗を決めるのはパットだ」と思っているとしよう。そこで、あなたはパットのレッスンに通い始めた。もし、あなたが真剣に努力し、レッスンを受け、練習を積んだら、ゴルフでもこのパッティングが特に得意の武器になることが多い。それでもティー・ショットで、ボールを飛ばすことの方が楽だと感じているだろうが、パッティングを練習したので、パッティングが、あなたのゴルフの強味となっているはずである。

リーダーにも、同じことが言える。第1スタイルは、考えないでも使えるスタイルである。しかし、いちど他のスタイルを意識的学習と練習を経て習得すると、そのスタイルは最も効果的となりうる。したがって、意欲—能力ではない—が、スタイルの柔軟性上の最重要課題なのである。

唯一最善のスタイルは存在するか？

適応性の概念は、適切なリーダーシップ・スタイルを適切なときに揮うことを意味する。正しく状況を診断したにしても、“最善”のスタイルを使う意欲や関心、能力を持たないとしたらどうなるだろう。このリーダーは失敗するに決まっているのだろうか。状況対応リーダーシップでは、それぞれのレディネス・レベルに対して、適合率の高いリーダーシップ・スタイルを示唆してくれるばかりでなく、“望ましい”スタイルを使う意欲や関心、能力に欠ける場合に備えて他のスタイルの成功可能性も示してくれる。なお、４種のレディネスに対する各スタイルの成功可能性は、表12.1に示されている。

表12.1が示すように、“望ましい”スタイルには、常に“次適”のスタイルがある。つまり、最善のスタイルを使うことができなくとも、効果的たりうる可能性は残っているのである。中程度低目のレディネス・レベル（Ｒ２）と中程度高目のレディネス・レベル（Ｒ３）にある相手に働きかける場合には、次適のスタイルが２つずつある。どちらのスタイルをとるかは、相手のレディネスが向上しつつあるのか、つまり、成長サイクル（育成サイクル）の過程にあ

表12.1　各レディネス・レベルに対する成功率の高いリーダーシップ・スタイル

レディネス	最良	次適	3番目	最低
R 1 低	S 1 教示的	S 2 説得的	S 3 参加的	S 4 委任的
R 2 低から中程度へ	S 2 説得的	S 1教示的 または S 4委任的		S 4 委任的
R 3 中程度から高へ	S 3 参加的	S 2説得的 または S 4委任的		S 1 教示的
R 4 高	S 4 委任的	S 3 参加的	S 2 説得的	S 1 教示的

るのか、それとも、レディネスが退行しつつあるのか、つまり、退行サイクルの兆候を示しているのか、で決めることができる。もし状況が良くなりつつあるのなら、「R 2に対して参加的スタイル」が「R 3に対しては委任的スタイル」が次適スタイルになるが、事態が悪化しているのなら、「教示的スタイル R 2に対しては教示的スタイル」そして「R 3に対しては説得的スタイル」が次適スタイルになる。

さらに、表12.1は、教示的スタイルと委任的スタイルのどちらか一方が、常に最低成功率にあることを示しているが、これはこれらのスタイルが冒険（危険）スタイルであることを示唆している。しかし、そうではあっても、これらのスタイルを効果的に使うことが、リーダーにとっていかに重要かを本章の後半で述べることにしたい。

リード診断表の活用

リーダーシップ研究センターの研究員たちが企業を診断するときには、リード診断表が活用される。すなわち、診断対象組織の全マネジャーに、「リード診断表—自己（リーダーシップ・スタイル自己認識確認用）」に記入してもらうのである。同時に、診断対象マネジャーの部下、上司、および適当数の同僚らにも「リード診断表—他人」に記入させる。記入された診断表は、すべてリーダーシップ研究センターへ送付され、分析・採点される。そして、データが分析されたら、全診断対象マネジャーについて「リード・プロファイル」が作成される。このプロファイルを通じて、診断対象管理者は、自分自身で意識している自分のリーダーシップ・スタイルと周囲の人たちが認知する自分のスタイルとの間に差があるかどうかを知る機会が得られる。

「リード診断表—自己」、および「リード診断表—他人」に記入させ、そのデータを分析・採点することの目的は、自己認知と他人認知の間の違いを知ることである。これらのデータを分析し、対象管理者へのフィードバックに関連して、ジョセフ・ラフト（Joseph Luft）とハリー・インガム（Harry Ingahm）[(6)]によって考案されたフレームワークが使われる。

ジョハリの窓

J.ラフト、およびH.インガムら2人によって考案されたこのモデル（Framework）は、「ジョハリの窓（考案者2人の名前の最初の部分を組み合せて命名）」と呼ばれている。われわれは、このモデルをリーダーシップ・パーソナリティ（人格ではない）の説明に使っている。なお、リーダーシップ・パーソナリティとリーダーシップ・スタイルとの違いは、「リーダーシップ・パーソナリティが自己認識と他人による認知の両方を含む」のに対し、リーダーシップ・スタイルには、他人、つまり、上司、部下、同僚が観察したイメージしか含まないところにある。したがって、リーダーシップの特質は、自己イメージに他人が持つイメージ（スタイル）を加えたものであると言ってもよい。

このジョハリの窓によると、リーダーは特定の態度や行動を意識してとることがある。この“意識して”いる領域には、自分がどのように他人に見えているか—つまり、影響の対象となる相手に与えているインパクト—の認識が含まれる。同時に、リーダーシップ・パーソナリティのある部分は、“意識されていない”—つまり、自分がどのように他人に見えているかがわかっていない。このようにわかっていないのは、フォロアーがフィードバックしてくれないからかもしれないし、声に出された、あるいは無言のフィードバックがあっても、リーダーの方が鈍感であるせいかもしれない。

さて、リーダーシップ・パーソナリティは、周囲にいる他人に「わかっている部分」と「わからない部分」の観点から見ることもできる。そこで、自分に「わかっている部分」と「わからない部分」、他人に「わかっている部分」と「わからない部分」を組合せて、図12.2のように4つの部分に仕切られた窓を

図12－2　ジョハリの窓

	自分にわかっている	自分にはわからない
他人にわかっている	パブリックの領域	ブラインドの領域
他人にはわからない	プライベートの領域	アンノウンの領域

作ることができる。

与えられた状況の中で自分にも他人にもわかっている領域は、「パブリックの領域」と呼ばれる。すなわち、その職場の全員（自分自身と周囲の人）に知られている部分である。

自分自身（リーダー自身）にはわからないが、他人に知られている部分は、「ブラインドの領域」と呼ばれる。この領域がリーダーにわからないのは、フォロアーがフィードバックしたがらないか、リーダーが胸襟を開きたがらないか、のせいかもしれない。あるいは、リーダーに、無言・有言にかかわらず、耳を傾ける気がないのかもしれない。

自分にはわかっているが、他人には知られていない部分を、「プライベートの領域」と呼んでいる。この領域が、プライベートであるわけは、この領域についてはリーダー自身が職場の他の人たちに、情報を洩らしたり、発表したりしたくない、と思っているからかもしれない。それとも、他の人たちが、リーダーの無言、有言の声に関心を払わないからかもしれない。

最後の領域、つまり、自分も意識せず、また他人にも知られていない領域は、「アンノウンの領域」と呼ばれる。この領域は、フロイド心理学で言う、潜在意識、または下意識に相当するだろう[7]。S.フロイドは、パ－ソナリティを氷山に譬えた。リーダーのパ－ソナリティのある部分は、水面上（意識表面上）にある―つまり、見えるわけである。見ようと思えば、誰にでも、容易にその大きさ、まとまり、構造、姿が見える。しかし、この氷山の大部分は水面下にあり、探究し理解するための意識的努力を払わなければ、その中身までは洞察することができない。だが、アンノウン（未知）とされるリーダーのパーソナリティの大きな部分が、他人の行動に影響しようとするリーダーの行動にインパクトを及ぼすかもしれないのである。

フィードバック

ジョハリの窓の形成に影響するプロセスが2つある。その第1は、図12.3に示されているような方向に作用する“フィードバック”である。このフィードバックは、職場の周囲の人たちがリーダーに対してオープンに胸襟を開き合いたいと思うことの程度、を示している。これはまた、リーダーの職場の声や無言のフィードバックを聞こうとすることの程度、でもある。

多くのマネジャーが、せっかくフィードバックをもらっても、相手の気持や感じ方について口論してしまって、フィードバックに耳を貸さず、結果的にシャット・オフしてしまう。著名な『親と子の間（Between Parent and Child）[8]』を著したハイム・ジノット（Haim Ginott）とその夫の仕事の一部を担った妻のアリス・ジノット（Alice Ginott）は、「人間は持ちたい感情を持つことを許されるべきだ」と主張した。感情は、耳を貸され、受け入れられるべきであり、行動のみが抑制されるべきである。言い換えれば、人間は誰しも自分自身の気

図12－3　ジョハリの窓におけるフィードバックの効果

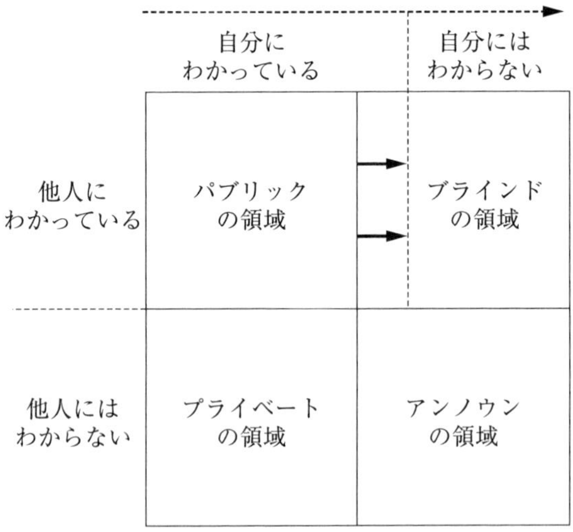

持ちと感じ方については専門家である。「君は、本当はそうは思っていないんだろう」とか、「そりゃあ、君の本当の気持じゃないだろ」、などと、マネジャーたる人は決して言うべきではない。

では、一例を紹介しよう。母親が小さな息子とデパートの中を歩いていると、息子がすばらしい自転車を見つけた。息子は、「わあ、こんな自転車が欲しかったんだ！」と言った。母親は、息子の気持を汲み取ることなく、「おまえはなんて子供なの。クリスマスに新しい自転車を買ってあげたばかりじゃないの。もう新しいのが欲しいって！　そんなわがままは許しませんよ。これからしばらく、新しいものは買いません」ときつく叱った。で、息子は、この経験から何を学んだのだろうか？　息子は「二度と母親に自分の気持を言ってはいけない、言うと叱られるだけ」ということを学んだのである。こうしたことが繰り返し起こったら、母親は息子からのフィードバックを得るチャンスをすぐに失ってしまう、—何という大きな代償だろう！

こうした状況では、母親はどう振る舞えばよいのだろうか。A.ジノットは、息子の願いに耳を傾け、その願いを簡単な言葉で言い換えてやるべきだ、と示唆している。例えば、「欲しいときには、いつでも新しい自転車が手に入ったらいいだろうね」と母親が言えば、息子は間違いなく賛成するに違いない。そしたら、「どうして新しい自転車が手に入れられないのかなぁ？」といった質問をしてみる。息子は、答えを知ってるだろうし、おそらく「クリスマスに新しい自転車を買ってもらったばかりだから」と答えるだろう。そしたら「そうだね」と頷いて、「今の自転車を乗りこなして、そのうちに自転車が小さくて乗れなくなったら、新しいのを買おうね」のように肯定的に話を打ち切ればよい。こうしたやりとりなら、子供は母親に気持を率直に言うことを恐れなくなるだろう。

同じような状況が、どんな組織でも日常的に起こっている。例えば、部下がマネジャーに「火曜の会議は長過ぎましたよ。ほとんど時間のムダでしたね」と言ったとしよう。すると、部下の気持を汲み取って、なぜそう感じるのかを聞こうともせずに、しかも間髪を入れず、厳しい口調で、「時間のムダとは何だ。君のそういう態度が気に入らんのだ。この職場じゃ、あの会議は実に久し振りの生産的な会議だった。君の皮肉なコメントには腹が立つね」とマネジャーがやり返す。果たしてこのマネジャーは、その後、この部下から、続けてフィードバックが得られるだろうか？　おそらくムリだろう。「会社の線」に添わなければ、「気持の表白は、許されない」ということを、この部下は学んだのである。だが、いろいろな意味で「フィードバックは、チャンピオンを生み出す源」だから、こうしたことが起こるのは不幸である。部下からフィードバックが得られないと、マネジャーのブラインドの領域が拡がり、自分の効果性を損なうことになる。

部下の気持や感じ方を表に出させるための、いまひとつの参考に、次のような示唆もある。すなわち、なぜ、知らない人や知人、友人に対するように、部下を扱わないのだろうか？ 例えば、あなたの家のホーム・パーティの招待客のヘンリーが帰宅のとき、帽子を忘れたまま（玄関前に停めた）車まで行ってしまったとする。そのとき読者なら玄関から飛び出して、帽子を振り回しながら、「間抜けだなぁ。帽子を忘れてるよ。いつも、何か忘れるじゃないか。頭も肩に糊付けしとかないと、頭も忘れるんじゃないか」など、と叫ぶだろうか。もちろん、そんなことはないだろう。おそらく「間に合ってよかった。帽子をお忘れになりましたよ」と、言うに過ぎないだろう。そして、これが部下や家族にふさわしい扱いなのである。

部下を尊重することが、気を許して話し合える関係を築くことにつながる。図12.3でも明らかなように、職場のフィードバックが多ければ多いほど、リーダーのパブリックの領域がブラインドの領域へ拡がって、リーダーのブラインドの領域は徐々に縮小されていくのである。

自己開示

ジョハリの窓に影響するいまひとつのプロセスは、「自己開示（Disclosure）」である。これは、自分についての情報を、他の人たちと分かち合うことの程度である、と言えよう。

本書で使う「自己開示」という言葉の使い方は、他の行動科学者の使い方とは異なる。第１に、われわれの言う意味ある自己開示とは、自分自身について表白することではなくて、自分がいかに行動するかについて発表することである。つまり、言葉に意味があるのではなく、その人自体に意味があるのである。他人をよく理解しようと思うなら、相手の行動を通じて、相手の価値観、そして相手の行動が意味するもの、を洞察すべきである。

第２に、「職場内自己開示は、その発表が職場に意味のあるものである限り、適切である」と考える。これは自己開示を常に良いものだとするセンシティビティ・トレーニングやカウンセリングに携わる人たちの一部の人の見方とは、異なる見方である。事実、職場のリーダーやマネジャーにとって、可能な限りオープンに何もかも発表し、それを職場で有効に活用するべきだ、と主張する人たちもいる。過去の数多の組織開発活動の経験から感じたことだが、組織の中での最稀少資源は、時間とエネルギーの２つである。したがって、職場の人たちが自分たちについてすべてを発表し､みんながそうして発表したすべてを､処理・活用しなければならないとなると、組織や仕事の目標を達成するための時間が、ほとんど残されなくなってしまう。自己開示は、組織（職場）に意味のあるものである限り、大切であり、役立つのである。

自己開示の過程で、リーダーが開示する考え方や行動の情報が、職場に関係があればあるほど、パブリックの領域がより大きくプライベートの領域へと拡大し、図12.4に示されるように、プライベートの領域がだんだん縮小する。職場のリーダーと部下の間に、フィードバックと自己開示が並行的に起こっているところでは、面白い現象が見られる。リーダーのパブリックの領域が、ブラインドの領域、およびプライベートの領域へ拡大していくだけでなく、もともとアンノウン（未知）の領域であった部分の一部（リーダー自身にも、他の人にも知られていなかった部分）が、パブリックの領域となって現れてくるのである。

心理治療患者を治療する精神病医は、フィードバックと自己開示の並行が起こる状況を作り出そうとする。これに成功すれば、それまで患者本人と、精神病医の両方にわからなかった患者の行動の原因が解きほぐされ、理解できるようになる。これと同じプロセスについて、C.ロジャース(9)は、コーチング・カウ

図12－４　ジョハリの窓における
フィードバックと自己開示の効果

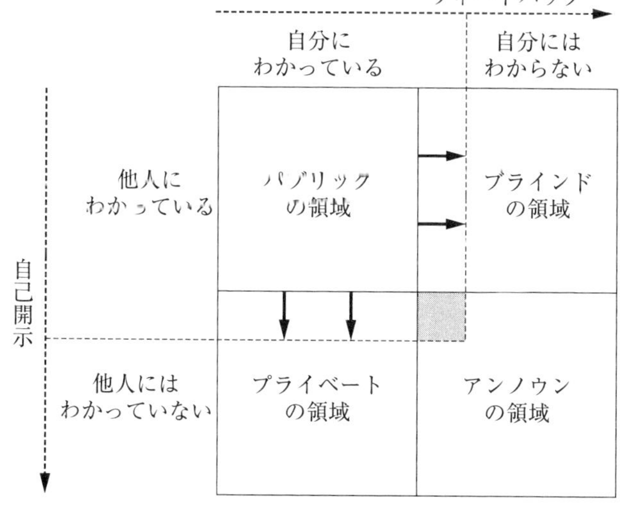

ンセリングに関する自己の著作の中で言及している。

自己イメージとスタイル

職場で診断を行う際、既述のように、「リード診断表―自己」から得たデータは、自己イメージを示している。ジョハリの窓を使って言えば、自己イメージは、当人のリーダーシップ・スタイルについて、当人自身が意識しているものを示し、パブリックとプライベートの両領域にまたがる。このリーダーシップ・スタイルの自己イメージは、「リード診断表―自己」を使って測定することができる。他方、現実のリーダーシップ・スタイルは、他人の認知を示しているわけであり、ジョハリの窓を使って言えば、パブリックとブラインドの両領域を含んでいる。すなわち、リーダーシップ・スタイルは、「リード診断表―他人」を使って測れる。自己イメージ、リーダーシップ・スタイル、そして、ジョハリの窓の関係は、図12.5に示されている。

リーダーシップ研究センターで発見された興味ある現象のひとつに、ジョハリの窓のパブリックの領域の大きさが予測できる、ということがある。例えば、自己イメージと他人が見たもの（スタイル）の間に大きな差があるとき、ジョハリの窓に表れたそのリーダーのパブリック領域は、一般に図12.6に示すように、目立って小さくなりがちである。

他方、自己イメージと職場の周囲の人が持つイメージとの間に大きな相違がないときには、図12.7に示すように、ジョハリの窓に表れるパブリックの領域は、極めて大きい。したがって、リード診断表を使って、職場リーダーシップのジョハリの窓のパブリック領域を、事実上、計測できることになる。

例えば、3部門を担当するあるマネジャーが、A部門に対するフィードバックと自己開示の両面でうまくいっており、A部門でのそのマネジャーのパブリックの領域は、広く開けられている。だが、B部門に対しては接触が少なく、フィードバックや自己開示の機会も少ないとすれば、そのマネジャーのパブリックの領域はあまり開いていないだろう。最後に、C部門では平均的な接触があるものとすると、パブリックの領域の大きさも、平均的と言わねばならない。

リーダーシップ研究センターにおける研究のいまひとつの興味ある成果は、パブリックの領域の大きさとそのリーダーの職場での効果性（有能さ）との間に高い相関が見られることである。たいていの人の場合、その人の職場リーダーシップのジョハリの窓のあり方は、所属職場によって異なるのが普通であり、職場が変わると、その人の効果性（有能さ）も異なることになる。職場ではパブリック領域の広い有能なマネジャーでありながら、家庭ではそれほど有能で

図12－5　自己認識と他人の目で見た自分（スタイル）

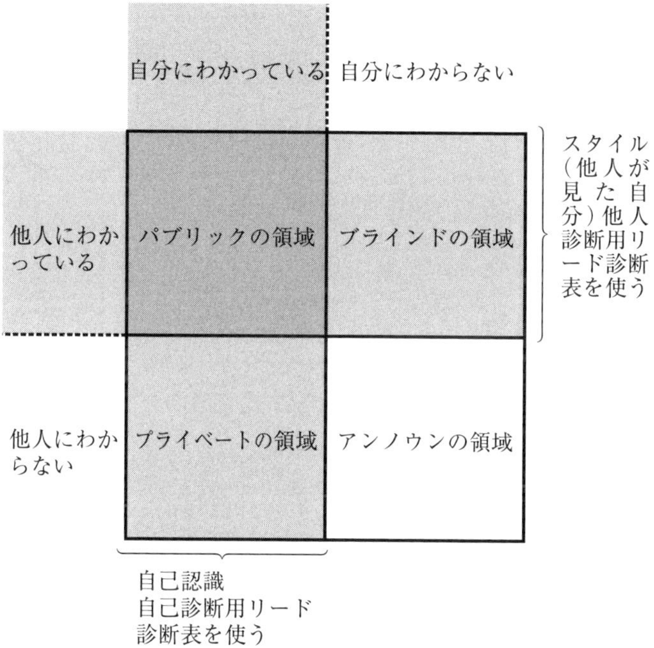

図12－6　認知差が大きい場合のパブリックの領域

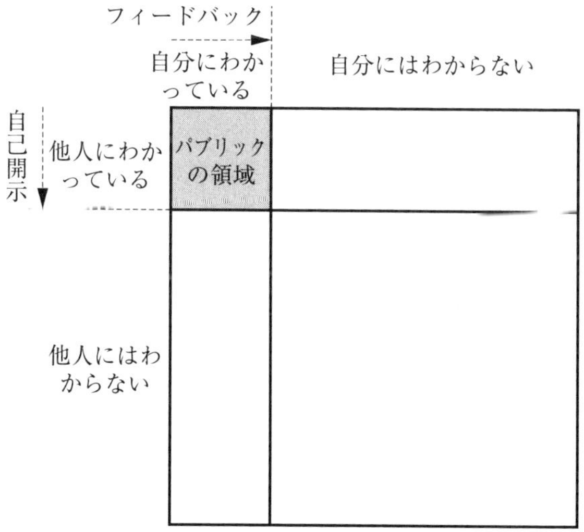

図12－7　認知差の少ない場合のパブリック領域

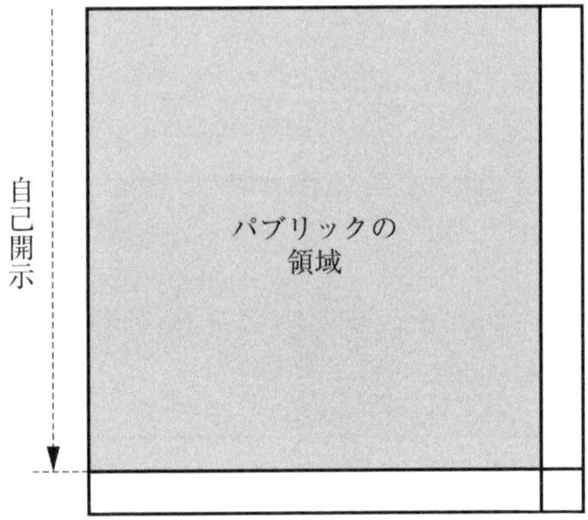

ない人がいるのは、このせいである。こうしたマネジャーこそ、帰宅すると、取るものも取りあえずそのまま新聞を拡げて一杯飲む、というタイプかもしれない。疲れ果てていて、子供や家庭の問題に煩わされたくないのである。そこで家庭では、フィードバックや自己開示は、少なくなりがちになる。このようなマネジャーが、家庭では職場におけるほど対人接触が効果的であるはずがない。そのくせ彼らは、自分では有能だと自負しているから、なぜ自分の子供の成長に効果的なインパクトが与えられないのか、と理解できないでいる。また、家庭ではうまくやっているのに、なぜ職場ではうまくいかないのか、不思議に思っている人もいる。職場の状況は、ひとつひとつが固有のものであり、置かれた状況に何らかのインパクトを及ぼそうと思うなら、その状況に意味のあるフィードバックと自己開示を行う用意が必要である。

マネジャーとしていまひとつ自覚すべきは、職場では、対個人、そして対集団の両面で有効でなければならないことであり、また、それぞれの面に別のジョハリの窓が関係することである。例えば子供の親として、家庭では子供１人１人に個別にかかわるだけでなく、子供全員を家族としてまとめてみてやる必要があることもわかっている。例えば、月１回、子供を交代に食事に外へ連れ出して、１人１人の子供に、何をどこで食べるかの選択の機会を与えることから、子供との接触を始めることもできる。大切なことは、その子供とその子供が抱える問題に注意を集中するための状況を作ることである。競合して反応する兄弟姉妹のいない環境で、（両）親と一緒になると、子供がどれくらいオープンに、フィードバックと自己開示をするかを知ると、読者は驚くに違いない。

このプロセスが、長く繰り返されることによって、１人１人の子供と両親の間のパブリック領域が拡大され、また集団としての家族の中に、フィードバックと自己開示が促される。さらに、家庭の中だけでなく、職場においても、集団として協働する機会を構築すると同時に、１人１人のメンバーとオ－プンな関係を築き上げる必要がある。

遅すぎる？

コミュニケーション問題について読む度に、マネジャーたちは落胆したり、罪悪感を感じたりしているかもしれない。おそらく問題従業員や問題児の１人や２人を抱え、マネジャー、ないしは親として十分なことをしてこなかった、と思っているだろう。しかし、ウェイン・ダイヤー（Wayne Dyer）が、自著『あなたの後悔地帯（Your Erroneous Zones)』でも的確に述べているように、“罪悪感は、無用”である(10)

> 「罪悪感は感情エネルギーのムダ使いである。なぜ？ 罪悪感は、犯してしまったことへの思いであり、いくら悔やんでも、深く悔いることで歴史が変わるわけではない(11)。」

済んでしまったことを、やり直すことはできない。間違いを犯すこともあるだろう。だが、それは昨日のことである。今日、何をするのか？ 今日という日は、リーダーとして、マネジャーとして、そして親としての、これからの人生の始まりである。時間のある限り、状況の転換に遅過ぎることはない。さて、いま“時間”と言ったが、これは重要な要因である。その理由を子供を育てる観点から説明しよう。

子供が幼ければ幼いほど、子供の将来に与える親の影響力は大きい。幼い頃に受ける親からの働きかけは、それまでのその子供の経験の集積の中の比重が極めて大きいので、成長後の同程度の働きかけも同じだけの比重を持つことはない。さらに、行動は強化された期間が長ければ長いほど、その行動はより深くパターン化され、変容が困難になる。だからこそ、子供が成長してしまうと、行動変容により多くの時間とより多くの新しい経験を必要とするようになる。次のように考えてみたらどうだろう。２合の水に食用紅を１滴たらしたら、全体の色を変えるのにそれで十分だろう。しかし、同じ１滴を一升の水にたらしたら、ほとんど色に変化はないということである。

子供が、ティーン・エイジャーになっても、困難ではあるにしても、行動変容は可能である。しかし、こうなってくると、行動変容には時間の有無が問題になる。つまり、子供の行動変容に、どれだけの時間を割く用意があるかである。

極端な例で考えてみよう。ティーン・エイジャーの息子が麻薬を吸っているところを両親に見つかり、そして法的問題に発展したとしよう。両親は何ができるだろう？ ひとつの選択は、従来の放置を悔いて、過去の過ちに対する贖罪に、両親がすべての時間を息子のために費やすというものである。しかし、息子としては、これまでずっと放置されていたのに、突然、注意が注がれるようになったことに憤りを感じるかもしれない。仮に、この突然の関心の集中に、息子が憤りを感じないとしたら、これも時間的余裕の問題になる。子供の欲求には限りがないが、親には限られた時間しかない。したがって、どこまで時間を使うかが、最大効果につながることになる。

親に十分な時間があって、息子の行動（パターン化されて日が経つが）を変容させようとする場合、本書に紹介の考え方から、どこから、どのように手をつけたらよいのか、のヒントが得られよう。親はとしては、たぶん教示的スタイル（Ｓ１）と説得的スタイル（Ｓ２）という時間のかかるスタイルから始めることになる。しかし、根気強く努力を集中することで、息子の行動に何らかの影響を与えることができよう。

親として、自分の子供の１人の行動変容に集中する前に、このことが、自分の他の子供にどんな影響を与えるか、を考えてみるべきだろう。ひとつの問題に全時間と全エネルギーを投入することによって、知らず知らずに他に問題を作り出しているかもしれない。親の全時間が、このティーン・エイジャーの息子に費やされてしまうと、他の子供たちは、両親に時間を割かせるには、問題を起こすしかないと思い込むかもしれない（この親は、こうして結果的に他の子供の良い行動を“消去”しているのであるが、…)。こうして、１人の問題児が、他の問題児たちを作っていく。したがって、常に問題を大きな視野で捉え、時間を配分することが重要である。

マネジャーが、この例から学ぶべきことは、「早めに手を打つ」ことである。仕事の間違いの救援や他人の尻拭いは、困難で時間がかかるばかりか、手遅れになりやすい。

いまひとつの重要点は、マネジャーに「どのようなストレスがかかるか」である。エレイナ・ザッカー（Elaina Zucker）は、左眼背後の頭痛、肩こり、手の震え、—など、ストレスの兆しを、いくつか挙げている[12]。ストレスは、マネジャーの仕事には、罪悪感と同じように役にも立たないばかりか、邪魔になるかもしれない。E.ザッカーは、ストレスの原因—すなわち、照明の不備、特定の従業員、職場への通勤、など—のリストを作り、これらのストレス因が除去、ないし軽減できるかどうかを定期的に検討するよう勧めている。自分がストレスにさらされているという事実を知っているだけでも役に立つ。視点を変え、ストレスに前向きに取り組むことは、ストレスにさらされたマネジャーがストレス軽減に使える強力な武器である。

バーバラ・マッコフ（Barbara Mackoff）が、ストレス軽減の方策をいくつか紹介している。これらの方策には、職場外の友人や家人に手伝ってもらわねばならない。B.マッコフは、家庭への仕事の持帰り、食卓や社交的場面での仕事や専門の話を、意識的に避け、あなたの専門的知識に関心のない人たちを、友人とするよう提案している。「仕事を離れた私生活」を、仕事以上でないま

図12.8　状況対応リーダーシップ・モデル

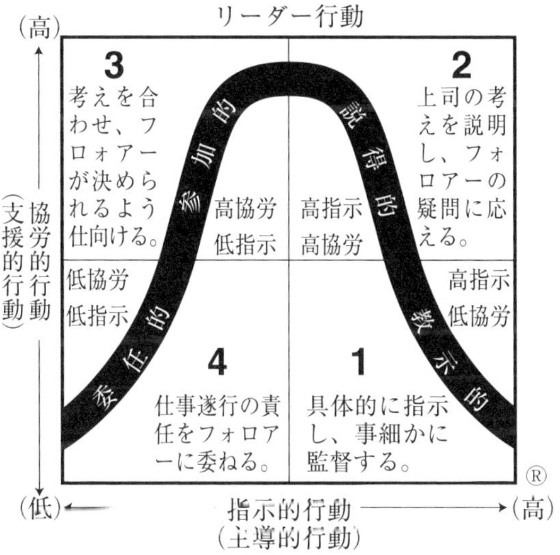

部下のレディネス

(高)	中程度		(低)
R4	R3	R2	R1
高能力で意欲や確信を示す	高能力だが意欲弱く不安を示す	低能力だが意欲や確信を示す	低能力で意欲弱く不安を示す

自律的　　他律的

でも、仕事と同じように大切にし、そのように生活すべきなのである[13]。

リード・プロファイル

前述のように、リード診断表を使って職場組織の中で収集したデータに基づき、マネジャーたちは、「自分のリーダーシップ・スタイルを自分自身が、どう意識しているか？」についてのフィードバックを、他人の見方と対比して得ることができる。だが、その結果、部下たちに、「このマネジャーは、ほとんどの場合、１～２種のリーダーシップ・スタイルのどちらかしかとらない」と思われていることが判明したとすると、これは当のマネジャーにとって、何を意味するのだろうか。

リード診断の例

本節では、リーダーシップ研究センター[14]に集積された「リード診断表―自己、およびリード診断表―他人」を分析して得られた代表的プロファイルの検討と解釈を試みたい。さて、以下のデ－タは、14の文化圏の２万以上のリーダーシップ事例を診断した結果である。ちなみに、ここで「リーダーシップ事例」としたものは、特定状況におけるリード自己診断（リード診断表―自己）とリード他人診断（リード診断表―他人）の両方の結果をまとめたものである。また、これら被診断者のうちの産業界、および教育界からの約2,000人のミドル・マネジャーたちに対しては、面接を行った。そのうちの500人ついては、特に詳細に面談を行った。詳細面談では、当該リーダー本人の自己診断結果、当該リーダーを診断した部下の１人に対する面談結果、さらに当該リーダーのスタイルについてのその部下の判定が、参考にされた

二重スタイル・プロファイル

詳細面談では、いわゆる「二重スタイル・プロファイル」に重点が置かれた。二重スタイル・プロファイルとは、①リーダーシップの第１スタイルが、４つのスタイルの中の２つのスタイルにまたがる場合、または、②第１スタイルと副次スタイルの２つを含む場合、のプロファイルのことである。

さて、以下の「二重スタイル・プロファイル」についての解説を読むについては、自分のリーダーシップ・スタイル・プロファイルを念頭においていただきたい。もし、自分のリーダーシップ・スタイル・プロファイルが、単純スタ

イル・プロファイル（読者が第１スタイルのみを使う傾向を持ち、柔軟性が低い場合）であるとすると、これは二重スタイル・プロファイルの一部だけが表れている、と考えていただきたい。もし、自分が、三重、ないし四重プロファイル（第１スタイル以外に、２つ以上の副次スタイルを持つ場合）を持つと思う場合には、全部の関係する二重スタイル・プロファイルの解説を読んで、これらの内容を編集・総合して読み取っていただきたい。なお、自分を他人の目で見たプロファイルを知らないときには、自分のリーダーシップ・スタイルの認識は、しょせん自己認識以上のものではない―つまり、それだけのことであり、それ以上の展開はない。

柔軟性の幅

幅広いリーダーシップ・スタイルを持つにもかかわらず効果性スコアの低い人たちを調べてみた結果、効果性スコアを上げるのに、彼らの場合、スタイルの幅の狭い人たちの場合よりも、時間が少なくて済むことがわかった。幅広くリーダーシップ・スタイルを駆使している場合には、効果性を向上させるためには、知識と心構えを変えればよいだけ―つまり、診断技能を教えるだけ―だからである。他方、リーダーシップ・スタイルを幅広く使った経験に乏しい場合には、違ったスタイルのリーダーシップを使うと、容易に気持ちが落ち着かないので時間がかかるのである。

状況対応リーダーシップとの関係

以下の二重スタイル・プロファイルの説明の全体を通して、状況対応リーダーシップが絶えず言及される。そこで、図12.8に状況対応リーダーシップの基本枠組をまとめて提示しておこう。

スタイル・プロファイル　１－３

図12.9のように、主としてスタイル１とスタイル３を使う、と診断された人は、「Ｘ仮説Ｙ仮説プロファイル」と分類される。スタイル２および４への柔軟性を欠くプロファイル１－３の人たちは、部下をＸ仮説的、ないしＹ仮説的のどちらかで分類して見る。すなわち、ある種の人間は、怠け者で信頼がおけず、無責任であると思っており、こんな連中を働かせるには、強制するか褒美で釣るか、それとも罰しなければならないので、密着して監督しなければならないと思っている。また、ある種の人たちを、創造的な自主的な人だと好意的に見て、これらの人たちには、連帯的支援を与えるだけで十分だと考えている。

事実、このリーダーシップ・スタイル・プロファイルを持つマネジャーたちと面談した結果、彼らが監督下の部下たちを「好い奴、悪い奴」あるいは「味方、敵方」に分類し話すことが発見された。この点については、面談された彼らの部下も概して同意する傾向にあった。部下たちは、上司に偉ぶることがなく、「味方だ」と思う部下には極めて支援的（Ｓ３）であり、「敵対する部下」には、厳しく監督し、統制的で（Ｓ１）、ときには懲罰的ですらある、とみていた。

このプロファイルの人の面白い点のひとつは、このプロファイルが自己充足的傾向を持つことである。このプロファイルのマネジャーは、中程度のレディネス・レベル（Ｒ２）の部下がつけられると、この部下を中程度高めのレディネス・レベル（Ｒ３）へと向上させるか、低レディネス・レベル（Ｒ１）へと退行させてしまうか、のどちらかになってしまう。このプロファイルのマネジャーは、レディネスの極めて低い部下たち、ないしはレディネスが中程度より高めの部下たちを与えられると、仕事を効果的に進めることになりやすい。

このスタイル・プロファイルの問題は、このプロファイルのマネジャーが嫌いな部下のポテンシャルを伸ばすために、ほとんど何もしないことである。このプロファイルのマネジャーは、嫌いな部下に対して、常にスタイル１（高指示／低協労）の監督を行って、彼らを未熟な状態に押え込んでしまう。彼らのリーダーシップには、育成サイクルを効果的に進めるための「スタイル１とスタイル３の間の中間の行動」が欠けている。同時に、このプロファイルのマネジャーの中程度高めのレディネスの人たちに対するスタイル３（高協労／低指

図12.9　スタイル・プロファイル１－３

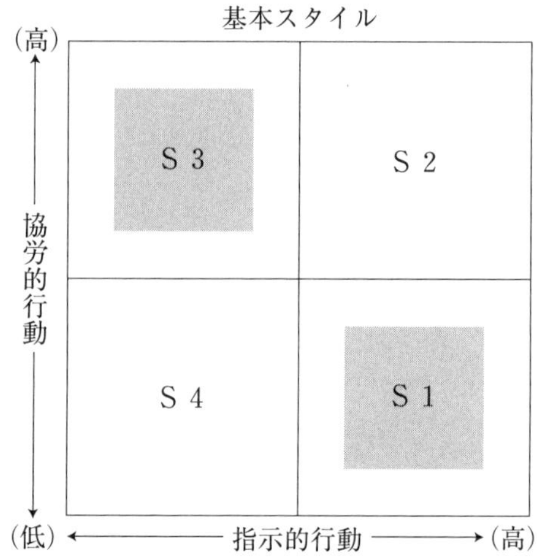

示）のスタイルは、マネジャーへの心理的依存を継続させる傾向を持つ。この種のリーダーは、責任委任を通じて部下を成長させることができないようである。

このスタイル・プロファイルのリーダーの下で働く人たちが、上司がスタイルを変えるときには、たいていの場合、スタイル３からスタイル１へ向けて変えると評しているのは面白い。換言すれば、このリーダーから、日頃、スタイル１で監督指導されているときには、スタイル３の監督を受ける見込みは極めて少ないということになる。だが、スタイル３の監督を受けているときには、スタイル１の監督へ簡単に移行する危険がある。ちょっとした失敗で、このタイプのリーダーは、極めて厳重な指図をするようになってしまうのである。

スタイル・プロファイル　１－４

図12.10のように、主としてスタイル１とスタイル４を使う人は、スタイル１～３プロファイルの「X仮説Y仮説」リーダーに似たところを持っている。だが、個人的な好悪の感情に基づいて他人を選り好みするのではなく、有能さの程度で他人を分類する。面接では、これらのマネジャーは、有能なら放っておくが、無能なら“張り付いて”細かく監督することをほのめかした。

彼らのスタイルは“教示的か、放任的か”のどちらかである。このプロファイルのリーダーは、危機的状態で優れている。問題解決に時間的余裕のない、重大な局面に見舞われた組織での働きかけには、この種のリーダーは打ってつけである。この種のリーダーは、矯正的働きかけに巧みで、危機に飛び込んで急旋回させ､危機下の人々を高いレディネス・レベルへ押し戻すと期待される。だが､「Ｓ１～Ｓ３　スタイル・プロファイル」のリーダーと同様に、このプロファイルのリーダーは低レベルのフォロアーを高いレディネスへ育て上げるスキルに欠けるところがある。

このプロファイルのリーダーが、標準的レディネス分布の職場の責任を持つと、面白いことが起こる。このリーダーは、部下のレディネスを“成熟か、退化か”のどちらかで扱ってしまいやすいのである。その結果、フォロアーのレディネス・レベルは、標準分布どころか、極端に高い（Ｒ４）か、極端に低い（Ｒ１）か、の両端に集まってしまう傾向が生まれる。これも、自己充足的傾向を示すのである。

Ｓ１スタイルとＳ４スタイルは、「冒険スタイル（Risky style）」だ、と考えられている。“冒険”というわけは、これらのスタイルが誤って使用されると、大きな危険を呼ぶからである。例えば、レディネスの低い職場をＳ４で管理し、部下を放置していると、職場が乱れ深刻な問題を生む恐れが生じる。他方、フォロアーが高いレディネス・レベルにあり、しかもＳ１スタイルの働きかけを試みたとすると、部下たちの憤り、懸念、抵抗を買い、マキャベリが言うところの裏切り、転覆、などリーダーの桎梏から逃れようとする試み、つまり恐怖よりも敵意を生み出してしまう。Ｓ１スタイルやＳ４は、冒険スタイルではあるが、リーダーたる役目の効果を上げるためには、リスクをとって、これらのスタイルを状況に的確に合せて使うことが必要である。なお、注意点としては、診断を慎重に下すことである。

Ｓ１スタイル習得の必要は、次の理由から明らかである。第１に、レディネス・レベルの低い相手の特定課題に対するレディネスを伸ばすための当初の働きかけに有用である。第２に、矯正的働きかけを行うのに必要である。他方、達成意欲の充足と能力の最大限活用を通じて、フォロアーに自己実現をさせてやるためには、Ｓ４スタイルが必要になることが多い。

Ｓ４スタイル使用の熟達は、リーダー自身にとっても役に立つ。われわれの職場では、普通、昇進の要件が２つある。そのひとつは、現職において、優れた成績を上げることである。言い換えれば、所属組織のために結果を上げねばならない、ということである。第２の要件は、でき上がった後継者―つまり、自分の職責を即座に継ぐことのできる候補者―を確保することである。こうした完成候補者を確保するためには、マネジャーは、相当な責任を任せ、Ｓ４スタイルで管理できる右腕的な部下を、少なくとも１名は持っていなければなら

図12.10　スタイル・プロファイル１―４

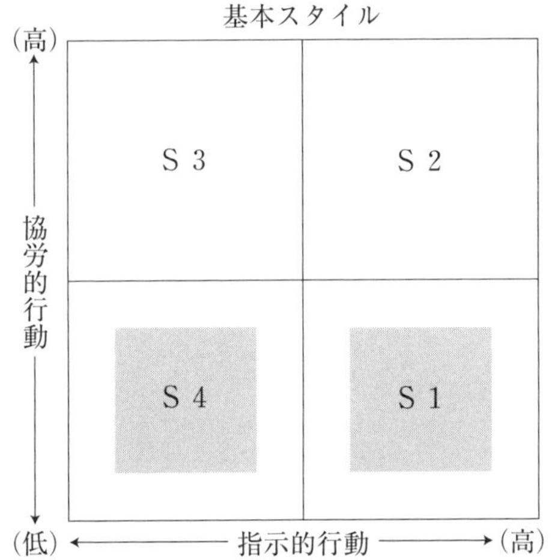

ない。

スタイル・プロファイル　2－3

図12.11のように、スタイル２、およびスタイル３を主として使うことによって、中程度のレディネスの人とは、うまくやっていける。だが、問題児やレディネスの低い職場グループ（Ｒ１）の扱いには苦しむ、また、有能な相手に委任して育てる上でも問題を抱える。アメリカでは、このスタイルが最も多いようであり、教育水準の高い高度に工業化されている国々でも、その傾向が強い。しかし、新興文化圏では、マネジャーたちが、より指示的な形のスタイル・プロファイル（Ｓ１およびＳ２）を持つ傾向がある。

組織内職場の従業員のレディネス・レベルは、Ｒ２～Ｒ３であることが多いので、このスタイル・プロファイル（Ｓ２、およびＳ３）を持つリーダーが、効果的に機能することが多い。組織内職場では概してレディネス・レベルがＲ１やＲ４である人は、あまりいないからである。

Ｓ１スタイルやＳ４スタイルが、“冒険的で危険な”スタイルだとすると、Ｓ２とＳ３スタイルは、“安全な”スタイルということになる。Ｓ２スタイルとＳ３スタイルのどちらも、危機状況はもたらさない。Ｓ２スタイル、およびＳ３スタイル・プロファイルは、レディネス・レベル中程度の人たちを管理するときには素晴らしい成果を上げるが、このプロファイルのリーダーが自分の能力を最高限に高めるためには、必要に応じてＳ１スタイル、およびＳ４スタイルを使いこなすこと、を覚えねばならない。

スタイル・プロファイル　1－2

図12.12のように、スタイル１とスタイル２を主として使う人は、連帯的支援や協労的行動の増減に巧みだが、自分が“采配を揮って”いないと、つまり、指示をしたり命令したりしていないと、気持が落ち着かないようである。このスタイル・プロファイルは、エンジニアから昇進して他のエンジニアの上司となっても、エンジニアの気持が抜け切らない人、セールスマンから昇進してセールス・マネジャーになっても自分でセールスしたがる人、教師からマネジャーへ昇進した後も子供たちに指図したがる人などに見られるようである。これらのリーダーは、面接を通して“乃公《だいこう》出ずんば…”と、しゃしゃり出る姿勢を示すことが多かった。この性向はややもすると、自己充足的に具体化されてしまう。

スタイル・プロファイル１―２は、低めから中程度のレディネスを持つ相手

図12.11　スタイル・プロファイル2―3

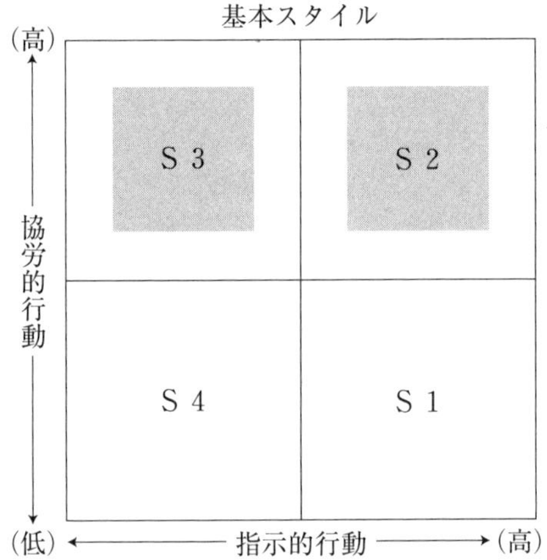

に有効に機能する。製造工場や生産職場のように、生産量に対するプレッシャーの大きい職場に置かれたマネジャーや時間が極度に切り詰められた切迫した危機的状況にさらされているマネジャーの場合には、このスタイルが有効であることが多い。しかし、危機が去り、時間的切迫さが薄れてくると、このスタイル・プロファイルのマネジャーは、部下を十分に成長させることができない。そして、スタイル3―スタイル4のリーダーシップの適切な使い方を習得するまで、この問題は解消されない。

スタイル・プロファイル　2－4

図12.13のように、主としてスタイル2と4を使う傾向のある人は、概して第1スタイルとしてS 2を、副次スタイルとしてS 4をとりやすい。このスタイル・プロファイルは、連帯的支援（協労的行動）に満ちた環境の中で人間的接触を保ちながら、指示的に振る舞わないと気持が落ち着かないマネジャーに特徴的である。この種のリーダーも、稀に全面的に委任できる相手を見つけることがある。しかし、こうして全面的に委任しても、相手が委任に応えられないかもしれないし、その相手も、日頃からリーダーから指示され、支援されることに慣らされているため、委任に応えられないかもしれず、リーダーに助けを求めるかもしれない。「スタイル・プロファイル2―4」のマネジャーが、委任に失敗しやすい理由は、スタイル3を経ずに、スタイル2からスタイル4へ移行することにある。では、例を挙げて考えてみよう。

図12.12　スタイル・プロファイル１―２

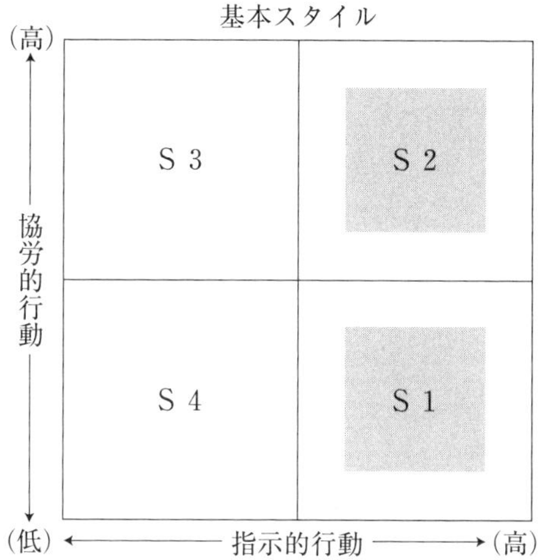

マネジャーのマックは、日頃から教示的に密着した監督（高い指示的行動）を行う傾向を持っているが、読者をこのマックの部下であると仮定しよう。読者はマックとオープンに話し合えるし、そうした意思疎通を通じて、マックから連帯的支援（高い協労行動）を強く受けているとする。ある日、マックが読者のところへ２～３のプロジェクトを持ってきて、「２～３週間以内でやってもらいたい」と言ってきた。そして、マックとは２～３週間は会うことができない。こうなってくると、このマックのやり方は、読者にとっては、“褒賞”というよりは、“懲罰”の感じがするに違いない。「なぜ、こんなに仕事を置いていくのだろう。しばらく会わないはずだけれども、俺のことを気にかけてくれないのかなぁ」など、と考えることだろう。このようにスタイル２からスタイル４へ、突然に移行するのではなくて、このスタイル・プロファイルのマネジャーは、―委任的スタイルを効果的に使いたいのなら　“説得的（Ｓ２）”リーダーシップから、“参加的（Ｓ３）”リーダーシップを経て、“委任的（Ｓ４）”リーダーシップへ移行することを学ぶべきである。

先の例で、もしマネジャーのマックが、このやり方（Ｓ３）をとったとすると、マックは読者を励ましながら、よい仕事をやっていると褒め、読者を信頼していること、そして読者が責任が増えてもやっていける能力を持つと信じていること、などを述べただろう。その上で、いくつかのプロジェクトを提示して選択できるようにして、興味あるプロジェクトを選ぶ機会に参画させてくれたはずである。すなわち、マネジャーのマックは、このようなやり方で、スタイル２からスタイル３（参加と支援的行動）へ移行したことだろう。そして、マネジャーは「このプロジェクトは、君独りでやれると思うね。問題があったら、電話してくれ」と一言加えたかもしれない。このようにマックは、スタイル２から、支援的・協労的行動（Ｓ３）を経て、委任（スタイル４）へ移行したとすれば、このマックのやり方は“懲罰”とは見られず、“褒賞”と受け止められたことだろう。

図12.13　スタイル・プロファイル２―４

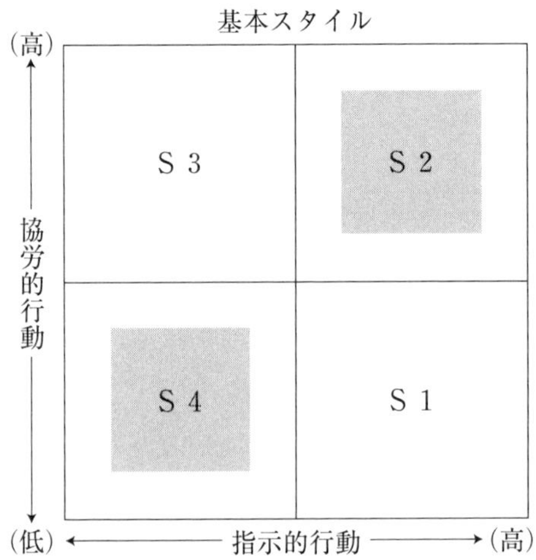

スタイル・プロファイル　３－４

図12.14のように、主としてスタイル３、および４を使う傾向のある人は、連帯的支援行動（協労的行動）を増減する能力を持つことが多いが、他人の行動のためのお膳立てや指図を苦手とすることも多い。したがって、このスタイル・プロファイルは、レディネスが中程度高め、ないしレディネスが極めて高い相手に接するときにはよいが、レディネスが退行しつつあるために矯正的指導が必要となっている相手や成長（育成）サイクルの初期にあり指示を必要としている未熟な相手に接するときには、問題を起こしがちである。

調査を通して、「スタイル・プロファイル３―４」が、ある種の個人、または集団に特徴的であることがわかった。すなわち、“上から”の指示をあまり必要としない老練で有能なスタッフに恵まれた組織の優秀なトップ・マネジャーの特徴であることが多い。また、センシティビティ・トレーニング、パーソナル・グロース・グループ、ラボラトリー・トレーニング、などに深く傾倒するマネジャーたちにも、このリーダーシップ・スタイル・プロファイルが特徴的に見られる。これらのマネジャーは、ややもすると、組織の目標に貢献的かどうかよりも、“人々がどう感じるか”など対人関係プロセスにより深い興味を示す。また、人文科学系教育で研究し、これに携わる人も、このスタイルを示すことがある。例えば、このプロファイルの教師は、子供の学習活動を指示、統制する方式よりも、“生徒中心”で進める教育方式の方を喜ぶ。だが、子供には自分で学習を主体的に方向づける準備がないことが多いから、いつでもこのスタイルでやっていると問題が生じる。事実、親の一部には、今日の子供が大人―学校では、先生、家庭では、両親―に対して、あけすけに話し、打ち明け、そして隠そうとしない反面、「読み書き、そろばん」など基礎的技能に欠けることが多い、と苦情を言う人もいるが、こうした基礎技能教育の初期段階には、対人的技能と技術的技能の両方に力を入れた教師の側からの教示的行動が必要なのである。

調査を通じて発見された100例以上にも及ぶスタイル・プロファイル３―４グループは、主要ミドル・マネジメント職位に昇進せしめられて間もない女性たちに多い。これらの女性に面接してみてわかったことは、トップが彼女たちに「教示的（Ｓ１）」、ないし「説得的（Ｓ２）」リーダー行動をとる体験を、それまでにあまり与えていなかったという事実であった。言い換えれば、これらの女性は、職場で指示・指図する経験をほとんど積んでいなかったのである。彼女らが、過去に他人に影響するために試みてきたやり方は、連帯的支援の増

図12.14　スタイル・プロファイル３―４

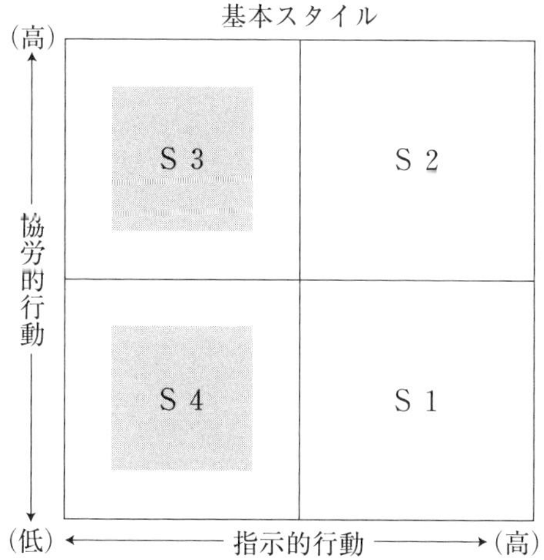

減・調節に限られてしまっていた。訓練の場に限られた発見だが、ほんのわずかの訓練を行うだけで、彼女らが急速に他のスタイルをも使いこなせるようになることがわかった。彼女らに、このような新しい行動様式をとらせるには、状況対応リーダーシップのような考え方を紹介するかどうかだけの問題なのである。悲劇的なことだが、女性や他のマイノリティ・グループは、マネジメント的地位に就くことを制約され、昇進に先立ってこうした訓練を受けることが少なかった。だが、彼らもまた、指示・監督を必要とする人たちと、日々接している。もし、彼らが初めから、高い支援的スタイル（Ｓ３）を示したとしたら、後で適切であるとわかっていても、他のスタイルを使うことが難しくなる。

管理スタッフ活用の最大化

フェリス・シュワーツ（Felice Schwartz）は、ハーバード・ビジネス誌に次のような一文を寄せて、女性にもっと機会を与えるべきだという主旨を強調した。「もし、女性たちが、男性のように賢明で、有能で、能力を使いたいと望んでおり、読者らが“信じる”と言っていることがすべて真実なら、なぜ社長や副社長などトップ二階層が、ほとんど例外なしに男性で占められているのだろうか？ 何が正しく、何が正しくないかの議論はさておき、意識したもの、無意識のものを問わず、性差別の代償をどれほど支払っているのだろうか？[15]」

1．トップに、ベストの人材を動員していない
2．組織内各層での人材活用が行われない
3．従業員の大きな部分を、“お荷物”にしてしまっている
4．女性たち１人１人のなしうる貢献に、蓋《ふた》をしてしまっている
5．家族介護・維持に役立ちたいと願う有能な人たちを、尊重していない
6．従業員募集・採用の費用をムダ遣いしている
7．職場に入った優秀な女性に対する誘導灯の設置を行っていない
8．巨大な機会を有効に活用していない

この新しいアプローチは、経済的理由や物事の筋道の点からいっても、株主の半数以上を占める女性たちの心に訴えるだろう。企業イメージも改善されるだろうが、これも重要な点である。今日では、企業は自社製品で競争するばかりでなく、経営理念でも競争しているからである[16]

成長、発達に対する含み

組織構造の最下層レベルから､いわゆるトップ・マネジメントを見てみると、有能なマネジャーは、各階層で異なった基本スタイル・プロファイルを持つ傾向にあるようだ。こうした一般的傾向の検討に先立って、「各階層のマネジャーは、それぞれ特定の基本スタイル・プロファイルを持つだろうが、その上で有能なマネジャーは、スタイルを適切に使いわけている」という点を指摘しておかねばならない。ちなみに、この点は繰り返し指摘してきているが、それほどに強調されるべき点なのである。

組織の低階層で有能なマネジャーは、スタイル・プロファイル（Ｓ１―Ｓ２）を示す傾向にある（図12.15参照)。その理由は、これら低階層のマネジメント（企業では、フォアマン、第１―２線監督者、など）の場合、成果を上げること―すなわち、生産性が強調されるからである。だがマネジメント階層のいま一方の端においては、有能なトップ・マネジャーは、スタイル・プロファイル（Ｓ３―４）をとることが多い。“参加的、もしくは委任的”行動をとりやすいのである。これは、マネジメント階層を昇るにつれて、監督下の部下の職責上、レディネスが高いことが多いからである。したがって、組織階層を上へ登るにつれ、低階層で有効であったスタイル（スタイル１、およびスタイル２）とともに、スタイル３やスタイル４を使うことを学ぶようになる。このように、製造会社組織の研究を通して、第一線監督者の場合、基本スタイルがＳ１で、副次スタイルがＳ２であることが適当である一方、彼らが昇進すると、基本スタイルがＳ２で、Ｓ１とＳ３が副次スタイルである方がもっと適当であることが

図12.15　マネジメントの各層の適応リーダーシップ・スタイル・プロファイル

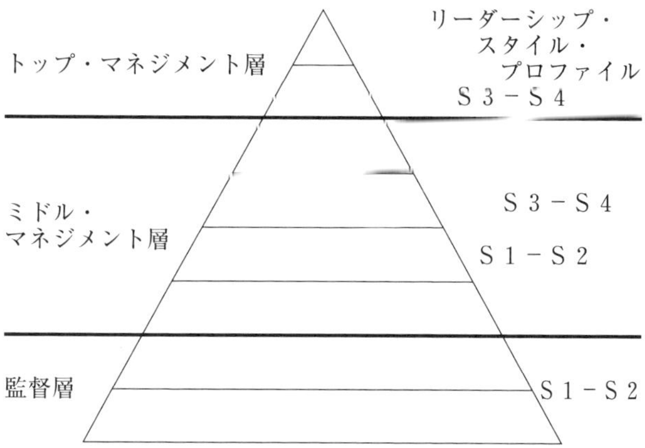

発見された。昇進後の職位では、もはや時間給現場労働者を監督する立場ではなく、監督者の上司になったからである。

マネジメント階層の視点から見て、いまひとつ面白い現象は「２足のワラジ」を本当に必要とするのは、ミドル・マネジャーだ、ということである—すなわち、彼らには高い柔軟性が必要なのである。彼らは、必要に応じ指示性の強いＳ１的介入やＳ２的介入を行わなければならないと同時に、必要に応じ“参加的（Ｓ３）”スタイルや“委任的（Ｓ４）”スタイルをもとらなければならない。この現象を、ピーターの法則に照らしてみると面白い。

ピーターの法則では「組織では、すべての従業員が、無能のレベルまで昇進する」という[17]。リーダーシップ研究センターで行った研究では、これは法則ではない。つまり、普遍的真理ではないのである。事実、昇進に先立って、必要な教育訓練を通じて、抗ピーター法則ワクチンを注射しておくこともできる。昇進後の教育訓練よりも有効なのは、責任委譲を喜んでやってくれ、昇進に必要な経験をオン・ザ・ジョブで与えてくれるようなボスにつくことである。いまひとつ加えると、本当の意味での法則ではないのに、この現象の起こる頻度が大きいので注目に値する。人々が無能のレベルに達する傾向は、確かに存在する。調査中、職務で問題を感じている人たちを面接すると、たいていの場合、彼らは必要な専門的能力や概念化能力を備えていた。多くの場合、彼らの無能さは、対人的能力に欠けることによっていた。自分たちのリーダーシップ・スタイルを、新しい状況に適応させることができないというケースが多かったのである。

こうした柔軟性の欠如は確かに起こるが、いろいろな状況の、いろいろな文化圏のマネジャーたちを研究したところ、若干の状況対応リーダーシップ訓練を行うと、例外なしに柔軟性（適応性）の拡大を希望するようになり、また拡大しうることがわかった。新しいリーダーシップ・スタイルを効果的に使いこなせるようになれるのである。この場合の重要な目安は、意欲の有無—つまり、柔軟になりたいと望むこと—である。意欲がある限り、たいていの人にスタイルの幅と適応性を拡げる能力が備わっている。この考え方は、われわれのやり方とこの分野の他の人たちの考え方—例えば、F.E.フィードラー[18]らと異なる重要なポイントである。F.E.フィードラーは「リーダーのスタイルが状況に適合していない場合に本当に必要なことは、リーダーを変えるか、リーダーのスタイルに合うように状況を変えるかである」と主張する。このアプローチには、人間性をＸ仮説的に捉えている節が窺われる。だが、我々の研究は、Ｙ仮説的に立って人間を扱うことに大きな可能性がある、と示唆している。確かに柔軟性の欠如は起こるが、いろいろな状況や文化において、状況対応リーダーシップ・トレーニングを受けると、ほとんど例外なく、マネジャーたちはスタイルの幅と適応性を拡大しようとする意欲と能力を抱くようになる。

この項を終わるに当たって、ひとつの結論を述べておくと、今日起こっている組織見直しの主な結果は、ミドル・マネジメントの圧縮である。この圧縮、ないし縮小により、トップ・マネジメントと第一線管理層の役割の拡大が起こる。トップ・マネジメントと第一線管理層の基本的役割は、Ｓ２とＳ３へ向けて拡大している。しかし、繰り返して言うが、「すべての階層を通じて、効果的なマネジャーはすべてのスタイルを適切に使い分ける」を忘れてはならない。

チーム・ビルディング

マネジャーの行動の幅が限られている場合、柔軟性を増強（自分の本来の行動特性を変えることなく）する方法の１つは、自分の周囲に集める人を注意深く選ぶことである。リーダーが主要フォロアーとして、重複するリーダーシップ・スタイルの者よりも、補うスタイルの者を注意深く選んで引き入れれば、そのリーダーの組織は遭遇するいろいろな状況に対応できる幅の広いスタイルを潜在的に持つことになる。人間的葛藤を避け、かつ相互の特性を活かして助け合うには、お互いのスタイルが少々違っていても、互いに役割を知り、同じ目的・目標を持つ部下を選ぶことが大切である。

マネジャーのリーダーシップ・スタイルを誰が決定するか

本章初めに次のような問いかけをした。「リーダーがいろいろスタイルを変えることは、フォロアーのリーダーの意図の受け止め方に影響するか？」がそれであった。我々の経験では、リーダーが主なフォロアーと状況対応リーダーシップを共有し、フォロアーに何が期待されているかを理解させるのが早ければ早いほど、この点は問題ではなくなる。こうなると、スタイルを決めるのが、マネジャーだけではなくなるのである。スタイル決定に、主要部下たちも重要な役割を果たすようになる。上司が状況対応的に行動していないと、部下たちは自分たちに対するリーダーシップ・スタイルは（上司によってだけでなく）自分たちの“行動によっても”決められるのだと気づく。したがって、マネジメント・チームの全員が状況対応リーダーシップを知っているようになると、主要部下たちは“どうなると、マネジャーの介入が回避できるか”も知るようになる。つまり、誰もが適切と認めるやり方で―責任ある仕事を適切にすればよい。そうすれば、マネジャーは支援的（Ｓ３）、あるいは委任的（Ｓ４）に扱ってくれると理解するようになる。だが、成果を上げられず、また責任ある行動がとれなければ、マネジャーがもっと密着して監督するであろうことも承知するようになる。なぜ、マネジャーがそのような扱いをするのかも理解できるし、マネジャーにもっと支援的に扱ってもらう方法もわかっている—つまり、責任ある行動をとる—のである。しかし、このやり方は、不都合、不評はともかく、上司たるマネジャーに一貫性（つまり、同一状況では、常に同じように相手を扱う）があってはじめて効果的だということを忘れてはならない。
このように状況対応リーダーシップは、職場の上司と部下の間でお互いの期待を理解し合い、共有を図るためものである。期待されていることがわかれば、自分の行動を自ら監督することを徐々に学ぶこともできるし、責任を持つことのできる自主的人間になることもできる。

リーダーシップ・スタイルの契約

主要フォロアーと状況対応リーダーシップを共有し、フォロアー全員の（“ジョハリの窓”の）“パブリック”の部分を拡げるための、リーダーシップ研究センターが開発したプロセスは、「リーダーシップ・スタイルの契約」と呼ばれる。このプロセスは、「目標による管理（MBO）」を補うものとして役に立つ。

過去数十年に開発されたすべて経営管理理念や手法の中で、目標による管理（MBO）ほど広く関心を呼び起こしたものは少ない。MBOは、参画的経営技法として理論的には極めて大きな可能性を秘めているが、実践上の問題が生まれている。その結果、多くのMBO実践の試みがなされてきているにもかかわらず、実践がうまくいかない。結果として、MBOを論じた理論家やこれを実践した実務家たちが期待したほどの成功物語が聞かれない。その理由のひとつは、フォロアーの目標達成を促進させるはずのリーダーの役割が、MBOでは明確にされていないからである。

MBO実践プロセスを通じてよく起こるのだが、いったんリーダーとフォロアーが目標を検討し合意してしまうと、フォロアーの目標達成の促進に関しては、リーダーは適切なリーダー行動をとったり、とらなかったりする。例えば、フォロアーに完全に委せてしまった場合、リーダーは次の中間指導のときまで、この低協労／低指示リーダーシップ・スタイルが、フォロアーが経験している領域では適切であっても、未経験で技術を持たない仕事では不適である、などを探知することができない。逆に、目標を話し合った後、リーダーが絶えずフォロアーのまわりをうろついて、部下に指図をしたとすれば、この高指示／低協労スタイルは、独りでやれる仕事を扱っている部下には不満の種になる。つまり、上司がひとつのスタイルに固執した場合に問題を起こすのである。

“契約プロセス”を追加

状況対応リーダーシップに従って言うと、リーダーとフォロアーが目標について合意し、達成の契約を結んだとすると、論理的に言って次のステップは、個々の目標を達成する過程を通じて、どのようなリーダーシップ・スタイルをとるかを協議・合意することである。例えば、その年度の目標として、リーダーとフォロアーが５つの目標について合意したとする。この同意ができたら、次のステップはリーダーシップ・スタイルについての協議である。似たような目標を何度も達成してきた経験済みの領域では、合意し、契約するリーダーシップ・スタイルは、フォロアーに大きな自由裁量を与えるものだろう。この場合、リーダーの役割はフォロアーの仕事に密着して指示・監督することではなく、目標達成に必要なリソースを確保・保証してやることであり、他のプロジェクトと当人のプロジェクトとを調整してやることである。また、当人は未経験だが、リーダーには経験のある領域で、別の目標が与えられているかもしれない。この場合には、上下の間で、仕事の進め方、方針、リーダーが行うべき指導の程度など、フォロアーに仕事が理解できるまで話し合わなければならないかもしれない。また、時期が異なると、関係特定課題に対するその時点のフォロアーのレディネスに合った異なったスタイルのリーダーシップが、適当になるかもしれない。

リーダーシップ・スタイルを協議するについては、２つのことが強調されねばならない。第１に、契約はオープンでなければならない。一度、特定目標達成のためのスタイルが合意されても、後日、双方どちらからも再交渉を持ち出すことが許されねばならない。例えば、特定業務について、リーダーの指示がないことが、現実的でないと思うかもしれない。そこで、フォロアーはリーダーに再交渉を申し入れ、指示の増加を求めるための話し合いを設営する。リーダーもデータを集め、その仕事についてフォロアーに使っているスタイルが、結果を上げていないことに気づくかもしれない。そうなると、リーダーからスタイル変更の再交渉を申し入れることもできる。

第２に、リーダーシップ・スタイルについて上下が交渉することは、目標不達成の場合の責任が共同の責任であることを意味する。例えば、フォロアーが合意目標の達成に失敗し、リーダーが契約したリーダーシップ・スタイル、または支援を与えなかったとすれば、そのことは両人にとって、業績評価の一部とされるべきである。つまり、リーダーが密着した指示監督を約束していたのに（たとえ、他の仕事で忙しかったにしても）、支援を怠ったとすれば目標不達成の責任の一端をリーダーも負わなければならない。

契約の進め方

状況対応リーダーシップ諸概念が発表された当初、これを日々のリーダー＝フォロアー関係に応用しようとして、人々は「リーダーシップ・スタイルとフォロアーの期待」の間の類似点と相違点を判断するための方法を模索した。

学校におけるリーダーシップ・スタイル契約の例

マサチューセッツ州の東部のある小学校で、リーダーシップ・スタイルの契約から、極めて面白い結果が出された。多くの学校教育機構では、学校長が各クラスの授業を、毎年特定回数定期的に点検するよう規則により定められている。教員には、それぞれ経験や能力に差があり、監督のあり方に対する各教員の必要度にも相違があると思っている校長にとっては、この定期授業点検規則は役に立たない。仮に校長が、自分なりの判断で各教員の能力にふさわしい点検スケジュールを決めても、両極端の教員から問題が持ち上がる。経験豊かな教員は、校長との接触が突然に少なくなって混乱するだろうし、「校長は無関心である」と誤解するかもしれない。逆に経験の浅い教員は、校長の頻繁な授業点検を、自分に対する不信の現れと受け取るかもしれない。どちらの場合も、校長の処置は、否定的に解釈されてしまう。

ところが、この小学校では、校長は教員全員に状況対応リーダーシップを知らしめた上で、個々の教員と「どのリーダーシップ・スタイルを採るか」を取り決め、この問題を解決したのである。そして、「独りでやっていけるので低協労で低指示的なリーダーシップ・スタイルで十分だ」と合意した教員の場合、彼らは授業点検回数を減らすことを、懲罰でなく報賞であると理解していたことがわかった。

同じことが、レディネスの低い教員についても言えた。経験の浅い教員たち（彼らは、この契約が教員の自立を助けるものである、と知っていた）とリーダーシップ・スタイル契約協議を行ったが、彼らは自分たちの教え方について感じている不安を、校長と話し合うことを嫌がらなかった。また、話し合いの結果、当面、密着した指示・監督を行うことが決められても、それが一時的なスタイルであり、自分たちの自立を校長が助けようとすることが明白だったので、彼らはこれを罰としてでなく、肯定的に見ることができるようになっていた。

最適スタイル診断表の使い方

有用で便利な診断表が１種、リーダーシップ研究センターで開発されている。この診断表によって、「リーダーシップ・スタイル契約」適用手続きを定着化することができる。この診断表は「最適スタイル診断表」と呼ばれる。最適スタイル診断表は、レディネスを２側面から測定するものであり、その２側面とは、①能力／職務レディネス、②意欲／心理レディネス、である。さらに、この診断表にはリーダーシップ・スタイルの４つの基本型が詳述されている。なお、詳述の内容、およびレディネスの２側面の尺度（スケール）については図12.16を参照されたい。

図12.16に示されるように、能力（知識と技能）は程度の問題と考えられる。すなわち、能力は次から次へと急激に変化するとは思われない。特定の時点で、誰でも“少し、いくらか、かなり、非常に多く”の能力を持っているものである。他方、意欲（自信と打込・献身）はそうではない。心理レディネスは、振幅し、次から次へと変わる。したがって、人々の特定責任を負担する意欲は、“滅多にない、ときたまある、しばしばある、常にある”と変化する。

目標設定と業績評価基準設定を結びつけた従来からの「目標による管理」制度の方式と特定業務領域の目標達成促進のための、あるべきリーダーの最適リーダーシップ・スタイルを契約する方式の合体は、次のステップを通して実現することができる。

1．**目標と業績基準の設定**　リーダーとフォロアーは、それぞれ別個に、目標と業績基準を考える。
2．**目標と業績基準について合意する**　リーダーとフォロアーは面談し、目標と業績基準について合意する。
3．**状況対応リーダーシップを教える**　リーダーとフォロアーの双方に、“状況対応リーダーシップ”を知らない場合には、これを教える
4．**最適スタイル診断表に記入する**　リーダーとフォロアーが、それぞれ別個に最適スタイル診断表に記入する。フォロアーは各合意目標について、

図12.16　レディネスとリーダーシップ・スタイルの
4種の基本型の定義

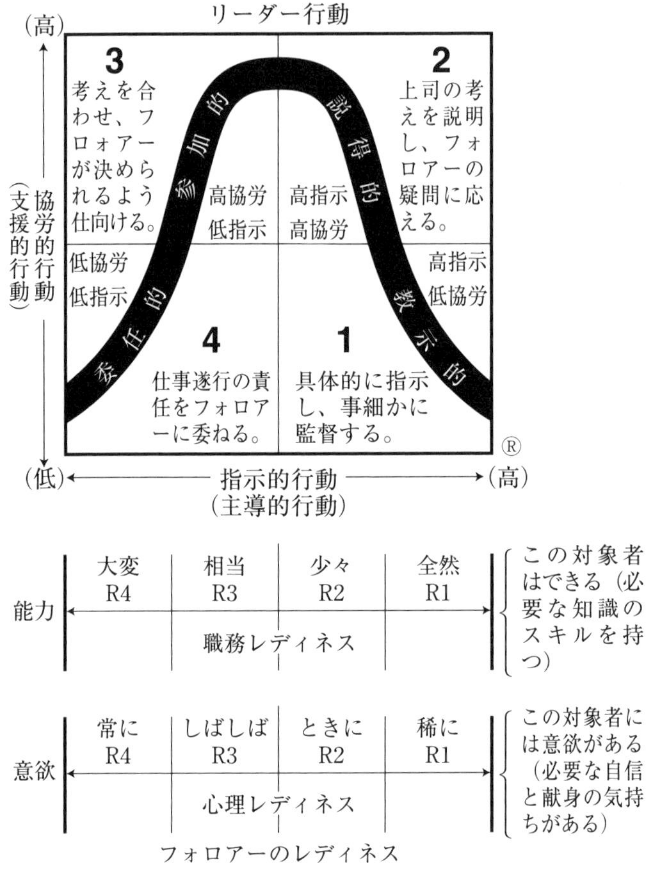

リーダーがそれまで使ってきたリーダーシップの第1スタイルと副次スタイルとを書き出す。リーダーも同様に、第一スタイルと副次スタイルとを書き出す。なお、フォロアーが特定の目標を持ったことがなければ、過去に使われたリーダーシップ・スタイルは判定することはできない。リーダーシップ・スタイル分析後、フォロアーとリーダーの両者が、「監督なしで各目標を期待レベルで達成するフォロアーの能力と意欲」を診断する。言い換えれば、このプロセスを通じて、フォロアーはリーダーが使ってきたリーダーシップ・スタイルだけでなく、自分のレディネス・レベルをも自己診断することになる。同時に、リーダーもフォロ

アーのレディネス・レベルと自分のリーダーシップ・スタイルを診断しているのである。

5．**最適スタイル診断表データ共有のための面談を行う**　リーダーとフォロアーは面談を行って、最適スタイル診断表から得たデータを共有する。その際、目標や職責はひとつずつ話し合うことが望ましい。データ共有の目的は、業績最大化をめざし、フォロアーのレディネス・レベルと、そのフォロアーに対して使うべき最適リーダーシップ・スタイルについて合意することである。その面談の場では、リーダー・フォロアーと自分の予定表を用意しているべきである。適当と考えられるリーダーシップ・スタイルが決まり、それを実践するためには、さらに定期的な進行管理面談を予定しておくべきである。

例えば、特定目標に対して4種のリーダーシップ・スタイルのうちのどれでも適切と合意されうる。フォロアーの特定領域での経験が浅く自信がなければ、リーダーにとっては、教示的（S１）スタイルを使うのが適当だろう。その場合、密着した監督ができるよう、リーダーは定期的面談を頻繁に予定すべきである。

フォロアーの特定領域の経験が浅くとも、意欲的である場合には、リーダーは、説得的（S２）スタイルを使うべきである。この場合も、定期的面談が必要だが、S１監督下におけるほどの頻繁さは必要ない。

フォロアーが特定領域の能力は備えているが、独りでやるのは不安で心もとないと思っている場合には、参加的（S３）スタイルが適切だと考えられる。この場合、時折、昼食をともにするなど、フォロアーが仕事の進み具合いを説明したり、リーダーが適当な支援や激励を与えたりする機会を作るようにするとよい。

フォロアーが特定目標を期待レベルまで達成する能力と意欲を持つ場合、フォロアーの要請がなければ、指導面談の必要はない。また、進行管理面談も、随時に行うだけでよい。

「リーダーシップ・スタイル契約」が導入された場合、進行管理面談の頻度は、“期待レベルの仕事を監督なしでやる能力と意欲”の有無で変わる。前述のように、この方式が導入された場合、リーダーシップ・スタイル決定の話し合いは、オープンであるべきであり、目標の不達成は共同の責任として捉えられる。また、フォロアーが成長向上した場合には、契約更改の話し合いを行って、指示の量を減らしたリーダーシップ・スタイルに変えるべきである。同時に、適切なリーダーシップ・スタイルを使っているにもかかわらず、フォロアーの成績が上がらない場合には、より指示的なスタイルへ戻る必要を示している。このように、リーダー、フォロアー間には、ギブ・アンド・テイクの関係が生まれるべきなのである。

最適スタイル診断表中の「最適スタイル・マトリックス」は、リーダーが「リーダーシップ過剰（つまり、レディネス・レベルが高いにもかかわらず、リーダーが必要以上に“教示的、ないし説得的”なスタイルをとっている）」か否か、知るのに便利である。リーダーシップ不足は、相手のレディネス・レベルが低いにもかかわらず、リーダーが不適切にも‘参加的、ないし委任的’なスタイルをとっている場合である。スタイル適合性が高いということは、リーダーのスタイルが相手が示すレディネス・レベルに対応しているということである

「リーダーシップ・スタイル契約」および最適スタイル診断表を使う場合、注意すべき点が１つある。リーダーは、このプロセスを通してジョハリの窓の“パブリック領域”は拡大される。リーダーがフォロアーについて考えていることのほとんどをフォロアーが知るようになり、リーダーの側でも同様である。フィードバックと自己開示は日常化する。もし、自分の考えや感じをフォロアーに知られたくないなら、このプロセスの活用には注意すべきである。なかには、それほどオ－プンでないよう望むリーダーもいるかもしれない。そうした選択をしたリーダーは、ジョハリの窓の「ブラインドとプライベート」の領域が広いと知るべきである。ときに、それも非常に有効かもしれない。

本章のまとめ

目標設定と業績基準設定に適切なリーダーシップ・スタイルが組み込まれると、MBOプロセスをいっそう育成的なプロセスに高めることができ、すべてのレディネス・レベルの相手に対して効果的に使うことができる。こうしたプログラムを導入することは、組織やマネジャーたちにとって、大きな意味のある変化であろう。

第13章

グループ・ダイナミクス

職務遂行には、集団のメンバーとして、ないし、集団と協力して、問題解決を進めなければならないのが、組織行動の現実である。個性に価値を認め、個性を守ろうとしても、ほとんどの目的が、集団を通じて達成されるのである。30年以上も前に、次のような説明がなされているが、このことは今日もなお真実性を持っている。

> 「近代人のパラドックスは、集団や組織に加盟することによってのみ、個人の自由を脅かす政治的、経済的、社会的勢力を制御できることである。これは巨大社会集団―国家や国家集団―が、主流となっている今日では、まぎれもない真実である。個人は社会を形成し、自分が享有する個人の自由を守るべく、この共通の目的のために仲間と協力して戦うことによってのみ、個人性を維持することができる(1)。」

したがって、問題解決集団をより効果的にするためにも、行動科学の原理原則と概念を応用することが重要である。本章では、問題解決プロセスを促進、ないし妨害する行動の理解を通して、いかに状況対応リーダーシップが、この目的達成に役立つかを説明してみたい。

なぜ、多くの組織でチームの編成に、特に労使のメンバーを含むチーム編成に、苦心するのだろうか(2)？　ひとつの理由は、労使間の共通の価値観の欠如である(3)。いまひとつの理由は、問題解決チームの構成や機能が、行動科学理論や技法を使って編成されていないからである[4]。問題解決グループの運営に当たって、参画のみを唯一の進め方とし、有望な他の優れたやり方を顧みないことが多過ぎる。問題解決グループが有効に機能するとき—例えば、R.H.ゲスト、P.ハーシィ、K.H.ブランチャードらのＹ工場の研究に見られた問題解決グループのように—には、グループのメンバーが共通の価値観に立ち、すべての問題解決手法の利点が活用できるように編成されている。そうなってはじめて、目標達成、ならびに活動の充実の両面で、問題解決グループの力が最高度に発揮されるのである—これが真の生産性につながる[5]。

集団の効果性を損なういまひとつの重要な障害は、リーダーシップ・スキルの欠如である。すなわち、リーダーたる役割—状況に集団構成員を未然に対応させ、彼らからフィードバックを得る役割—に伴うスキルである。リーダーの役割は、単純であると同時に複雑かつ逆説的なものであり、これにはスキルが必要である。リーダーの役割が単純であるというのは、効果的に機能している集団の場合、その集団に活力を与え、リーダーが手を離しても自律的に稼働できる集団の相乗作用を保持しており、集団自らが統御できるからである。集団のリードが複雑であるわけは、リーダーと集団構成員との関係がダイナミックであり、状況や目標、そして環境条件とともに絶え間なく変動するからである。

１対１の状況で有効に使えたリーダーシップをそのまま延長すれば、集団を管理することも容易であると考える人たちもいる。もちろん、個人をリードすることと集団をリードすることの間には、多くの類似点があるが、集団をリードするには、上述したリーダーシップの「単純—複雑性」を考慮すると、いっそうのスキルを必要とすると言えよう。P.F.ドラッカーは、チーム指導の本質的困難さを「マネジメントは人間に関するものである。マネジメントの使命は、人間に強みを発揮させ、弱みをカバーして、彼らを協働させることにある」と要約している[6]。

チーム（公式作業グループ）は、今日ますます生産性の原動機となるようになってきている。だが、ブライアン・デゥメイン（Brian Dumaine）も示唆するように、チームは、原動機と同じで、絶え間ない手入れと補修を必要とする[7]。適切な種類のチームを状況に適合させるように努力する組織では、その努力が十分に報われている。なぜ？ ボーイング社の社長フィリップ・コンデイット（Philip Condit）によれば、「競争力とは、人についての能力と知識を効果的に使う能力に他ならないが、チームは正に人を効果的に使う最善の方法である[8]」。B.デゥメインは、次の５種のチームを挙げている。

- 問題解決チーム　問題を処置し、処置後解体される。
- 経営管理チーム　異部門間の業務を調整する。
- 作業チーム　日常業務を遂行する。最も進化した“自主管理チーム”を含む。
- 自然発生チーム　アイデア交換や役割交代に、最新のコミュニケーション手法や経路を使用する。
- QCサークル　定期的に問題の点検・処理に集う作業員や監督者から構成される。このQCサークルは、消え去る危機にある[9]。

B.デゥメインは、次のようなチーム活用の４項目のガイドラインを挙げている。

1．目的に合ったチームを使う　例えば、問題解決チームは、目的を達したら解体する。
2．チームを階層化する　チーム間の調整とコミュニケーションを促進するため、チームの階層化を図る。
3．信頼を築く　例えば、チーム作業の目的が、チーム・メンバーの職務の解消につながるときには、チーム精神は発動されにくい。
4．人間的側面に焦点を当てる　チームを機能させるには、チームの編成と維持のため十分な努力を尽くす[10]。

組織改革の技術とプロセス（組織再編成）についてのある研究によれば、リーダーシップの効果的発揮が、組織改革上、決定的に重要である。「組織改革が成功するか否かは、上級マネジメントの明快なリーダーシップとビジョン、そして複数部門にまたがる従業員の訓練と参画にかかっている[11]」。

個人とグループ

以上、１対１のリーダーシップを主に述べてきたが、状況対応リーダーシップ・モデルは、グループ、組織、個人のどれに対しても同じように応用できる。集団への働きかけにおいては、確かに複雑な要素が絡んでくるが、影響力行使の基本３能力―診断能力、適応能力、伝達能力―には変わりはない。また、グループ構成員に１対１で接する場合とグループ全体に接する場合とでは、接触のあり方を変える必要があることには留意すべきである。個々のグループ・メンバーとグループ全体のレディネス・レベルが異なるかもしれないからである。グループのリーダーは、グループ内の動きにも注意を払い、個々のメンバーの行動ばかりでなく、集団全体の行動まで診断しなければならない。

個々人のレディネス・レベルが異なるのと同様、グループのレディネスも異なる。例えば、たいていの場合、大学院生のクラスのレディネス・レベルは高いと言えよう。彼らは望んで出席しているのであり、相当な学業、そして職業経験を積んでいる。教材の一部が新奇、かつ難解なため不安を感じる連中もいるだろうが、大学院生のクラスのレディネスは、概して、平均Ｒ３からＲ４のレベルにあると思われる。

仮にあるセミナーに参加しているマネジャーたちの集団のレディネス・レベルが低いとしよう。この場合、相当な時間、旅費、セミナ－参加料を使っているので、この集団はかなり意欲的だろう。だが、新しい知識と技能の学習のためにセミナ－に参加しているから、能力には欠けるところがあると思われる。また、この集団内の個人のレディネスは、この集団全体のレディネス・レベルより高くも、低くもあるだろう。

重要な定義

ここで、３つの鍵となる用語を定義しておきたい。おそらく、リーダーシップの定義と同じぐらい多くのグループの定義があると思うが、共通した定義の欠如は、コミュニケーション、診断、行動変容戦略の検討に問題をきたす。こうした混乱を避けるため、次の定義によって、以下の説明を続けたい。グループとは、相互に交渉し合う２～３名以上の複数の個人をいい、これら個々のメンバーの必要を満足させる上で、全員の存在（そのグループがグループとして存在すること）が必要とされている。

ここで重要な点は、グループのメンバーによって満足の意味が違いうることである。この点が、たいていのグループの定義に欠けている。ほとんどの定義の根本的問題は、メンバーが共通の目標や目的を持つと想定されていることである。しかし、共通の目標や目的を持たないグループの例は数多くある。３人のグループ・メンバーがまったく異なった必要を抱えている場合すらある。１人は権力欲からグループに加わったのかもしれない。いま１人は、つき合う仲間が欲しくて、つまり、社会的欲求の充足を求めて、グループに加入したのか

図13.1　グループ・レディネス各レベルの目標指向性

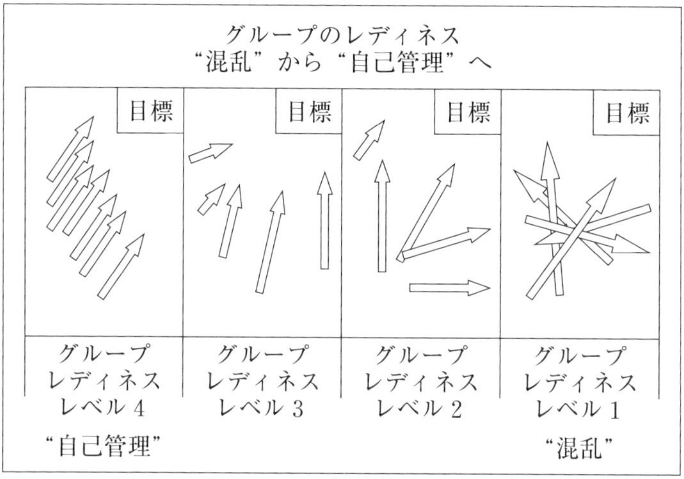

Adapted from “Team Leadership.” Executive Summary (Escondido, Calif.: Leadership Studies International, 1991).

もしれない。また、第3の人物は、地位、つまり、自我自尊の欲求の充足を求めて、加入しているのかもしれない。グループの個々のメンバーが、必ずしも共通の欲求、目的、趣意を持つ必要はないのである。ここでのポイントは、個々のメンバーが抱く必要の充足が、たとえ部分的充足であっても、グループの目標の達成にかかっているという事実である。個々人の必要が充足されることの程度が、効果的なグループと非効果的なグループとを分けるのである。構成員の必要が一致している場合、そのグループは、おそらく効果的だろう。一致していないと、おそらく非効果的だと思われる。メンバーの抱く必要が共通、少なくとも一致していることは、グループの条件ではなくて、“効果的”グループの条件なのである。

目的のハッキリしないグループは、構成員に対するガイドラインに欠ける。グループが生産的であるためには、すべての関係者に理解できる目的を持たねばならない。その目標への進捗状況こそ、最良の効果性測定尺度になる。調査研究の度に、集団の目的の達成と構成員の必要の充足を、同時に果たす工夫がなされている集団の生産性が高いと、繰り返し証明されているのである。

図13.1は、状況対応リーダーシップの4種の基本レディネス・レベルにおけるグループ・メンバーの集団の目標に対する姿勢を示している。レディネス・レベル1は、“混乱”状態で、目標は意識されていない。したがって、構成員

は目標に対してバラバラな姿勢をとっており、逆行している者もいる。だが、その集団のレディネス・レベルは、２、３と進み、そして他律的な監督無しでも､有能で意欲的なレディネス・レベル４の｢自主管理グループ｣へと成長する。

集団のリーダーの役割は、成長サイクルを通じて変化する。状況対応リーダーシップ・モデル図の上半分、つまり、「リーダーの行動」の部分を使った図13.2を見ていただきたい。レディネス・レベル１では、リーダーの役割は、仕事を指示すること、つまり、構造化である。この場合、リーダーは、図のようにグループを外から見ている。グループのレディネス・レベルが２になると、リーダーは図のようにグループの中に入り、仕事を明確化することがリーダーの役割になる。レディネス・レベル３では、リーダーの役割は、フォロアーを参画させ、支援的することになる。この役割では、リーダーは中に入ってグループの一部になっている。最後に、レディネス・レベル４では、リーダーは再びグループの外に出て、グループを自律化させ、必要リソースを提供する役割を果たすが、グループ・メンバー相互間の関係も（自律化に伴って）変わっていることを忘れてはならない。

図13.2　リーダーの状況対応的役割

グループ・リーダーシップ
リーダーの状況対応的役割

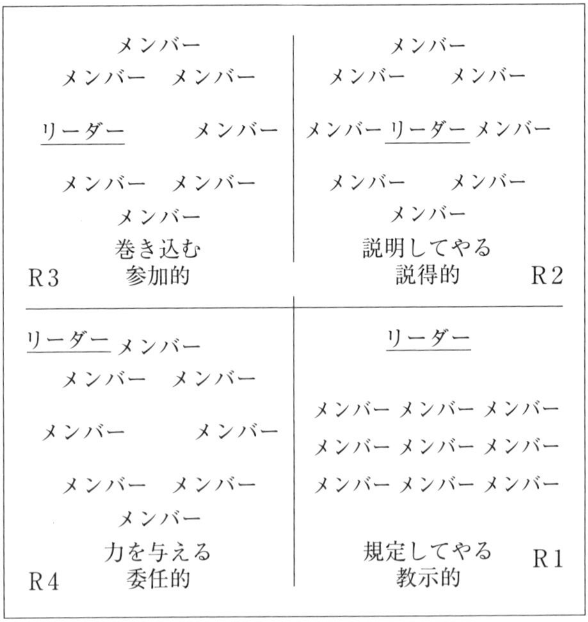

では、グループと組織体とは、どう違うのだろうか？　この場合も、目的や目標の共通性は問題ではない。そもそも株主、マネジャー、第一線監督者、現場作業員たちが、共通の目的を持つものだろうか？　たいていの組織では、そんなことはありえない。

筆者らは、「組織」を、明文化された公式の目標を持つグループ、と定義する。組織は、様々な理由で存在し、いろいろな目標を掲げる。「組織目標」は、インプット、作業過程、アウトプットがめざす標的である。例えば、投資の10%を回収、飢餓から救済、当期売上を20%増加、などである[12]。

集団には、“群衆”という重要な３番目の種類がある。３種類の集団（グループ、組織、群衆）の中でどの集団が共通目標を持つ可能性が高いだろうか？　群衆が、そうである。バス停留所でバスを待っている27人は、共通の目標―全員バスを待っている―を持っている。彼らに相互依存関係はない。

例えば、あなたがオークランドからサンフランシスコまで、サンフランシスコ湾を横切って泳いで行くとする。ところが、誰かが、あなたと並んで泳いでいる。さて、あなたたち２人は、グループだろうか？　もちろん、グループではない。サンフランシスコへ行くという共通の目標を持つに過ぎないから、あなたたちは群衆である。２人の間に相互依存関係はない。だが、もしあなたが交渉しはじめ、激励したり、助け合ったりしはじめて、２人の必要を充足するために、お互いが必要になってきたら、あなたたちはグループである。さらに、サンフランシスコに泳ぎ着いて２人が話し合い、シェイプ・アップのため、週３日オークランドで落ち合ってサンフランシスコまで泳ぐと決めたとしよう。そうなると、明文化された公式の目標ができたので、「組織」になったのである。この場合、２人は共通の目標を持っているのだろうか？　否である。しかし、２人は公式で明文化された目標には合意している。

本章で使っている４番目の用語は、チームである。チームとは、公式の作業グループである。それでは、次にこれらの用語を要約しておこう。

- **群衆**　共通の目的を持つ２人、ないしそれ以上の個人
- **組織**　明文化された公式の目的を持つ２人、ないしそれ以上の個人
- **グループ**　個々人の必要を充足する上で、構成員の存在と相互依存が不可欠である組織
- **チーム**　公式の作業グループ

チームにおけるリーダーシップ

主要用語の定義を済ませたので、状況対応リーダーシップ・モデルをチーム状況に当てはめることができる。状況対応リーダーシップ・モデルの応用は、5つの相関した疑問を中心に考えることができる。すなわち、

1．どのような目標を達成したいのか？
2．その状況におけるチームのレディネスは？
3．リーダーの働きかけは、どうあるべきか？
4．このリーダーの働きかけの結果は、どうであったか？
5．やるとすれば、どのようなフォローアップが必要か？

では、各ステップを、チーム・リーダーシップに当てはめて、考えてみよう。

どのような目標を達成したいのか？　リーダーは、まずチームが達成すべき仕事の結果を決めなければならない。期待結果、目標、課業、作業目安、等々が明確でなければ、チームのレディネス、ないし、そのレディネス・レベルに対して使うべきリーダー行動を決める手がかりがない。

目標は、いわば目的達成に至る過程の道標である。これら目標は、組織のビジョン、使命、事業目標、などと統合されていなければならない。また、チームに課せられた仕事の目標の1例を挙げれば、例えば、「新聞用紙のムダを2％削減する方法についての勧告案を作成する」が考えられる。

この状況におけるチームのレディネスは？　目標が記述されたら、リーダーはチームの目標達成に対するレディネスを診断しなければならない。その場合、診断の手掛かりとして、図13.3を参考にされたい。

- **レディネス・レベル1**　このレベルのグループは、目標指向性の点では、乱雑におかれた“爪楊枝《つまようじ》”に似ている。こうした“形成期”においては、不安定な気持と目標や役割の不明確さからくる強い目標明示の欲求という特徴がある。このグループは、目標達成の能力に欠け、また意欲関心も乏しく、目標の達成に不安を感じている。
- **レディネス・レベル2**　このグループは、“ようやく目覚めてきている”

図13.3　グループ・レディネスの指標

R4	R3	R2	R1
能力が高く、意欲や確信を示す	能力は高いが、意欲が弱く、不安を示す	能力は低いが、意欲や確信を示す	能力も意欲も低く、不安を示す
目標 “一体化して”	目標 “一緒に”	目標 “誘導して”	目標 “メチャクチャ”
自立的(PERFORM)	規範的(NORM)	誘引的(STORM)	強制的(FORM)
役割の機能的連結に基づく、自己管理グループ	グループは団結している	グループ内に異見や対立がある	まとまりのない、混乱がある
・高い士気と業績 ・作業上の相乗効果が見られる	・一体化の萌芽が見られる ・自信の調整が必要	・認めて貰ったり、力を得たりするための競争をやっている	・目的、目標を定義する必要がある

出所：Used by permission of the copyright holder, The Center for Leadership Studies, Escondido, Calif. 92025. All rights reserved.

のだが、このような激動期には、グループを牛耳ろうとする争いが元で、内部分裂や競合が起こすことが多い。このグループは、めざす仕事の目標を達成する能力には欠けるが、達成の意欲は高く、自信も持っている。

- レディネス・レベル3　この重要な“団結期”には、グループは“一体化しつつある”。構成員個々人と内部の分派との間の調整が行われ、非公式リーダーや役割が固まってくる。グループ全体としては、目標達成が期待できる能力を示しているが、目標達成の意欲・関心が弱く、また不安感を持っている。
- レディネス・レベル4　このレベルのグループは“チームとして”行動し、役割上の機能的連携、団結意識、相乗的効果、優れた仕事振りを示す。このグループは、いまやチームであり、目標達成に、能力、意欲、自信を示している。

先に、チーム構成員の個々のレディネス・レベルは異なりうると述べた。R4レベルのチームにおいてすら、そのレベルより低い構成員が含まれているであろうことは疑えない。したがって、チーム・リーダーは、他のチーム構成員と同じように、チーム構成員のレディネスを高めるよう努める必要がある。

マネジャーにとって、他にレディネスを測る方法があるだろうか？ 便利なやり方は、チームの能力と意欲の見当をつけることである。能力（Ability）は、知識（Knowledge）、経験（Experience）、そしてスキル（Skill）を含む。意欲（Willingness）は、自信（Confidence）、打込／献身（Commitment）、および動機（Motivation）を含む。そこで、高い仕事のレディネスを示す＋＋から、低い仕事レディネスを示す－－までを使うリカート方式の尺度を利用することができる。すなわち、尺度の広がりは、次のようになる。

極めて高い（＋＋）から、極めて低い（－－）まで

例えば、知識要因も、極めて高い知識から、極めて低い知識までに広げて考えることができる。

リーダーの働きかけは、どうあるべきか？ チーム・レディネス診断の後、リーダーは、次に“どのようなスタイルを採るのが適切であるか？”を考えねばならない。どのスタイルが適切なのだろうか？図13.4をご覧いただきたい。同図の中央のチーム・レディネスとリーダーのスタイルとの関係を表す2×2マトリックス対する下記の注記に注目されたい。

- **スタイル1―規制化**　この状態では、リーダーが“先鋒―枢軸”となる。目的、そして目標を明らかにし、仕事（作業）を定義することが、リーダーの最重要使命である。
- **スタイル2―明確化**　この役割を通して、リーダーはチームの“欠くべからざる中軸”になる。
- **スタイル3―参画化**　リーダーは、（使命・役割上）上位に立つチーム構成員であり、日常的労務の多くを他の構成員に任せ、自らの責任を軽くする。
- **スタイル4―自律化**　リーダーは、チームの日常的“繁忙”から離れ、自らは他の組織との促進的・調整的役割を果たす。

このリーダーの働きかけの結果は、どうであったか？ このステップでは、

図13.4　チーム環境でのリーダーシップ

リーダー行動

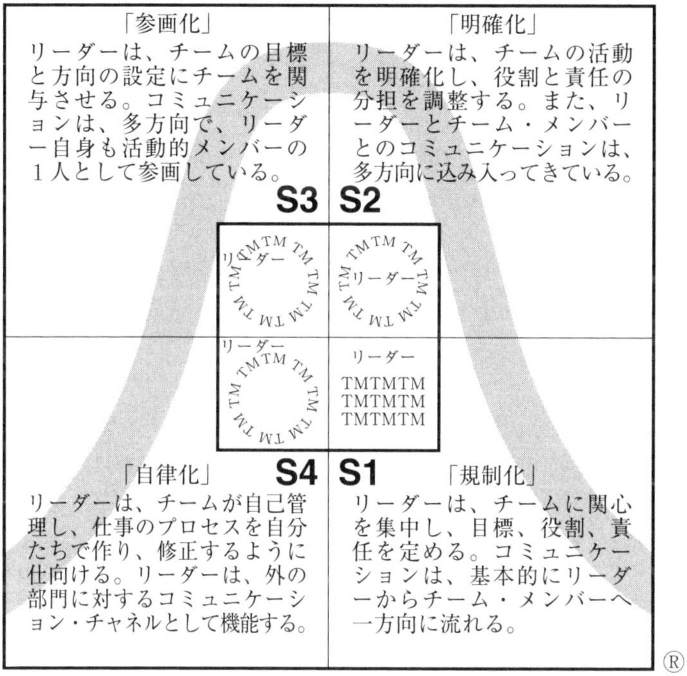
「参画化」
リーダーは、チームの目標と方向の設定にチームを関与させる。コミュニケーションは、多方向で、リーダー自身も活動的メンバーの1人として参画している。
「明確化」
リーダーは、チームの活動を明確化し、役割と責任の分担を調整する。また、リーダーとチーム・メンバーとのコミュニケーションは、多方向に込み入ってきている。
S3
S2
リーダー
TM TM TM TM TM TM TM TM
TM TM TM TM TM TM
リーダー
リーダー
TM TM TM TM TM TM TM TM
リーダー
TMTMTM
TMTMTM
TMTMTM
「自律化」
S4
S1
「規制化」
リーダーは、チームが自己管理し、仕事のプロセスを自分たちで作り、修正するように仕向ける。リーダーは、外の部門に対するコミュニケーション・チャネルとして機能する。
リーダーは、チームに関心を集中し、目標、役割、責任を定める。コミュニケーションは、基本的にリーダーからチーム・メンバーへ一方向に流れる。
®

チーム・レディネス

R4	R3	R2	R1
能力が高く、意欲や関心を示す	能力は高いが、意欲が弱く、不安を示す	能力は低いが、意欲や確信を示す	能力も意欲も低く、不安を示す

出所：Used by permission of the copyright holder, The Center for Leadership Studies, Escondido, Calif. 92025. All rifghts reserved.

結果が期待と一致しているかどうかを調べる必要がある。働きかけの後、マネジャーは目標の再点検とレディネスの再診断、および、指示的行動と協労的行動の必要度の確認を通して、働きかけの結果を検討しなければならない。

やるとすれば、どのようなフォローアップが必要か？　現行の仕事振りと望ましい仕事振りとの間にギャップがあるとすれば、リーダーの働きかけがさらに必要になる。このように働きかけのサイクルが再び始まる。

こうして状況対応リーダーシップ・モデルは、集団問題解決への応用へと展開を遂げる。

集団問題解決態勢

集団も、自グループを他集団から区別し、自らの特徴となる個性—しきたり、習慣、伝統—を形成する。グループの個性とは、構成員の集団としての行動であり、それがそのグループに特有の性格、つまり、個性を示させるのである。リーダーが自らのスタイル—部下が認知する行動パターン—を持つように、集団もその集団に特有のやり方やあり方、つまり、他人に認知される行動のパターンを示すものである。したがって、リーダーシップのスタイルを考えるのと同じように、集団に特有のやり方やあり方を考えることができる。図13.5にあるように、集団のあり方や態勢にも違いがあるが、こうした集団の態勢の特徴を知っていると、集団行動のパターンを見分け、組織化するのに役に立つ。

同図では、状況対応リーダーシップ・モデルにおけるように、横軸、つまりX軸に指示的行動、そして縦軸、つまりY軸に協労的行動をおいている。多くの指示—すなわち、多くの“何を、いつ、どこで、そしてどのように”の指示—を必要とする状況に置かれ、しかも対話や討議に多くの時間の与えられていない集団は、危機態勢、つまり、危機に対処するモード、にあると言える。こうした危機態勢は、問題解決に活用することができる。事実、多くの危機的状況は、その性質上、危機態勢を固めて対処するのが最も適切である。ただ注意すべきことは、そうであってもなくても、“すべての状況”を教示的状況と捉える人がいるように、“どの状況”をも危機として扱い、必要もない危機態勢で状況に臨む組織が多いことである。

組織の問題解決態勢が正しく動員されると、指示的行動と協労的行動の両方が多く必要とされる。こうした状況では、集団活動の進め方についての指示と構成員への動機づけの両方に力を入れなければならない。

例えば、8人の教師が校長と学区長と話し合ったとしよう。当面の課題は、カリキュラムの改正であった。いままでは生徒の規律問題にかかりっきりであったので、カリキュラムがなおざりにされがちだったのである。話し合いでは、学区長と校長の2人がなすべき必要事項を説明した。それから校長は、教師たちのアイデアを求め、教師たち同士で話し合うように勧めた。このように主題を指定し、話し合いの段取りを決め、そして話し合いプロセスを進め（動機づけ）てやることを通じて、校長は、この集団の話し合いを生産的なものにして

図13.5　集団問題解決態勢

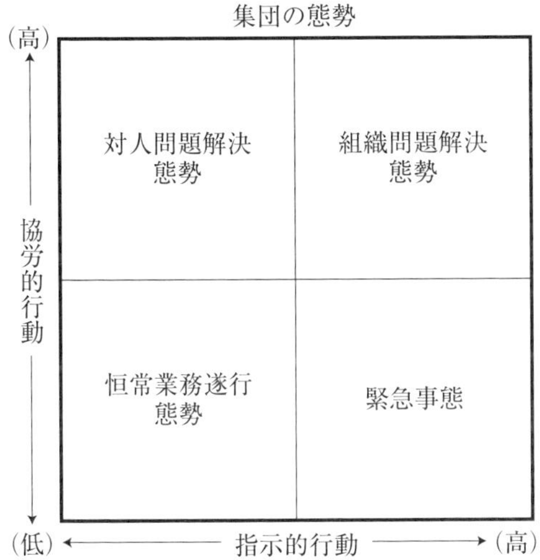

やったと言える。

集団内の対人的問題の解決には、高協労／低指示なアプローチが適切である。例えば、ある集団に課題が課せられたときに、もし内部分派が生まれて協力の妨げとなったとすると、全員の話し合いの促進には協労的措置が適当になるからである。

日常手続的恒常業務では、低指示／低協労が適切である。例えば、翌日の早朝会議に先立って、マネジャーたちが協力して重要なレポートを急ぎ整備しなければならないとする。事務スタッフたちはすでに帰宅してしまっている。そこで、"誰が、どの仕事を、どの役割を"と、彼らは自分たちで急遽取り決めねばならない。すなわち、この場合のポイントは、それぞれが役割に従い、最低限の指示（低指示）と激励（低協労）で、迅速に仕事を完了することである。

上記のすべての例示では、"タイムリーに良い決定を下すこと"に焦点が当てられている。良い決定もタイムリーに下されねば、価値はない。月曜の朝に前回の土曜日のフットボール試合の勝者を言い当てても、これを役に立たせるには遅過ぎるのである。

優れた集団の特徴は、ひとつの態勢から別の態勢へ、素早く、容易に、切り替えられるところにある。ひとつの態勢から別の態勢への転換の能力と流動性を、集団に組み込むことができたら、その集団の異なる状況や、異なる問題・事態に対処する能力を高めたことになる。そして、適応力は、極めて重要である。適応力は、集団の成長と向上の結果であるが、変化に対する精神的な対応力が、適応力のエッセンスであり、適応力は、どのような集団においても、構成員の備えるべき美徳である[13]と言えよう。

促進的行動と障害的行動

集団の中では、個人は役割—各構成員が示す個別行動—を果たしている。しかし、それらの行動は、集団の活動に対して役立つとか、障害になるとか、が予め決まっているわけではなく、与えられた状況で、活動的なメンバーはその集団の生産性の最大化に寄与する行動をとっている、と言えるだけのことである。これはリーダーシップ・スタイルの基盤となっている原則と同じである。特定のスタイルが本質的に良い、または本来的に悪いわけではない。要は、それが状況に対して適切であるか否かである。

ある頃まで、文献には促進的な役割行動や障害的な役割行動のリストが載せられていた。だが、これらの役割行動を調べてみると、ある状況で役立っても、同じ行動が別の状況では障害になることがわかった。つまり、ある一連の役割行動が本質的に促進的であったり、障害であったりするわけではなく、特定状況における行動の特定のあり方が、そのことを決めるのである。

集団内で効果的であるためには、集団の必要に自分の行動を適応させねばならない。ついては、ある行動が常に正しく、ある行動が常に悪い、という観念を拭い去る必要がある。行動には、特定の状況で役立っても、別の状況で役立たない単なる「行動」があるのみである。

筆者らが行った組織内QCサークル活動、ならびに生産性向上プログラム改善支援研究を通じて、集団内の状況で構成員が果たす役割、また果たすべき役割を理解する上で、図13.6が大いに役立つことがわかった。ご覧のように、図は状況対応リーダーシップ・モデルと同じように、指示的行動と協労的行動の２つの次元で描かれている。これは「影響のあり方の分類」でもある。Ｓ１からＳ４までの各スタイルは、この図では「対処行動の可能性（Behavioral competency）」を示している。そしてそれぞれの対処行動の可能性には、２種類の行動可能性—すなわち、促進可能性と障害可能性—が含まれる。これらの２種類の行動可能性は、さらに個別の言動を示す“具体的な行動指標”で分類することができる。

障害になる言動を示すことが、割りにハッキリと予想できる人がいる。このような人は、集団内活動では、ある種の決まった“発言や行動”を行う。この点は重要なので、集団活動を促進、および妨害する可能性のある言動にかかわる心理的ゲームを簡単に例示しておこう。

S１（高指示／低協労）的対処行動

図13.6　グループ内での促進的行動と障害的行動

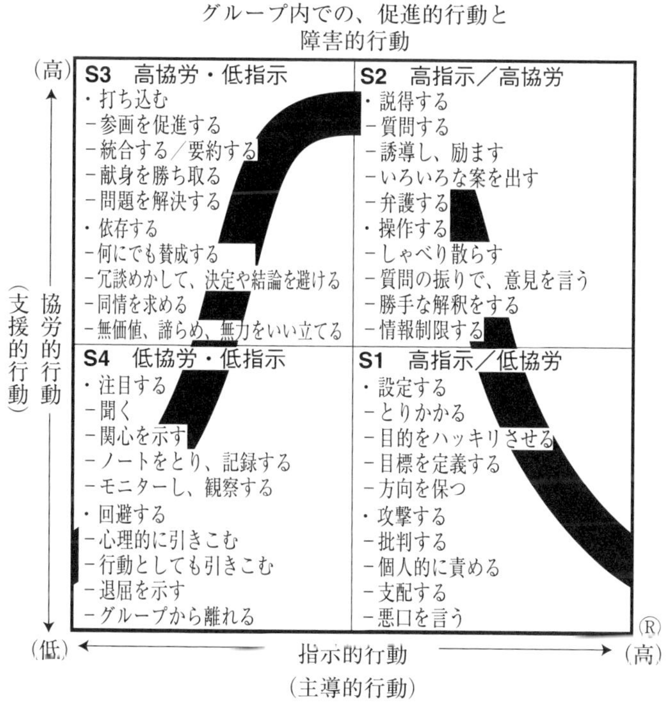

レディネス

高	中程度		低
R4	**R3**	**R2**	**R1**
能力が高く、意欲や関心を示す	能力は高いが、意欲が弱く、不安を示す	能力は低いが、意欲や確信を示す	能力も意欲も低く、不安を示す

“促進行動”類：構築的言動

この類に含まれる言動は、集団を新しい方向に導くものである。課題や目標の提示、問題を明確化、ルール設定促進、アイデア提供、などに関わる言動がこれに含まれる。また、問題処理計画を提案することも含まれる。問題の解釈、曖昧なアイデアや提案の明確化もそうである。さらに、他の選択肢や事柄へ注意を向けさせる言動もそうである。

構築的言動の行動指標

- 口火を切る　物事を起動させる言動。メンバーの役割、グループの組織、討議手続、等々を提案する。例えば、「まず、1人ずつ発表してみませんか？ そうすると、全員に発言のチャンスがあるのでは、ありませんか？」といった発言がそうである。

- 目的を明らかにする　召集理由を説明する言動。共通課題追求を確認。例えば、「遊びで集まったわけではありません。会社のために現実的な戦略を策定する責任があります」といった発言がそうである。

- 目標を定める　目的達成に必要な事項やステップを明確にする。例えば、「経費予算ガイドラインに従えば、12月1日までに当部の予算案を250万円以内で提出しなければなりません。そこで第1歩は、項目そのものについて合意することだと思います」がそうした発言である。

- 進行を誘導する　逸脱を防ぐ。目的、目標に集中させる。例えば、「ポイントがそれているのではないでしょうか？ 会社の経営理念を作り直すのが目的ではないでしょう。目的は、各項目について合意することでしょう」といった発言がそれである。

“妨害行動”類：攻撃的言動

自分の優位性を主張し、他人にお構いなしに自分のやり方を通そうとする。行く手を阻む問題や相手に敵意を示し排除しようとする。直接的に、または皮肉や当て擦りで批判したりする。他人のアイデアのすべて拒否したり、邪魔したりして、会話や討議を独占し、また権威者振る。その他にも、威張る、あざ笑う、自慢する、などの言動で他人を攻撃する。

攻撃的言動の行動指標

- 批判する　馬鹿にする、やり込める、など、他人の提案やアイデアにケチをつける言動。例えば、「いいこと言うじゃないか。週刊誌に売り込めるんじゃないの？」

- 人格を攻撃する　活動のあり方や当面する問題に関わりのないメンバーの個人的資質に焦点を当てる。例えば、「クダラナイことを言えるねぇ。どうしたら、そんなクダラナイことを考えつけるのかね？」

- 支配する　時間を独占し、他のメンバーの発言や提案の機会を奪う。例えば、「ちょっと待って下さい。言いたいことがあります」

- 悪口する　常套文句でののしる。相手や相手グループに貼り付けられた常套のレッテルで、相手を貶《おとし》める。例えば、「君たちスタッフが、現場で起ってることを知ってるはずがない」

攻撃的言動の多い人が試みやすいゲーム

- 怒鳴る　まず、一連の攻撃―防衛交渉過程の手掛かりとなる批判的発言から始まる。そして、このゲームは、メンバー全員が大声で議論し始めることで終わる。
- 「こうさせているのは、お前だよ」、または、「お前がいなけりゃあ…。」責め合いゲームの形をとる。目的は、失敗の責任を他人になすりつけることにあり、普通は強引で攻撃的な調子で言われる。ポイントは、「私の言うことが聞いてもらえないのは、（または、話がうまく進まないのは…）お前の責任だよ…」というところにある。

S２（高指示／高協労）的対処行動

“促進行動”類：説得的言動

問題に関連する事実や情報を求めたり、気持や価値観の開示を求めたりする言動。提案、推量、アイデアを求める。こだわりなく、自由・オープン他人に応える。口頭、非言語の何を通して示されたかにかかわらず、他人の意見を求め、受け入れる。

説得的言動の行動指標

- 質問する　要点の明確化と理解の共通化を図る質問をする。建設的質問は、グループ活動のあり方と活動内容を高める。例えば、「訓練目標の中で、どの目標を最も重要と考えますか？」

- 発言を励まし、引き出す　良い質問をするだけでは、十分ではない。相手を発言したくなるような気持にさせることが、相手から情報を引き出し、相手に気持や価値観を開示せしめる。例えば、「すばらしい考えだ。もう少し詳しく教えて下さい」

- 選択肢を拡げてやる　選択肢を創る。考慮に値する種々の解釈、解答、戦略を提示する。例えば、「おそらく、最良の場合と最悪の場合について、それぞれ財務計画を立ててみるべきだろうね」

- 擁護する　特定代替案や特定提案の追求を勧める。例えば、「次にどれを取り上げればよいか迷っているようなので提案しますが、ジョンソン器具の購入について討議してみてはどうでしょう……」

“妨害行動”類：操作的言動

問題に硬直的に反応し、常套的対処に固執する。グループの目標達成に役立たない解決案を繰り返して使おうとする。自分の見解を補強するようにデータを都合よく解釈し、それに役立たないデータを選り分けようとする。客観的関心を犠牲にして、個人的動機、欲求、願望に応える。また、他人を同腹させようと誘う。意思疎通を、様子をみて行う。他人の意見を理解しないままに判定し、また他人を問い詰める。

操作的言動の行動指標

- 話題を飛躍させる　例えば、Xについての討議中に話をそらせ、唐突にYを持ち出すなど。または、細かく細部をほじくって、―本筋にかかわりのない微細部分を持ち出して―討議し、結果的に新しい議題をつけ加えてしまう。例えば、「事業計画が重要だという点では賛成ですが、会社の経営理念、社是を再考すべき時期が来たのではないか、と思います」

- 質問に仮託して、主張する　正当性の根拠や批判的見解を質問の形で主張する言動。例えば、「討議進行を図るべきじゃないかな？ まだ、何も決めていないじゃないか」など。

- ご都合解釈をする　相手の言い分をねじ曲げ、本筋に関係のない方向へ話のポイントを持って行ったりする言動。例えば、「それは本当かもしれません。しかし、テレビ広告なしで、うまくいったことはないんですよ」

- 発言整理をする　聞きたいことだけを聞く言動。自分が重要と思うものだけを聞いて、それに答える。例えば、「(書き留ながら…) ご提案ありがとう。」「これは面白いですね (しかし、書留めていない)」「いい考えだ (書き留める)」

操作的言動の多い人が試みやすいゲーム

- アラ捜し　ケチつけ屋になる。建設的な提案や発言のスキマや綻びを探し、欠点を見つけることに腐心する。

- 追い詰める　もっともらしい一連の質問を続けながら、他人や相手を抜き差しならない状況へ追い込むことを楽しむ。

- つかまえた！　注意深く聞きながら、かつ質問まで重ねながら、待ち構えたワナにかかった相手に躍りかかる。

S 3 (高協労／低指示) 的対処行動

“促進行動”類：参画的言動

全メンバーを意思決定プロセスに参加せしめようとする言動がこれである。例えば、アイデア間の相互関連を指摘してやる。他のメンバーの提案を言い直してわかりやすくしてやる。ポイントを要約し、試案を出して、受入、ないし拒否をテストする。結論に近づいているかどうか尋ねる。対立意見を調整し、決定に全メンバーが参加するように促す。緊張をやわらげ、相違点を確認して、意思疎通がオ－プンに行われるよう努める。

参画的言動の行動指標

- 参画を促進する　メンバーの発言時間を十分にとる。メンバーの知識、情報、その他リソ－スを引き出すよう努力をする。例えば、「さあ、その調子。口出しはしないから……」

- 総合・要約する　各様の意見を取り入れ、新しい考えにまとめあげる。何人もの言い分を、総合する。考えを要約する。例えば、「新意匠の包装にジョーの考えを使えば、また、社内販売にメリ－の提案を採り入れたら、新製品発表を予定より２カ月早くできるんじゃないの？」

- 参画へ引き込む　討議の進行、および討議結果にメンバーが参画し、納得するよう、グループに働きかける。たとえば、「11月１日までに、５万箱発送を確約できる人は何人いますか？」

- 問題を解決する　実施間際の踏ん切りの決断に影響する問題に対処する。決定に疑義があるときは証拠を提示し、誤解があれば釈明し、欠点があるなら創造的に対処し、逡巡があれば緊急感を生み出し、解決が担当責任範囲外にあるものであれば、責任者を調べて、支援を求める。例えば、「あまり進んでいません。今日中に何とかしたいのなら、この従業員評価制度を昼食前にまとめる必要があります」

“妨害行動”類：依存的言動

権威的存在として他人に威張って接する。リーダーであることが明白な相手には黙って従う。問題の解決を他人に委ね、誰かが解決するのを期待する。自分や他人のリーダーシップを発揮しようとしない。横道にそれたり、不適切なユ－モアを使ったりして、緊張感から逃れようとする。批判があると、簡単に狼狽し、傷つきやすい。他人の発言や意見を喜ぶことも多い。参画させるためには、絶え間なく励まさなければならない。他人の同情を求める。

依存的言動の行動指標

- 何にでも同意する　他人を持ち上げる。自分の感情を抑える。問題にかかわらず、誰にでも同意。例えば、「いやいや、おっしやる通りでしょう。私に考えなんてありませんよ」

- 決断を避けたり、皮肉で締めくくったりする　結論が出そうなときに、不適切な冗談を言って、議論をまとまらない状態にしようとする。例えば、「こんな話を聞いたかい…」

- 同情（調）を求める　すねたり、落ち込んで見せたりするなどの言動をとって、他のメンバーの同情や譲歩を得ようとする。また、こうした言動を策略として使って、他人を操作し、影響力を持とうとする。例えば、「私の部署ばかりが、仕事の割当がいつも多いね。言うことを聞かなけりゃあいけないのでしょうか？　どうして痛めつけられんですか？」

- 時間をもてあましていることや諦め、空しさを示す　奥歯をカチカチさせたり、ノートに落書きしたり、鉛筆で独りゲームをしたり、他人の気を惹くことをやって、自分には関心がないことを態度で示す。間違いや不成功の理由を並べ立てる。狙いは、グループが無力で問題を処置できない、とメンバーに思わせることにある。例えば、「マネジメントが聞いてくれるはずがないじゃないか。こんな議論をしたってムダさ」、といった言動がそれである。

依存的言動の多い人が試みやすいゲーム

- 大変じゃない？　「手間がかかり過ぎるんじゃないかねぇ」、「味方がいないと思うょ」、「誰も聞いちゃくれないんじゃないかなぁ」、などと、うわべでけ一見前向きの関心を示しながら、会議の邪魔になる言動をとる。

- 故障を偽装する　物事の達成、責任や仕事を避けようとする。また、同情を買うための言動をとったりする。企んだ、ないし誇張されたハンディを使って、「本来はやりたいんだが、できない」と弁解する。

- 同情を買う　何らかの形の自分を憐み、または自分を否定する言動をとる。

このゲームの狙いは同情を買うことである。泣き言を続けていても、当人は状況の変化改善努力を尽くさない。

Ｓ４（低協労／低指示）的対処行動

“促進行動”類：育成的言動

話しもするし、聞きもする。話しかけやすい。メンバーの意見や発言を歓迎し、理解し理解されようと努力する。意見や発言は、後に備えて記録しておく。メンバーに溶け込む意欲を示す。聞くことに時間を取り、口出しを控える。

育成的言動の行動指標

- 聞く　黙って、相手の目を見ながら、注意深く聞く。例えば、「よく聞いてみてわかったんだが、トムは良い点をついていると思うよ」。

- 興味を示す　参画と討議に対する関心を示す姿勢。示し方は、通常、非言語的なものであり、感情を刺激したり、訴えたりするものではない。例えば、前傾姿勢など、話に没入する姿勢を示す。

- 自分用メモをとる、または全体のための記録をとる　グループ・メンバーの発言、意見、活動、決定、などを記録し後日役立てる。例えば、「メモをとってあるので、言わせて下さい」。

- モニターし、観察する　査察、ないし点検する。グループ活動の過程、および成果に影響を及ぼす事柄に、特に注意を払う。例えば、討議中、緊張姿勢を崩さない。

“妨害行動”類：回避言動

気持でも姿勢の上でも、引き込んでしまう。夢想したり、話題をはぐらかしたり、または無関心になるなどの言動。話題に関係のない個人的作業に没入してしまう。所属集団そのものから抜けてしまう。集団活動をあざ笑い、仕草で軽蔑や孤立を示したりする。グループ活動脱退を、口にしたりすることもある。

回避言動の行動指標

- 心理的に引込む　無反応、引込、活動拒否—当面の課題に無関係な考えに気をとられている。例えば、じっと絵を見詰めている、などグループの活動への不参加を表す言動をとる。

- 行動上、引込む　グループから離れる。自分とグループの活動との間に距離を置く。例えば、立ち上がって討議の場を離れて窓へ行く、など。

- 退屈そうにする　口をとがらせたりすることで、「ここに居たくない」という気持を示す。またグループ活動に逆行する行動を示したりする。例えば、背をずらしてダラシなく腰を掛け、興味がないことを示す姿勢をとる。

- グループから抜ける　文字通りその場から退席したり、遅れてきたり、わざと欠席したりする。例えば、事前に秘書に電話するよう言い含めておき、「申し訳ないが、重要な仕事があるのでこれで失礼」などと中座する。

回避言動の多い人が試みやすいゲーム

- 忙しく振る舞う　締め切りや約束の仕事多く抱えて忙しい、などと見せかける。ゲームを続けるには、「忙しいイメージ」を維持する必要があるので、追加の仕事を引き受けたりする。こうした過重な仕事は、さらに遅刻や早退、そして、他メンバーに未完の仕事を不十分な説明で押しつけたりする上での正当な理由になってしまう。

- 追い出されるように芝居する　間違いを犯す。つまり、遅刻してきたり、仕事の準備をサボったりして、他のメンバーが批判し、問責し、追い出してくれるように仕向ける。この追い出しこそ当人が望んでいることである。結果的に、心理的・物理的にも当人はグループから抜けてしまうことになる。

グループ活動からの心理的・物理的脱退は、上記のすべてのゲームの結果でもありうる。こうしたことは、妨害者にとって一時的な満足を与えるかもしれず、また、グループ活動は阻害される。

本章のまとめ

本章では、集団問題解決における4種の対処行動のそれぞれについて促進的行動と妨害的行動の行動指標について説明した。これらの行動は、機能的で建設的であるべきはずの集団問題解決活動を促進したり、妨害したりする。しかし、繰り返し強調するが、これらの行動は、それ自体では集団活動を促進したり妨害したりするものではない—本来的に、促進的な、ないし妨害的な行動は存在しない。状況に応じて、行動は促進的にも、妨害的にもなる。そこで、こうした言動のあり方に気づくことによって、集団活動における自分の効果性を高め、本当の貢献ができるようになる。

最後にひとつ。本章では、「集団やチームの管理が、個人をリードして個人以上のものに高めるというさらなるチャレンジを意味する」ものであることを示した。ジョン・カッツエンバッハ（John Katzenbach）、およびダグラス・K.スミス（Douglas K.Smith）が示唆しているように、「究極的には、集団を効果的に機能させるためのチームの知恵は、チームそのものに備わっているのであり、業績の優れた組織を作り上げること、経営革新を統御し管理すること、経営理念を実践すること、リーダーシップに新局面を開くこと、などから生まれてくるわけではない。自らの存在を本来の大きさ以上に大きな力で主張しようとする献身的な少数の人々の集団が、それを生み出すのである[14]」。

第14章 状況対応リーダーシップの導入

従業員の管理

本章では、状況対応リーダーシップの主要局面を、生産性向上をめざす従業員管理手法としての展開・応用への導入について説明する。生産性向上に主眼を当てた理由は、リーダーシップやマネジメントの概念が、どのように受け取られていようとも、真に重要なことが、それが「組織生産性へ貢献するかどうかにある」からである。生産性向上に貢献することが、筆者らの意味する効果的マネジメントだからである。この点については、さらに後述する。

本章および引き続く章では、状況対応リーダーシップに焦点を当てつつ、効果的経営管理を論じたい。また本章では、「組織業績の衛星モデル（図14.1）」を最初に紹介し、経営管理の質に焦点を当て、組織業績の向上のための戦術的、実践的アプローチを論じることにする。なお、以下に紹介されるアプローチは、用語や重点の置き所で異なるかもしれないが、すべてが、状況対応リーダーシップに、そして効果的リーダーシップと効果的マネジメントを通した生産性向上に結びついている。

組織の業績

「図14.1：組織業績の衛星モデル[(1)]」に示されるように、組織業績は多くの要因の産物である。このモデル図には、組織構造、知識、物質的資源、環境要因、人間的要因、など、主要要因が挙げられている。戦略とは、組織目標達成のた

図14.1　組織業績の衛星モデル

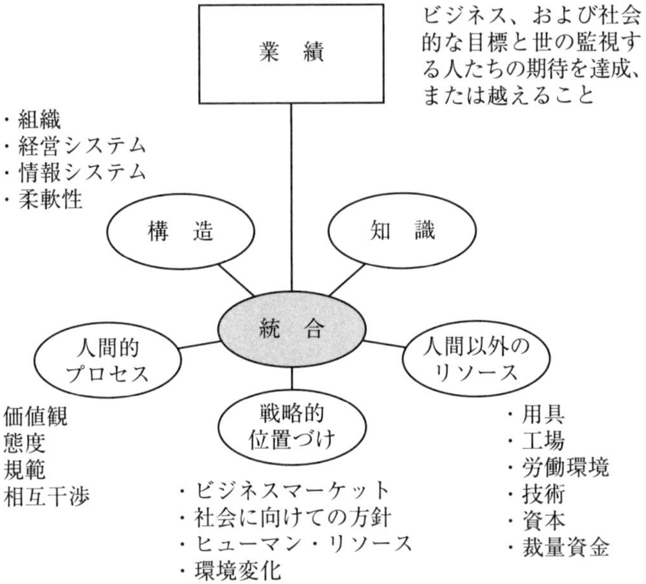

めの行動計画を広く統合したものであり、筆者らの理論的枠組に照らして言えば、その目的は人間の生産性を高めることにある。戦略は計画を統合したものであるから、要因や要素のすべてが結びつけられたものでもある。したがって、これら諸要因や要素は、すべて組織業績に寄与するものでもあり、モデル図上では、「事業目標、社会的目的、ないし責任の達成、または超過達成」として提示されている。現在の事業のニーズ、そして社会的なニーズに応えるには統合は不可欠であるが、図14.2が示唆するように、組織の将来の事業にかかわるニーズと将来の社会的なニーズに応えるためのプロセスを変えることも不可欠である。[2]

これらの要因はすべて重要であり、明らかに研究を要するものであるが、本書における力点は人的資源に置きたい。こうした力点の置き方は、人的資源重視の傾向が強まってきているばかりでなく、人的資源は他の主要業績要因にも影響を及ぼすので、正当化することができよう。[3]例えば、イアン・C.マックミラン（Ian C. MacMillan）やランドール・S.シューラー（Randall S. Schuler）は、「企業が人的資源に焦点を当てることで、競争力維持に大きな機会が提供される[4]」と述べている。これは面白い観点である。優秀な人的資源を組織力改善のための競争の武器として使うことは、明らかに組織行動管理上、

図14.2　将来の業績への位置づけ

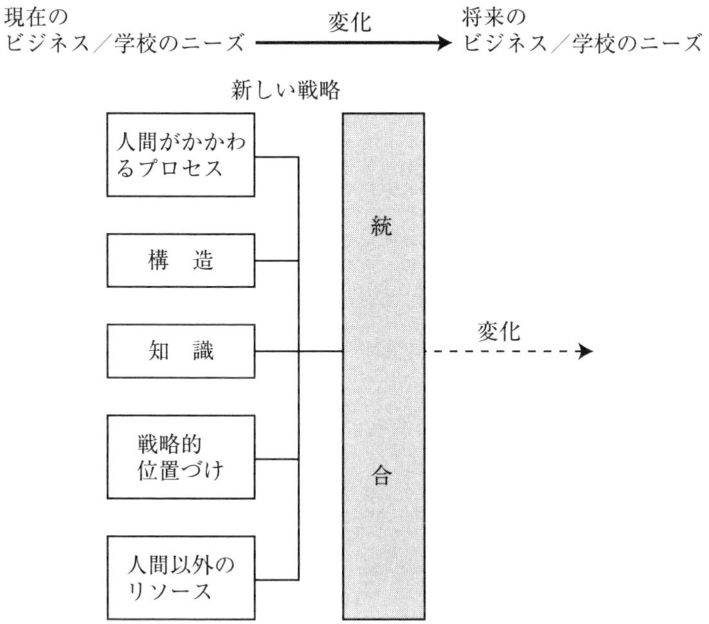

新局面を開くものである。しかし、組織体は人的資源を戦略的武器として、どのように活用できるのだろうか？

I.C.マクミランとR.S.シューラーは、人的資源が持つ不可欠なスキルの確保、ないし拡大、または既有人的資源の活用によって、企業が競争上の優位性を得ることに気づいた。こうした人的資源の活用は、それだけでできることではない。そのためには、人的資源計画と他の業績要因との間の緊密な調整が必要である。

「人的資源関連業務に携わるマネジャーたちは、企業に必要な主要スキル上の大きなギャップのために、ますますプレッシャーを感じるようになってきている……。戦略策定における人的資源管理（HRM）の役割が、決定的に重要になってきているのである。人的資源管理担当マネジャーは、競争力創造に応用可能な重要スキルの識別に最も適した立場にいるばかりか、戦略標的へ向けての既存スキルの動員、および既有スキルの質、量、継続性の維持に関して、重要な役割を果たすこともできる。したがって、人的資源管理スタッフにとっては、—伝統的な“人的資源上の支援提供の役目”でけでなく、既存人的資源を活用した場合の主な戦略的効果を確認するためにも、また競争相手に先んじて予測される必要スキル領域を確認するためにも—戦略策定プロセスへの積極的参加が必要不可欠であると言えよう[5]。」

I.C.マクミランとR.S.シューラーは、（戦略策定に際し）次のような事項について点検するよう提案している。

1．社内のどの現有人的資源が、他に抜きん出て優れているか？
2．社内の主要スキルを保持し、従業員を動機づけるには、人的資源管理をどのように適用すべきか？
3．どのような戦略的標的を追求すべきか？
4．将来、産業連鎖の中で、どのような戦略上の問題が重要となるか？

「企業は、従業員に適切なスキルを持たせ、適切に動機づけてやることによって、人的資源を通して競争上の優位性を保つことができる[7]」という彼らの主張は、筆者らが25年以上主張してきたものと変わらない。従業員に「良い仕事ができるようにしてやる」ことは、大きな違いを生み出す。

図14.3は、国防兵站部の経営幹部であるクレィ・カー（Clay Carr）が、考案した有用なモデルである。このモデル中の重要要素は、動機と目的の２つである。C.カーの言葉を借りると、「このモデルは人間行動一般についての、そして、特に組織内の行動についての、端的な想定に基づいている。すなわち、目標を設定し、その目標を達成しようと動機づけられている人は、他にどのような要因があろうとも、その目標を達成しようとする。……人間を行動させる要因は、すべてが同じ重味を持つわけではない。個人が持つ目標やその目標を達成しようとする動機は、他の要因より優勢なのである[8]」。

目標（ゴール）

C.カーは、目標（ゴール）を「個人（ないし、組織）が達成しようとする物事の異なった状態」と定義している[9]。彼は、この定義が次の３つの重要なポイントを示しているという。すなわち、

1．目標は、要求されたものではない
2．目標は、希望や願望ではない

図14.3　業績の７つの要因

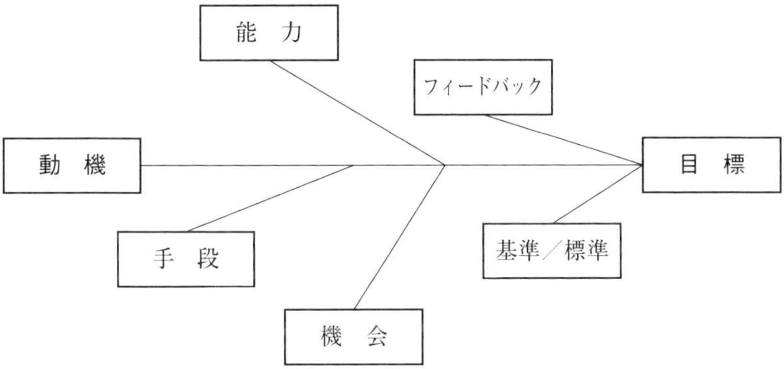

出所：Reprinted, by permission of the publisher, from Clary Carr, "The Ingredients of Good Performance," Training, August 1993, pp.51-54. All rights reserved.

3．公式（形式的）の目標と、真の目標とは異なる

例を挙げれば、これらのポイントの意味がいっそう明快になるだろう。来年度の売上を10%伸ばすようにと、マネジャーが支店長に言ったとする。この時点では、このマネジャーの言ったことは、マネジャーの要求、ないし希望、または形式的目標に過ぎない。その目標の達成に携わる担当者が受け入れたわけではないから、真の目標ではないのである。それどころか、この目標は、担当者が目標達成をめざして、他人と協力の上、遂行すべき課業、ないし仕事に翻訳されていない。

標準（スタンダード）

標準は、目標達成確認の手がかりになるので、重要である。標準がないと、目標が達成されたかどうかは、恣意的に決められてしまう。標準は、うまくいったかどうか、を教えてくれるものである。

フィードバック

目標、標準、そしてフィードバックは、絡み合っている。標準によって確定された目標へ質量両面で近づいているか否かを、フィードバックを通して知るのである。特に"真の目標―担当者当人が意味を認め、有用だと納得した目標"を考えるときに、フィードバックが重要になる。

支店長のカティが、店長のマックが計算機を使っているのを見た。カティが、

マックに、何をやっているのかを尋ねた。「今日の売上目標に達したかどうかを調べるめ、売上を総計しているんですよ」、とマックは答えた。この場合の売上目標は，経営者やカティの目標でなく、マックの目標である。この目標はマックの真の目標であり、彼は、目標、標準、フィードバックを組み合せたのである。

手段（ミーンズ）

目標達成に役立つ方法・手段として､何があるか？　方法・手段がなければ、目標を達成することはできない。例えば、もし機械に目盛りがなかったら……、もしコンピューター・プログラムが不良であったら……、もし必要人員が雇えなかったら……、もし決定的に重要な情報が入手できなかったら……、どの場合も仕事を果たすことができないことは言うまでもない。

能力（コンピテンス）

仕事遂行上、能力は鍵となる要因である。人間は、学ぶこと以上のことができなければならない。「やれなければならない」のである。そこで重要なポイントは、「当人に、目標達成の仕事を果たすだけの能力が備わっているか？」である。

動機（モーティブ）

動機については、すでに論述した。問題は、「なぜ、そうしたいのか？そうすると、どんな得があるのか？」である。マネジャーは、仕事に向けて他人を動機づける。しかし、どのようにして？既述のものから挙げれば、金銭的インセンティブ、他人の評価や認知、チャレンジングな目標や達成可能なスタンダードの設定、フィードバック、時間的自由を含めた仕事の自由の付与、必要な道具や方法・リソースの提供、意気阻喪要因の除去、などがある。

機会

時間と適格性という２つの要因が、仕事の機会の欠如・欠乏にかかわっている。仕事の優先度が高ければ高いほど、注意が注がれ、時間が使われる。また、マネジャーが仕事の質や仕事に対する顧客の満足に疑問を持つために、部下に仕事をさせないとすれば、“適格性”という意味で、排除されたわけである。

これら８つの要因は、密接に絡み合っている。８本足の腰掛けのように、１本でも欠けるとバランスが崩れる。組織活動も容易にバランスを崩すが、その

図14.4　円形生産性要素図

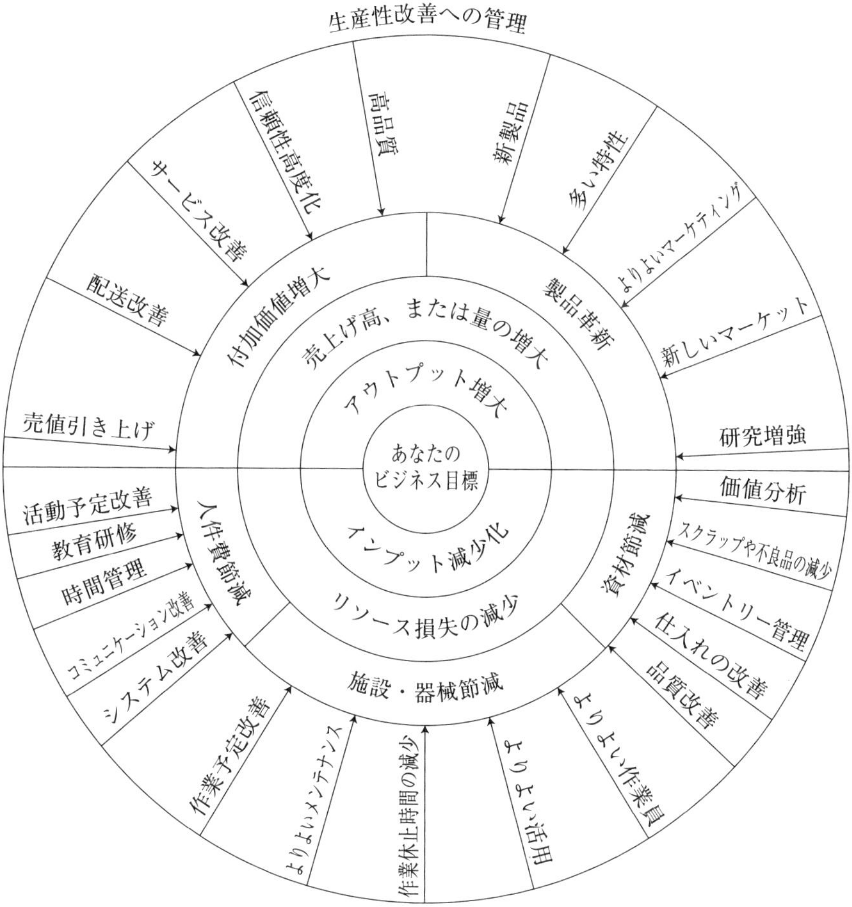

出所：Reprinted with permission from Vincent K. Omachonu and Joel E. Ross, Principles of Total Quality (Delray Beach, Fla.: St. Lucie Press, 1994), p.191.

結果として目標は達成されず、スタンダードが守られないことになってしまう。

生産性（そして、産出物の質）の向上

“生産性”とは、産出された製品やサービスを、それら製品やサービスの産出（アウトプット）に費われたインプット、または資源で割ったものである。

すべての比率や割合がそうであるように、この割合も、アウトプットを増やすなり、インプットを減らすなり、あるいはその両方を果たすなりすることによって、改善することができる。ヴィンセント・オマチョヌ（Vincent Omachonu）とジョエル・ロス（Joel Ross）は、この辺の関係を円形生産性要素図（図14.4）によって説明している。「この割合の改善を狙って、基礎技術と設備器具に焦点を当てて労働コスト低減が図られてきており、生産技術に焦点を当ててアウトプット向上がめざされてきている」と彼らは言っている。彼らは、「現在もなお、これら２つのアプローチのどちらも有効であるが、今日の動向は人的資源活用法の改善を通じて得ることのできる可能性（ポテンシャル）を活かそうとする方向にある」と見ている[(10)]。

図14.4は、この観点を図解したものである。アウトプットの面では、良いサービス、高い品質、営業・配送の改善向上、等々、付加価値の増加と製品改善を生み出し、それが販売量（そして、売上）の増加、つまり、アウトプットを増加させ、事業目的の達成につながっている。インプットの面では、教育訓練の増加、リソース活用と在庫管理の改善等々が、人件費の減少、設備器具費の減少、そして経費一般の減少を生み出している。こうしたことがリソース損失の低下やインプットの減少、そして事業目標のいっそうの達成に結びついている。図14.4は、一切の生産性向上の処置や技術が、組織活動管理のあり方にかかっていることを示している。これは、要するに「リーダーとフォロアーの折衝交流が、組織の効果性における最重要々因である」ことに他ならない。

ACHIEVE（アチーブ）モデル

マネジメント・プロセスにおいて起こる共通した問題は、部下に「どんな仕事振りの問題が存在するか」を教える点では、たいていのマネジャーが効果的であるくせに、「なぜそのような問題が存在するか」を判断させる点では効果的でないことである。言い換えれば、マネジャーの多くは、問題確認には優れているが、問題分析・診断には弱いのである。

仕事振りの問題の点検・解決に最も効果的であるためには、マネジャーとしては、なぜ問題が生じたのかを判断する必要がある。ACHIEVE（アチーブ）モデルは、マネジャーが、なぜ仕事振りに問題が生じたのかを判断し、その問題の解決のための変化（変容）戦略立案に役立てるべく、P.ハーシィとM.ゴールドスミスらが考案したものである[(11)]。

仕事振りの問題の分析のためのモデルを開発するに当たって、P.ハーシィとM.ゴールドスミスは、部下の仕事振りに影響する主要々因の決定することとこれら要因を覚えやすく、また活用しやすく提示することという2つの主要目標を定めていた。

アチーブ・モデル開発の第1ステップは、仕事振管理に影響する基本要因を選り分けることであった。ジョン・アトキンソン（John W. Atkinson）は、初期の研究を通じて、仕事振りが意欲と能力の函数であることを示した[12]。簡単に言えば、「仕事の遂行には、ある程度の意欲（Willingness）と課題完了に必要な能力（Skill）が必要である」ということである。ライマン・ポーター（Lyman Porter）とエドワード・E.ローラー（Edword E. Lawler）は、この考えをさらに展開し、役割認識と業務理解を含めて考えた。すなわち、たとえ部下が仕事に必要な意欲と能力を備えていたにしても、何をどうやるかの理解がなければ効果的な仕事はできない、と言うのである[13]。

ジェイ・ローシュ（Jay Lorsch）とポール・ローレンス（Paul Lawrence）は、このテーマに異なった視点から取り組み、仕事振りは単に個人の属性だけによるものではなく、組織や環境にも左右されると結論した[14]。個人は強く動機づけられ、かつ仕事に必要なすべての能力を身につけることができるだろうが、必要な組織の支援や方向性が与えられなければ、また仕事が組織環境のニーズに合っていなければ、効果的な仕事はできない。

アチーブ・モデルは、仕事振り管理方程式に、さらに2つの要因を加えて使っている。その第1の要因はフィードバックであるが、つまり、フォロアーには「何をするべきか」だけでなく、「常に自分がどのくらいうまくやっているか」を知らせる必要がある、ということである。フィードバックには日常のコーチングと正式の業績評価が含まれる。いまひとつの仕事振管理の要因は、正当性である。今日的環境では、部下のキャリアに影響を与えるような決定については、文章化し、合法化しておく必要がある。アメリカ合衆国では、人事管理業務の正当性が法的に要請されている。したがって、仕事振りの分析に関しても、日頃から職務分析、採用、業績評価、教育訓練、昇進、解雇、等々、人事諸手続や措置の諸範例を継続的に分析し、合法性を点検しておく必要がある。

P.ハーシィとM.ゴールドスミスは、効果的な仕事振りの管理に関連して、①能力（ability）、②理解（understanding）、③組織の支援（organizational support）、④意欲（motivation）、⑤仕事振りについてのフィードバック、⑥正当性（validity）、⑦環境（environment）、の7つの要因を選び出した。そして次に、彼らはこれらの要因をマネジャーたちが楽に覚え活用できるようにまとめた。

リスト項目を覚えやすいようにする工夫（記憶法）として、語の最初の文字を並べて頭字語（アクロニム）を作る方法がある。さて、「ことをなす(perform)」の7文字の同意語に「アチーブ（Achieve)」がある。そこで意欲（Motivation）に“インセンティブ（incentive＝誘因)”を代替し、理解（Understanding）に“クラリティ（clarity＝明快性)”を、組織からの支援（Organizational support）に“ヘルプ（Help＝支援)”を、そして仕事振りのフィードバック（Performance feedback）を“評価（Evaluation)”に置き換えて、頭字語「アチーブ・モデル」が作られた。すなわち、

- 能力Ability⇒Ability/アビリティ（能力）⇒A
- 理解Understanding⇒Clarity/クラリティ（明快性）⇒C
- 支援Support⇒Help/ヘルプ（支援）⇒H
- 意欲Motivation⇒Incentive/インセンティブ（誘因）⇒I
- フィードバックFeedback⇒Evaluation/エバリュエ-ション（評価）⇒E
- 正当Validity⇒Validity/バリディティ（正当性）⇒V
- 環境Environment⇒Environment/エンバイロンメント（環境）⇒E

のようにして、アチーブ（ACHIEVE）が綴られた。

アチーブ・モデルの活用

アチーブ・モデルの活用に当たって、リーダーはまず各要因がフォロアーの特定業務についての現在、および将来の仕事振りにどこまで影響するかを点検する。それからリーダーは、その仕事振りの問題に適合する特有の原因を見つけるステップを踏む。それでは、アチーブ・モデルの7要因を、一般の問題解決ステップに併せて、下記に記しておこう。

A―能力（Ability）　知識と技能アチーブ・モデルでは、“能力”とは、フォロアーの知識、経験、技能のことを言い、一特定業務を完遂する能力を意味する。ところで、ここで人間が万能でないことを確認しておきたい。能力の基本要素は、課題に関連する教育訓練（特定の仕事の完遂を促進する公式・非公式の教育訓練)、課題に関連する経験（仕事の完遂に役立つ職務経験)、課題に関連する技能（仕事の完遂を促す技能上の熟練度）である。フォロアーの仕事振りを分析するには、リーダーは「このフォロアーに、この仕事を完遂するた

めの知識、技能、経験が備っているかどうか」を確めるべきである。

もし当人に能力上の問題があれば、特定主題の訓練、コーチング、集合教育訓練コース、特別課題割当、などが解決策として考えられる。これらの解決は、コスト効果性の観点から考慮されるべきである。

C—明快性（Clarity：理解と役割認識）　“理解”は、何を、いつ、どう行うか、についての了承・納得に関するものである。仕事を完全に理解させるには、フォロアーに主たる目標や趣旨、これらを達成の仕方、そしてこれらの優先順位（どの目標が、どのような場合に最も重要か）を理解させる必要がある。

フォロアーに明確さや理解上の問題が生じた場合、仕事の遂行計画を立てる段階に問題があることが多い。多くの場合、口頭で目標合意するだけでは不十分である。リーダーは、すべての目標が公式に記録されるようにしておくべきである。理解の明確化を確実にするために、フォロアーには質問することを奨励すべきである。

H—支援（Help：組織からの支援）　“支援”は、課題を効果的に遂行する上で、フォロアーが必要とする組織（職場）の助け、ないし支持を意味する。組織が与えてくれる支援には、適当な予算や人員、適切な設備器具、他部門からの必要な支援、などが含まれる。

支援、ないし組織の支持に欠けると、リーダーとしては、問題の所在を明確に示さなければならない。問題が金銭、人的資源、道具、設備などの不備不足に関するものであれば、リーダーはこうした必要資源をコスト効果的に入手できるかどうかを検討しなければならない。資源入手が不可能なときは、リーダーは、フォロアーに過剰な責任を負わさないように、目標を改訂しなければならないかもしれない。

I—誘因（Incentive：動機づけ、または意欲）　“誘因”という用語は、フォロアーの課題に対する動機—つまり、処置対象となる特定業務を完遂する意欲を指している。誘因を評価するに当たっては、人間がどの仕事に対しても同じように完遂に向けて動機づけられているわけではないことを知らなければならない。人間は、個人的な報償をもたらさない仕事よりも、内的報償、外的報償を問わず、個人的な喜びや報償が得られる仕事に動機づけられやすい。

フォロアーに誘因に関する問題が生じた場合、とるべき第１ステップは、報償と懲罰の使い方を点検することである。フォロアーにその仕事の成績が、給料、昇進、評価、雇用継続に関係することを明確に理解させておく必要があるからである。調査によると、その行動に対して報償が与えられなくとも、フォロアーがその行動をとるとリーダーが期待することもある[15]。しかし、人間には、報償が与えられる仕事を追求し、そうでない仕事は避けようとする生来の傾向がある。報償は、有形・無形のどちらでもよい。評価してやるとか、肩をたたくとか、こうした仕事振りに関するフィードバックは、動機づけシステム全体にとって、重要な要素になる。

E—評価（Evaluation：コーチングと仕事振りについてのフィードバック）
“評価”は、公式の定期業績評価と同時に、日常の非公式な仕事振フィードバックをも意味する。効果的なフィードバック・プロセスは、フォロアーに自分がどの程度うまく仕事をしていると（リーダーに）見られているかを定期的にわからせてくれる。フォロアーが、自分の仕事振りに問題があることを認識していないのに、そのフォロアーに仕事振り改善を期待することは非現実的だからである。したがって、フォロアーとしては、公式の定期業績評価に先立って、日頃から自分の仕事振りがどのように評価されているかを知るべきである。仕事振りの問題の多くは、必要なコーチングと仕事振りについてのフィードバックを得ていないことが原因で起こっている。

評価に関する問題が生じたとすると、効果的・非効果的仕事振りの両面についての日常フィードバックが欠けているためである可能性が高い。リーダーの多くは、悪いことばかりに関心を集め、仕事がうまくいっているときの評価を忘れやすい。良い仕事を認めることは、評価プロセスでは、極めて重要な部分である。良い仕事を認めることは、意欲をもり立てるのに役立つばかりか、コストもほとんどかからない。

仕事振りの極端なケースを浮き出させるのに役立つひとつの方法として、極めて優れた仕事振り、ないし極めて悪い仕事振りについての公式記録を利用し、特定の具体的“インシデント（事件）”を取り上げて評価する方法がある。この方法を使えば、フォロアーは公式記録の一部を必ずフィードバックしてもらえることになる。

V—正当性（Validity：合法的で、正当な人事手続と措置）　“正当性”という用語は、リーダーやマネジャーによる人的資源取扱上の決定の適切性と合法性を指している。マネジャーは、人に関する決定が、法律、判例、会社の方針、などに照らして適切であるよう確実にしなければならない。人事措置や活動が、特定集団や個人を差別しないよう、また組織では、正当で、合法的な業績評価、教育訓練、昇進選抜基準、等々が必要とされていることに留意しなければならない。

正当性に関する問題が生じた場合、マネジャーたる人は経営関係法規の趨勢は明快であり、人事関係諸決定は「仕事振りを基準にして」文書化され、正当化されるべきであることを知らなければならない。人事の正当性の問題に詳しくないマネジャーは、人事担当部門、ないし法務部門の助言を得るべきである。例えば、従業員構成を変える場合、今日では「中高年層」が一昔前より年齢的に高くなっていることに注意しなければならない。リディア・ブロンテ(Lydia Bronte) は、「極度の年齢に対する偏見と経験軽視」から、有能な中高年労働者を軽く見ないよう忠告している[16]。こうした変わりつつある状況に応えて、法規は絶えず変わっているから、マネジャーたる人は、特に今日のような企業規模縮小とリストラの時代には、決定の正当性を常に点検していなければならない。

E―環境（Environment：環境適応）　“環境”という用語は、たとえ当人がその仕事に対する能力を備え、遂行理由を理解し、組織からの支援に恵まれ、かつ仕事遂行に必要な誘因があっても、外的要因に恵まれなかったら、仕事の遂行が難しい。環境要因の鍵となる要素には、競争、市場変化、政府規制、取引業者などが含まれる。

どうにも仕様のない環境上の問題が生じた場合、そのために部下を褒めたり、叱責したりしてはならない。要するに、部下は環境条件の限界内て仕事をするよう期待されるべきなのである。

職務遂行の管理

状況対応リーダーシップの考え方とアチーブ・モデルとは、職務遂行管理を目的に統合することができる。職務遂行管理の実践上の３ステップは、職務遂行計画の設定、職務遂行計画実践中の部下に対する補完的なコーチング、そして業績評価面談の３つである。

1．**職務遂行計画**　計画段階の始めに行う仕事の目標と方針の設定、および目標達成計画立案

2．コーチング　仕事振り計画実施中の日常のフィードバックと指導
3．業績評価　計画対象期間に対する総合業績評価

職務遂行を状況対応的に管理することは、個々の部下が当面する個有の状況に合わせた管理手法を活用することを通じて、職務遂行計画、コーチング、そして業績評価の個別化を可能にしてくれる。

職務遂行計画

従来の目標による管理の多くは、常に上司と部下が話し合って目標を設定すべきだとしている。状況対応リーダーシップでは、話し合って目標を設定することは、レディネス・レベルが中程の場合（Ｒ２～Ｒ３）には適当ではあっても、レディネス・レベルが極めて高い場合や極めて低い場合（Ｒ４～Ｒ１）には、適当ではないかもしれないという。

目標設定に対するレディネスのレベルが低い部下には、上司が目標を設定し、これをそのレディネスの低い部下に示す方がよい。特定業務に対する部下のレディネスが極めて高い場合には、目標設定プロセスを部下が主導すればよい。仮に、部下のレディネスが極めて高いとすれば、特定化された具体的業務では、目標設定プロセスのリーダーシップを部下の方がとることも許され(か望まれ)るかもしれない。要約すると、状況対応リーダーシップでは、レディネス・レベルに合った程度の職務遂行計画立案になら、部下を参画させるべきであるとしている。

職務遂行計画の立案プロセスにおけるもうひとつの状況対応リーダーシップ応用は、リーダーシップ・スタイル契約の活用に関係している。目標設定では、リーダーとフォロアーの両方にとって、どの目標を達成すべきかを決めるだけでは十分ではない。目標達成過程上のそれぞれの役割について合意しておくことも大切である。リーダーとフォロアーの間で、遂行すべき各業務について、リーダーの支援介入の程度を予め決めておくことが役に立つ。フォロアーに、どこで指示・指図され、どこで任せてもらえるのかをわからせておくべきなのである。職務遂行上の彼らの役割を明確化しておくことで、リーダーもフォロアーも、職務遂行中の不必要なストレスと驚きを未然に避けることができる。

多くの目標による管理方式をとったシステムの欠点は、フォロアーの側から提供すべきものについてのみ話し合っていることである。アチーブ・システムでは、リーダーとフォロアーは組織の提供すべき必要支援についてはっきり知る必要があると示唆している。また、職務遂行計画にアチーブ・モデルを活用

すれば、「フォロアーに仕事の能力は備わっているか？」「フォロアーは何をどう行うべきかをチャンと知っているか？」「組織の支援はどの程度必要か？」「継続的コーチングとフィードバックのための手続はできているか？」などの問題に対処できるようになる。

また、アチーブ・モデルは、潜在的職務遂行能力の明確な分析を可能にしてくれる。問題があると感じたら、フォロアーに特定の目標を割り当てる前に、これらを処理しておくべきである。例えば、リーダーがフォロアーにそのための能力が備わっていないと感じたら、フォロアーがムリな目標の達成に取りかかる前に、必要な訓練を施しておかなければならない。

フォロアーが仕事を始める前に、アチーブ・モデルを使って職務遂行のための各要素を分析しておくことにより、チャレンジングで現実的な目標が設定しやすくなる。この場合、目標の正当性には特に注意すべきである。仕事の目標が、特定集団や個人を不公正に差別するおそれのある場合、人事スタッフに問い合せ、目標は修正されるべきである。

コーチング

職務遂行期間中に契約したリーダーシップ・スタイルを使うことによって、リーダーはコーチングにも状況対応的アプローチを応用することができる。コーチングに状況対応リーダーシップを応用することによって、リーダーは自分のリーダーシップ・スタイルと職務遂行計画プロセスを通じて設定された目標、フォロアーの各特定目標を達成する上でのレディネス・レベル、などとの関連を明らかにすることができる。

マネジャーが抱える深刻なコーチング上の問題のひとつは、コーチング（つまり“治療”）の前に十分な分析を行わないことである[17]。そこで、マネジャーは、どのような治療的処置を採るかを決る直前に、アチーブ・モデルを使って職務遂行上の問題を分析しておけばよい。

仕事振りの問題は、できる限り早く―悲惨な状況に至る前に―処理されなければならない。リーダーは問題の初期段階に気がついても、問題が自然に消えてしまうことを期待して、処置を控えてしまう。しかし、そんなことはめったに起こらない。アチーブ・モデルを応用した場合、会合での報告や記録、面談といったものを通じなくとも、頭の中に日常的問題解決の即席リストができあがっていることになる。また、特有の問題の診断に、１回でもアチーブ・モデルを活用すると、その後は、そのフォロアーが直面する状況に適合させて問題を解決する可能性が、劇的に高まるものである。

業績評価

期末のリーダーとフォロアーの業績評価面談において、“驚き”があってはならない。リーダーが職務遂行計画と日常のコーチングを通じて十分な準備を予めしておれば、リーダーとフォロアーのどちらもが、期末業績面談を職務遂行計画立案とコーチングの段階で行ったことの点検と受け止めよう。このようにマネジャーとしては状況対応リーダーシップを業績評価プロセスへのフォロアーの参画準備度を判断するために活用することもできる。

フォロアーのレディネス・レベルが高い場合、フォロアーに自己評価をさせておいて、期末業績評価の前にそれを話し合っておくのも１つの方法である。また、レディネス・レベル中程度のフォロアーの場合には、個々の仕事に対するレディネスを考慮してフォロアーによる主導を許しつつ、評価を合議的に進める必要があるかもしれない。フォロアーのレディネス・レベルが低い場合には、ほとんどのやり取りをリーダーが主導する指示的な面談に終始することになろう。状況対応的に扱うことで、業績評価面談にフォロアーがどの程度参画するのが“善く”、またどの程度が“悪い”という問題を迂回することができる。状況対応リーダーシップを拠り所にすることによって、フォロアーは自分にふさわしい程度に、業績評価に参加できるのである。

期末業績評価に関して、アチーブ・モデルは「業績がなぜ職務遂行計画立案の際に設定した標準に達した（達しなかった）のか」の理由分析に活用することができる。職務遂行における仕事振りの問題の原因が突き止められたら、その仕事振りについての具体的問題に合うように、指導計画を立てることができる。アチーブ・モデルは、仕事振りに結びついた具体的データを得させてくれるので、その後の指導、異動等々、人事施策にも活用できる。アチーブ・モデルはまた、職務遂行基準が達成できなかった場合の理由が、担当者の仕事振りにあるのか、リーダー、組織、それとも外的事由によるのか、を知るのに役立てることができる。

本章のまとめ

職務遂行管理も、状況対応リーダーシップの考え方に基いて構築できる。また、人的資源問題の解決には、唯一で最善の方法といったものはない。マネジャーは、それぞれのフォロアーに固有の状況に適合した最善の問題解決手法を使うべきである。職務遂行管理によって、仕事状況の分析、仕事振りの問題の原因発見、フォロアーが当面する問題に対する解決方法の選定、などについての簡便で使いやすいアチーブ・モデルというガイドラインがある。状況対応的アプローチを使った職務遂行管理のいまひとつの大きな利点は、マネジャーに職務遂行計画立案、コーチング、業績評価を行うための効果的な拠り所を提供してくれることである。

第15章

計画と変革の実施

かつてマーク・トウェイン（Mark Twain）は、「変えることを望むのは、オムツの濡れた赤ん坊だけだ！」と言った。今日の組織をめぐるダイナミックな社会では、好むと好まざるとにかかわらず、変化が起こる。変化が起こるかどうかを案じることは、もはや問題ではない。変化は起こる。もはや選べる問題ではない。「組織を活性化させ、現状に対応させる上で、日々否応なしに次々と挑みかかってくる変化にマネジャーがどう対応するか？」の問題である。変化は日常的問題であるにしても、マネジャーが有能であるためには、変化を起こるがままにしておいてはならない。変化を計画し、実現し、制御する戦略を策定すべきである。

フォーチュン誌調査の1,000社の中から選んで面接された400人のマネジャーの79%が、所属会社の変化のペースを「早い」、ないし「極めて早い」と感じ、61%がその変化のペースが「今後早くなる」と思っている[(1)]。それと対照的に、ほとんどのマネジャーが、対応のためのプランを持ち合せない、と答えている。加えて、彼らの62%が、変化に対して控えめ、ないし消極的な対応しか考えていない、と思っている。また、彼らの75%以上が、アメリカのマネジャーは、変化があまりにも短期的に起こっているので、こうした急速な変化を好まない、と述べている。彼らは、現状を相当な代価をもって築き上げてきているし、人々（フォロアー／同僚、など）や物事を制御できなくなるのを恐れているのである。しかも、変化にどう対応すべきかを知らないのである。

こうした変化に対する抵抗は、マネジャーの使命に背《そむ》くものである。先にリーダーシップを、個人的に、または集団の中の、他人の行動に影響を及ぼすこと、と定義した。影響とは、ひとつの行動から別の行動に動かすこと、すなわち、変化させることである。先にW.ベニスによるリーダーシップの定義、つまり、ビジョンを作り出し、実践するプロセスがリーダーシップだと考えた。変化がリーダーシップの本質であるため、リーダーには、否応なしにこれを好まねばならないのである。リーダーたる人は、変化に対する抵抗を克服し、「変化の管理者」であらねばならないのである。

効果的な変化管理者であるためには、リーダーとしては優れた「診断技能」以上のものを持たねばならない。状況が必要とするものが分析されたら、その状況にリーダーシップ・スタイルを“適応させ”、状況要因の全部、ないし一部を変化させる方法を導きださねばならない。

変化を理解するための考え方の基本

部門内、ないし組織内で変化を試みようとするマネジャーは、２つ以上の領域にまたがるスキルや知識・経験を自から持っているか、あるいはそのようなスキルや知識・経験を持つ人を抱えていなければならない。

1. **診断**　まず第１に、最も重要な変化努力の段階は診断である。概括的定義を行うとすると、診断技能は正しい質問の仕方、組織環境の察知、効果的な観察方式とデータ収集法の確立、データ処理と解釈の方法開発などにかかわっている。変化の診断においては、マネジャーとしては、①この状況で、何がいま現在起こっているのか？　②もし、変化努力がなされなかったら、どんなことが起こり得るのか？　③こうした状況では、一般にどうなることが期待されているのか？　④現実がそのようになるのを抑止している障害、制約は何か？
2. **実施**　変化のプロセスのこの段階は、診断データの解釈し、変化の目標と計画、そして戦略と手続きへ展開する段階である。そこで、次のような問いがなされねばならない。すなわち、作業集団内、もしくは組織内で、変化をどのように起こすべきか？　与えられた環境の中では、何が変化に順応し、何が抵抗するか？　どう受け取られるか？

診断

診断過程には、少なくとも3つの段階がある。問題の捉え方、問題の定義／明確化、そして問題分析である。

問題の捉え方

組織診断に先立って行うべきは、誰の目—自分？ リーダー？ 同僚？ フォロアー？ コンサルタント？ それとも、その他の外部の人？—で診断するか、を決めることである。

理想的には、全体的展望を得るためには、変化の影響を受ける人たちの視点に立って、状況をを見るべきである。しかし、ときに現実がそのような全体的展望を許さないことも多い。いずれにしても、診断の始めから、ハッキリした見方を持っているべきである。

問題の明確化

どのような変化努力も問題確認から始まる。問題状況は、現実に起こっていること（現実）と読者自身や読者の背後にいる人が望む事態との間に食い違いがあるときに生まれる。例えば、職場メンバーの間に大きな対立が起こったとしよう。もし、こうした対立が有害なものでなければ、問題ではない。「状況はどうなるべきか」、そしてその「望ましい状況は、現状とはどう異なるのか」について、ハッキリした考えが説明できるようになるまで、問題は存在しないのと同じである。他方、もしこの職場グループがまとまった協力的なグループになるよう期待すると、問題を抱えたことになる。理想と現実の間に食い違いがあるからである。「変化努力は、現実と理想との食い違いを減らす試みである」。ちなみに、変化努力が、現実を理想に近づける試み、を常に意味するとは限らない。診断後、ときに読者が持つ理想が現実的でなさすぎるため、理想を現実にもっと近づけるべきであると、気づくこともある。

問題を定義し、明確化する段階において、本書中に紹介された概念や理論的な枠組みが活きてくる。例えば、食い違いが起こり得る2つの領域として、R.リカートの言う結果変素（end-result variables）と媒介変素（intervening variables）がある。

「結果変素」の検討において、例えば次のような点が問題になる。すなわち、当該の組織、当該職場グループ、ないし当人は、期待された仕事、つまり、生産、売上、読み書きソロバン等々で効果は上がっているのか？ 短期目標は、設定されているのか？ そしてもし、仕事がちゃんと行われていないのなら、食い違いは明白であるはずである。

もし仕事振りが問題なら、「媒介変素（プロセス上の諸要因）」、ないし人的リソースの状態にかかわる食い違いに見当をつけるかもしれない。例えば、高い離職率、長期欠席、あるいは怠業、などは見られるか？ 苦情、事故率、などはどうだろうか？ 本書を通じて習得してもらう諸概念は、読者の抱える変化状況の診断用質問を作るのに役立つものと思う。例えば、次のような質問が考えられる。

- どのようなリーダーシップ能力が、どのような意思決定能力が、そして、どのような問題解決能力が、発揮できるのか？ 動機づけはどうか？ コミュニケーションはどうなっているか？ 仕事目標への献身度は？、そして組織環境／士気は？（R.リカート）
- 関係者たちのレディネス・レベルはどうか？ 課せられた職責を担当する意欲と能力を備えているか？（P.ハーシィ、K.H.ブランチャード）
- 現時点では、関係者たちにとって、どの欲求レベルが最重要動機づけになっているのか？（A.マズロー）
- 衛生要因（環境要因）および意欲要因（内在要因）は、何か？ 給与は十分か？ 作業環境はどうか？ 仕事の安定は、問題にされているか？ 対人関係はどうか？ リーダーに対して苦情を持っているか？ よい仕事は認めてもらえているか？ 仕事にチャレンジを感じられているか？ 成長や育成の機会は与えられているか？ 責任は十分に持たされているか？（F.ハーツバーグ）

良い理論は、組織化された常識である。したがって、読者の置かれた状況の中の出来事や変更点を整理するためのよすがとして、本書で紹介された理論やし質問点を利用されるとよい。

分析—問題の明確化（定義）からの派生

問題が明確化されると、ほとんどそのまま問題分析へ進むことができる。ひとたび問題（つまり、食い違い）が明確化されると、分析の目標は、なぜ問題が存在するのか、に煮つまってくる。だが、問題の明確化は問題分析の一部であることが多いので、問題の明確化と問題分析の境目は、いつも明確であるとは限らない。

ひとたび食い違い（問題）が結果変素（結果）、ないし媒介変素（プロセス）

の中に発見されると、もっとも自然なやり方は、R.リカートのいう原因変素（Causal variables）—組織なり、その組織のマネジメントなりによって変更・修正することのできるリーダーシップやマネジメント・スタイル、組織構造、組織目標のような独立変素—を点検することである。換言すれば、組織環境の何が食い違っているのかを見つけ出すことである。ここでも、いろいろな理論家が登場し、種々の問題を考えさせてくれる。

- 主として使われるリーダーシップ・スタイルは、どのスタイルか？ そのスタイルは相手のレディネス・レベルとどう対応しているか？（P.ハーシィ、およびK.H.ブランチャード）。
- マネジメントが信じる、人間性についての考え方は、どのようなものか？その考え方は、関係者の能力やポテンシャルとどのように噛み合うか？（D.マグレガー）
- 環境に含まれる諸種の需要や必要に、関係者たちは応えられるか？ 関係者たちの高次元欲求に照して、その環境に存在するチャンスはどんな効果を持つか？（A.マズロー）
- 諸状況要因とマネジメントが使っているリーダーシップ・スタイルとは、どのように対比されるか？（P.ハーシィ、およびK.H.ブランチャード）

これら諸理論と質問点は、本書で紹介された諸概念が問題の分析にどのように役立つかを示し、かつ変化導入方略立案のガイドラインにもなる。

実施

実施過程は次のことを含んでいる。代替措置の決定、および実施の仕方の決定、また、代替措置それぞれについての起こりうる結果の予測、特定措置の決定、そして措置の実施である。

問題の分析が完了したら、次のステップは代替措置の決定である。さらに、代替措置の案出に併行して、実施の仕方を決めなければならない。ちなみに、変化導入を考える上で、2つの理論が有用であると思われる。すなわち、フォース・フィールド分析（Force Field Analysis）とインクリメンタル分析（Logical Incrementalism）である。

フォース・フィールド分析

「フォース・フィールド分析」は、K.レビンによって開発された技法であり、この技法では、どのような状況においても、変化に対する影響力としての推進力（Driving force）と抑止力（Restraining force）が働いていると考える(3)。推進力とは、状況を特定方向に押す力をいい、変化の誘因となりやすく、また、変化を持続させる力となりやすい。例えば、職場グループの生産性向上の視点から言うと、リーダーの励まし、インセンティブ・ボーナス、競争などは、推進力の例である。抑止力は、推進力を抑止したり、弱めたりする力である。無感動/無関心、敵意、用具の不手入れ、などは生産増強を妨げる抑止力の例である。総推進力量と総抑止力量が等しいとき、均衡が生まれる。図15.1の例では、生産性の現在のレベルが「均衡」で示されている。

図15.1　均衡状態にある推進力と抑止力

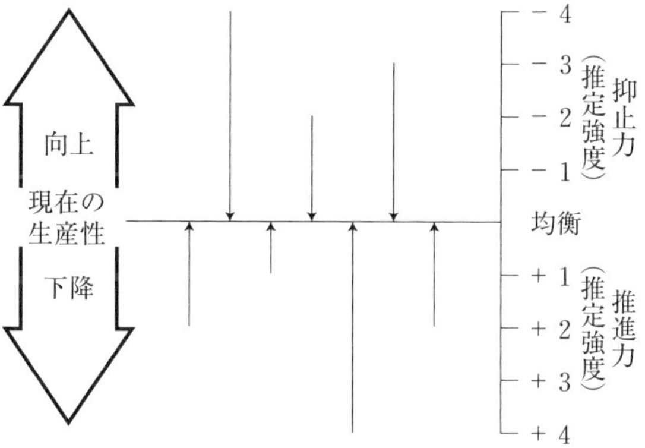

推進力と抑止力の関係を変えることによって、均衡点、ないし現在の生産レベルを上下させることができる。生産性は高いが、先任者が従業員能力（媒介変素）を使い果たしてしまった職場グループを担当することになった新任マネジャーのジレンマの例を考えてみよう。前任者は、推進力（つまり、専制的で、従業員に絶え間ない圧力）を加えて、短期的には生産増強を果たしていた。だが、こうすることによって、このマネジャーは、従業員の敵意や抵抗といった抑止力を生み出していたのである。前任者が去る頃には、これら抑止力が増加し始めており、離職、欠勤、等々の形で現れていたが、新任マネジャー就任後間もなく、その職場の生産性は下がった。新任マネジャーは、相当低いレベルでの生産性均衡をみることになったわけである。

そこでこの新任マネジャーが、推進力の増強を控え、抑止力低下を決めたとしよう。生産に向けるべき時間を割いて、問題解決と教育訓練に向けるかもしれない。短期的には、生産はさらに低下傾向をたどるかもしれないが、長期的に見て、そのグループの仕事の目標や生産技術が高まってゆけば、新しい推進力が生まれたと言えようし、抑止力として働いていた敵意や無関心の除去は、均衡を高いレベルへの生産へと向上させるものと期待される。

これら諸要素の相互関係診断では、成果だけでなく、媒介変素も、また短期的目標ばかりでなく、長期的目標も考えなければならない。フォース・フィールド分析は、こうしたいろいろな具体的状況を変化させるための戦略分析にも役立つ。

現実に起こっていることと、起こって欲しいと思うこととの間に食い違いがあるとき―そして、そのような食い違いについて、ある程度の分析をしてしまっているときには―フォース・フィールド分析が、たいへん役に立つ。変化導入を始める前に、推進力および抑止力として、どのような力があるのか、を確認しておいた方がやり易い。そうした分析を行わないで変化導入を始めると、訳がわからないままに、状況から吹っ飛ばされてしまうこともありうる。

8月に、アメリカ中西部の意欲満々の学校監督官とその補佐が、中西部大都市の郊外のある学区を担当することになった。監督官も補佐も、教育の主なシステムとなっていたアプローチ、すなわち、教師の方から、「何をすべきか？ どのようにすべきか？ いつすべきか？ どこですべきか？」を指図する教師中心のアプローチ（高指示／低協労）から、「何をなすべきか」を生徒が決める生徒中心のアプローチ（低協労／低指示）へ変えることに熱心だった。

この変更の導入に、事務を担当するビジネス・マネジャーが雇い入れられた。監督官と補佐は事務所を置かなかった。電話を自動車に置き、ほとんどの時間を学校で、教師や生徒と過ごしていたのである。1日に15時間から18時間を、新しいアプローチに興味を持つ補助教師や学校職員と過ごしていたのであった。そして、彼らが採用されてから6カ月目の1月に、突然ではあったが、教育委員会が特別会議を開き、7対2の評決で、この2人を解雇したのであった。

それを信じることができなかった彼らは、直ちに教育委員会を法廷に訴えた。教育委員会が、不法にも裁判官と陪審員の両方の役割を果たしている、と非難した。法的闘争に加えて、彼らは殉教者になってしまい、あちらこちらを巡回して学校の不当性を訴え始めた。巡回するうちに、この監督官補佐は変化管理のための大学院講座に招かれることになった。この教室では、その頃、K.レビンのフォース・フィールド分析を教えていた。そこで彼らが取組んでいた状況における推進力と抑止力が何であったかが質問された。意図した変化を推し進める推進力として、直ちに自分たち変化責任者や何人かの教師、そして何人かの学生の熱意や打ち込みを挙げたが、その他の推進力を挙げることはできなかった。そして、関係した教師や学生・生徒の数は少ないが増えているということであった。

抑止力を挙げさせると、この監督官補佐は、抑止力をひとつひとつ挙げ始め、そして、市長や町の警察署長、新聞社などとはずっと関係が悪かった、と言い始めた。これらの人たちは、監督官たちが、学校へ“甘やかし”を導入している、と感じていたのであった。事実、町の新聞は、監督官たちの努力に反対する論説をいくつも発表していた。加えて、教員組合は、推し進められているプログラムが、契約外の余分の責任を教師たちに負わせるのではないかと危ぶんでいた。PTAですら、子供のしつけがどうなるのかと危ぶみ、何回も会合を開いていたのである。さらに、この監督官補佐は、主任監督官の雇用評決では、５対４で裁決され、また、採用賛成の委員の１人が、その後11月の選挙では落選しているとも報告している。また、この監督官補佐は、この町が概して教育問題、等々に関して極めて保守的であった、と言っていた。

図15.2は、この例における推進力と抑止力の関係を示している。ご覧のように、たとえ委員会メンバーの一部を推進力に加えても、また、抑止力としての何人かの教師や生徒に言及しなくとも、この学校のシステムを教師中心のアプローチから生徒中心のアプローチへ変化させることに対する抑止力は、推進力を圧倒してしまっている。

次に、変化導入にフォース・フィールド分析を使用する上でのガイドラインを挙げておこう。

1．力の量や頻度で、推進力が抑止力にはるかに勝っているときには、強引にことを進めて抑止力を圧倒し、変化推進を図ることができる。
2．抑止力が、推進力よりはるかに強い場合、２つの選択が変化推進のために与えられている。第１に、実施困難なを悟って、変化努力を諦めることである。第２に、状況中の推進力の維持に努めながら、抑止力をひとつひとつ推進力に変えてゆく努力を進め、また、抑止力が状況に影響しないよう、それらの無力化を図かることである。第２の選択は可能ではあっても、極めて時間のかかる方法である。
3．変化を進める状況の中で、推進力と抑止力がほぼ均衡しているのなら、マネジャーとしては、すべての、または部分的に、抑止力の転換／無力化を試み、平行して推進力の増強を図るべきである。

この学校の例では、抑止力に有利な形で、状況は不均衡を示していたが、監

図15.2　教育方式転換における推進力と抑止力

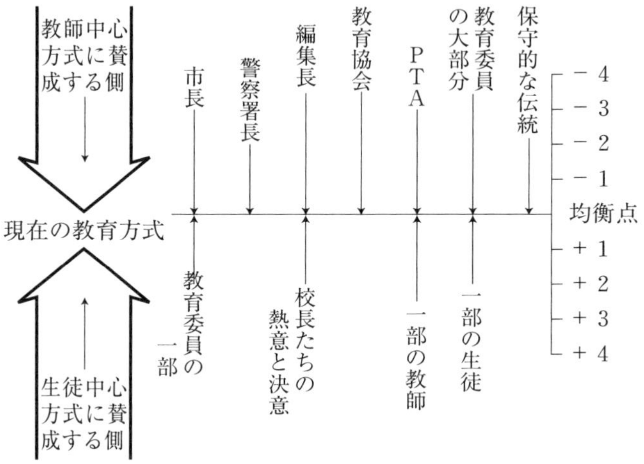

督官たちは、推進力が自分たちの側にあるかのように振る舞っていた。彼らがフォース・フィールド分析を使っていたら、抑止力を何とかしない限り、変化導入の試みが失敗に終わるであろうことは目に見えていたはずである。

インクリメンタル分析（Logical Incrementalism）

変化導入のいまひとつのやり方として広く受け入れられているのは、ジェームズ・ブライアン・クイン（James Brian Quinn）が唱える「インクリメンタル分析（Logical Incrementalism）」である。この理論では、大組織での変化導入は複雑、かつ時間のかかるプロセスであると考える。組織内外の諸力が、上級経営管理者チームの組織再編企画に逆行する力として大きな圧力を及ぼす。J.B.クインは、ハーバード大学の経営学教授であり、数々の大組織の変化導入を研究し、変化の受入と効果的実施を促進するために企業のリーダーが使うことのできる企画方式を確かめた。インクリメタル分析では、おおまかな目標として捉えられた変化展開のプロセスと焦点とを、段階的に分析していく。すなわち、インクリメンタル分析は、次のように展開される[5]。

1．基本的問題―何となく感じられる問題、または好機。
2．大まかな気掛かりな点を発表―（関係者の）賛否の間をアイデアが行きつ戻りつしながら磨き上げられる。
3．変化導入プランを公式に検討する。

4．変化導入プラン実施のために、危機、または好機が利用される—例えば、上級経営管理者の退職や急なマーケット・シェアの激減、などがあると、突然な変化導入が促進される。
5．実施しながら、変革プランが調整される。

上級経営管理者の多くが、インクリメンタル分析が、「変化の導入と、実施のプロセスを正確に描写している」と認めている。アイデアを関係者の間に行きつ戻りつさせるのが早ければ早いほど、決定前に得られる情報の質も良くなり、変化に対する政治的・感情的障害も克服できるようになる。下位グループの参画が早いと、変化計画に対する個人的・感情的な参画の意識が高まり、効果的変化導入の助けになる。インクリメンタル分析は、特定の変化の中心的事象に集中した方がうまく機能し、また、関係者の支援を集め、まとめるのに効果的である。

第１種変化（連続変化）と第２種変化（不連続変化）

変化導入戦略の構築に有効な２つの理論—フォース・フィールド分析とインクリメンタル分析を検討したので、変化のレベルとサイクルを理解することが有用かもしれない。状況診断を目的に変化に取り組むとすると、第一種変化と第二種変化の２つの異なる枠組みが考えられる。変化は安定した環境で起こるとは限らないから、この区分は重要である。諸組織は、技術上、競争上、そして社会経済的条件上、大きな変化にさらされてきた。変化の中には、旧来の産業を破壊し、新しい産業を形成したものもある。したがって、リーダーには、変化が起こる２つの枠組を知る必要がある。

一般にマネジャーが精通している変化の過程は、継続的な、言い換えれば「第１種類の変化—安定したそれ自体は変化しない環境の中の変化」である。ビジネスにとって、競争を通じて成長し繁栄するためには、こうした変化も必要である。

不連続、または第２種変化は、背景となるシステムの根本的性質や根本的状態が変化するときに起こる[7]。東欧旧ソビエト連合における共産主義の没落と民主的自由市場原理の導入が、第２種変化がもたらした大変動のいい例である。第２種変化を現に経験しつつある産業としては、不連続的な変化に見舞われ、産業再編成中のテレ・コミュニケーション、財務サービス業、およびヘルス・

ケア産業などが含まれる。

図15.3は、現行変化諸理論と第１種（連続）変化—、そして第２種（不連続）変化—との関連を示すものである[8]。「適応理論（Adaptation theories)」では、個々の企業は、環境を継続的に調査し、目的に沿って適応していると考える。「インクリメンタル分析」では、新しい製品や新しい組織に、そして新プロセスに着眼する。「リソース依存法（Resource Dependence)」では、組織変化を、納入業者、市場、政府の諸政令、など外部の影響で捉える。

「進化論的諸理論」は、企業が経験する第１種変革を描写するものである。「自然淘汰」の仕組みが、産業界への企業の出入りを、進化の主たる進行形態だと考えるのである。例えば、「組織体制の変貌」は、産業環境の現行慣行の変化に合せる形で起こってくる。

会社が組織のライフサイクルの種々の段階を経験すると、変貌(Metamorphosis)、すなわち、第２種の変化を経験することになる。この第２種変貌は、会社全体が変容し、まったく異なった形態と戦略で現れるが、その点適応（Adaptation）とは異なる。この種の変貌の例としては、小企業の夢多き発明家が、専門的経営管理者を導入し、異なった組織構造と競争観を持つ

図15.3　組織および会社内の変化のモデル

第１種変化	第２種変化
適応理論	変貌理論
焦点：組織内の 漸増的変化 方式：・インクリメンタリズム ・リソース依存法	焦点：組織内の 破格的変化 方式：・段階的変化 ・形態変化
進化理論	革命理論
焦点：企業内の 漸増的変化 方式：・自然淘汰 ・同形異種の発生	焦点：出現、激変、会社の 没落 方式：・均衡破裂 ・大量の新種発生

出所：Adapted, by permission of the publisher, from Strategic Management Journal, 1990. ©Wiley and Sons. All rights reserved.

成長会社に変貌していく場合がある。変化が小企業を変貌させるのである。

長期の間の安定の後、そして長期にわたる安定に先立って短期間の大変動が起こると、全産業が再構成、かつ再編成されて、革命的変化が起こることがある。こうした革命中に生物学的用語を使って言えば、「組織の新種が大発生」する。アメリカ電信・電話会社（AT&T）が、競合する子会社である長距離電信・電話会社の“赤ん坊”を数多く生み出したのが、産業における第2種革命的変化の例のひとつである。

読者が指導する組織変化は、たいていの場合、第1種変化であると思われる。しかし、第2種変化がもたらす機会について理解すべきであるし、こうした変化が生み出すチャレンジにも対応できなければならない

戦略変更の理解

アラン・ロウ（Alan Rowe）と彼の同僚たちは状況対応リーダーシップといくつかの要素を共有する変化モデル、特に達成すべき目標に関するリーダーとフォロアーとの合意を重んじる変化のモデルを開発した。

> 「……変化導入戦略の理想は、組織の中の全員が、男女を問わず、何を、なぜやるのかを理解していることである。これは相互理解の状態でもある。こうなると、変化導入も長期にわたって安定するが、そのような状態を達成することのできる組織はあまりない。一般的に言って、変化導入には4種の形が考えられる。これらの形は、当該組織のメンバーが持つニーズ、欲求、能力、およびそのメンバーたちが変化導入計画の目的、目標、課題、前提をどこまでよく理解しているかにかかっている。」

これら4つの形は、図15.4に示されている。X軸は、組織メンバーたちの変化計画に対する理解、ないし無理解の程度を示している。また、Y軸はマネジャーの組織メンバーのニーズの理解・無理解の程度を示している。両者の関係を通じて、3種類の結果が想定される、つまり、実施失敗、部分的実施、全面的実施の3種である。これらの結果は、リーダーとフォロアーとの適応・不適応の所産である。では、これらの関係を展望してみよう。

第1象限　全面的実施。高いレベルの理解レディネス。マネジャーは、「委

図15.4　変化を理解する

	グループ・メンバーは計画を知らない	グループ・メンバーが計画を知っている
マネジャーが、メンバーのニーズ、欲求・能力を理解していない	実施失敗 パワーと権限を使うことが、唯一のアプローチ **3**	部分的実施 —参画や教育が、使える **2**
マネジャーは、メンバーのニーズ、欲求・能力を理解している	部分的実施 動機づけ、説得が唯一のアプローチ **4**	全面的実施 —社会的変化過程の全面的活用が必要 **1**

出所：Alan J. Rowe, Richard O. Mason, karl E. Dickel, Richard B. Mann, and Robert J. Mockler, Strategic Management: A Methodological Approach, 4th ed. (Reading, Mass.: Addison-Wesley, 1994), p.482,

任的スタイル」を使って社会的変化の過程を指導することができる。この過程は、次の局面を含んでいる。

- どのような社会変化が必要か、を決定する
- 変化を導入する
- 変化へのメンバーの支持・打ち込みを確保する
- 〈「ビジョンから成果へ（VTR)」）モデル〉使って、結果を得る。こうするには、次に説明するK.レビンの変化の過程を繰り返し活用することが必要になるかもしれない

第２象限　部分的な実施。中程度のレベルの理解レディネス。メンバーは変化計画を理解しているが、マネジャーの方がメンバーのニーズを理解していな

い。メンバーの一層の理解を高めるため、マネジャーは、“参加的”なリーダーシップ・スタイルの多方向コミュニケーションを使うべきである。

第３象限　実施失敗。低レベルの理解レディネス。明白に不適合を示している。教示的スタイルが望ましい。この状況は、F.E.フィードラーの状況呼応モデル（Contingency model）でいう状況に似ている。このモデルでは、不安定な状況でしかも、リーダーの力が弱く、かつリーダーとメンバーとの関係がよくない場合には、課題指向的なアプローチが望ましいとされている。

第４象限　中程度の理解レディネス。このモデル（図15.4）では、明らかに、説得的スタイルが求められている。なお、いくつかの相違点があるので図15.4と状況対応リーダーシップとを、あまり近似的に考えない方がよい。しかし、これらのモデルの間には、変化計画とニーズの理解を重要視する基本的類似点もある。

変化（CHANGE）のサイクル

変化の諸レベル　知識の変化、態度の変化、個人行動の変化、集団、ないし組織行動の変化など、４つのレベルの変化を先に説明した。

知識上の変化がもっともやさしいことが多い。書物や論文を読んだ、あるいは尊敬する人から聞いた、などの結果として、この種の変化が起こりうる。態度にはプラス・マイナスの情緒が絡みついているという点で、知識とは異なる。情緒的であることが、知識よりも態度変容を難しくする。

「個人行動の変容」は、先に述べた２つのレベルの変化のどちらよりも、はるかに難しく、時間がかかる。例えば、意思決定へのフォロア　の参画の利点をリーダーが知っており、しかもそうした決定へのフォロアーの参画が、フォロアーの仕事振りの改善につながると知っていても、そのリーダーが決定をフォロアーに委任することも、フォロアーと共同決定することもできないということもありうる。こうした知識、態度、行動の間の変容の難易は、彼らの過去の関係の結果なのかもしれない。そして、こうした過去の経験が、心地のいい行動習慣を生み出すのである。

個人行動を変容させるのは、極めて難しいが、「グループや組織」の中で変化を実施するのはさらに複雑である。１人や２人のマネジャーのリーダーシップ・スタイルなら効果的に変容させることができるかもしれないが、全組織を通じての部下たちの参画のあり方を変えるとなると、極めて時間のかかるプロセスとなろう。こうなってくると、長い年月を経て形成された習慣、気風、伝統を変えようとしているに等しいと言えよう。

参画的変化サイクルと規制的変化サイクル[10]という2つの変化のサイクルを考えたとき、変化のレベルが極めて重要になってくる。

参画的変化サイクル　個人なり、集団なりに新知識が紹介され、これが活用されるとき、参加的サイクルが重要になる。その集団が、データを受入れ、望ましい変化の方向に向けて前向きに取り組むことが期待される。この段階では、効果的戦略は、めざす目標の達成のための新方法を選定し、定着させるために、個人なり、集団なりを巻き込むことだろう。この段階は、集団問題解決の段階である。

次のステップは、意気込みを実際の行動に変えていくことである。このステップは極めて難しい。例えば、意思決定への部下の参画に関心を持つ（態度）のと、実際に問題にかかわって何かをすること（行動）とは違う。効果的なやり方は、集団の中の公式のリーダーと非公式リーダーとを見分け、変化に望ましい方向へ、彼らの支持を勝ち取ることだろう。ひとたび当該集団のリーダーの行動が変えられたら、他の人たちも尊敬するリーダーと認める人の行動を見習うだろうから、組織変化も起こることだろう。この参画的変化サイクルが、図15.5に示されている

規制的変化　読者の誰もが、「規定10125に従い、本日付けをもって当組織のメンバー全員が作業に入る」といった発表に似た状況を経験したに違いない。これこそ規制的変化サイクルの好例である。この変化サイクルによって、過去の多くのマネジャーが、目標による管理とか、職務充実、等々の革新的アイデアを実施しようとしてきた。

この変化サイクルは、外部の何らかの力、例えば上級マネジメント、地域社会、法律などから、全組織に変化が課せられたときに始まる。そして、この変化は個人にも影響を及ぼす。新しい接触相手や新しい行動が、新しい知識を生み出し、これが変化に対する支持や反感を生み出して行く。この規制的変化導入を示したのが図15.6である。

変化が強制された場合、新行動がときに変化を支持する気持を生み出し、それが個人やグループを刺激し、規制的変化を参画的変化に似たものに変えてし

図15.5　参画的変化サイクル

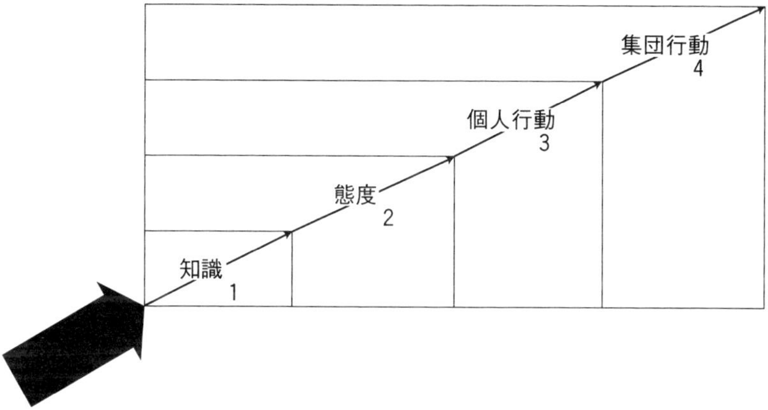

まうことがある。つまり「新しいシステムがどう機能するかを関係者たちが知れば、関係者たちがそのシステムを支持する」ことが期待されるのである。これを図示したのが、図15.6の点線である。また、変化の順序としては、グループ行動から個人行動へ、そして知識から態度へ戻るというわけである。

図15.6　規制的変化サイクル

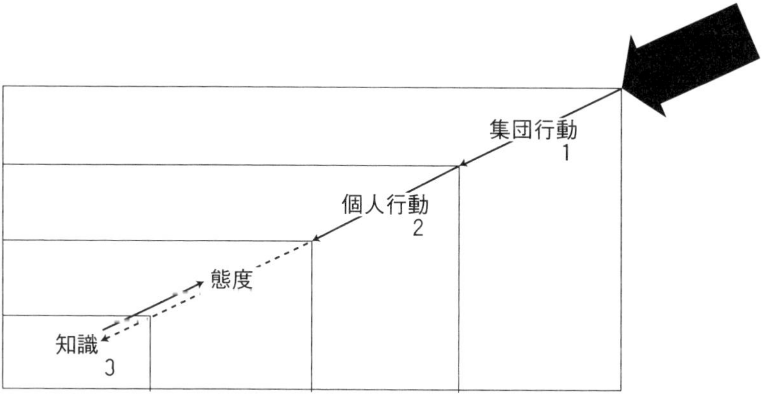

変化の「最善」戦略は存在するか？　規制的変化導入と参加的変化導入という両端のどちらを選ぶかとなると、たいていの人は参加的変化導入に傾くに違いない。しかし、最善のリーダーシップ・スタイルが存在しないと論じたように、最善の変化実施法などはない。効果的に機能する変化導入者とは、変化導

入戦術を、与えられた特有の環境に適応させることのできる人である。このように、参加的変化サイクルは、必ずしも規制的変化サイクルに勝るわけでもなく、その逆でもない。適切な戦略は、状況に応じるものであり、どちらの変化導入サイクルにも長短がある。

変化サイクルの長所短所　参画的変化サイクルは、個人、および達成意欲が高く、責任を求め、しかも新しい作業方法の開発に有用な知識や経験を持つグループ、言い換えれば、中程度から高度の職務（課題）レディネス・レベルを対象とするときには適当である。ひとたび変化導入が始まると、これらの人たちは変化遂行者として、極めて有能である。しかし、これらの人たちは変化や改善の必要を歓迎するかもしれないが、変化が規制的に（高指示／低協労）導入されると、硬化して変化に反対することがある。規制的変化導入スタイルは、変化導入を通じて意見を徴されるべき責任のある、自発的な人間としてのこうした人たちの自意識と合わないのである。意見を徴されることなく、変化が権威主義的に実施されると、争いが起こることが多い。マネジャーが、新機軸導入のためなら働くことを厭わない有能で、創造的なスタッフを雇入れ、引き継いだのに、変化導入プロセスで彼らを全く無視してしまったときなどに、よく起こることである。このスタイルは、抵抗を生むので、そのような状況では不適当である。

規制的変化サイクルも、野心のない依存的な、強制されなければ責任をとりたがらない人やグループには、適当、かつ有用かもしれない。事実、こうした人たちは、やりたくない、ないし経験のない決定を自分でするよりも、リーダーから指示され、指図されることを望むのである。重ねて言うが、診断は極めて重要である。マネジャーとしては責任をとったことがなく、リーダーに指示を仰ぐのが当たり前になってしまったフォロアーを相手に、参加的に変化を導入するのは、変化とその実施責任を担おうと構えているフォロアーに変化を強制するのと同じように不適当である。

この２つの変化サイクルの間には、その他にも重要な違いがある。参加的変化サイクルは、パーソナル・パワー、すなわち人格力、情報力、専門力を持つリーダーが揮ったときには効果的でありやすい。他方、規制的サイクルは、リーダーに大きなポジション・パワー、すなわち、規制力、コネ力、報償力、公権力を必要とさせる。権威主義的なやり方で変化を強制導入しようと決めたら、そのマネジャーは、上級経営管理者の支持とその他のパワー基盤を確保しておくべきである。さもないと、フォロアーの抵抗に苦しむことになる。

参加的変化サイクルの大きな利点は、変化がひとたび受け入れられると、持続性のある変化が生まれることにある。変化導入に誰もが参画しているので、誰もが変化導入に好意的だからである。参画的変化サイクルの弱点は、この変化が遅く、漸進的であることである。大きな変化のためには、何年もかかるかもしれない。他方、規制的変化サイクルの利点は、スピードにある。ポジション・パワーを使って、変化を瞬時に実現することも可能である。規制的変化導入戦略の欠点は、これが消えやすいことである。パワーがリーダーに備わっている限り維持できるが、敵意、反感、そしてときに、陰に陽に、反逆や転覆の抵抗で立ち向かわれることになる。

フォース・フィールド分析の視点から見ると、変化推進の推進力が、変化に抵抗する抑止力をはるかに上回る場合には、規制的変化サイクルを使うことができる。他方、変化に逆行する抑止力のパワーが、変化の推進力より大きいときは、その変化導入の失敗は未然に明らかである。

パーソナル・パワーに依存する参画的変化サイクルは、上記のどちらの場合にも適当なように見える。変化導入に強力な推進力が多く働いている状況では、リーダーとしては、高指示な規制的変化サイクルに頼らなくでもよいかもしれない。すでに変化に向けて推進力が働いているので、新たに期待する行動をとる必要がないからである。同時に、抑止力が容易に推進力を上回る状況では、マネジャーはやはり、抑止力を推進力に転換するために、ないし無力化するために、参画的変化サイクルで始めるべきである。言い換えれば、状況が不利な場合や自分にあまりパワーがない場合、変化導入に焦ることなく、手心を加えながら緩やかに導入すべきだ、ということである。

以上、これら２種の変化サイクルは、二者択一の形で述べてきた。しかし、これらの変化サイクルのどちらか一方だけに頼ることは、問題をかもしだす。もしマネジャーが参画的変化導入に動く気配もなく、変化を規制的で高指示／低協労なやり方だけで導入しようとすれば、フォロアーたちが―フォロアーであることを続けてくれるとしたら―２つの反応のどちらかを選ぶだろう。マネジャーと必死になって戦い、足もとをすくおうとする者も現れるかもしれない。また、権威に負けて膝を屈し、言いなりになって、何をすべきか、いつすべきかを言われなければ、何もできない連中が出てくるかもしれない。こうした人たちは、リーダーの望むことには、何でもイエスと答え、そのくせ、呻き、喚き、そして苦悶するのである。これら２種の反応は、どちらも健康な組織にはつながらない。また、別の極端として、フォロアーに確認し、フォロアーの完全な了解がないと何もしないマネジャーは、自縄自縛に陥ってしまっている。

大きな変化などとうてい導入できそうにない、手の掛かる“参画”委員会などを創設したりしてしまう。このようにして、現実的問題は「どちらにしようか？」ではなくて、規制的変化サイクルと参画的変化サイクルの適切な配合は、「どうあるべきか？」なのであると言える。

コミュニケーションの諸相

参画的変化サイクルを使うべきか、規制的変化サイクルを使うべきか、それとも両者の組合せを使うべきかを決める上での重要な考慮点は、変化導入以前のそのグループ、ないし組織のコミュニケーションの形（構造）である[(11)]。コミュニケーション構造上、もっともよく見られる形が図15.7に示したものである。

図15.7　コミュニケーション（経路）の２つの相

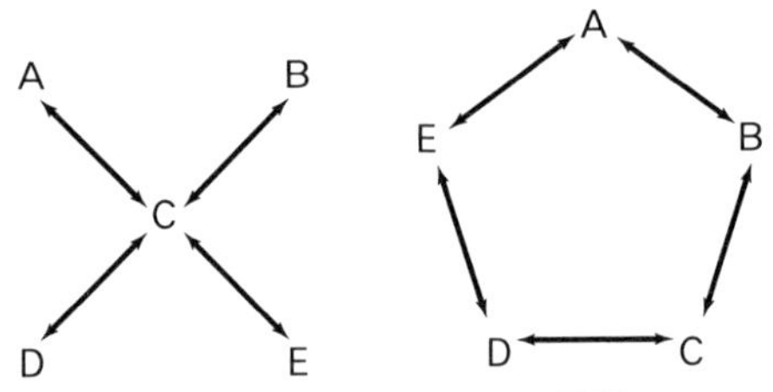

矢印の線は、双方向コミュニケーション・チャネルを示している。円環相（形）では誰もが、メッセージをどちら側の相手にも送ることができるので、このグループでは、情報伝達が自由であると言える。言い換えれば、コミュニケーション構造上、どれかをリーダーとして特別扱いしているわけではない、ということである。要するに、この形は全員の意思決定への参画が見られる開放的で民主的な組織を示しているわけである。だが、星形相では、１個人（C）が、明らかにリーダーの役割を果たしている。Cは他の全部のグループ・メンバーとコミュニケートでき、またメンバーもCとコミュニケートできるが、メンバー同士ではコミュニケートできない。このグループは、Cをリーダーとする権威主義型構造を示している。これらのグループの一方は、部長たちに率いられてはいるが、終局的には同じマネジャーに従っている組織に類似している。ちなみに、これらどちらの形においても、A、B、D、そしてEが部長を表し、Cがリーダーを表していることになる。

コミュニケーションに「最善の」パターンは存在するか？　ひとたびこれら2つのコミュニケーションのパターンが見分けられると、どちらが優れているか、というお決まりの問題が発生する。アレックス・バベラス（Alex Bavelas）は、ある古典的実験を通じて、この疑問に答えようと試みた[(12)]。具体的には、これらのコミュニケーションの形態が、どこまで作業者たちの仕事の効率やグループの士気に影響するか、を調べたのである。

ある実験で、2つのグループを星形パターン、および円環形パターンに、それぞれ置いてみた。そして、グループ・メンバー1人ひとりに、5色の色違いの玉のビー玉セットを与えた。ただ、5色のうちの1色は、全セットに共通であった。その上で、この2つのグループに、それぞれ共通色を見つけ出すよう求められた。見つけられたら、課題完了というわけである。要するに、「星形、または権威形パターン」対「円環形、または民主形パターン」の比較であった。

権威主義的星形パターンの方が、はるかに早かった。4人のメンバーが、それぞれ自分の持玉の色をリーダーに報告するだけでよかったのである。共通色を見つけたら、リーダーはメンバーに正解を報告すればよかった。何回もやってみるうちに、星形グループは30秒から40秒で正解を得るようになった。星形グループは早いばかりでなく、メッセージ量も少なく、問題解決のより効率的な方法を開発したのであった。それに加えて、グループのメンバーたちは、自分たちのコミュニケーション・パターンを好んでいたようであった。

星形パターンは、早いばかりでなく、メンバーの士気にマイナス効果をもたらすようであった。メンバーが自分たちのコミュニケーション・パターン、そして組織のあり方を誇りに思っていたが、リーダー(C)を除いて、自分たち自身をあまり買っていなかった。実験が重ねられるにつれ、メンバーは自信を失っていき、不満が高まっていった。事実、実験を続けるうちに、メンバーがリーダーに「もういい！別の遊びをしようよ！」と言っているのが聞かれることもあった。また、イライラして書き出したメモを破ったり、ふざけてフランス語やスペイン語で報告メモを書くこともあった。それにもかかわらず、全体としては、星形グループは、円環形グループよりも早く、かつ生産的であった。

円環形でのコミュニケーションは、遅く、不正確だが、幸せであるということがわかった。このやり方では、問題解決のシステムは作られないし、リーダーが現れるわけでもない。メンバーたちは、公然と組織（グループ）の生産性について批判していたが、その課のメンバーたちは課題を楽しんでいるようであった。例えば、外国語で報告メモを書くといったふざけた行為やサボタージュ行為は見当たらなかった。

仕事振りという点では、A.バベラスが、いわゆる「緊急事態」を導入するまで、何もかもが権威主義形パターンの優位性を示しているように見えた。そこで、彼はビー玉を変えてみた。単純な単色のビー玉でなく、模様のついた描写しにくいビー玉を入れてみたのである。課題は先と同じように、共通して持っているビー玉の発見であった。こんどは、ビー玉を見分けるために、よく見る必要があった。事実、2人のメンバーが、同じビー玉を見ているのに、違った描写することもあった。

士気は両グループのどちらにおいても高かったので、「緊急事態」になると、円環形グループのメンバーたちは団結し、協力して問題を解決することができ、他方、星形パターンのグループのメンバーは、解決努力にほとんど貢献することなく、リーダーに問題の解決を求めたのであった。

新しい問題は、どちらのグループをも混乱させた。失策が山積し、問題解決に10分、いやそれ以上に時間を要した。にもかかわらず、最終的には、円環形グループの方は問題に何とか適応できるようであったし、何回も解決を試みるうちに、グループは効率を取り戻した。他方、星形グループの方は、問題の解決に2倍の時間と円環形に比べて、3倍から4倍もの失策を冒すようであった。

なぜ星形コミュニケーション・パターンの方が、通常は速いのか？ それは、これが本質的に、1人のリーダーに支配された一方的コミュニケーション・システムだからである。このコミュニケーション・パターンでは、秩序が押しつけられて、無用の情報が除去されるからである。円環形パターンでは、そのような明快な情報伝達網は作られない。メンバーの誰もが、2人と情報交換できる。こうした柔軟性を持つので、彼らは動き回り、時間もかかる。だが、円環形パターン・グループのメンバーは、多くの情報を送り出しているので、チェック・ポイントも多く得られるし、結果として、エラーをより多く発見、修正することもできる。

円環形グループのメンバーは、参画し、責任を担う機会を、多く与えられていた。また、他のメンバーと点検し合うことができたから、1人の人間に頼ることが少なかったとも言える。そこで、彼らは満足し、幸せであった、というわけである。星形グループのリーダー（C）もまた、責任を与えられ、たくさんの情報源とチェック・ポイントを掌握しているという円環形グループのメンバーが持つのと同じ理由から、幸せで、満足していたと思われる。つまり、Cは独立し、力を与えられていたのである。

要するに、これらの実験は、コミュニケーションのパターンですら、人々の独立や安定、責任の感じ方や行動のあり方に影響するということを意味している。コミュニケーション構造は、スピードや正確さ、適応性、などグループ全体の作業能率に影響する。つまるところ、グループの構造が、情報伝達の方向、スピード、正確さ、などについての感じ方に影響するらしいのである。以上に解説した2つのコミュニケーション・パターンは、あたかも二者択一の関係にあるように説明されてきたが、現実的には、組織を効果的に編成するには、この両方のパターンを組合せる必要があるだろう。例えば、経験ある従業員の場合、円環形パターンの場合と同じように、コミュニケーションのパターンは、民主的で自由な形で編成するのが、もっとも適切であると思われる。だが、経験の少ない従業員を対象とした場合は、星形パターンのように権威主義的な形でやった方が適切だと思われる。グループは、それぞれ異なったレベルの意欲、動機の強さ、責任負担能力、にあるだろうから、異なった種類のコミュニケーション・パターンが必要になるのである。

コミュニケーション・パターンとコミュニケーション戦略の関係

コミュニケーション・パターンの構造は、既述の参画的、ないし規制的変化戦略と2つの重大な関係を持つと思われる。第1に、変化導入戦略の実施に当たって、マネジャーなり、リーダーなりは、戦略に適切なコミュニケーション・パターンを組み込まねばならない。その意味で、構造化度の低い民主的な車形組織が円環形パターンにふさわしいのだが、構造化された権威主義的星形パターンは、規制的変化サイクルに適当しているようである。事実、A.バベラスの円環形と星形コミュニケーション・パターンについての実験結果によると、参画的変化サイクルは、動きは遅いが参画や意欲の高揚に結びつきやすく、規制的変化サイクルは、動きは早いが関係者の怒りや敵意を生み出す可能性がある、という一般に言われている参画的、そして規制的変化サイクルの功罪を裏付けているようである。

第2に、組織ないしはグループ内へ変化を導入する前に、変化導入者は、現行のコミュニケーション・システムが何であるかを知っているべきである。例えば、もし民主的なパターンをとり、リーダーにも他のメンバー以上の特権が与えられていないとしたら、これを引き継ぐ新任マネジャーは、変化を規制的・強制的に導入する前に、このことを十分考えるべきだろう。この場合、規制的変化導入に必要なコミュニケーションの構造は、現存のコミュニケーション構造とぶつかるかもしれない。同じことが、強力なリーダーシップに長年さらされてきた組織に、変化を参画的に導入しようとするマネジャーにも言えよう。こうした状況では、上級管理者がいつもリーダーシップをとってしまうので、リーダーもフォロアーも、依存心が強く、責任感は低くなる傾向がある。その結果、この時点では、開放的で民主的システムにはなじまなくなってしまう。

結論として、組織に変化を導入するための唯一最善の方法はないと言えよう。参画的であると、規制的であると、あるいはその組合せであるとを問わず、使うべき導入戦略は、状況に合わせるべきなのである。変化を導入する場合にいまひとつ考えるべき点は、対象グループ、ないし組織の現行コミュニケーション・パターンの分析である。

変化の過程

変化の導入に関し、K.レビンは、解凍（Unfreezing）、変化（Changing）、再凍（Refreezing）の3段階を考えた[13]。

解凍

解凍することの目的は、対象個人、ないし対象グループを変化に準備させることである。これは対象個人や対象グループに作用している諸力を整理して、変化の必要を理解させるための「溶かす」プロセスである。E.H.シャインによれば、急激な解凍が必要な場合、次に挙げる要素が共通して存在する。すなわち、①変化の対象となる個人は、当人が慣れ親しんだやり方や情報源、社会的な諸関係から隔離される、②すべての社会的支持が取り払われ、破壊される、③変化対象個人は、貶められ、侮辱されて、従来の自分の行動が無価値であるとされ、変容へ動機づけられる、④与えられる報奨は、常に行動変容と関係づけられ、変化拒否は常に懲罰と関係づけられる[14]。

簡単に言えば、変化を準備させるために、解凍によって日常行動、習慣、伝統―つまり、従来からのやり方―から訣別させるのである。フォース・フィールド分析の視点から言えば、解凍は推進力が増強された場合、ないし抑止力が減圧された場合に起こりうると言えよう。

変化

変化する気になったら、その人は新しい行動の仕方を受け入れる気になったのである。このプロセスは、同化（Identification）、または内面化（Internalization）のどちらかの形で起こることが多い[15]。「同化」は、環境内にひとつ、もしくは複数のモデル―同化を通じてその人の行動を学び、その人のようになれる―が存在すると起こる。「内面化」は、新しい行動が生存のために必要な場合や競合欲求が引き起こされた場合に起こる。

「〈内面化〉は、方向転換が、当人に任されている状況で起こりやすい。アルコール中毒防止活動や精神療法、医療カウンセリング、宗教的隠棲《いんせい》、ないしはある種の人間関係訓練などのプログラムに参加した人にも起こりやすい、……そして、ある種の先進教育プログラムでは〈内面化〉活動を通じて、少なくとも内面化を深めることはできる[16]。」

同化と内面化は、これでなければこれ、という二者択一的行動選択にはならない。むしろ、効果的変化は、これら2種の在り方を組合せることの結果である。

「順応」も、ときに変化導入の戦略である[17]。順応は、誰か権力者が賞罰を使って変化を強制したときに起こる。この場合、行動はそこに変化導入者がいると変わるが、監督がいなくなると、新しい行動は消えてしまう。したがって、順応は変化導入の戦略として論じるよりも、順応は解凍の道具と考えるべきだろう。

再凍（Refreezing）

新しく獲得された行動が、当人のパーソナリティ、ないし定着した情緒構造になってしまうことを「再凍」と呼んでいる。E.H.シャインによると、新しい行動が習得され、内面化された場合、「その行動は、当人のパーソナリティが自然に内面化されたと考えられる。もし、同化によって習得されたものであったら、モデルとなる行動に意味のある限り、また新しく習得された行動が社会的支持を受け、新しい行動をとることが励まされる限り、その新しい行動は持続する[18]」。

この解説によって、行動変容には、絶えず強化・奨励される環境が大切であることがわかる。習得した新しい行動を強化してくれることのない、いやそれどころか、その新しい行動を歓迎しない環境に戻っていくので、多くの場合、教育訓練プログラムの効果が長続きしないのである。

再凍で大切なことは、習得された新しい行動が長く定着することである。消去を防ぐためには、変化推進者は強化スケジュールを効果的に作成しなければならない。強化スケジュールは、大雑把に言って、2種類考えられる。連続法と非連続法である[19]。連続的強化によると、新しい行動が早く習得されるが、強化のない環境では、その行動は相対的に早く消去される。非連続的な強化の場合は、相当期間強化なしの状態に耐えるよう条件づけられているので、消去が極めて遅い。そこで、新行動の速成的習得には、連続法を使うべきだが、いったん新行動が習得されたら非連続な強化に切り替えることによって、変容（変化）を永続化することができる。

新装レビン・モデル

南メソジスト大学（Southern Methodist University）教授のリン・A.イザベラ（Lynn A. Isabella）は、変化が起こった場合に、マネジャーたちが、その組織内の事件をどう解釈するか、を示すモデルを開発して、K.レビンのモデルと関係づけた。(図15.8参照)。L.A.イザベラ教授のモデルでは、４つのはっきりした段階が挙げられている。ひとつの段階から他の段階への移動は、きっかけとなる事象とその事象の変化をマネジャーたちが自分のものとすることで、それが現実化される[20]。

「期待（Anticipation)」の段階では、マネジャーが噂や断片的情報を集めてまとまった形にする。すると危惧や恐れや推測が入り乱れる。変化が起こるという発表が、マネジャーたちを期待の段階から確認の段階へ向かわせる―つまり、「解凍（Unfreesing)」である。

「確認（Confirmation)」の段階では、変化が従来の考え方に沿って整理される。この段階では、「物事が従来から、どう動いてきたのか」から類推して、どうなるかを考える。こうして変化のプロセスが実際に動き始めると、第２の引き金として、変化が必要であり、求められているという認識に引き入れられる―つまり、「移動（Moving)」である。

「頂点（Culmination)」の段階に至ると、マネジャーたちは、認識を変える。似たような変化を経験した自組織や他組織の変化前後の有り様を想像して、マネジャーたちは、変化を解釈しようとする。また、マネジャーたちは、上級経営者（CEO）がとる特定処置、様子、決定から憶測し、それを口にするようになる。変化が永続的であると感じさせるような小さな事象が起こると、最終段階―つまり、「再凍（Refreezing)」―に入ることになる。

「事後（Aftermath)」の段階では、変化の評価が行われ、勝者・敗者が決まる。変化のプラス・マイナスの結果が討議され、マネジャーの経験の中に採り入れる。

このモデルでは、変化に対する抵抗を障害と見るのではなくて、変化を経験

図15.8　主要事象（件）解釈のあり方の展開

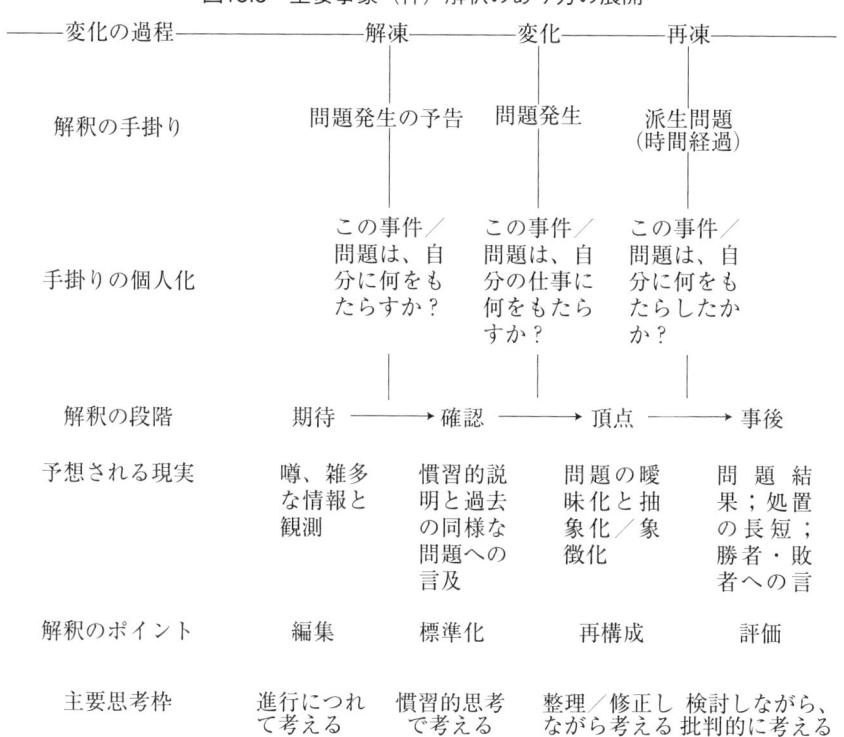

変化の過程	解凍	変化	再凍
解釈の手掛り	問題発生の予告	問題発生	派生問題（時間経過）
手掛りの個人化	この事件／問題は、自分に何をもたらすか？	この事件／問題は、自分の仕事に何をもたらすか？	この事件／問題は、自分に何をもたらしたかか？

解釈の段階	期待 →	確認 →	頂点 →	事後
予想される現実	噂、雑多な情報と観測	慣習的説明と過去の同様な問題への言及	問題の曖昧化と抽象化／象徴化	問題結果；処置の長短；勝者・敗者への言
解釈のポイント	編集	標準化	再構成	評価
主要思考枠	進行につれて考える	慣習的思考で考える	整理／修正しながら考える	検討しながら、批判的に考える

し、自分のものとしていく心理的過程の一部と見做している。「変動する状況では、既得のものにすがりつくことより、人々にとっては変化がもたらすもの」の方が問題である[21]。有能なリーダーなら、噂や明確な情報伝達、そして組織にとって何が重要かを具体的に示す、などの方法でフォロアーたちを助けることができる。

変化における心理的安定の形成

フォース・フィールド分析とK.レビンの３段階変化過程により近いのが、E.H.シャインの心理的安定という考え方である。大きな変化は、旧習や古い手続きを撤廃し、新しいものを採り入れることにつながる、と理解される。すなわち、変化に見舞われている個々の組織にとっては、ビジョンから個々の具体的作業にかかわる計画や段取りの全面的再考を意味するわけである。しかし、組織がビジネスの古い進め方から、K.レビンのいうように「解凍」をされると、２種の危惧を抱え込むことになる、とE.H.シャインは言っている。すなわち、

［危惧１］……危惧１は、新しいものは難しく、またメンドウをもたらす恐れがあるので、習う能力や意欲が湧かない、という恐れ。

［危惧２］……失敗に至る、と思うことを続けることの不安[22]。

危惧１は、変化そのものから来ている。危惧２は、変化“しないこと”から来ている。変化が起こるには、危惧２が、危惧１より大きくなければならない。すなわち、何か新しいことをすること（危惧１）を減らし、また、新しいことをしないこと（危惧２）が増強されねばならない。トップ経営管理者は、新しいやり方への移行に対する心理的安心感を作らなければならないのである。

では、どうすれば心理的安定が達成されるのか？ ひとつの方法は、変化が生み出す恐れを“減らす”ために強力なビジョンを作り出し、変化しないことの恐ろしさを“強める”ことである。こうしたビジョンは、変化がもたらす可能性と変化の容易さを描いて見せることによって、はっきりさせることができる。はっきりせず不明瞭であっても、こうした描き方やシミュレーション、変化の筋書説明によってはっきりさせることができるのである。

目的は、危惧１と危惧２に焦点を当てることにあるのだから、迫り方としては現在のやり方に対する「不安を高め」ながら、新しい方向に向けての信頼を“形成”させることである。加えて、新方法を使ってみることから生まれるやもしれない危惧を減らすため、新しい方法自体が使いやすくなければならない。まとめとして、変化のプロセスの２局面とは、すなわち、次のとおりである。

- 局面1　危惧２を高める（変化しないことに対する恐れ）
- 局面2　危惧１を減らす（変化することに対する恐れ）

例えば、従来からの技術を20年も使ってきた会社が、売り上げ、市場占有率と税込みキャシュ・フローのすべての点で、産業平均にあったとしよう。過去３年間のうちに、競争会社が新しい技術を導入したため、販売成績向上が遅れがちになってきた。この競争からくる圧力が、税引前キャシュ・フローを著しく低下させた。その結果、銀行が貸付更新に難色を示してきたので、当社は営業活動の本格的調査に取りかかることにした。

決定プロセスを複雑化させるのは、環境問題である。必要な新技術のために、新しい製造機械が必要であったし、不純排気を減らすための空気清浄も必要であった。先に解説した危惧１―もしくは、危惧２―によって、こうした問題に、この会社はどう対応することができただろうか？

局面１は、キャシュ・フローをいまいちど調べ直してみることであった。その結果、銀行の言うとおりであることが確認された。ビジネスは、当然ながら破産に向かっていた。この局面が、変化しないことへの不安を昂じさせていた（危惧２）。

次の局面は、ここでも予想キャシュ・フローを使って、新技術導入のインパクトが検討された。予想によれば、新技術に加えて、必要環境設備を導入してもペイすることがわかった。こうして変化に対する恐れ（危惧１）が減じられた。

変化導入の可否は、それが可能とわかったら、変化導入決定に自信が深まる。また、少なくともこの会社は、局面１の分析を通じて、他に方法がなく、新技術を採用せざるをえないこと、を知ることができる。

フォース・フィールド分析を使って、危惧１、および危惧２のどちらをも増加、ないし減少させることができる。販売増加につながる可能性のある要因の分析―例えば、新マーケットより高い利益率、販売員の拡充、新しい広告法の開発、そして新しい流通経路の開発、など―が変化に対する恐れを減らすかもしれない。つまり、危惧１の減少である。

変化の過程に関して、次のように結論することができよう。

１．組織が変化するためには、「解凍」の過程を経なければならない。
２．解凍は、２種の危惧を含む。危惧１は、変化に対する恐れであり、危惧２は、変化しないことに対する恐れである。
３．組織が解凍されるためには、危惧１が減らされ、危惧２が増強されねばならない。
４．危惧に集中するためには、方法論にこだわってはならない。危惧２の問題は、危惧１の問題に先立って処理されねばならない。
５．危惧は、フォース・フィールド分析のような既存技法によっても、いっそう深く分析することができる。

変化の過程—若干例

動いている変化の過程を見るには、次の諸例をご覧いただきたい。1981年に、銀行業界で部分的に規制緩和が行われたが、これがバンクアメリカ社[23]における大変革につながった。銀行業務令の変更、銀行業界の凄まじい競争、そして不安定な世界経済は、同社に重大な問題を引き起こした。1986年には、バンクアメリカは赤字経営を続けていた（純損失、1985から1987年までに18億ドル）。1985年11月以後は、普通株への配当金支払が停止され、ファースト・インターステイト銀行（First Interstate Corp.）は、不穏な買収を仄めかしていた。そして、監督官庁は、バンクアメリカ社の悪化を続ける資本状態の急速な改善を求めていた。

1986年以降、バンクアメリカ社は劇的な転換を遂げ、経営者指導で計画的に変革を導入して収益率を回復した。その場合の５つの基本的ステップは、次のとおりであった。

1．能力証明済のマネジャーたちのチームを編成し、会社の存亡は、個々の仕事がどのように良く果たされるか、にかかっているというメッセージを広げた。
2．ビジネス全体を再検討し、組織と銀行業務の進め方の再編成を行った。
3．株主に利益が最大化するよう焦点を定めた。
4．即効的なプラスの成果が上がるようにビジネスを管理した。
5．信頼できる形で、継続的に、一貫性をもって、そして極秘裡に銀行の内外へ、これらのメッセージが伝えられた[24]。

加えるに、バンクアメリカ社は、構造改革のため２つのビジネス戦略目標を設定した。同銀行は、アメリカ西部の小売業者、および卸売業者を対象とした主要資金提供銀行となることに焦点を当てていた。この目標のためには、同銀行が合衆国の特定地域、および特定銀行サービスに業務を限る必要があった。第２目標は、多国籍諸企業、諸外国政府、その他国際的財務機関を対象に、卸売資金提供を行う第１級の国際的銀行業務に焦点を当てるものであった。そして、国際的小売担当部門は廃止された。

周到な変革計画と実施、目的・目標達成への注意深い配慮を通じて、バンクアメリカ社は、悪化する状況を成功裡に逆行させ、銀行業界でのリーダーシップを取り戻すことができたのであった。

いまひとつ、活きた変化の過程の例を挙げておこう。大学のバスケット・ボールのコーチが、身長６フィート９インチの地方の田舎出のボブ・アンダーソンをセンター役に連れてきた。その地方では、６フィート９インチはセンターとしてはなかなかの身長であった。これと、彼の見事なターン・アラウンド・ジャンプ・ショットと組み合わさって、チームのヒーローとなり、１ゲーム平均30ポイント近くを取っていた。

しかし、６フィート９インチは大学チームのセンターとしては、少し背が低かったので、ダブル・ピボットをプレイするときに、彼を内側に移して前衛をやらせようと、コーチは思っていた。コーチは、アンダーソンをピボットに使ったとしても、６フィート11インチから７フィート以上の相手に遭遇したとき、彼が相手を上回ってジャンプ・ショットができるかどうかを気にしていた。コーチはこうした長身の相手を向こうに回して点を取るためには、ブロックすることのはるかに難しいフック・ショトをアンダーソンが学ばねばならないと思っていた。

こうした問題の解決に、多くのコーチがとるアプローチは、おそらく次のようになる。すなわち、練習第１日は、アンダーソンを歓迎し、そして自分の行った分析を説明する。解決法として、おそらく、コーチは手始めに大学チームのセンターで、６フィート11インチあり、かつフックの上手なスティーブ・クラムと組むよう指示する。「スティーブに、フック・ショットを教わりなさい」といった具合いにである。こう言われると、アンダーソンは、おそらくムッとするだろうが、コーチのポジション・パワーのため、ともあれクラムのところへ行く。しかし、結局、彼は、「一体、自分を何だと思ってるんだ。ここ３年間１ゲーム平均30ポイント近くを取り続けてきたんだ。初日からショットを練習しろとは、どういうことかね」のように考えるだろう。

彼は、コーチが見ていると、いやいやクラムとフック・ショットに集中し、見ていないと好きなジャンプ・ショットをやりながら練習する。アンダーソンは、このショットの習得に解凍されていないし、準備もできていないのである。

この問題の解決に、コーチがとれるいまひとつのやり方を考えてみよう。練習第１日目に、大学チーム、メンバーと新入生との間でスクリメッジをさせみる。そしてスクリメッジを始める前に、大学チームのセンターをやっている大柄のスティーブ・クラムを呼んで、「見込みのある新入生で、アンダーソンというのがいる。今日は、得点やボールの動きでなく、アンダーソンが、シュートしそうになったら、必ず邪魔をして欲しい。お前さんのような相手がいたら、他のシュートを覚えなけれりゃあダメだと、この男にわからせたいんだ」と頼んでおく。そして、スクリメッジが始まったら、アンダーソンがボールを掴んで、シユートしようとしたら、クラムが飛び上がって、ボールをアンダーソンに押し返してしまう。何回やっても、こうなってしまう。直にアンダーソンは、バスケットから離れて対抗行動をとるようになる。ボールが押し返されないように、頭の前から投げるのでなく、頭の横から投げるように試みる。スクリメッジの後、アンダーソンがうんざりした顔でコードから戻ってくる。そこで、コーチが、「どうしたんだい？」と聞く。アンダーソンは、「信じられませんよ。クラムみたいなでかい奴がいると、シュートが通らないんですよ。どうしたら、いいんでしょう」と言う。コーチは、「そうだな、フック・ショットを、クラム相手に練習してみてはどうだい。フック・ショットの方がブロックしにくいからな。お前さんのシュートの腕前からいって、覚えるのにそんなに時間はかからないと思うがね。」と答える。これで、アンダーソンのクラムと一緒に練習しようとする気持ちは、どうなっただろうか？ 彼は、おそらく躍起になって、練習をしようとするだろう。アンダーソンの過去のやり方からみて、問題があると独りで感じるように放っておいただけでは、解凍し、彼をクラムとに同化させるには、時間がかかったのではないだろうか？ しかし、こんどは彼には、同化の用意が整っている。問題が内面化され、スティーブ・クラムと練習する準備が整ったのである。

リーダーも、対象者自身が問題を自分の問題だと気づくまで、当人の行動を変えることは難しい。内面化も同化も、二者択一的問題ではなく、状況に応じて、特定変化技法を展開する上で利用できるものである。

変化導入のいまひとつの活きた例が、軍隊に、特に入隊直後の新兵訓練中にあった。わずか数カ月の短い間に、新兵を立派な戦闘員に育てるのである。そのやり方は、偶然に頼るものではない。そこで、この変容のプロセスを見てみよう。

新兵訓練の中でもっとも劇的できついのは、解凍の局面である。ここには、E.H.シャインの言う解凍段階の４つの要素のすべてが含まれている。では、これら要素の具体例を見てみよう。

1．新兵は、「場所的に、慣れ親しんだ日常慣行、情報源、社会的環境」から隔離される。
2．教官は、「新兵の社会的支えをブチこわし、怒鳴ったり、追加強化練習を課すぞと脅したりして、新兵たちが家庭やガールフレンド、学校生活の思い出から持ち込んできた温かい気持を揺さぶる。[25]
3．最初の２週間は、教官が新兵を「役た立たずであると認識させ、一人前の兵隊になろうという気持にさせる」ために、けなしたり、自尊心を揺さぶったりする。

4．訓練を通じて、「報奨」が、「変容する意欲と一貫して結びつけられ」、「懲罰は、変容しない気持」と結びつけられている。

新兵は、きびしい解凍のプロセスを耐えなくてはならないが、すこぶる早く変容の段階に入る。まず、教官と同化し、成長するにつれてインフォーマルなリーダーをまねるようになる。「3週間目も終わりに近づくと、節目が訪れ、ある教官の言葉を借りると、「5％のノロマ、デブ、ボケ、アホが抜け落ち、残る新兵が、第1週間目の空虚さから、どんなことがあろうとも、所属小隊から脱落しないぞ、という唯一のやる気を持つようになる」のである[26]。

新兵の場合、強制的課業を通じて強い欲求が喚起され、そして内面化が起こっている。「教官に対する恐れが尊厳につながり、強化練習を生き抜くことが、訓練満了時の達成に結びついている。「自分には、思っていたより、根性があったんだな」というのが、たいていの場合のコメントなのである[27]」。

新兵グループは、訓練期間中は概して一緒にいたから、そのこと自体がプラスの強化因として作用しており、新しく憶えた行動を強化することになる。

変化理論の総合

以上解説されてきた諸理論は、マネジャーにとって、問題の解明や適切な処置の実施に役に立つものと思う。例えば、学校教育システムを改革して人間性を盛り込み、教師中心の教え方から生徒中心の教え方へ転換しようとしたあの学校教育管理者の事例を再検討してみよう。筆者らが提案したように、フォース・フィールド分析をやっていたら、この変化に対する抑止力が、パワーの上でも数の上でも、推進力をはるかに上回っていたことに気づいていただろう。この分析をやっていたら、変化に対する抑止力を無力化し、推進力化したりするためには、相当な解凍をやっておかなければならないとわかっていただろうから、規制的で強制的な進め方が変化実施に不適当であること、もわかっていたはずである。こうして威迫的でない（対話的な）やり方で、態度変容、そして最終的に行動変化を狙った抑止力（つまり、抑止力を代表する人たち）を再教育し、彼らの態度を変えさせ、最終的に行動変容させる参画的変化アプローチが適当であったと言えよう。

こうしたアプローチが適当であると思われる反面、このやり方が時間のかかるやり方であること（4年から7年）も理解しなければならない。あの学校管理者と補佐は、それだけの時間と努力をこの変革プロジェクトにつぎ込む気持がなかったのだろう。もし、そのような気持がないのなら、学校教育システムに関わるべきではなかったし、規制的・強制的アプローチで突進し、結果を甘んじて受けるべきだったのだろう。

変化の過程―とりうる処置

とりうる処置と適切な実施戦術を使うに当たっては、変化を導入しようとするリーダーなり、マネジャーなりは、生み出される結果（プラスも、マイナスも、その両方も）に対する用意がなければならない。すなわち、

1. 望ましい結果がでる見込みが低く、生まれ出た結果が以前の存在しない状態に等しいとなれば、問題は解決されなかったのであり、状況は変化しなかったということになる。
2. 問題（変化努力）の最終的解決を、一夜で達成することは不可能かも知れない。したがって、最終目標（問題の解決）に至る過程での道程上の目標を設定しなければならない。

分析の最終結果（とりうる処置の決定も含めて）は、理想と現実との食い違いを縮めるものでなければならない。ちなみに、表面的な分析で得られた処置が、無処置よりも悪いことがあるのを忘れてはならない。状況分析も十分でないままに、問題の処置を急ぐことが多いが、分析の大切さは言うまでもない―分析が良いと、採るべき処置まではっきりさせてくれるものである。

「A Victory（ビクトリー）」モデル

影響力のあるリーダーは、何もないところに変化を導入したり、実行したりはしない。変化は、いろいろな部分を注意深く構成し、まとめて遂行される。つまり、成功につながるいろいろな要因の徹底的な審査・検討が期待されるが、これが変化の大きなプラスになる。アクロニム（頭文字）の「A Victory[28]」で、変化導入成功に重要な要因を示すことができるが、これは本章で学習したことの復習にもなる。そのアクロニムは次のとおりである。

- A＝Ability（能力）　その組織とその組織のメンバーにとって、変化について、できることとできないことは何か？ 必要なリソースと能力が調達できるのか？
- V＝Value（理念）　マネジメントの姿勢と経営の慣行は、変化することによって求められる価値観や組織風土、姿勢に適合するか？
- I＝Idea/Information（アイデア／情報）　予定される変化についての錯綜した情報は、できる限り単純化して伝えること。変化の理由と必要については、全員に知らしめること。
- C＝Circumstances（事情）　組織の中のどのような要素が、変化導入と実施に影響するか？
- T＝Timing（タイミング）　予定される変化を導入する上で、その組織は、どこまで準備ができているのか？
- O＝Obligation（義務）　関係意思決定者、ならびに「チャンピオン（自発的協力者）」に、変化導入の必要が感じられているのか?彼らの用意は、万全か？
- R＝Resistance（抵抗）　変化導入に対する抵抗は、どの程度ものか？ この抵抗を、どう制御し、どう克服するか？
- Y＝Yield（成果）　変化導入を認め、実施するように求められている人たちにもたらされる利益は何か？ 変化導入過程を促進するようなはっきりした利益はもたらされるのか？

グループ間葛藤の制御

変化導入努力を重ねているうちによく起こる問題のひとつは、グループ間の葛藤である。全体組織は、多くの作業部門やグループで構成されている。組織—公式グループ、非公式グループを問わず—が達成することの中で重要なものと言えば、これらグループが自分たちが掲げる目標が組織の目標と同じであると受け止めているか、また、たとえ異なっているにしても、組織目標の達成がそのまま自分たちの目標の達成につながっていると受け止めているかである。

ときに、グループ、ないし部分組織同士が争うことがある。グループ間の雰囲気が、組織全体の生産性に影響することも起こる。E.H.シャインによれば次のとおりである。

「この問題は、グループが自分たちの目標やしきたりに打ち込めば打ち込むほど、争いやすくなり、相手をやっつけ、結果として全体組織のお荷物になってしまう。したがって、全体の問題としては、高生産性の、協力的なグループ関係をどう築き上げるかに帰着する[29]。」

グループ間葛藤の結果

ムザター・シェリフ（Muzater Sherif）がグループ間葛藤を最初に組織的に研究した[30]。彼の元の研究、ならびにその後の再研究から、競争の個人に対する効果は、その競争が説明できることの程度と一致する、ということがわかった[31]。E.H.シャインが言っているように、競争するグループの中、およびグループ間に面白い現象が観察される[32]。

競争中は、グループの団結はそれぞれ高まる。内部対立は一時忘れ去られ、グループへの忠誠が高まる。グループ内の雰囲気は、グループ課題に集まり、課題指向的になる。リーダーシップは権威主義的傾向を帯び、誰かが指揮指導することを許す傾向も高まる。グループは組織化され、規制は強められるが、そうした変化がメンバーに対していっそうの忠誠と協力を求め、対敵前線の強化を図ることになる。

グループ内にそうした現象が起こると同時に、グループ間の関係は、ある種の共通する性質を帯びるようになる。各グループは、互いに相手を敵とみなすようになり、現実認識が歪められてしまう―つまり、自分たちの長所と相手の短所だけを見るようになってしまう。相手に対する敵意が増大し、コミュニケーションは減退する。こうした姿勢がマイナス感覚につながり、誤った認識の修正をますます困難にしてしまう。例えば、交渉などの場を通じて相手グループとの接触が強制されると、相手の言い分を聞かないばかりか、自分たちの主張に都合のいい点だけを聞くようになってしまう。

E.H.シャインは、競争とそれがかもしだす反応は、グループを効果的にし、達成意欲に満ちたものにするけれども、「グループ内効果性を高めるのと同じ要因が、グループ間効果性にマイナス効果をもたらす」と言っている[23]。労使紛争は、労使が互いに相手を敵と認識すればするほど、相互の相違の解決が難しくなるが、これはそのいい例である。

２つのグループ、ないしチームの間に勝敗を賭けた争いが起こると、結果としてどちらかが勝者になるにしても、敗者の方は（よほど、はっきりした勝利でない限り）負けを認めようとしない。そして、両者間の緊張は競争以前よりも高まる。勝ちがあまりはっきりしていると、勝者は強みを失ってしまうことも多いが、慢心して、目標達成に興味を失ってしまうのである。こうした場合、敗者の方は、負けた原因や損失、責任者を探ろうとして、内部抗争を展開する。だが、反省が行われると、グループが再組織されて、結束を高め、より効果的になる。

グループ間葛藤のマイナス結果が、得られるものより大きくなってくると、経営管理者たちは、グループ間の緊張を下げようとする。E.H.シャインも言うように、「葛藤を減らすための基本戦略は、グループが同意できる目標を設定することであり、グループ間のコミュニケーションを再開すること」である[(34)]。E.H.シャインは、こうした戦略は、下記に挙げるやり方を組合せて実施することができる、と言っている。

- 共通の敵をみつけること
- 葛藤グループの中のサブ・グループが相互に交渉する方法を考え出すこと
- 上位目標を設定すること

グループ間葛藤の防止

始まってしまうと、グループ間葛藤を抑えることは難しいので、はじめから起こらないようにするのがよい。葛藤は、いろいろな形で防止することができる。まず、サブ・グループの目標の達成よりも、全体目標の達成に関心を持つように図るべきである。第2に、グループ間のコミュニケーションと接触の頻度を増やすようにし、相手グループを支援するような活動を奨励・報奨するシステムを作り出すべきである。第3には、可能な限り、諸部門にまたがる経験をメンバーにさせて、グループ問題に対する共感と理解を拡げる機会を与えられるべきである[(35)]。

協働作業をする組織には、課題（仕事）に関係した葛藤が多い。こうした葛藤は、全体の効果性の改善に役立っている。また、構成各個人が信じ合い、率直かつオープンに情報やアイデアを分ち合っている協働組織の中でもこうした改善は起こる。それに対して、勝負を賭けた競合状態では、全体としての接触が割りに少なく、各グループも持てるリソースや情報を他グループに漏らすまいとしているので、オープンな競争も割合に少ない。こうした状況では、全体の組織の効果性を下げてしまう。

R.R.ブレイク、H.シェパード、そしてJ.S.ムートンによれば、グループ間の葛藤に関しては、3種の態度、ないし基本的考え方がある。すなわち、①葛藤は必ず起こるが、合意は不可能である。②葛藤は不可避ではないが、合意は不可能である。③葛藤が起こっても、合意は可能である[36]。こうした考え方は、その人の出方に影響する。言い換えれば、「その葛藤がその人にとってどれほど重要で、どれほどの意味を持つか」で、その人の出方が変わるということである。

図15.9に示されるように、葛藤を不可避で、合意が不可能であると思っていると、関係者の行動は極めて受身的なものから、極めて活動的なものにまたがる。影響が小さいと感じられると、受身的に運命を（コインを投げて、決めるように）決めてしまう。もし、影響がほどほどのものであったら、葛藤解決に第三者の判断を待つだろう。だが、影響が大きいと、進んで勝敗を決する対決、ないし力づくの闘争に突入するものと思われる[37]。

葛藤を不可避でないと思っていても、いったん起こったら合意は不可能だ、と思っていると、影響が小さい限り、受身的で、無関心でいられる。だが、影響がある程度になると、問題や葛藤状況を避けるようになる。そして、影響が大きくなると、問題に直接的に介入し、最終的には回避してしまう。

葛藤があっても、合意が可能であると思っている人たちは、影響が小さいときには受身的で、状況を穏やかに収めてしまおうとする。影響がある程度のものになってくると、交渉やその他の方法で接触を持とうとする。そして、影響が大きくなってくると、積極的に問題解決に取り組もうとする。

以上のモデルをコンサルティング用に使う場合、予想される葛藤とその影響について、関係者たちがどう思い、どのような態度をとっているのか、がある程度わかれば、関係者たちの行動を予見でき、その逆も可能だ、と筆者たちは考える。葛藤中の関係者の行動を観察していると、彼らが抱く想定にある程度の見当をつけることができる。例えば、関係者たちが勝敗を争う力づくの闘争に激しくかかわっている場合、この葛藤の影響は大きく、関係者たちも合意は不可能だと思っていると見当がつく。また、葛藤が避け難く、合意も不可能だと思っているとわかり、しかも問題の影響が大きいと、勝敗を賭けた力づくの争いに展開すると予想される。もし、そうした勝敗を賭けた力づくの争いが起こると予想されたら、始めから問題の影響を小さくしておいて、第３者への調停依頼を頼みやすくしておくことである。このような第３者調停ができるのなら、関係者たちの考えを、あらかじめ「葛藤が起こっても、合意は可能である」に変えておくとよい。そうなれば、全体組織への貢献の気持を高めることによって、関係者たちに再び活発な問題解決姿勢を採らせることができる。

図15.9　グループ間葛藤、および制御についての３つの想定

	葛藤は不可避で、和解は不可能	葛藤は不可避ではないが、和解は不可能	葛藤があっても、和解が可能	
能動的（積極的）	勝ち負けにこだわった権力闘争	葛藤からの逃避	問題解決	高い利害関係度
	第三者調停	孤　立　化	利害／立場の相違の折半的（妥協・取引、等々）調停	中程度の利害関係度
（受動的）	運命を待つ	無関心または無知	平和共存（自然消滅期待）	低い利害関係度

出所：Adapted From Robert R, Blake, Herbert A. Shepard, and S. Mounton, Managing Intergroup Conflict in Indudustry (Houston: Gulf Publishing Company), p. 13. Copy right ©1964 by Scientific Methods, Inc. Reproduced by permission of the owners.

組織の成長

以上の解説は、既成組織の変革と既成組織が抱える問題への取り組み方に焦点を当ててきた。では、新しい、できつつある組織が抱える問題は、どんなふうに違うのだろうか？　南カリフォルニア大学のラリー・F.グレイナー（Larry F. Greiner）は、成長する組織の点検に大いに役立つ方法を提案した。[(38)]

L.F.グレイナーは、成長する組織が比較的穏やかな５つの段階の発展期を経由し、そのそれぞれの発展期の終わりに、危機と変革に遭遇する、と言う。グレイナーによれば、「各発達期には、成長のための支配的マネジメント・スタイルがあり、各発展期は、次の発展期につながるためには、その発展期を特徴づける支配的なマネジメント問題を解決しなければならない」。[(39)]

図15.10に示されているように、組織成長の第１段階は、「創造期」と呼ばれる。この期間は、組織創立者が支配し、製品と市場の創造が強調される。これらの「創立者は、概して技術、ないし企業性を指向し、経営管理活動を蔑視している。その反面、彼らの肉体的、精神的エネルギーは、新製品の開発と販売に集中されている。[(40)]だが、組織が成長するにつれ、非公式コミュニケーションや献身では、どうにもならない経営管理上の問題が起こってくる。「こうして、

図15.10　グレイナーの成長の５段階

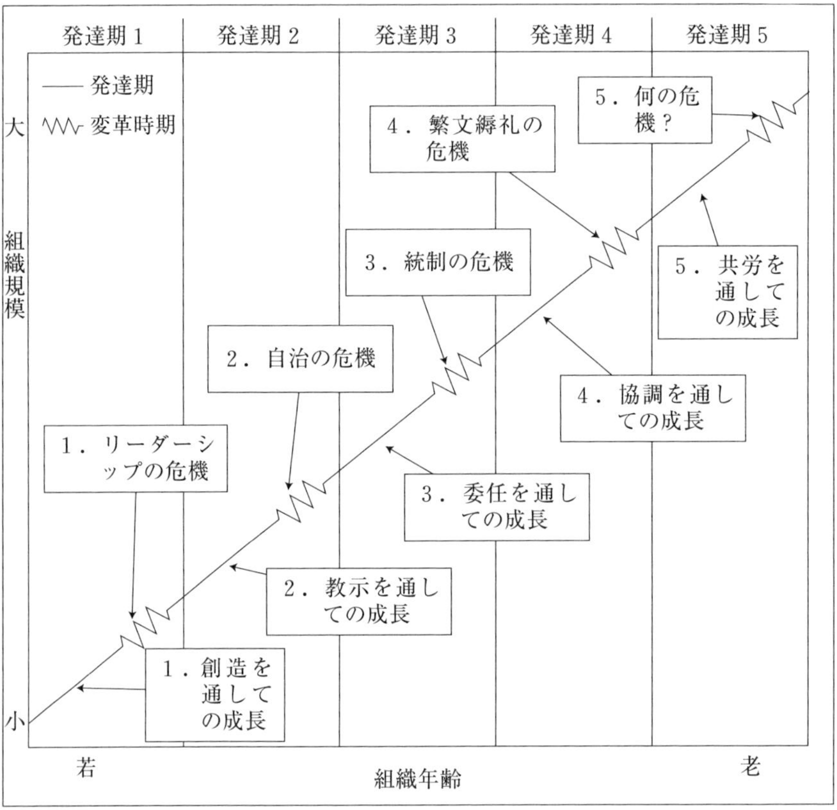

出所：Larry E. Greiner,"Evolution and Revolution as Organizations Grow," Harvard Business Review, July-August 1972, p.41.

創立者たちは、嫌であるはずの経営責任を担わざるを得なくなり、……組織内の圧迫されたリーダーたちは、いっそう緊張するようになってくる[41]」。

まさに、この時点で「リーダーシップの危機」が訪れ、最初の変革期に遭遇する。この当面する経営管理問題をどう解決し、組織を混乱からどう救い出せばよいのか？　その解決は、「創立者のメガネにかない、組織を立て直すことのできる」強力なマネジャーを見つけ、任命することである[42]」。この危機は、次の発達期―教示を通しての成長―へと展開していく。

この局面では、新しいマネジャー、ならびに主要スタッフが「ほとんど教示し、下位のマネジャーたちは、自立した意思決定権のあるマネジャーとしてよりも、職能専門家であるかのように扱われる。そして自由裁量権の増加を求める下位マネジャーたちが、結局、次の変革期―自治の危機―を導くことになる。この危機に対する解決は、一般に、権限委譲の拡大である。

「だが、これまで教示的に振る舞うことによって成功を収めてきたトップマネジャーにとっては、このやり方を捨てることが難しい。それどころか、下位のマネジャーたちは、自立して意思決定することに慣れていない。その結果、この変革期には、多くの組織創立者たちは中央集権的方法を守る一方、下位従業員たちは幻滅を感じて、その組織を去って行く[44]。」

組織が、「委任」の段階に成長すると、権限委譲された組織構造を形成し、それが下位レベルの意欲を高める。だが、トップ経営管理者が「現場の仕事が極度に分散化されたため、コントロールが難しくなり、……与えた自由が局地主義的態度を生み出していること」に、気づくことになる[45]。

「統制の危機」は、中央集権体制へ立ち戻らせることになりやすいが、この時点では、これは不適切であり、それまで自由を与えられてきた人たちの間に憤りや敵意を生み出す。よりよい解決は、次の発展期―協調の段階―である。この発展期の特徴は、協調のための諸制度・手続の運用にあり、トップ経営者が「監視犬」になる。しかし、ほとんどの場合、協調システムは、早晩、役立たなくなってしまうが、そうなると「繁文縟礼の危機」が訪れる。この危機は、「組織が大きく複雑になり過ぎて、形式的なプログラムや硬直化したシステムでは管理できなくなった」ときに訪れるのである。

繁文縟礼の危機を克服するには、組織は次の発展期―参画の段階―に移らなければならない。協調の段階では、公式化された制度や手続を通して管理されたが、参画の段階では、「経営管理措置に、チームワークや対人関係上の対立の自分たち自身による処置が強く求められた。そして、仲間（社会）と自分たち自身による規律の確立が求められる[47]」。

次の変革が何であるかは、明らかではないが、L.F.グレイナーは、それは「チーム・ワークの緊張と革新的解決を求める強烈な圧力のために、情意的にも、肉体的にも疲れ切った従業員の心理的飽和状態」にかかわるものと想像している[48]。

こうした種々の危機を乗り越え、回避するためには、マネジャーは革新期を、L.F.グレイナーの言う順序でなく、状況対応リーダーシップが示す順序――つまり、教示から協調、参画、委任へ―を試みるよう筆者らは提案したい。

組織開発

本章を通じて、変化導入に役立ちそうな諸理論を紹介してきた。変化を導入し実践することは、マネジャーにとって必要なことだが、人々が組織を単なる「金を稼ぐところ」以上のものと考え始めているのでなおさらである。リチャード・ベッカード（Richard Beckard）も感じたように、マネジャーが当面する変化は、次のようなものと考えられる。すなわち、

> 「ヒューマン・リソースを、そして組織の使命を達成するためのエネルギーを、適切に動員し、一方で自尊心、成長、満足など個人的ニーズを満たしながら、他方で個人の集合体である組織をいかに発展せしめるか？」[49]がそれである。

このジレンマ、さらにそこに生まれた組織運営変革の必要に応えるものとして、現在成長しつつある組織開発（O.D.）が生まれた。

組織の効果性とO.D.

筆者らの観点で、組織開発（O.D.）を定義すると、組織の効果性は、その組織の目的・目標にかかっている。したがって、O.D.理論家や実務家の多くが主張しているようだが[50]、すべての組織に通用する正しいO.D.目的があるとは考えられない。W.ベニスが提言するように、O.D.推進役が持つ理念と価値観が「組織開発において、何を行い、どのようにプログラムが展開され、維持されるべきか」を決める[51]。O.D.実務家と理論家が持っている人道的価値観がわかれば、なぜ組織開発がオープンで、信頼に満ちた組織をめざし、参画的で、対人的な行動科学的技法が使われるのかも自明と言える。W.ベニスは、いまだ対人的介入法以外の技法を用いた組織開発は見たことがないと言っているが、社会の中心となる手法が、政治的、法的、技術的であることを考えると、変化の戦略・技法が、対人的（行動科学的）であることは当然である[52]。

組織開発の諸問題

O.D.コンサルタントや実務家の多くが、変化導入に参画的で、対人的な技法を使っている。そのためほとんどの場合、「人間的要素」に集中しているの

で、O.D.では失敗の方が成功例より多いのもうなづける。第１に、筆者らが言ってきたように、いつでも同じ変化の戦略・技法を使うと、ある場合は成功するだろうが、他の場合、効果的ではない。効果的な組織開発の手法は、状況の診断とその特定の状況に合った最高の成功率を持つアプローチを選ぶことにかかっている。

第２に、O.D.に使われることの多い対人変化導入技法を分析してみると、概して高協労／低指示なスタイル（Ｓ３）である。状況対応リーダーシップによれば、この対人的技法は、その組織の構成員のレディネスが、中程度から高度である場合に最も適当である。言い換えれば、期待される変化を実施する責任を担う能力は持つが、誰か気持の上で励ましてくれる人を必要としている。そのような組織はC.アージリスならＹＢ組織と分類する組織である。しかし、C.アージリスは、たいていの組織はＹＢ的パターンで動かされいなくて、ＸＡ的組織である、と主張している[53]。こうした組織は、状況対応リーダーシップを使って言えば、自らの変化を導く能力もなく、また、多くの場合、そうした変化を実践する意欲にも欠けるから、レディネス・レベルの低い組織であると言えよう。したがって、O.D.の分野で当面している最大のチャレンジは、組織をＸＡからＹＢへ動かし、（自らの変化を成し遂げるという主体的観点から言えば）低いレディネス・レベルから高いレベルへ育てる戦略・技法を開発することである。その結果、実務家やコンサルタントは、自分の対人的・参画的変化導入スキルを維持するばかりでなく、規制的・教示的変化導入スキルをも磨き上げて、組織の「自己革新」運動が、多少なりとも成功の望みを持って始められるよう努力する必要がある

変化の全体に対する影響

冒頭の章で、社会的技法と技術的技法とを統合した総合的社会のシステムの概念を強調した。R.H.ゲストは、次のように言っている。

「社会科学者は、登場人物の演技舞台を作っても、その演技を決定することすらありうる技術的環境条件を十分に考えずに、動機づけと集団行動に関心を集中するという過ちを冒している。動機づけ、集団構造、折衝プロセス、権限、―こうした行動のあり方のどれをとっても、技術的環境条件とは無縁に存在するものではない[54]。」

技術的変化導入の結果、そしてその結果の社会的影響の無視を示す劇的な例

が、オーストラリア原住民にスチール製斧を導入したことである[55]。この原住民グループは西欧世界の影響から地理的にも、社会的にも、隔絶されていた。この原住民の唯一の西欧世界との接触は近傍地域にあったアングリカン・ミッションとのものであった。磨製石器の斧が、この原住民部族の技術の基礎になっていた。男にとっても、女にとっても、子供にとっても、この石器斧の使用が、この部族の生活を支えていた。しかし、それ以上に、磨製石器はこの部族の社会システムをスムースに動かすための鍵になっていたのである。磨製石器が人間関係を規定し、男性の象徴であり、男の優越性を示すものであったのである。「男性の大人だけが、磨製石器を作り、持つことができた。女と子供は、これを入手するには、許可が必要だったのである[56]」。

原住民たちの置かれた状況から原住民を助けるため、そのアングリカン・ミッションは、ヨーロッパ技術の産物であるスチール製斧を紹介したのであった。斧は男女、子供の区別なく与えられた。この斧は石製斧より便利だったから、すぐに受け入れられたが、宣教師たちやその部族が予想もしなかった反応が起こった。ステフェン・ケイン（Stephen Cain）によれば、

> 「成人男子といえども、スチール製斧を作ることはできなかったし、石器製斧の必要もなくなった。結果として、男のみが持っていた斧製造能力の必要はなくなったし、望ましい技術でもなくなった。そして、生存に不可欠な技術の唯一の所有者、発揮者としての地位も失われた。このことのもっとも強烈な総合結果は、伝統的価値、信念、そして態度が、意図することなく、崩壊したことであった[57]。」

本書の焦点は、人的資源の管理に置かれてきた。その結果、技術的変化がどのように全体システムに影響を及ぼすかについては、あまり述べるところがなかった。上記の例を挙げたことの、われわれの意図は、組織が「オープンな社会システム」—すなわち、組織のすべての面が連関しており、組織内のどの面における変化も、他の面や組織全体に影響する—ことを強調することにある。したがって、組織内のどこに変化を導入しようとも、他の部分への影響を慎重に検討しなければならない。

第16章

経営管理理論の統合

状況対応リーダーシップと古典的諸理論の統合

本書で紹介されたすべての理論、概念と経験的研究は、経営管理の分野に貢献をなしてきたものであり、状況診断、予見、行動（活動）変容へ向けての計画立案等々に役立ってきている。これらの視点は、織物の縫い糸のように、そしてその１本１本が独自の縫い糸でありながら、全体として布になっている。

著者らの意図は、状況診断や予測における個々の理論の有用度を高めるため、これらの独立した１つひとつの視点を編み上げて、総合的な織物を織ることであった。この最後の章では、状況対応リーダーシップ・モデル、ならびに他のモデルを、諸論の相違を示す枠組みとしてでなく、相互依存を示す統合の枠組みとして使って、これら諸理論の統合を試みたい。

状況対応リーダーシップとマズロー、並びにハーツバーグによる動機づけ理論

動機づけモデルを説明するに当たって、著者らは、動機が行動上の目標／結果に向けられる、と論じた。動機の強さを分類する方法のひとつとして、A.マズローの欲求段階説[1]がある。これらの欲求を充足する目標を、F.ハーツバーグの環境要因・意欲要因論[2]によって説明することもできる。

また、これら２つの枠組みのどちらの場合も、図16.1に示すように、それぞれに含まれる欲求に対応する状況対応リーダーシップのレディネス・レベル、およびリーダーシップ・スタイルに結びつけることができる。

図16.1　状況対応リーダーシップとマズローの欲求段階説およびハーツバーグの意欲要因 ―環境要因説との関係

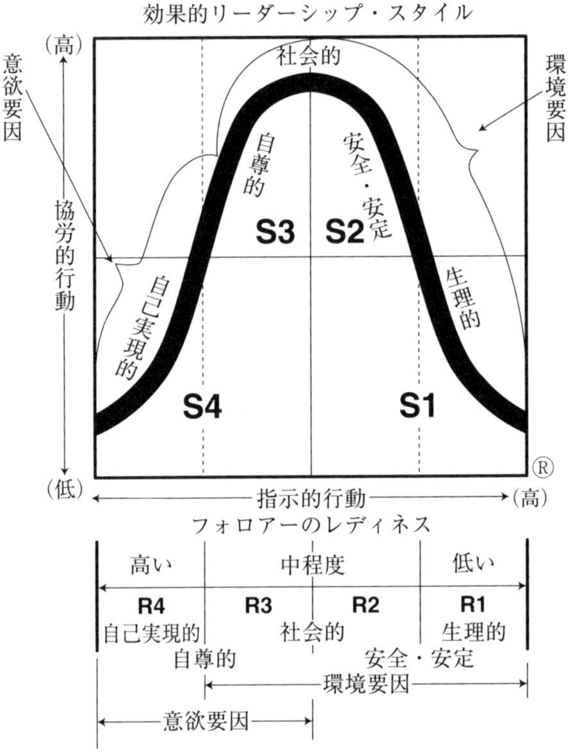

状況対応リーダーシップのレディネス・レベルに、マズロー理論は必ずしも直接的に関係するわけではない。ヒューマン・リソース活用を試みる際の統合のための手掛かりとして、A.マズローの理論が使えるに過ぎない。したがって、特定の欲求レベルに適切とされるリーダーシップ・スタイルは、その欲求のレベルに限って適用されるものではなく、他のスタイルを、その欲求レベルを当てはめることもありうる。ちなみにこの注意は、本章の説明のすべてに当てはまるもである。

図16.1を検討すると、A.マズローが論じた欲求の諸段階で動機づけられた人たちの、それぞれに妥当する可能性の高いスタイルを見分けることができる。同時に、リーダーシップ・スタイルＳ１、Ｓ２、そしてＳ３は、環境要因を充足する傾向が強いが、Ｓ３とＳ４は意欲要因の発動を促すように思われる。

状況対応リーダーシップとマグレガー、リカート、そしてアージリスの理論

D.マグレガーのX仮説Y仮説、R.リカートの経営管理システム論、そして、C.アージリスの未成熟－成熟論[3]は、図16.2に示されるように、状況対応リーダーシップによく溶け込む理論である。

R.リカートのシステム1が表しているのは、X仮説的諸前提と結びつく行動である。これら諸前提によれば、ほとんどの人間が指図されることを望み、

図16.2　状況対応リーダーシップ・マクレガーのX・Y仮説、アージリスの未熟・成熟連続説およびリカートのマネジメント・システム論の関係

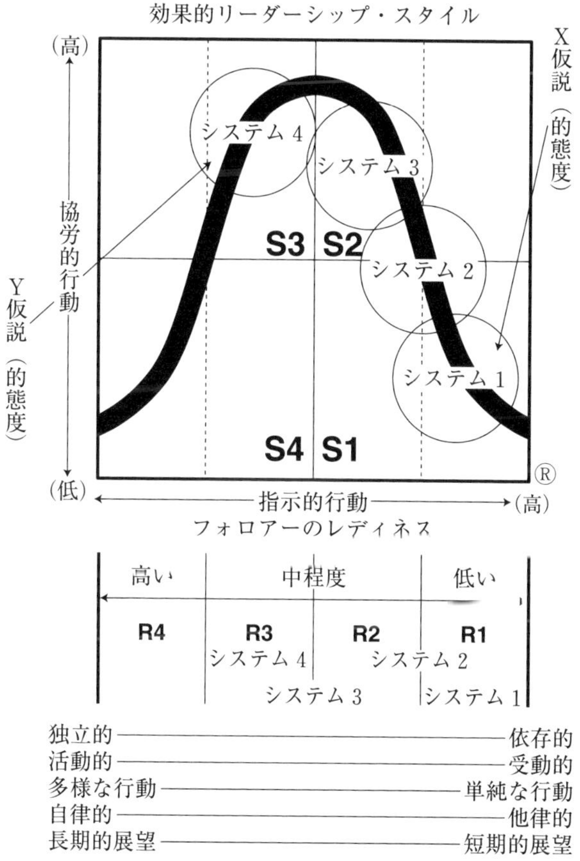

責任担当を喜ばず、何にも増して安定・安全を望んでいることになる。この前提に基づけば、システム１に対応する行動は、C.アージリスの成熟度コンティニュアムの未熟の端に位置づけられよう。システム４は、Ｙ仮説を前提としている。Ｙ仮説的マネジャーは、人間が本来怠け者でもなければ、信頼できない者でもないから、適切に動機づけられれば、自律的にも創造的にもなれる、と考える。システム４に対応する諸前提と行動は、C.アージリスの成熟度コンティニュアムの成熟の端に位置づけられよう。システム１は、課題指向的で、高度に構造化された権威主義的マネジメントスタイルである。システム４は、チームワークや相互信頼と自信に基づいている。システム２と３は、これら両極端の中間に位置している。

全体として、Ｘ仮説的マネジャーが、極めて構造化されたやり方で、課題指向的行動をとる傾向があるのに対し、Ｙ仮説的マネジャーが人間関係指向的な行動をとる傾向がある。しかし、常にそうであるとは言い切れない。Ｘ仮説もＹ仮説も、マネジャーが人間性について抱く“前提”であり、必ずそのようにリーダーシップの形で表現されるわけではない。４種のすべてのリーダーシップ・スタイルを使いこなすＹ仮説的マネジャー、およびＸ仮説的マネジャーの両方の例がある。

ある例では、Ｘ仮説的マネジャーのジムが、部内会議を召集し、問題の解決に参画すること（Ｓ３的）を求めた。そして、ジムは事前に考えておいた解決案に全員の賛成が得られるまで、全員を会議に留めておくよう強制できた。つまり、ジムの行動は参画的に見えても、ジムには自分のアイデアのみが受け入れうるものであったのである。

いまひとつ例を挙げると、幅広い責任を担当するＸ仮説的マネジャーのシャロンは、部下を事細かに指示監督するのに十分な時間を割けなかった。そこで彼女は、問題ありと思う部下を事細かに監督（Ｓ１）し、必然的に、他の部下を放っておいてしまっていた（Ｓ４）。

第３の例では、Ｙ仮説的マネジャーのマイクが、部下たちに自分の決定を説明するに当たって、支援的行動（Ｓ２）を示した。しかし、彼の行動は自分の考えを部下たちに“売り込む”というよりも、部下たちを操る形になってしまい、そして、仕事の目標を果たすというより、自分の個人的目的を果たすこと、「エゴの満足」が主になってしまった。

ところが、部下のレディネス・レベルを診断スキルを習得したＹ仮説的マネジャーのマリーは、４種のリーダーシップ・スタイルのすべてを効果的に活用している。レディネスが平均以下の相手には、必要なガイダンスと事細かな監督（Ｓ１）を使っている。また、能力が上向きに伸びている相手に対しては、彼女は指示を与え（Ｓ２）、自信がついてきている相手には励ましを加えている（Ｓ３）。そして、意欲高く、独りでやっていける有能な部下には、適切に職務責任を委任している（Ｓ４）。

状況対応リーダーシップとアージリス、シャイン、マクレランド、そしてマクレガーの諸理論

図16.3に示されるように、状況対応リーダーシップと標題の４理論、すなわち、C.アージリスのＡ行動パターン（構造化された行動）とＢ行動パターン（構造化されない行動）の概念、D.マグレガーのＸ仮説Ｙ仮説[4]、E.H.シャインの人間性とそれから推察される４種のマネジメント・スタイル[5]、そしてD.C.マクレランドの達成意欲論[6]を統合することもできる。C.アージリスは、構造化された、規制的なＡ行動パターンは、たいていの場合、人間性に対するＸ仮説的視点と結びつき、構造化されない非指示的なＢ行動パターンは、Ｙ仮説的前提と結びつくと主張する。しかし、態度と行動の間には重要な相違がある。Ｘ仮説的前提とＹ仮説的前提との関係とＡ行動パターンとＢ行動パターンの関係は、必ずしも１対１の関係ではない。

したがって、C.アージリスも指摘するように、ＸＡの組合せを持つマネジャーやＹＡの組合せのマネジャーも存在しうる。どちらのマネジャーもＳ１とＳ２スタイルを使う可能性が高くとも、態度としてはそうでもない。これはＹＢやＸＢのマネジャーの場合も同じである。彼らの行動は、同じ（つまり、Ｓ３、およびＳ４）であっても、彼らの態度は異なっていよう。

E.H.シャインは、自著『組織心理学（Organizational Psychology）』の中で、人間に関する４つの前提とそこから推定される４種のマネジメント・スタイルを論じている。すなわち、①合理性＝経済性を前提とする人、②社会性を前提とする人、③自己実現を前提とする人、④複合的前提の人、の４種である。これら前提は、図16.3にあるように、C.アージリス、D.C.マクレランド、そしてD.マグレガーらの労作を、いっそう状況対応リーダーシップへ統合しやすくしてくれる。

合理性＝経済性人間の前提は、D.マグレガーのＸ仮説的として描かれたものとよく似ている。要するに、人間を基本的に金銭的動機で動くものと捉えているのである。人間は、組織に操作されやすく、動かされやすく、制御されやすい非合理的な存在であるから、中立化され、統御されねばならない。この前

図16.3　状況対応リーダーシップとアージリスのA・B行動パターン、マグレガーのX・Y仮説およびシャインの4種の人間性とマネジメント・スタイル説との関係

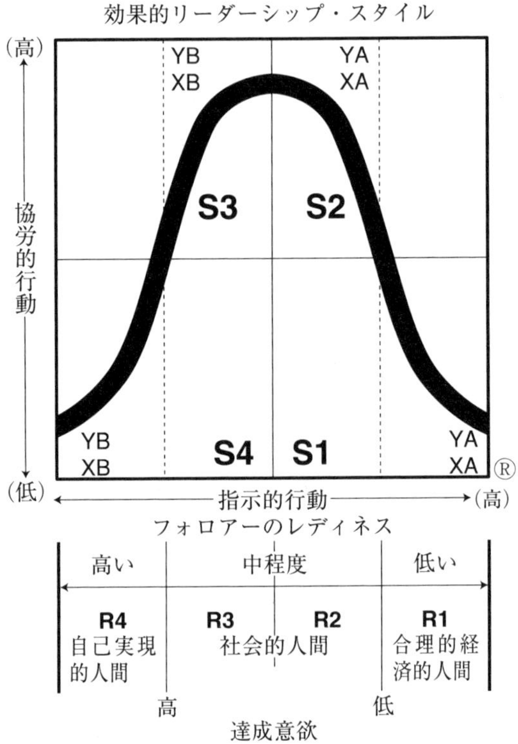

提は、能率的作業を指向するマネジメント・スタイルを連想させるが、その意味で合理性＝経済性人間は、Ｓ１やＳ２に対応すると言えよう。

社会性を前提とする人の場合、人間は基本的に社会的欲求によって動機づけられると考える。すなわち、仕事における社会的関係に意味を求め、組織が与えるインセンティブや組織の規制に対するよりも、社会的意味により強く反応する。社会性人間に対する経営管理的方略は、関心を仕事のみに集めるのではなくて、人間的必要にいっそう注意を割くべきだ、ということである。マネジャーは、組織構成員の気持にも関心を持たねばならないし、その際、上級経営層と従業員のリンクとして機能しなければならないことも多い。こうした状況では、リーダーはＳ２、またはＳ３的スタイルを採りやすく、仕事の主導性はリーダーからフォロアーに移りやすい。

自己実現を前提とする人は、他の欲求が大きく満たされているため、仕事や仕事の達成に意義を求めようとする。その結果、この種の人は、根本的に自発的であり、自律的に行動することができるし、自分の個人的目標を組織の目標と統合することにやぶさかでない。自己実現を前提とする人たちに対して、マネジャーは、彼らへの人間的配慮はある程度ゆるめてもよいが、それよりも彼らに与える仕事をいかに充実させ、チャレンジングにし、そして意味あるものにするかが重要である。その従業員にとって、何がチャレンジングなのか、を上司は見つけ出してやらねばならない—ちなみに、この場合、上司は煽り立て、制御するのではなく、カタリスト（触媒、仲介人）になって、仕事促進の役割を担うことになる。マネジャーは、自己実現的な部下に対しては、担うことのできる限度まで仕事を委任してやる。そして、彼らが自分で自分の仕事を構造化し、仕事達成の喜びを通じて自分たち自身で連帯的支援を得るように、放っておいてやるのである。このやり方は、レディネス・レベルの高い（Ｒ４）に対するＳ４スタイルに通じるものである。

E.H.シャインによると、人間は、合理性＝経済性、社会性、または自己実現、などで割り切れるほど単純ではない。事実、人間は大きな成長可能性を持ち、新しい動機を学ぶこともでき、また、種々の変わった種類の欲求によって動かされ、かつ数多くの異なった種類のリーダーシップに対応できるものである。こうした複雑な人間が、マネジャーの診断スキルに挑戦しているのであるから、状況対応リーダーシップが示唆するように、マネジャーが効果的であるためには、いろいろな状況に呼応してスタイルを適切に変えるべきであろう。

D.C.マクレランドによれば、達成動機で動機づけられた人は、ある種の特徴で共通している。彼らは、自分の目標を自分で設定したがる。特に、適度に難しいが達成可能（限度まで頑張らせるストレッチング）な目標を好む。加えて、彼らは、成功の報酬よりも、個人的な達成感に関心を持っている。その結果、彼らは、具体的なフィードバックを求める。彼らは得点に関心があるのである。図16.3に示したように、低い達成意欲は、レディネス・レベルＲ１やＲ２に、そして高い達成意欲は、レディネス・レベルＲ３やＲ４に対応する傾向がある。

状況対応リーダーシップとリーダーシップ・グリッド

先にR.R.ブレークとA.A.マッケーンズのリーダーシップ・グリッドを論

じ、態度モデルと行動モデルの違いを説明した。その説明を読み返していただければ幸いだが、そこでは、グリッドが態度モデルであり、状況対応リーダーシップが行動モデルであることを指摘した。

リーダーシップ・グリッドによる９－９リーダーシップ・スタイルを否定するものではないが、著者らは、“すべて”リーダーたる人は、結果と部下に対して、深い関心を持つべきだと考える。図16.4は、状況対応リーダーシップにおいて、どのようにして、この深い関心を種々のリーダーシップ・スタイルを通してどう表現するか、を示している。人々と仕事の結果に対する関心があるゆえに、状況対応リーダーシップでは、与えられた状況での部下のレディネスに最適であるリーダー行動をとらしめるのである。ともあれ、これら２つのモデルは、相互補完的である。

状況対応リーダーシップ、リーダーシップ・グリッド、およびリカートの原因変素、媒介変素、結果変素論との関係

R.リカートの原因変素(変化要素)、媒介変素、結果変素を図16.4に加えると、図16.5になる。R.リカートが、リーダーシップ方略、スキル、そしてスタイルを、原因変素と分類していることをご記憶だろう。この原因変素は、状況対応リーダーシップと極めてよく連関する。媒介変素と結果変素は、リーダーシップ・グリッドとうまく連関している。その連関の関係は、必ずしも密接、かつ緊密ではないが、状況対応リーダーシップとリーダーシップ・グリッド、そしてR.リカートの言う変素論との間の類似性を示すものとなっている。

状況対応リーダーシップと規制システム

また、先に３種の基本的規制システムを論じた。タイプⅠでは、仕事が高度に構造化され、あたかもアセンブリー・ラインのようであり、タイプⅡでは、職務拡大が行われているが、仕事はまだリーダーの規制下におかれている。タイプⅢでは、仕事の構造化の程度も低く、職務充実が行われ、リーダーの規制は少ない。こうした規制システムが、リーダーシップ・スタイルに及ぼす影響が、図16.6に示されている。

図16.6で明らかなように、タイプⅠ規制システムに適切なスタイルは、高指示－低協労である。タイプⅡでは、高指示－高協労、または高協労－低指示で、

図16.4　状況対応リーダーシップとリーダーシップ・グリッドの関係

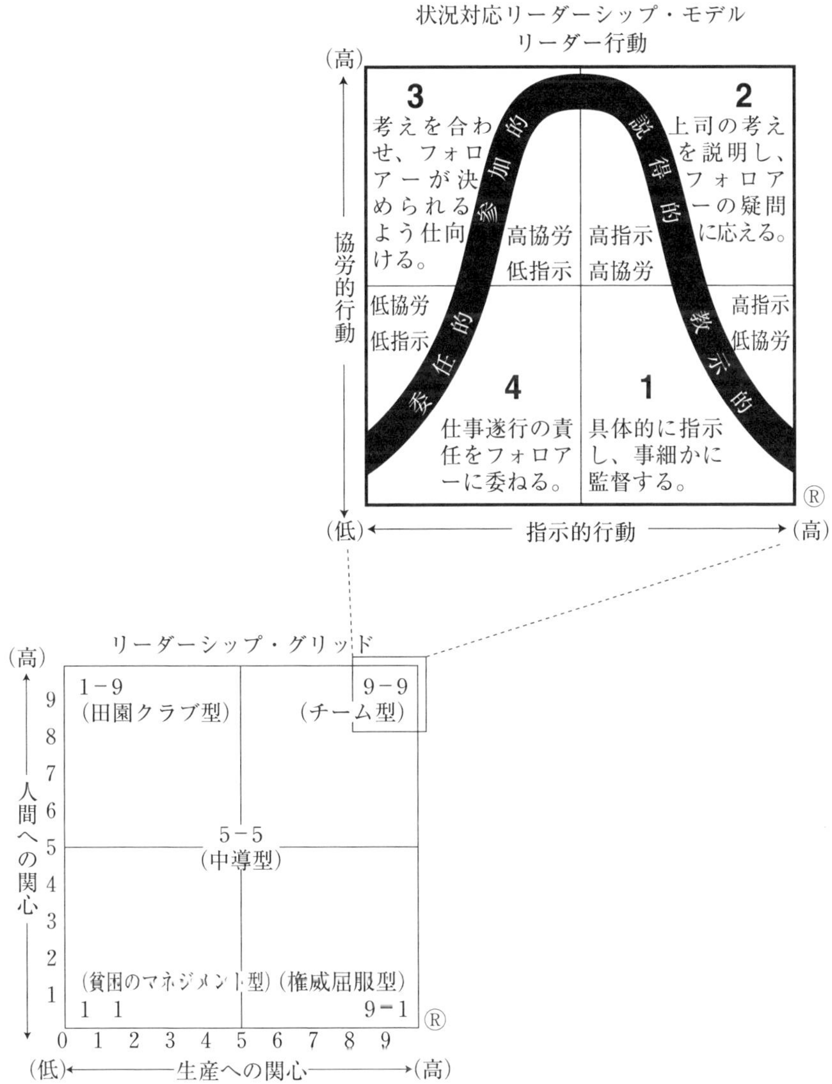

ブレークとマッケーンズのリーダーシップ・グリッド

そして、タイプⅢでは、低協労－低指示が必要である。規制システムと適切なリーダーシップ・スタイルとの関係は、J.E.ステインソンとT.W.ジョンソンの研究[7]でも明らかになっている。

状況対応リーダーシップとパワーの基盤

すでに規制力、コネ力、褒賞力、公権力、人格力、情報力、専門力の７種のパワー基盤について論じた。図16.7にあるように、またP.ハーシィ、K.H.ブランチャード、そしてW.E.ネイトメイヤーらの研究にも示されているように、状況対応リーダーシップは、それぞれのパワー基盤の影響可能性を理解するための拠り所になる[8]。事実、フォロアーのレディネスが、成功率のもっとも高いリーダーシップ・スタイルを決めるばかりでなく、服従を導き出したり、影響を及ぼしたりする上で、どのパワーを使うべきかをを決めてしまう。

図16.7に示されるように、レディネスの低いフォロアー（Ｒ１）を、生産的たらしめるためには、一般に強く指示しなければならない。Ｓ１スタイルの効果的活用には、規制力が必要であることが多い。フォロアーがレディネス・レベルＲ１からＲ２へ移行しても、指示的行動はなお必要とされるが、支援的行動を増やす必要も起こってくる。これらのレディネス・レベルに適切なＳ１やＳ２リーダーシップ・スタイルは、リーダーにコネ力や褒賞力が備わっていると、いっそう効果的になる。公権力は、中程度のレディネス（Ｒ２、Ｒ３）に影響力のあるＳ２、Ｓ３リーダーシップ・スタイルを支える。人格力は、中程度から高度のレディネス・レベルへの影響に必要な高度に支援的で、指示性の低いＳ３スタイルを強化する。情報力と専門力は、標準以上のレディネス・レベル（Ｒ３、Ｒ４）のフォロアーの動機づけに効果的なＳ３、およびＳ４スタイルに役立つ。

状況対応リーダーシップと親業訓練

T.ゴードンの親業訓練および関連する事例[9]は、状況対応リーダーシップにうまく統合される（図16.8参照）。T.ゴードンは、人の行動は、受け入れることができるか、できないか、のどちらかに分類できるという。フォロアーの行動が、リーダーに受け入れることのできるものなら、リーダーはＳ３、ないし

図16.5　状況対応リーダーシップ、マネジェアル・グリッド、そしてリカートの原因変素、媒介変素、結果変素の関係

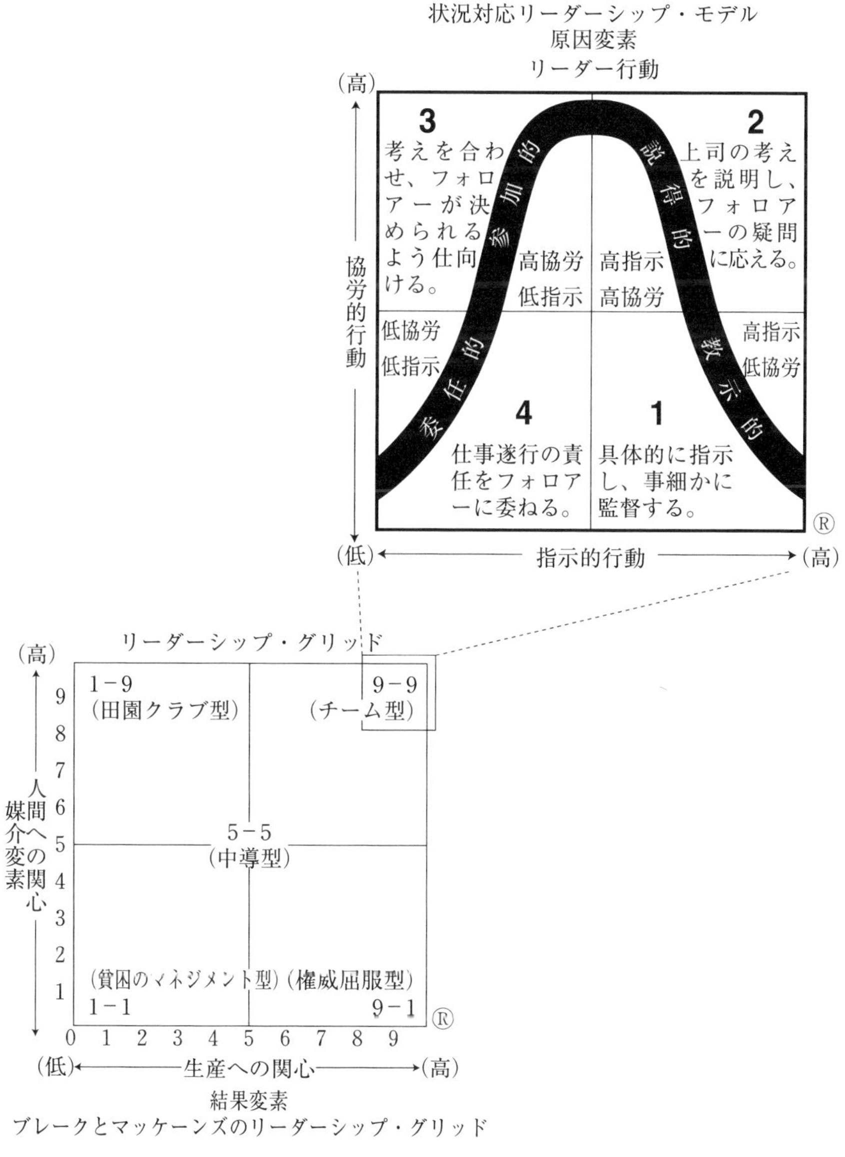

図 16.6　コントロール・システムの構造がリーダーシップ・スタイルに及ぼす影響

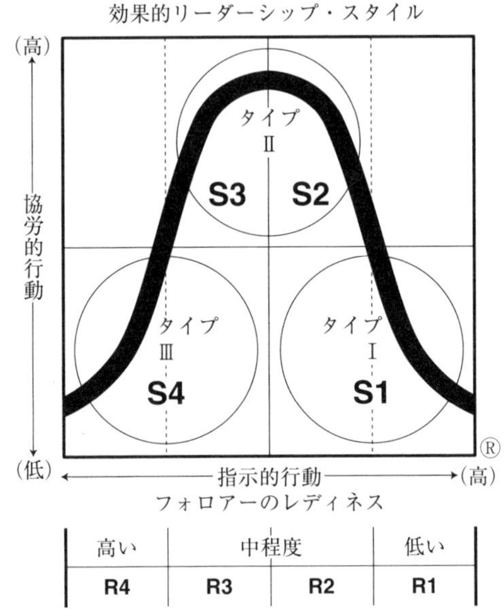

図 16.7　状況対応リーダーシップとパワー基盤の関係

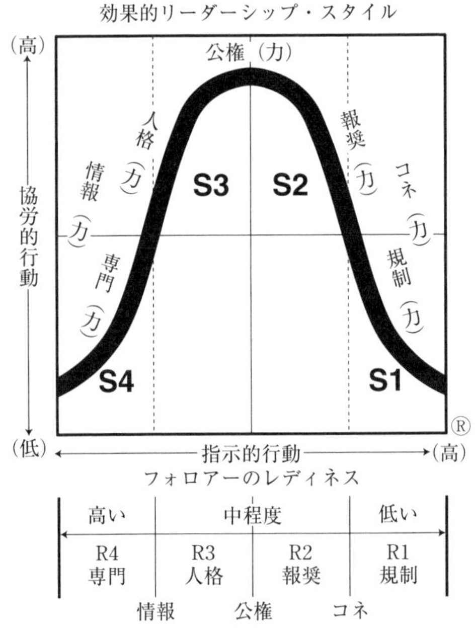

図16.8　状況対応リーダーシップとP.E.T.（親業訓練）

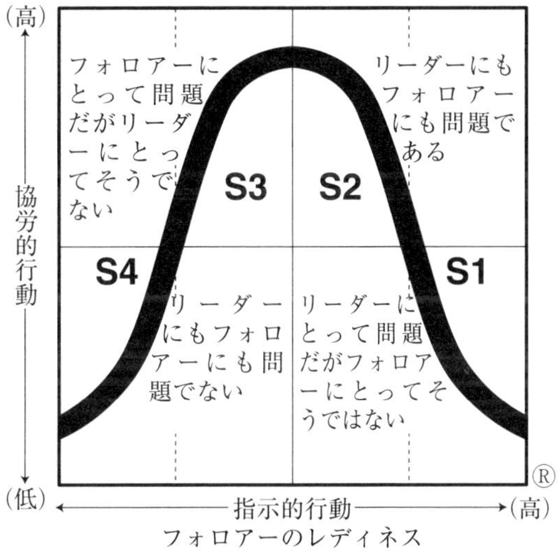

高い	中程度		低い
R4	R3	R2	R1
問題なし	フォロアーに問題がある	リーダーとフォロアーの両方に問題がある	リーダーが問題を抱えている

S４スタイルを使うことができる。もし受け入れることのできないものなら、S１、ないしS２リーダーシップ・スタイルが適当である。そして、さらに詳しくS１、S２、S３、S４を区別するには、リーダーは「問題が誰のものであるか？」を決めることができねばならない。図16.8に示すように、フォロアーの行動がリーダーにとって受け入れられ、しかもリーダーにとっても、フォロア　にとっても問題でない（すなわち、問題が存在しない）のなら、S４が適切である。もし、リーダーに受け入れることのできる行動が、フォロアーにとって問題で―すなわち、フォロアーにその行動を続けるための理解や動機に欠けており、―しかも、リーダーにとって、そうした理解も動機も問題でない場合（したがって、フォロアーが問題を抱えていることになる）、このフォロアーに対して適切なリーダーシップ・スタイルは、S３である。フォロアーの行動がフォロアーとリーダーの両方にとって受け入れることができず（しかも、問題であるのなら）、S２スタイルを使うべきである。最後に、フォロアーの行動を受け入れることができず、しかもその行動がリーダーにとって問題であ

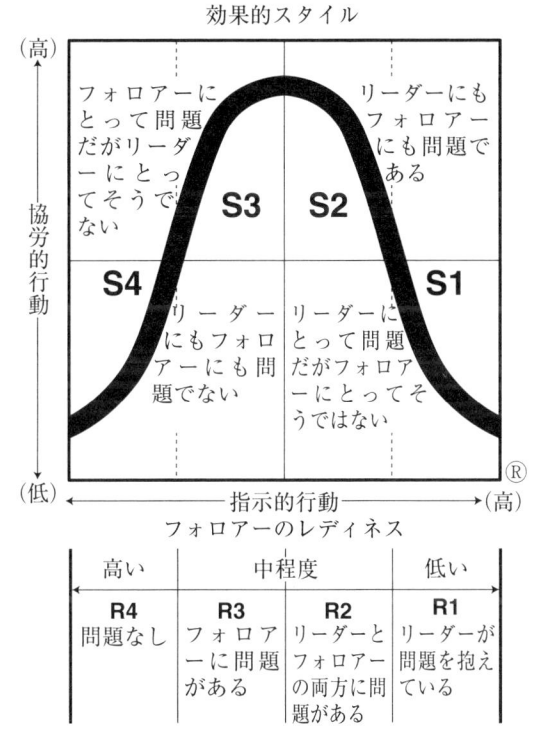

るのなら（したがって、リーダーが問題を抱えていることになる）、Ｓ１リーダーシップがその相手の行動を変容させる最大の確率を持つことになる。

状況対応リーダーシップと組織の成長

L.E.グレイナー[10]の言う危機、または革命的局面を経ることなく、ときを経て組織は成長し発展する。この成長は、創造期に引き続く組織の成長局面を、状況対応リーダーシップに基づく順序で引っ張ることができる。

図16.9に示すように、リーダーシップの危機は、創造期からそのまま、教示の段階へ移行することで、避けることができるかもしれない。自治の危機、統制の危機、繁文辱礼の危機なども、教示の局面からそのまま協調の段階へ、参画の段階、そして最後に委任の段階へ移行することで避けることができるかもしれない。

状況対応リーダーシップと変革

変革を語るときの第１ステップは、常に相手のレディネス・レベルを判定することである。相手のレディネス・レベルが低ければ—依存の気持が強く、変革の責任をとる意欲が低い—解凍[11]の必要がレディネス・レベル中程度から高度のフォロアーを相手にしているときよりも高い（K.レビン）—図16.10に示されているように、リーダーシップ・スタイルＳ１とＳ２は、解凍の段階で大きな役割を果たす傾向がある。Ｓ２とＳ３スタイルの重点は、変化のプロセスにある。そして、Ｓ３とＳ４は、再凍段階を強調するものである。

レディネスを高める技法のひとつとして、図16.11に示すように、行動修正法[12]がある。つまり、レディネス・レベルの低い相手には、まず最初に仕事の構造は簡略化し、職責負担の機会を抑える。しかし、相手が、最小限でもレディネスを高めたら、リーダーはすかさず連帯的支援をプラス強化として与える。こうして階段状の過程（まず、仕事の構造化度を減らし、そして連帯的支援を増やす）が、相手が変化・変容を続けて、こうした成長が習慣化するまで続ける。この習慣が定着したら、リーダーは連帯的支援についても減らして行き、Ｓ４（つまり、低協労－低指示なスタイル）へ進んで行くのである。

これが早い段階で行われると、連帯的支援を減らすことが、低、ないし中程

図16.9　状況対応リーダーシップとグレイナーの説く組織の成長と発展の諸段階

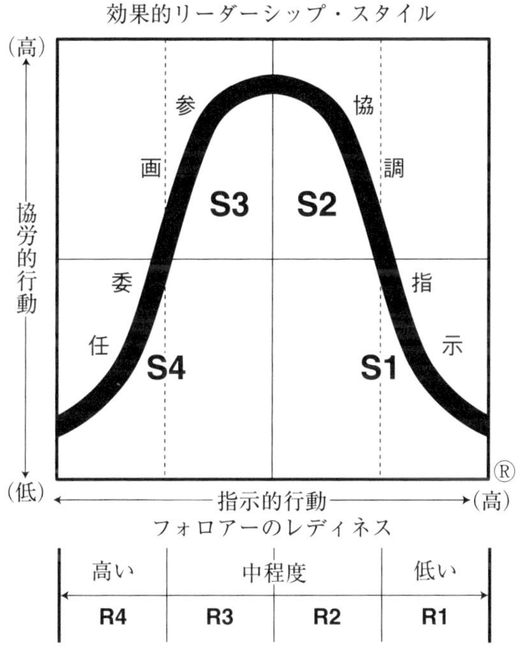

度のレディネス・レベルの人には、罰せられているように感じられる。だが、レディネスの高い人には、リーダーが放っておいてくれることが、課題という意味でも、連帯的支援という意味でも、正の強化となるのである。図16.12に示されるように、Ｓ１とＳ２スタイルは、強力な推進力を形成するのに適当である。Ｓ３とＳ４は、抑止力の克服に適当なように思える[14]。推進力を増強することは、短期的アウトプットを狙っているように思える。また、抑止力を除去しようとする試みは、介在変素の構築に関心があり、長期的目標に集中しているのである。なお、以上に説明したのは傾向・手掛かりであり、条件によっては他のスタイルが適当であることもありうる。

図 16.10　状況対応リーダーシップと変化の過程との関係

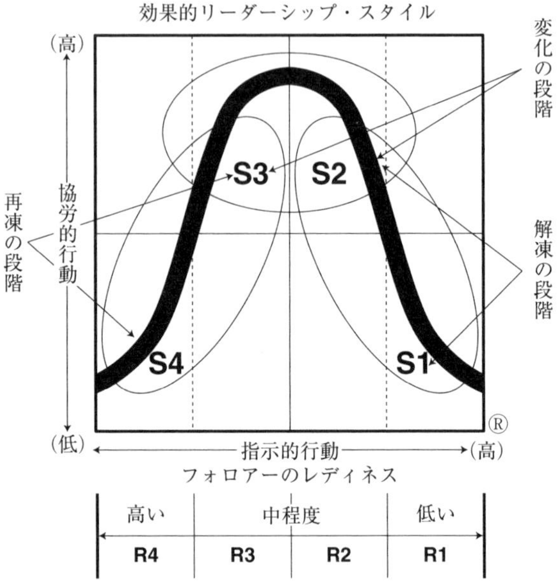

図16.11　状況対応リーダーシップと行動修正法

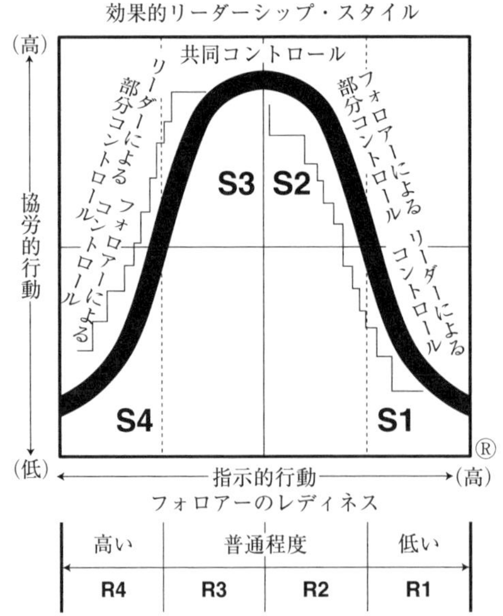

図16.12　状況対応リーダーシップと、変化サイクルおよびフォース・フィールド・アナリシスとの関係

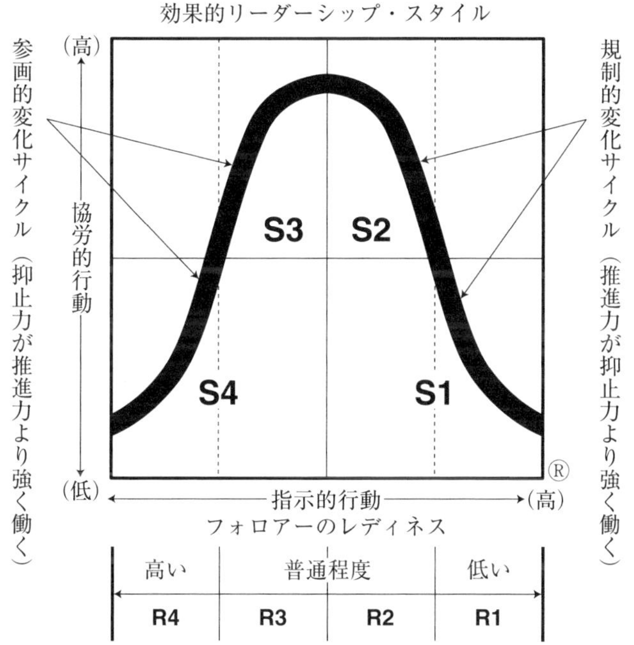

本章のまとめ

表16.1は、本章で説明された諸資料を統合するものである。本表は、本書を通じて解説された理論が、どのようにいろいろなレディネス・レベルとそれに対応するリーダーシップ・スタイルと関係するかが論じられている。

表16.1　リーダーシップ・スタイル，レディネス・レベル，およびその他の組織行動諸理論，諸概念，諸研究の関連

フォロアーのレディネス（…の傾向が高い）	リーダーのスタイル
（R 1）低レディネス “能力で、不安、ないし低意欲”	（S 1）高指示／低協労　教示的スタイル “具体的指示を行い、密着して監督”

生理的欲求、環境要因 合理的、経済的人間 低い達成意欲 リーダーが問題を抱えることになる	X仮説的（態度） XA／YA システム1／システム2 規制力、並びにコネ力 タイプ1の統制システム リーダー主導のリーダーシップ契約 教示を通しての成長 規制力に基づく“解凍”と“変容” 規制的変化サイクル
（R 2）低度から中程度までのレディネス “能力は低いが、確信、ないし意欲がある”	（S 2）高指示／高協労　説得的スタイル “決定を示し、質問させる”
安全・安定の欲求、環境要因 合理的・経済的人間／社会的人間 低い達成意欲 リーダーとフォロアーの両方が問題を抱える	XA／YA システム2／システム3 コネ力、褒賞力、および公権力 フォロアーによるタイプⅡの統制システム リーダー／フォロアー協調のリーダーシップ契約 グレイナーの発展期における〈協調の段階〉 同化に基づく“解凍”と“変容” 教示的、または参加的変化サイクル
（R 3）中程度から高度のレディネス “能力は高いが、確信、ないし意欲に欠ける”	（S 3）高協労／低指示　参加的スタイル “考えを分かち合い、決定を促進してやる”
社会的、自尊的欲求、環境要因と意欲要因 社会的、自己実現的人間 高い達成意欲 フォロアーが問題を抱える	Y仮説的（態度） YB／XB システム3／システム4 公権力、人格力、そして情報力 タイプⅡ統制システム リーダーシップ契約での対等、ないし部分的主導 グレイナーの発展期における〈参画の段階〉 内面化を通しての“変化と解凍” 参画的、ないし規制的変化サイクル
（R 4）高度のレディネス “能力は高く、確信も、意欲もある”	（S 4）低協労／低指示　委任的スタイル “決定、遂行の責任を委せる”
自尊的欲求、自己実現欲求、そして意欲要因 自己実現的人間 高い達成意欲 問題が無い	Y仮説的（態度） YB／XB システム4 情報力と専門力 タイプⅢ統制システム リーダーシップ契約をフォロアーが主導 グレイナーの発展期における〈委任の段階〉 “再凍” 参画的変化サイクル

結論と振り返り

人間行動については、未だ知られていないことが多い。未解決の疑問が多く残っており、いっそうの研究が必要である。動機、リーダー行動、そして行動変容などについての知識は、いろいろな理由から、実務家にとって関心事項であり続けるだろう。この知識は、ヒューマン・リソースの効果的活用にいっそう役立つものと思われる。この知識は、変化に対する抵抗や生産抑制や論争を抑えるのに役立つだろうし、生産向上につながることも多い。

著者らの意図は、行動科学から得られた諸結論を応用する上で役立つ概念の枠組みを提供しようとすることにあった。こうした種類の枠組みの価値は、われわれの知識を変えることにあるのではなくて、行動を変えることにある。

影響力に関し、3つの能力について論じた。すなわち、「診断」—影響の対象となる状況を理解し、読み取ること、「適応」—自分の制御下にある行動とリソースを状況に呼応させて適応させること、「コミュニケーティング」—他の人たちが容易に理解し、受け入れられるようにメッセージを提示すること、の3つがそれである。これらの能力のどれもが、互いに異なっており、習得には、異なったアプローチが必要である。例えば、診断は、性質上、認知的であり、思考のスキルを必要とする。

適応は、性質上、行動的であり、行動演習を必要とする。また、コミュニケーティングは、過程指向的であり、過程上の主要ステップの習得とこれらを連関させることを必要とする。これら3つ能力が、異なった知識とスキルを必要とするが、それでは本書を読むことによって始まった過程は、これからどのように展開させていけばよいのだろうか？

行動変容過程を始めるための鍵となるステップは、本書で学んだ諸理論を組織の仲間と分ち合うことである。一緒に働く者たちが、共通の言葉を使うようになったとき2つのことが起こる。第1に、互いにフィードバックし合えるようになり、合理的で冷静に、行動に影響できるようになる。例えば、著者らは以前、ビルという名の権威主義的マネジャーと仕事をしたことがあるが、彼は、「……の報告を受けたが、……月曜日付けで、全従業員は……すること、云々」のようなX仮説的通達で有名であった。その後、このマネジャーと彼の2段階下の部下が状況対応リーダーシップを知ることになったが、そのすぐ後あと、例の有名なX仮説的通達を出した。数日後、無記名のメモ書きコメントをいくつか受け取ったと、彼は著者らに言った。そのコメントには、「今日も、なにがしかX仮説的でしたね」とか、「Ｓ１以外のスタイルは、ご自分のメニューにはないのですか？」とか、「われわれの意欲は、本当にそんなに低いとお思いですか？」の批評が含まれていた。当人はこれらのコメントや自分のアプローチを再検討したのだが、このフィードバックは、このマネジャーに実に大きなインパクトを与えた。このフィードバックを、「彼がその理論を知っていると彼らが知っていることを彼は知っている」とか、“R.D.レイングの結び目”のような屁理屈で否定することはできなかった[15]。何人かのマネジャーも指摘したように、これらのコメントは、彼が“聞いた”最初の本当のフィードバックであった。この事件、そして会議での言葉遣いの結果、（マネジャーのみならず）誰もが相互に助け合うようになり始めるなど、作業チームとして効果的であるように、行動を変え始めた。

第２に、マネジャーが状況対応リーダーシップを使う場合、自分たちに対して使われるリーダーシップ・スタイルを決定するものは、マネジャーではなくて、自分たちの行動であると、フォロアーたちは気づき始めた。例えば、家庭の中の誰もがこの理論を知っていれば、子供たち（特にティーン・エイジャー）は、どうしたら親の介入から逃れることができるか、をよく認識していることになる。要するに、みんなが同意した、そして両親が支援（Ｓ３）、または委任（Ｓ４）してくれる、確実で、責任あるやり方、をとればよいのである。しかし、もし両親がうるさく厳しくすれば、すねて無責任に振る舞えばよいことになってしまう。このように、この理論は、環境が求めるものを理解させ、その期待にみんなで応え、そしてゆっくりと自分の行動を自分自身で監督し、責任ある自律的な人間になるための手掛かりになる。中国の哲学者老子は、これを見事に要約して「最良のリーダーの下では、人々は仕事が達成されると、“俺たちでやったんだ”と言う[16]」と言っている。

以上、本書を通じて、行動科学が、個人と組織の両方の行動（活動）のあり方に大きな建設的変化をもたらすことを、数多くの例や図解を挙げて説明してきた。だが、本書の第１目的は、世界平和に貢献することであった。人間の幸せに対する重要な貢献は、経済的諸決定でもなければ、軍事的なそれでも、政治的なそれでも、はたまた技術的な諸決定でもないと、著者らは信じる。久しく求め続けてきた世界平和の達成は、ヒューマン・リソースの活用―人々がより生産的になり、そしてその人間が生み出すもの以上の分け前が得られるような―から遂げられるべきだろう。われわれが抱く展望は、そのまま世界の応用行動科学への展望でもある。技術が生み出すことのできる利益をすべての人が分ち合う世界、個人的福祉が保障された環境に人々が生き働く世界、そうした世界平和。著者らは、読者がこの目的に向かわれるようお誘いするものである。

〔注　　釈〕

第１章

1. Rosabeth Moss Kanter, *The Planning Forum Network,* 2, no. 1 (July 1990), p. 1. See also Rahul Jacob, "The Struggle to Create an Organization for the 21st Century," *Fortune,* April 1995, p. 90.
2. Michael Porter, "New Strategies for Competitive Advantage," *Planning Review,* May/June 1990, p.14.
3. Ed Lawler III, *The Ultimate Advantage: Creating the High Involvement Organization* (San Francisco: Jossey-Bass Inc., Publishers, 1992), pp. 3–24.
4. Vincent K. Omachonu and Joel E. Ross, *Principles of Total Quality* (Delray Beach, Fla: St. Lucie Press, 1994), p. 190.
5. Ed Lawler III, *The Ultimate Advantage: Creating the High Involvement Organization,* pp. 10–24.
6. Glen D. Hoffherr and Robert P. Reid, "Achieving a Highly Effective Organization," *Quality Digest,* August 1995, pp. 27–30.
7. Elton Mayo, *The Social Problems of an Industrial Civilization* (Boston: Harvard Business School, 1945), p. 23.
8. *Ibid.*, p. 20.
9. Robert J. House discusses similar concepts in *Management Development: Design, Implementation and Evaluation* (Ann Arbor: Bureau of Industrial Relations, University of Michigan, 1967).
10. Warren Bennis, quoted in Cherie Carter-Scott, "The Differences between Leadership and Management," *Manage,* November 1994, p. 12. Also see Tom Payner, "Go Forth and Manage Wisely," *Supervision Magazine,* August 1994, and Bernard M. Bass and Ralph M. Stogdill, *Bass and Stogdill's Handbook of Leadership* (New York: The Free Press, 1990).
11. Jay A. Conger, *Learning to Lead* (San Francisco: Jossey-Bass, 1992), p. 15.
12. *Ibid.*, p. 21.
13. *Ibid.*, p. 29.
14. Paul Hersey, *Situational Selling* (Escondido, CA: Center for Leadership Studies, 1985), p. 8.
15. Harold Koontz and Cyril O'Donnell, *Principles of Management,* 5th ed. (New York: McGraw-Hill, 1972), p. 20.
16. William James, *The Principles of Psychology,* 1 (London: Macmillan and Co., Ltd., 1890).
17. These descriptions were adapted from a classification developed by Robert L. Katz, "Skills of an Effective Administrator," *Harvard Business Review,* January-February 1955, pp. 33–42. See also Robert S. Dreyer, "Do Good Bosses Make Lousy Leaders?," *Supervision,* March 1995, pp. 19–20.
18. John D. Rockefeller, as quoted in Garret L. Bergen and William V. Haney, *Organizational Relations and Management Action* (New York: McGraw-Hill, 1966), p. 3.
19. Reported in Bergen and Haney, *Organizational Relations and Management Action*, p. 9.
20. Paul Hersey and Douglas Scott identify these components of an internal social system in "A Systems Approach to Educational Organizations: Do We Manage or Administer?" *OCLEA* (a publication of the Ontario Council for Leadership in Educational Administration, Toronto, Canada), September 1974, pp. 3–5. Much of the material for that article was adapted from lectures given by Boris Yavitz, Dean, School of Business Administration, Columbia University.

21. Ichak Adizes, *How to Solve the Mismanagement Crisis* (Los Angeles: MDOR Institute, 1980). Also see Adizes, "Mismanagement Styles," *California Management Review,* 19, no. 2 (Winter 1976).
22. Adizes, "Mismanagement Styles," p. 6.
23. *Ibid.*
24. *Ibid.* See also Penny Swinburne, "Management with a Personal Touch," *People Management,* April 6, 1995, pp. 38–39.
25. *Ibid.*, p. 18.
26. "The New World of Work," *Business Week,* October 17, 1994, p. 76.
27. Adapted from Hersey, *The Situational Leader,* pp. 20–22.
28. Robert H. Guest, Paul Hersey, and Kenneth H. Blanchard, *Organizational Change Through Effective Leadership* (Englewood Cliffs, N.J.: Prentice Hall, 1986), p. 222. See also Kevin John Philips, "Six Keys to Basic Success," *Supervision,* May 1994, pp. 11–13.

第2章

1. Kurt Lewin, "Behavior and Development as a Function of the Total Situation (1946)," pp. 239–240 in *Field Theory in Social Science,* Dorwin Cartwright (New York: Harper & Brothers, 1951). See also Gregory B. Northcraft and Margaret A. Neale, *Organizational Behavior: A Management Challenge,* 2nd ed. (Fort Worth: Dryden Press, 1994), p. 66.
2. Lewin used the expression E = Environment, whereas we have used S = Situation in keeping with the context of this book.
3. Lewin, "Behavior and Development as a Function of the Total Situation, (1946)," p. 239.
4. Sigmund Freud, *The Ego and the Id* (London: Hogarth Press, 1927). See also *New Introductory Lectures on Psychoanalysis* (New York: Norton, 1933).
5. Norman R. F. Maier, *Psychology in Industry,* 2nd ed. (Boston: Houghton Mifflin, 1955), p. 21.
6. Viktor E. Frankl, *Man's Search for Meaning* (New York: Washington Square Press, 1963), p. 154. See also Jerry L. Fletcher, *Patterns of High Performance: Discovering the Way People Work Best* (San Francisco: Berret-Koehler, 1993).
7. Tom Peters and Robert H. Watermann Jr., *In Search of Excellence: Lessons from America's Best Run Companies* (New York: Harper & Row, 1982), pp. 76, 80, 86.
8. Abraham H. Maslow, *Motivation and Personality* (New York: Harper & Row, 1954). See also Maslow, *Motivation and Personality,* 2nd ed. (New York: Harper & Row, 1970).
9. Leon Festinger, *A Theory of Cognitive Dissonance* (Stanford, Calif.: Stanford University Press, 1957); Stephen Kaplan, *Cognition and Environment: Functioning in an Uncertain World* (New York: Praeger, 1982).
10. Festinger, *A Theory of Cognitive Dissonance,* p. 155.
11. Freud, *The Ego and the Id.*
12. Maier, *Psychology in Industry,* pp. 83–91.
13. John A. C. Brown, *The Social Psychology of Industry* (Baltimore: Penguin Books, 1954), p. 252.
14. Roger Barker, Tamara Dembo, and Kurt Lewin, *Frustration and Aggression* (Iowa City: University of Iowa Press, 1942).
15. Brown, *The Social Psychology of Industry,* p. 253.
16. Maier, *Psychology in Industry,* pp. 88–90.
17. Brown, *The Social Psychology of Industry,* p. 254.
18. Dewey E. Johnson, *Concepts of Air Force Leadership* (Washington, D.C.: Air Force ROTC, 1970), p. 209.
19. J. Sterling Livingston, "Pygmalion in Management," *Harvard Business Review,* September/October, 1988, pp. 81–89.
20. See John W. Atkinson, "Motivational Determinants of Risk-Taking Behavior," *Psychological Review,* 64, no. 6 (1957), p. 365.
21. Victor H. Vroom, "Leader." Pages 1527–1551 in *Handbook of Industrial and Organizational Psychology,* ed. Marvin D. Dunnette (Chicago: Rand McNally, 1976).
22. Martin L. Maehr and Larry A. Braskampt, *The Motivation Factor: A Theory of Personal Investment* (Lexington, Mass.: Health, 1986).

23. Maslow, *Motivation and Personality.*
24. Clare W. Graves, "Human Nature Prepares for a Momentous Leap," *The Futurist,* April 1974, pp. 72–87.
25. Clayton Alderfer, "An Empirical Test of a New Theory of Human Needs," *Organizational Behavior and Human Performance,* May 1969, pp. 142–175.
26. Stephen P. Robbins, *Organizational Behavior,* 6th ed. (Englewood Cliffs, N.J., 1993), pp. 211–222.
27. Saul W. Gellerman, *Motivation and Productivity* (New York: American Management Association, 1963).
28. Peter F. Drucker, "How to Be an Employee," *Psychology Today,* March 1968, a reprint from *Fortune* magazine.
29. Gellerman, *Motivation and Productivity,* pp. 154–55.
30. Stanley Schachter, *The Psychology of Affiliation* (Stanford, Calif.: Stanford University Press, 1959).
31. Elton Mayo, *The Social Problems of an Industrial Civilization* (Boston: Harvard Business School, 1945); see also Mayo, *The Human Problems of an Industrial Civilization* (New York: Macmillan, 1933).
32. Vance Packard, *The Status Seekers* (New York: David McKay, 1959).
33. Gellerman, *Motivation and Productivity,* p. 151.
34. Alfred Adler, *Social Interest* (London: Faber & Faber, 1938).
35. Robert W. White, "Motivation Reconsidered: The Concept of Competence," *Psychological Review,* no. 5 (1959).
36. David C. McClelland, John W. Atkinson, R. A. Clark, and E. L. Lowell, *The Achievement Motive* (New York: Appleton-Century-Crofts, 1953); and McClelland, *The Achieving Society* (Princeton, N.J.: D. Van Nostrand, 1961); John William Atkinson, *Motivation and Achievement* (New York: Halsted Press, 1974). See also Craig Pinder, "Concerning the Application of Human Motivation Theories in Organizational Settings," *Academy of Management Review,* 21 (1977), pp. 384–397.
37. Charles E. Whiting and E. Neal Gilbert, "Empowering Professionals," *Management Review,* June, 1993. See also David McClelland and David H. Burnham, "Power is the Great Motivator," *Harvard Business Review,* 73, January/February 1995, pp. 126–130.
38. William F. Whyte, ed., *Money and Motivation* (New York: Harper & Row, 1955).
39. Gellerman, *Motivation and Productivity,* pp. 160–169.
40. Stephen C. Bushardt, Roberto Toso, and M. E. Schnake, "Can Money Motivate?" Pages 50–53 in *Motivation of Personnel,* ed. Timpe A. Dale (New York: KEND Publishing, 1986). See also Oren Harari, "The Missing Link in Performance," *Management Review,* 84 (March 1995), pp. 21–24.
41. "Why I Do This Job," *Business Week,* September 11, 1995, p. 8. See also Charles A. O'Reilly III, and Jennifer A. Chatman, "Working Smarter and Harder: A Longitudinal Study of Managerial Success," *Administrative Science Quarterly,* 39 (December 1994), pp. 603–627.
42. M. Michael Markowich, "Does Money Motivate?" *Compensation and Benefits Review,* January–February, 1994.
43. *Ibid.* See also Connie Wallace, "The Fine Art of Using Money as a Motivator," *Working Woman,* January, 1990, pp. 126–128 and James E. Long, "The Effects of Tastes and Motivation on Individual Income," *Industrial and Labor Relations Review,* 48 (January 1995), pp. 338–351.
44. Lawrence Lindahl, "What Makes a Good Job?" *Personnel,* 25 (January 1949).

第 3 章

1. For detailed descriptions of this research, see Fritz J. Roethlisberger and William J. Dickson, *Management and the Worker* (Cambridge: Harvard University Press, 1939); T. N. Whitehead, *The Industrial Worker,* 2 vols. (Cambridge: Harvard University Press, 1938); Elton Mayo, *The Human Problems of an Industrial Civilization* (Salem, N.H.: Ayer Company, 1977). See also R. E. Dutton, "On Alix Carev's Radical Criticism of the Hawthorne Studies: Comment," *Academy of Management Journal,* 14 (September 1971), pp. 394–396;

Randolph M. Hale, "Managing Human Resources: Challenge for the Future," *Enterprise,* June 1985, pp. 6–9.

2. Douglas McGregor, *The Human Side of Enterprise* (New York: McGraw-Hill, 1960). See also McGregor, *Leadership and Motivation* (Boston: MIT Press, 1966); Craig C. Pinder, *Work Motivation: Theory, Issues, and Applications* (Glenview, Ill.: Scott, Foresman, 1984).
3. Chris Argyris, *Management and Organizational Development: The Path from XA to YB* (New York: McGraw-Hill, 1971); Walter E. Natemeyer, ed., *Classics of Organizational Behavior* (Oak Park, Ill.: Moore Publishers, 1978); David R. Hampton, *Organizational Behavior and the Practice of Management* (Glenview, Ill.: Scott, Foresman, 1986).
4. Argyris, *Management and Organizational Development,* p. 12.
5. George C. Homans, *The Human Group* (New York: Harcourt, Brace & World, 1950).
6. Anthony G. Athos and Robert E. Coffey, *Behavior in Organization: A Multidimensional View* (Englewood Cliffs, N.J.: Prentice Hall, 1968), p. 101.
7. Solomon E. Asch, "Effects of Group Pressure Upon the Modification and Distortion of Judgments," pp. 177–190 in *Groups, Leadership and Men,* ed. Harold Guetzkow (New York: Russell and Russell, 1963). Also in Dorwin Cartwright and Alvin Zander, *Group Dynamics,* 2nd ed. (Evanston, Ill.: Row, Peterson, 1960), pp. 189–200.
8. Asch, "Effects of Group Pressure," p. 181.
9. Chris Argyris, *Interpersonal Competence and Organizational Effectiveness* (Homewood, Ill.: Irwin, Dorsey Press, 1962), p. 43.
10. *Ibid.,* p. 43.
11. *Ibid.*
12. Chris Argyris, *Personality and Organization* (New York: Harper & Row, 1957); Argyris, *Interpersonal Competence and Organizational Effectiveness* (Homewood, Ill.: Irwin, Dorsey Press, 1962); and Argyris, *Integrating the Individual and the Organization* (New York: Wiley, 1964).
13. *Ibid.*
14. For other examples of successful interventions, see Chris Argyris, *Intervention Theory and Method: A Behavioral Science View* (Reading, Mass.: Addison-Wesley, 1970); Robert W. Nay, *Behavioral Intervention: Contemporary Strategies* (New York: Gardner Press, 1976).
15. Frederick Herzberg, Bernard Mausner, and Barbara Snyderman, *The Motivation to Work* (New York: Wiley, 1959); and Herzberg, *Work and the Nature of Man* (New York: World Publishing, 1966). See also Richard M. Steers and Lyman W. Porter, *Motivation and Work Behavior,* 2nd ed. (New York: McGraw-Hill, 1979); Terence R. Mitchell, "Motivation: New Directions for Theory, Research and Practice," *Academy of Management Review,* January 1982, pp. 80–88. See also Renato Tagiuri, "Managing People: Ten Essential Behaviors." *Harvard Business Review,* 73 (January–February 1995), pp. 10–11.
16. Herzberg, Mausner, and Snyderman, *The Motivation to Work,* p. ix.
17. Scott M. Meyers, "Who Are Your Motivated Workers?" Page 64 in *Behavioral Concepts in Management,* David R. Hampton (Belmont, Calif.: Dickenson Publishing, 1968). Originally published in *Harvard Business Review,* January–February 1964, pp. 73–88. See also Charles M. Cumming, "Incentives That Really Do Motivate," *Compensation and Benefits Review,* 26 (May/June 1994), pp. 38–40; Michael M. Markovich, "Is Your Company's Revenue Greater Than Its Expenses? *HR Focus,* 71 (January 1994), pp. 4–6; and Donna Deeprose, "Operating with a Sense of Purpose," *Supervisory Management,* 40 (June 1995), p. 7.
18. David C. McClelland, John W. Atkinson, R. A. Clark, and E. L. Lowell, *The Achievement Motive* (New York: Appleton-Century-Crofts, 1953); and McClelland, *The Achieving Society* (Princeton, N.J.: D. Van Nostrand, 1961). See also David McClelland and David H. Burnham, "Power is the Great Motivator," *Harvard Business Review,* 73 (January/February 1995), pp. 126–130.
19. Edward E. Lawler III, *High Involvement Management* (San Francisco: Jossey-Bass, 1990), p. 32. See also Esther Bogin, "From Staff to Dream Team," *Financial Executive,* January/February 1995, pp. 54–56.
20. A. J. Marrow, David G. Bowers, and Stanley E. Seashore, eds., *Strategies of Organizational Change* (New York: Harper & Row, 1967).
21. Lawler, *High Involvement Management,* p. 32. See also David Sharpley, "Exploring Work

Behavior (PRISM: Profile Report on Individual Style and Motivation)," *Personnel Management,* 26 (August 1994), p. 53.
22. "The New World of Work," *Business Week,* October 17, 1994, p. 76. See also Don Merit, "What Really Motivates You?," *American Printer,* January 1995, p. 74; Orin Hari, "The Missing Link in Performance," *Management Review,* 84 (March 1995), p. 74.
23. Carl Rogers, quoted in Allan R. Cohen, Stephen L. Fink, Herman Gadon, and Robin D. Willits, *Effective Behavior in Organizations,* 6th ed. (Chicago: Irwin, 1995), pp. 201–203.
24. Stephen P. Robbins, *Organizational Behavior: Concepts, Controversies, and Applications,* 6th ed. (Englewood Cliffs, N.J.: Prentice Hall, 1993) p. 139.

第4章

1. Peter F. Drucker, *The Practice of Management* (New York: Harper & Row, 1954). See also Allen L. Appell, *A Practical Approach to Human Behavior in Business* (Columbus, Ohio: Merrill, 1984).
2. George R. Terry, *Principles of Management,* 3rd ed. (Homewood, Ill., 1960), p. 493.
3. Robert Tannenbaum, Irwin R. Weschler, and Fred Massarik, *Leadership and Organization: A Behavioral Science Approach* (New York: McGraw-Hill, 1959).
4. Harold Koontz and Cyril O'Donnell, *Principles of Management,* 2nd ed. (New York: McGraw-Hill, 1959), p. 435.
5. Roland S. Barth, Senior Lecturer, Harvard University, quoted in Harold J. Burbach, "New Ways of Thinking for Educators," *The Education Digest,* March 1988, p. 3.
6. Proverbs 29:18. See also Neil H. Snyder, "Leadership and Vision," *Business Week,* 37 (January/February 1994), pp. 1–7.
7. Warren Bennis, *On Becoming a Leader* (Reading, Mass: Addison-Wesley, 1989), p. 194. See also Marshall Loeb, "Where Leaders Come From," *Fortune,* September 19, 1994, p. 242; Gerald Egan, "A Clear Path to Peak Performance," *People Management,* v (May 18, 1995), pp. 34–35; and Gerald Kushel, *Reaching the Peak Performance Zone: How to Motivate Yourself and Others to Excel* (New York: AMACOM, 1994).
8. Marshall Loeb, "Where Leaders Come From," *Fortune,* September 19, 1994, p. 242.
9. Quoted in Bennis, *On Becoming a Leader,* p. 194.
10. Bennis, *On Becoming a Leader,* p. 194.
11. Chester I. Barnard, *The Functions of the Executive* (Cambridge, Mass.: Harvard University Press, 1938).
12. Frederick W. Taylor, *The Principles of Scientific Management* (New York: Harper & Brothers, 1911).
13. Elton Mayo, *The Social Problems of an Industrial Civilization* (Boston: Harvard Business School, 1945), p. 23.
14. Cecil A. Gibb, "Leadership." In *Handbook of Social Psychology,* ed. Gardner Lindzey (Cambridge, Mass.: Addison-Wesley, 1954). See also Ralph M. Stogdill, "Personal Factors Associated with Leadership: A Survey of Literature," *Journal of Psychology,* 25 (1948), pp. 35–71.
15. Eugene E. Jennings, "The Anatomy of Leadership," *Management of Personnel Quarterly,* 1, no. 1 (Autumn 1961). See also Arthur G. Jago, "Leadership: Perspectives in Theory and Research," *Management Science,* March 1982, pp. 315–336.
16. Gary A. Yukl, *Leadership in Organizations,* 3rd ed. (Englewood Cliffs, N.J.: Prentice Hall, 1994), pp. 255–256.
17. Warren Bennis, "The Four Competencies of Leadership," *Training and Development Journal,* August 1984, pp. 15–19. See also Warren Bennis and Bert Nanus, *Leaders: The Strategies for Taking Charge* (New York: Harper & Row, 1986).
18. Bennis, "The Four Competencies of Leadership."
19. Adapted from Loeb, "Where Leaders Come From." pp. 241–242.
20. John G. Geier, "A Trait Approach to the Study of Leadership in Small Groups," *Journal of Communications,* December 1967.
21. Morgan W. McCall Jr. and Michael M. Lombardo, "What Makes a Top Executive?" *Psychology Today,* February 1983, pp. 26–31. See also Morgan M. McCall Jr. and Robert E. Kaplan, *Whatever It Takes: The Realities of Managerial Decision Making* (Englewood Cliffs, N.J.:

Prentice Hall, 1990).
22. *Ibid.*
23. Shelley A. Kirkpatrick and Edwin A. Locke, "Leadership: Do Traits Matter?" *Academy of Management Executive,* 5, no. 2 (1991), pp. 49, 59.
24. Robert R. Blake and Jane S. Mouton, *The Managerial Grid III,* 3rd ed. (Houston, Tex.: Gulf Publishing, 1984). See also Robert R. Blake and Jane S. Mouton, "The Managerial Grid III," *Personnel Psychology,* 39 (Spring 1986), pp. 238–240.
25. Ralph M. Stogdill and Alvin Coons, eds., *Leader Behavior: Its Description and Measurement, Research Monograph No. 88* (Columbus: Bureau of Business Research, Ohio State University, 1957). See also Fred E. Fiedler and Martin M. Chemers, "Improving Leadership Effectiveness," *Personnel Psychology,* 38 (Spring 1985), pp. 220–222.
26. Richard L. Daft, *Management,* 3rd ed. (Fort Worth: The Dryden Press, 1994), p. 484.
27. *Ibid.* See also Andrew W. Halpin, *The Leadership Behavior of School Superintendents* (Chicago: Midwest Administration Center, University of Chicago, 1959), p. 4.
28. Robert Kahn and Daniel Katz, "Leadership Practices in Relation to Productivity and Morale," Dorwin Cartwright and Alvin Zander, eds., *Group Dynamics: Research and Theory,* 2nd ed. (Evanston, Ill.: Row, Peterson, 1960). Many other studies are available from University of Michigan, Ann Arbor, Mich., Institute for Social Research.
29. Dorwin Cartwright and Alvin Zander, eds., *Group Dynamics: Research and Theory,* 2nd ed. (Evanston, Ill.: Row, Peterson, 1960). See also Patrick R. Penland, *Group Dynamics and Individual Development* (New York: Dekker, 1974); Robert H. Guest, *Work Teams and Team Building* (New York: Pergamon, 1986).
30. Cartwright and Zander, *Group Dynamics,* p. 496. See also *Group Plannings and Problems—Solving Methods in Engineering Management,* ed. Shirley A. Olsen (New York: Wiley, 1982).
31. Cartwright and Zander, *Group Dynamics,* p. 497.
32. Rensis Likert, *New Patterns of Management* (New York: McGraw-Hill, 1961), p. 7.
33. *Ibid.*, p. 9.
34. Adapted from Rensis Likert, *The Human Organization* (New York: McGraw-Hill, 1967), pp. 197–211.
35. Lester Coch and John R. P. French Jr., "Overcoming Resistance to Change," *Human Relations,* 1, no. 4 (1948), pp. 512–532.
36. Andrew W. Halpin and Ben J. Winer, *The Leadership Behavior of Airplane Commanders* (Columbus: Ohio State Research Foundation, 1952).
37. Paul Hersey, unpublished research project, 1965.
38. Robert R. Blake and Anne Adams McCanse, *Leadership Dilemmas—Grid Solutions* (Houston: Gulf Publishing Company, 1991). See also Robert R. Blake and Jane S. Mouton, *The Managerial Grid* (Houston, Tex.: Gulf Publishing, 1964); Blake and Mouton, "The Managerial Grid III," *Personnel Psychology;* Blake and Mouton, *The Versatile Manager: A Grid Profile* (Homewood, Ill.: Irwin, 1982); and Blake and Mouton, *The Secretary Grid: A Program for Increasing Office Synergy* (New York: AMACOM, 1983).
39. Blake and McCanse, *Leadership Dilemmas—Grid Solutions,* p. 29.
40. Stephen P. Robbins, *Organizational Behavior: Concepts, Controversies, and Applications,* 4th ed. (Englewood Cliffs, N.J.: Prentice Hall, 1989), pp. 11–12.
41. *Ibid,* p. 136.
42. Robbins, *Organizational Behavior,* 4th ed., p. 12.
43. James Owens, "A Reappraisal of Leadership Theory and Training," *Personnel Administrator,* 26 (November 1981), p. 81.
44. Frances Hesselbein, "Driving Strategic Leadership through Mission, Vision, and Goals," *The Planning Forum Network,* 7, no. 6 (Summer, 1994), pp. 4–5.
45. Ralph M. Stogdill, "Historical Trends in Leadership Theory and Research," *Journal of Contemporary Business,* Autumn 1974, p. 7.

第5章

1. Chester A. Schriesheim, James M. Tolliver, and Orlando C. Behling, "Leadership Theory: Some Implications for Managers," *MSU Business Topics*, 22, no. 2 (Summer 1978), pp. 34–40, in William E. Rosenbach and Robert L. Taylor, eds., *Contemporary Issues in Leadership* (Boulder, Colo.: Westview Press, 1984), p. 128.
2. Victor Vroom, "Can Leaders Learn to Lead?" *Organizational Dynamics*, 4 (Winter 1976).
3. Robert Tannenbaum and Warren H. Schmidt, "How to Choose a Leadership Pattern," *Harvard Business Review*, May–June 1973. This is an update of their original 1957 article, one of the landmarks in leadership research.
4. Kurt Lewin, R. Lippitt, and R. White identified laissez-faire as a third form of leadership style. See Lewin, Lippitt, and White, "Leader Behavior and Member Reaction in Three 'Social Climates,' " in *Group Dynamics: Research and Theory*, 2nd ed., Dorwin Cartwright and Alvin Zander, eds. (Evanston, Ill.: Row, Peterson, 1960).
5. Tannenbaum and Schmidt, "How to Choose a Leadership Pattern" (1973).
6. Warren G. Bennis, "Where Have All The Leaders Gone?" *Technology Review*, 758, no. 9 (March–April 1977), pp. 3–12.
7. Fred E. Fiedler, *A Theory of Leadership Effectiveness* (New York: McGraw-Hill, 1967). See also Fred E. Fiedler and Martin M. Chemers, "Improving Leadership Effectiveness," *Personnel Psychology*, 38 (Spring 1985), pp. 220–222; Fred E. Fiedler and Martin M. Chemers, *Improving Leadership Effectiveness: The Leader Match Concept* (New York: Wiley, 1984).
8. Fiedler, *A Theory of Leadership Effectiveness*, p. 13.
9. *Ibid.*, p. 14.
10. Robert J. House and Terence R. Mitchell, "Path-Goal Theory of Leadership," *Journal of Contemporary Business*, Autumn 1974, p. 81. See also Mark J. Knoll and Charles D. Pringle, "Path-Goal Theory and the Task Design Literature: A Tenuous Linkage," *Akron Business and Economic Review*, 17, no. 4 (Winter 1986), pp. 75–83.
11. House and Mitchell, "Path-Goal Theory of Leadership," p. 81.
12. *Ibid.*
13. Richard L. Daft, *Management*, 3rd ed. (Fort Worth, Tex.: Dryden Press, 1993), p. 493.
14. John E. Stinson and Thomas W. Johnson, "The Path-Goal Theory of Leadership: A Partial Test and Suggested Refinement," *Academy of Management Journal*, 18, no. 2 (June 1975), pp. 242–252.
15. Victor H. Vroom and Philip W. Yetten, *Leadership and Decision Making* (Pittsburgh: University of Pittsburgh Press, 1973), p. 198.
16. Victor H. Vroom and Arthur Jago, *The New Leadership: Managing Participation in Organizations* (Englewood Cliffs, NJ: Prentice Hall, 1988).
17. Because the model is an outgrowth of the Ohio State leadership studies, these definitions have been adapted from their definitions of initiating structure (task) and consideration (relationship): Ralph M. Stogdill and Alvin E. Coons, eds., *Leader Behavior: Its Description and Measurement, Research Monograph No. 88* (Columbus: Bureau of Business Research, Ohio State University, 1957), pp. 42–43.
18. William J. Reddin, "The 3-D Management Style Theory," *Training and Development Journal*, April 1967, pp. 8–17. See also Reddin, *Managerial Effectiveness* (New York: McGraw-Hill, 1970).
19. Reddin, "The 3-D Management Style Theory," p. 13.
20. The LEAD (formerly known as the leader adaptability and style inventory, LASI), first appeared in Paul Hersey and Kenneth H. Blanchard, "So You Want to Know Your Leadership Style?" *Training and Development Journal*, February 1974. LEAD instruments are distributed through Center for Leadership Studies, 230 W. 3rd Ave., Escondido, CA, 92025.
21. Fiedler, in his contingency model of leadership effectiveness (Fiedler, *A Theory of Leadership Effectiveness*) also tends to make behavioral assumptions from data gathered from an attitudinal measure of leadership style. A leader is asked to evaluate his least preferred co-worker (LPC) on a series of semantic differential type scales. Leaders are classified as high or low LPC depending on the favorableness with which they rate their LPC.

第6章

1. Peter F. Drucker, *Management: Tasks, Responsibilities, Practices* (New York: Harper & Row, 1973), p. 45.
2. C. Northcote Parkinson, *Parkinson's Law* (Boston: Houghton Mifflin, 1957).
3. Fred J. Carvell, *Human Relations in Business* (Toronto: Macmillan, 1970), p. 182.
4. Bernard M. Bass in *Leadership, Psychology, and Organizational Behavior* (New York: Harper & Brothers, 1960), pp. 88–89.
5. Fred Luthans, "Successful vs. Effective Real Managers," *The Academy of Management Executive,* 11, no. 2 (May 1988), pp. 127–132.
6. *Wall Street Journal,* January 9, 1978, p. 12.
7. Rensis Likert, *The Human Organization* (New York: McGraw-Hill, 1967), pp. 26–29.
8. Rensis Likert, *New Patterns of Management* (New York: McGraw-Hill, 1961), p. 2.
9. Fred E. Fiedler, *A Theory of Leadership Effectiveness* (New York: McGraw-Hill, 1967), p. 9.
10. William J. Reddin, "The 3-D Management Style Theory," *Training and Development Journal,* April 1967. This is one of the critical differences between Reddin's 3-D management style theory and the tridimensional leader effectiveness model. Reddin in his model seems to consider only output variables in determining effectiveness, whereas in the tridimensional leader effectiveness model both intervening variables and output variables are considered.
11. Peter B. Vaill, "Managing as a Performing Art." Page 221 in *The Manager's Bookshelf,* 3rd ed., Jon Pierce and John Newstrom (New York: Harper Collins Publishers, 1993).
12. Robert S. Kaplan and David P. Norton, "Putting the Balanced Scorecard to Work," *Harvard Business Review,* September–October 1993, p. 134.
13. Rahul Jacob, "Corporate Reputations," *Fortune,* March 6, 1995, pp. 54–64.
14. Adapted from Likert, *The Human Organization,* pp. 47–77.
15. This classic film is an excellent illustration of the concepts of motivation, Situational Leadership, and improving organizational performance.
16. Douglas McGregor, *The Human Side of Enterprise* (New York: McGraw-Hill, 1960). See also McGregor, *Leadership and Motivation* (Boston: MIT Press, 1966).
17. In reality, the schematics presented in the following pages are simplifications of vector analyses and therefore would be more accurately portrayed as parallelograms.
18. Saul W. Gellerman, *Motivation and Productivity* (New York: American Management Association, 1963), p. 265. See also Gellerman, *Management by Motivation* (New York: American Management Association, 1968).
19. Lester Coch and John R. P. French Jr., "Overcoming Resistance to Change." In *Group Dynamics: Research and Theory,* 2nd ed., ed. Dorwin Cartwright and Alvin Zander (Evanston, Ill.: Row, Peterson, 1960).
20. See Kurt Lewin, "Group Decision and Social Change." Pages 459–473 in *Readings in Social Psychology,* ed. G. Swanson, T. Newcomb, and E. Hartley (New York: Henry Holt, 1952).
21. John R. P. French Jr., Joachim Israel, and Dagfinn Ås, "An Experiment on Participation in a Norwegian Factory," *Human Relations,* 13 (1960), pp. 3–19.
22. Peter F. Drucker, *The Practice of Management* (New York: Harper & Row, 1964).
23. George S. Odiorne, *Management by Objectives: A System of Managerial Leadership* (New York: Pitman Publishing, 1965); Odiorne, *The Human Side of Management* (San Diego, Calif.: University Associates, 1987); Odiorne, *MBO II: A System of Managerial Leadership for the 80's* (Belmont, Calif.: Pitman, Learning, 1979); Odiorne, "The Managerial Bait-and-Switch Game," *Personnel,* 63, no. 3 (March 1986), pp. 32–37.
24. John W. Humble, *Management by Objectives* (London: Industrial Education and Research Foundation, 1967).
25. See also J. D. Batten, *Beyond Management by Objectives* (New York: American Management Association, 1966); Ernest C. Miller, *Objectives and Standards Approach to Planning and Control, AMA Research Study '74* (New York: American Management Association, 1966); and William J. Reddin, *Effective Management by Objectives: The 3-D Method of MBO* (New York: McGraw-Hill, 1971).

26. Odiorne, *Management by Objectives,* pp. 55–56.
27. Ibid., p. 78.
28. Abraham K. Korman, " 'Consideration,' 'Initiating Structure,' and Organizational Criteria—A Review," *Personnel Psychology: A Journal of Applied Research,* 19, no. 4 (Winter 1966), pp. 349–361.
29. Ibid., p. 360.
30. Fiedler, *A Theory of Leadership Effectiveness,* p. 247.

第7章

1. These environmental variables were adapted from a list of situational elements discussed by William J. Reddin, *The 3-D Management Style Theory, Theory Paper #5—Diagnostic Skill* (Fredericton, N.B., Canada: Social Science Systems, 1967), p. 2.
2. Robert Tannenbaum and Warren H. Schmidt indicated that the appropriate leadership style to use in a given situation is a function of factors in the leader, the follower, and the situation. What constitutes the situation can vary in different environmental settings. See Tannenbaum and Schmidt, "How to Choose a Leadership Pattern," *Harvard Business Review,* March–April, 1957.
3. The introductory section here was adapted from a model that discusses the interaction of personality and expectations. See Jacob W. Getzels and Egon G. Guba, "Social Behavior and the Administrative Process," *The School Review,* 65, no. 4 (Winter 1957), pp. 423–441. See also Getzels, "Administration as a Social Process." In *Administrative Theory in Education,* ed. Andrew W. Halpin (Chicago: Midwest Administration Center, University of Chicago, 1958).
4. Tannenbaum and Schmidt, "How to Choose a Leadership Pattern."
5. Fillmore H. Sanford, *Authoritarianism and Leadership* (Philadelphia: Institute for Research in Human Relations, 1950).
6. Victor H. Vroom, *Some Personality Determinants of the Effects of Participation* (Englewood Cliffs, N.J.: Prentice Hall, 1960).
7. Saul W. Gellerman, *Motivation and Productivity* (New York: American Management Association, 1963).
8. Tannenbaum and Schmidt, "How to Choose a Leadership Pattern."
9. Adapted from Hyler Bracey, "Managing 'From the HEART' Produces Bottom-Line Results," *Journal of Career Planning and Employment,* Spring 1993.
10. Reddin, *The 3-D Management Style Theory, Theory Paper #5—Diagnostic Skill,* p. 4.
11. William E. Henry, "The Business Executive: The Psychodynamics of a Social Role," *The American Journal of Sociology,* 54, no. 4 (January 1949), pp. 286–291.
12. Robert H. Guest, *Organizational Change: The Effect of Successful Leadership* (Homewood, Ill.: Irwin, Dorsey Press, 1964). See also Robert Guest, Paul Hersey, and Kenneth Blanchard, *Organizational Change through Effective Leadership,* 2nd ed. (Englewood Cliffs, N.J.: Prentice Hall, 1986).
13. Guest, *Organizational Change.*
14. Reddin, *The 3-D Management Style Theory, Theory Paper #5—Diagnostic Skill,* p. 4.
15. Waino W. Suojanen, *The Dynamics of Management* (New York: Holt, Rinehart & Winston, 1966).
16. Tannenbaum and Schmidt, "How to Choose a Leadership Pattern."
17. Joseph Batten, "A Total Quality Culture," *Management Review,* May 1994, p. 61.
18. Fred E. Fiedler, *A Theory of Leadership Effectiveness* (New York: McGraw-Hill, 1967).
19. *Ibid.*
20. Edwin P. Hollander, *Leadership Dynamics: A Practical Guide to Effective Relationships* (New York: Free Press, 1978).
21. Victor H. Vroom and Floyd C. Mann, "Leader Authoritarianism and Employee Attitudes," *Personnel Psychology,* 13, no. 2 (1960).
22. John A. Pearce II and Richard B. Robinson Jr., *Formulation, Implementation, and Control of Competitive Strategy,* 5th ed. (Burr Ridge, Ill: Irwin, 1994), p. 62.
23. *Ibid.*, pp. 75–85. These factors were first identified by Michael E. Porter, "How Competitive Forces Shape Strategy," *Harvard Business Review,* March–April 1979, pp. 137–145.
24. Pearce and Robinson, *Formulation, Implementation, and Control of Competitive Strategy,*

p. 62.

25. Susan Shellenbarger, "Work-Force Study Finds Loyalty Is Weak, Divisions of Race and Gender Are Deep," *Wall Street Journal,* September 3, 1993, pp. B1, 9.
26. Gene Carats, "Downsized Companies Feel the Downside of Early Retirement," *Business Week,* February 1, 1993.
27. Robert Tannenbaum and Warren H. Schmidt, "How to Choose a Leadership Pattern," Harvard Business Review, May–June 1973.
28. Edith Weiner, "Business in the 21st Century," *The Futurist,* March–April 1992.
29. Fiedler, *A Theory of Leadership Effectiveness,* p. 248.
30. Rensis Likert, *New Patterns of Management* (New York: McGraw-Hill, 1961), p. 248.
31. *Leadership Style and Employee Morale* (New York: General Electric Company, Public and Employee Relations Services, 1959).
32. Gellerman, *Motivation and Productivity,* p. 43.
33. John A. Byrne, "Paradigms for Post-Modern Managers," *Business Week,* November 5, 1992, pp. 62–63.
34. Quoted in Wendy Zeller, "Pioneer: The Race Battle Never Ends," *Business Week,* October 17, 1994, pp. 98, 100.
35. Fiedler, *A Theory of Leadership Effectiveness,* p. 255.
36. *Ibid.*
37. William J. Reddin, *The 3-D Management Style Theory, Theory Paper #6—Style Flex* (Fredericton, N.B., Canada: Social Science Systems, 1967).
38. Lawrence J. Peter and Raymond Hull, *The Peter Principle: Why Things Always Go Wrong* (New York: Morrow, 1969).
39. John Rau, "Nothing Succeeds Like Training for Success," *Wall Street Journal,* September 12, 1994, p. A14.
40. Patricia M. Buhler, "Are You Getting the Most Out of Your Employees?" *Supervision,* October 1990, pp. 14–16.

第8章

1. Edgar H. Schein, *Organizational Psychology* (Englewood Cliffs, N.J.: Prentice Hall, 1965), p. 61.
2. *Ibid.*
3. Situational Leadership was first published by Paul Hersey and Kenneth H. Blanchard as "Life Cycle Theory of Leadership" in *Training and Development Journal,* May 1969.
4. Kenneth Blanchard, Patricia Zigarmi, and Drea Zigarmi, *Leadership and the One Minute Manager* (New York: William Morrow, 1985). For further information on SLII® contact Blanchard Training and Development, Inc., 125 State Place, Escondido, Calif., 92029. See also Appendix A, an adaptation of an article by Paul Hersey and Ken Blanchard, "Life Cycle Theory of Leadership," published in the special 50th Anniversary Edition of *Training and Development,* January 1996.
5. Fillmore H. Sanford, *Authoritarianism and Leadership* (Philadelphia: Institute for Research in Human Relations, 1950).
6. The following section has been adopted from Paul Hersey, *Situational Selling* (Escondido, Calif.: Center for Leadership Studies, 1985), pp. 19ff
7. *Ibid.*
8. *Ibid.*
9. *Ibid.*, p. 22.
10. *Ibid.*, pp. 25–26.
11. A pocket guide to Situational Leadership is available from the Center for Leadership Studies, Escondido, Calif., 92025.
12. These ideas were developed by Ron Campbell, Center for Leadership Studies, Esondido, Calif.
13. These two instruments, originally using the term *maturity,* were developed by Ronald K. Hambleton, Kenneth H. Blanchard, and Paul Hersey through a grant from Xerox Corporation. We are grateful to Xerox Corporation not only for providing financial support for the instrument development project, but also for allowing us to involve many of their

managers and employees in our development and validation work. In particular, we thank Audian Dunham, Warren Rothman, and Ray Gumpert for their assistance, encouragement, and constructive criticism of our work. The instruments are available through the Center for Leadership Studies, Escondido, Calif.

14. These instruments, originally using the term *maturity*, were developed by Paul Hersey, Kenneth H. Blanchard, and Joseph Keilty. Information on these instruments is available through Center for Leadership Studies, Escondido, Calif.
15. The integration of Situational Leadership with Contracting for Leadership Styles was first published as Paul Hersey, Kenneth H. Blanchard, and Ronald K. Hambleton, "Contracting for Leadership Style: A Process and Instrumentation for Building Effective Work Relationships" in *The Proceedings of OD'78*, San Francisco, Calif., sponsored by University Associates/LRC. This presentation is available through the Center for Leadership Studies, Escondido, Calif.
16. The initial versions of these leadership scales were developed by Paul Hersey, Kenneth H. Blanchard, and Ronald K. Hambleton. Information on these instruments is available through the Center for Leadership Studies, Escondido, Calif.
17. Paul Hersey and Kenneth H. Blanchard, *The Family Game: A Situational Approach to Parenting (Escondido, Calif.: Center for Leadership Studies, 1979).*
18. See Paul Hersey and Kenneth H. Blanchard, "Managing Research and Development Personnel: An Application of Leadership Theory," *Research Management*, September 1969.
19. See Kenneth H. Blanchard and Paul Hersey, "A Leadership Theory for Educational Administrators," *Education*, Spring 1970.
20. Arrigo L. Angelini, Paul Hersey, and Sofia Caracushansky, "The Situational Leadership Theory Applied to Teaching: A Research on Learning Effectiveness," *Proceedings*, 9th World Training and Development Conference, Rio de Janeiro, Brazil, August 31–September 5, 1980.
21. Kenneth H. Blanchard, "College Boards of Trustees: A Need for Directive Leadership," *Academy of Management Journal*, December 1967.
22. F. H. Stutz, R. G. Morrow, and Kenneth H. Blanchard, "Report of a Survey," in *College and University Trustees and Trusteeship: Recommendations and Report of a Survey* (Ithaca, N.Y.: New York State Regents Advisory Committee on Educational Leadership, 1966).
23. Henry M. Wriston, *Academic Procession* (New York: Columbia University Press, 1959), p. 78.
24. A classic study in the area of participation is Victor H. Vroom, *Some Personality Determinants of the Effects of Participation* (Englewood Cliffs, N.J.: Prentice Hall, 1960).
25. See Paul Hersey and Kenneth H. Blanchard, "Cultural Changes: Their Influence on Organizational Structure and Management Behavior," *Training and Development Journal*, October 1970.
26. William H. Haney, *Communication and Organizational Behavior: Text and Cases*, rev. ed. (Homewood, Ill.: Irwin, 1967), p. 20.
27. Raymond A. Gumpert and Ronald K. Hambleton, "Situational Leadership: How Xerox Managers Fine-Tune Managerial Styles to Employee Maturity and Task Needs," *Management Review*, December 1979, p. 9.
28. *Ibid.*, p. 11.
29. *Ibid.*
30. *Ibid.*, p. 12.
31. *Ibid.*
32. Research summary available from Center for Leadership Studies, Escondido, Calif.
33. Suggestion made by Fred Finch at the Faculty Club, University of Massachusetts, Fall 1974. Finch is now a consultant with Blanchard Training and Development, Escondido, Calif.

1. R. M. Stogdill, *Handbook of Leadership* (New York: Free Press, 1974).
2. Many of the concepts in this chapter were first published in Paul Hersey, Kenneth H. Blanchard, and Walter E. Natemeyer, "Situational Leadership, Perception, and the Impact of Power," *Group and Organizational Studies,* 4, no. 4 (December 1979), pp. 418–428.
3. Adapted from Paul Hersey, *The Situational Leader* (Escondido, Calif.: Center for Leadership Studies, 1985), p. 27.
4. This section on defining power and other concepts originated with Walter E. Natemeyer, *An Empirical Investigation of the Relationships between Leader Behavior, Leader Power Bases, and Subordinate Performance and Satisfaction,* an unpublished dissertation, University of Houston, August 1975.
5. James Hillman, *Kinds of Power* (New York: Currency-Doubleday, 1995), p, 97.
6. David C. McClelland and David H. Burnham, "Power is the Great Motivator," *Harvard Business Review,* January-February 1995, p. 134.
7. John B. Miner, *Organizational Behavior* (New York: Random House, 1988), p. 481.
8. *Ibid.*
9. Stephen B. Robbins, *Essentials of Organizational Behavior,* 4th ed. (Englewood Cliffs, N.J.: Prentice Hall, 1994), p. 152.
10. M. F. Rogers, "Instrumental and Infra-Resources: The Bases of Power," *American Journal of Sociology,* 79, 6 (1973), pp. 1418–1433.
11. Amitai Etzioni, *A Comparative Analysis of Complex Organizations* (New York: Free Press, 1961).
12. Niccolo Machiavelli, "Of Cruelty and Clemency, Whether It Is Better to Be Loved or Feared," *The Prince and the Discourses* (New York: Random House, 1950), chapter 17.
13. This section is adapted from Paul Hersey, *Situational Selling* (Escondido, Calif.: Center for Leadership Studies, 1985), pp. 14–15.
14. R. L. Peabody, "Perceptions of Organizational Authority: A Comparative Analysis," *Administrative Quarterly,* 6 (1962), pp. 463–482.
15. A. C. Filley and A. J. Grimes, "The Bases of Power in Decision Processes," *Reprint Series 104* (Industrial Relations Research Institute, University of Wisconsin, 1967).
16. K. D. Beene, *A Conception of Authority* (New York: Teachers College, Columbia University, 1943).
17. John R. P. French and B. Raven, "The Bases of Social Power." In *Studies in Social Power,* D. Cartright (Ann Arbor: University of Michigan, Institute for Social Research, 1959).
18. B. H. Raven and W. Kruglanski, "Conflict and Power." Pages 177–219 in *The Structure of Conflict,* ed. P. G. Swingle (New York: Academic Press, 1975).
19. Paul Hersey and Marshall Goldsmith, "The Changing Role of Performance Management," *Training and Development Journal* (April 1980).
20. Steven Kerr, "On the Folly of Rewarding A, While Hoping for B," *Academy of Management Journal,* 18 (1975), pp. 769–783. Reprinted with commentary in The Academy of Management *Executive,* 9, no. 1, (February 1995), pp. 7–14 and an informal survey, "More on the Folly," pp. 15–16.
21. Tom Peters, "Power: Get It and Use It with These 13 Secrets," *Star Tribune,* August 2, 1994, p. 2D.
22. K. R. Student, "Supervisory Influence and Work-Group Performance," *Journal of Applied Psychology,* 52, no. 3 (1968), pp. 188–194.
23. J. G. Bachman, C. G. Smith, and J. A. Slesinger, "Control, Performance, and Satisfaction: An Analysis of Structural and Individual Effects," *Journal of Personality and Social Psychology,* 4, no. 2 (1966), pp. 127–136.
24. J. G. Bachman, D. G. Bowers, and P. M. Marcus, "Bases of Supervisory Power: A Comparative Study in Five Organizational Settings." In *Control in Organizations,* Arnold S. Tannenbaum (New York: McGraw-Hill, 1968).
25. J. M. Ivancevich and J. H. Donnelly, "Leader Influence and Performance," *Personnel Psychology,* 23, no. 4 (1970), 539–549.
26. R. J. Burke and D. S. Wilcox, "Bases of Supervisory Power and Subordinate Job Satisfactions," *Canadian Journal of Behavioral Science* (1971).

27. D. W. Jamieson and K. W. Thomas, "Power and Conflict in the Student-Teacher Relationship," *Journal of Applied Behavioral Science,* 10, no. 3 (1974).
28. Natemeyer, *An Empirical Investigation of the Relationships between Leader Behavior, Leader Power Bases, and Subordinate Performance and Satisfaction.*
29. Hersey, Blanchard, and Natemeyer, "Situational Leadership, Perception, and the Impact of Power."
30. Katherine Benzinger, "The Powerful Woman," *Hospital Forum* (May-June 1982), pp. 15–20.
31. *Ibid.*, p. 15.
32. *Ibid.*, pp. 15–16.
33. *Ibid.*, p. 16.
34. *Ibid.*, pp. 16–17.
35. *Ibid.*
36. *Ibid.*, pp. 18–20.
37. *Ibid.*, p. 20. For a related discussion, see Jane Covey Brown and Rosabeth Moss Kanter, "Empowerment: Key to Effectiveness," *Hospital Forum,* May–June 1982, pp. 6–12.
38. Judy B. Rosener, "Ways Women Lead," *Harvard Business Review,* November–December 1990, pp. 119–125.
39. Sue Shellenbarger, "Work-Force Study Finds Loyalty Is Weak, Divisions of Race and Gender Are Deep." *Wall Street Journal,* September 3, 1993, pp. B1, 9.
40. William J. Ransom, "There Is Profit in Empowerment," *Industrial Engineering,* February 1992.
41. Oren Harari, "Stop Empowering Your People," *Management Review,* November 1993, pp. 26–29.
42. This instrument was developed by Paul Hersey and Walter E. Natemeyer. Published by the Center for Leadership Studies, Escondido, Calif. 92025.

第10章

1. Rensis Likert, *New Patterns of Management* (New York: McGraw-Hill, 1961), p. 7.
2. J. Sterling-Livingston, "Pygmalion in Management," *Harvard Business Review,* July–August 1969, pp. 81–82.
3. *Ibid.*
4. This section is adapted from Paul Hersey, *The Situational Leader* (Escondido, Calif.: Center for Leadership Studies, 1985), pp. 92–94.
5. The classic discussions of behavior modification, reinforcement theory, and operant conditioning are by B. F. Skinner. See Skinner, *Science and Human Behavior* (New York: Macmillan, 1953).
6. Fred Luthans and Robert Kreitner were among the first to apply behavior modification and reinforcement theory to organizations. See Luthans and Kreitner, *Organizational Behavior Modification* (Glenview, Ill.: Scott, Foresman, 1975).
7. *Skinner for the Classroom: Selected Papers* (Champaign, Ill.: Research Press, 1982).

第11章

1. Adapted from Paul Hersey, *The Situational Leader* (Escondido, Calif.: Center for Leadership Studies, 1985), p. 114.
2. Adapted from Paul Hersey, *Situational Selling* (Escondido, Calif.: Center for Leadership Studies, 1985), pp. 115–120.
3. Harry Levinson, "Getting Past the Bad News," *Management Review,* September 1993, p. 4.
4. R. L. Solomon, "Punishment," *American Psychologist,* 19 (1964), p. 239.
5. John Huberman, "Discipline without Punishment," *Harvard Business Review,* May 1967, pp. 62–68.
6. *Ibid.*, pp. 64–65.
7. *Ibid.*, p. 65.

8. *Ibid.*
9. Taken from an enjoyable popular article on this subject by Alice Lake, "How to Teach Your Child Good Habits," *Redbook Magazine,* June 1971, pp. 74, 186, 188, 190.
10. These steps were adapted from seven steps identified by Madeline Hunter, *Reinforcement Theory for Teachers* (El Segundo, Calif., TIP Publications, 1967), pp. 47–48.
11. Thomas Gordon, *P.E.T., Parent Effectiveness Training* (New York: Peter H. Wyden, 1970).
12. Eric L. Harvey, "Discipline vs. Punishment," *Management Review,* March 1987, pp. 25–29.

第12章

1. LEAD (formerly known as the Leader Adaptability and Style Inventory, LASI) is based on the Situational Leadership model. The first publication on this LEAD instrument appeared as Paul Hersey and Kenneth H. Blanchard, "So You Want to Know Your Leadership Style?" *Training and Development Journal,* February 1974. Copies of the LEAD Self and LEAD Other instruments can be ordered from the Center for Leadership Studies, Escondido, Calif. 92025.
2. This contracting process first appeared as Paul Hersey and Kenneth H. Blanchard, "What's Missing in MBO?" *Management Review,* October 1974. Much of the discussion that follows was taken from that article.
3. George S. Odiorne, *The Human Side of Management* (San Diego, Calif.: University Associates, 1987).
4. The LEAD Other is the same instrument as the LEAD Self but written so that a subordinate, superior, or peer could fill it out on a leader. Instruments are available from the Center for Leadership Studies, Escondido, Calif. 92025.
5. William J. Reddin, *The 3-D Management Style Theory, Theory Paper #6—Style Flex* (Fredericton, N.B., Canada: Social Science Systems, 1967), p. 6.
6. Joseph Luft and Harry Ingham, "The Johari Window, A Graphic Model of Interpersonal Awareness," *Proceedings of the Western Training Laboratory in Group Development* (Los Angeles: UCLA, Extension Office, 1955). A more up-to-date version of the framework is presented in Joseph Luft, *Group Process: An Introduction to Group Dynamics,* 2nd ed. (Palo Alto, Calif.: National Press Book, 1970).
7. Sigmund Freud, *The Ego and the Id* (London: Hogarth Press, 1927).
8. Haim Ginott, *Between Parent and Child: New Solution to Old Problems* (New York: Avon Books, 1965). Kenneth Blanchard was a faculty resource with Alice Ginnott at the February 1977 YPO (Young Presidents' Organization), University of Honolulu, Hawaii. The discussions of what she said at a session entitled "Between Parent and Child" are taken from Blanchard's notes and do not represent her exact words.
9. Carl R. Rogers, *Client-Centered Therapy* (Boston: Houghton Mifflin, 1951); see also Rogers, *Freedom to Learn* (Columbus, Ohio: Merrill, 1969).
10. Wayne W. Dyer, *Your Erroneous Zones* (New York: Funk & Wagnalls, 1976).
11. This statement is adapted from a quotation by Dorothy Canfield Fisher that Dyer referred to in *Your Erroneous Zones,* p. 195.
12. Elaina Zucker, "5 Tips for Managing a Stressful Job," *Nursing,* May 1993.
13. Barbara L. Mackoff, "Leave the Office Behind," *Public Management,* June 1992.
14. The analysis of LEAD data was first presented in Paul Hersey, *Situational Leadership: Some Aspects of Its Influence on Organizational Development,* Ph.D. dissertation, University of Massachusetts, 1975.
15. Felice N. Schwartz, "Women as a Business Imperative," *Harvard Business Review,* March–April 1992, p. 108.
16. *Ibid.*, p. 111.
17. Lawrence J. Peter and Raymond Hull, *The Peter Principle: Why Things Always Go Wrong* (New York: Morrow, 1969). See also Peter, *The Peter Plan: A Proposal for Survival* (New York: Morrow, 1976); Peter, *Peter's Quotations: Ideas for Our Time* (New York: Morrow, 1977).
18. Fred E. Fiedler, "Engineer the Job to Fit the Manager," *Harvard Business Review,* 51 (1965), pp. 115–122. See also Fiedler, *Leader Attitudes and Group Effectiveness* (West-

port, Conn.: Greenwood, 1981); Fiedler and Martin M. Chemers, *Improving Leadership Effectiveness: The Leader Match Concept* (New York: Wiley, 1984).

第13章

1. David Krech, Richard S. Crutchfield, and Egerton L. Ballachey, *Individual in Society* (New York: McGraw-Hill, 1962), p. 529.
2. Joycee Ranney and Mark Deck, "Making Teams Work: Lessons From Leaders in New Product Development," *Planning Review,* July/August 1995, pp. 6–12.
3. John Cunniff, "Involving People in a New Work Contract," *The Fresno Bee,* November 12, 1995, p. C6.
4. Joycee Ranney and Mark Deck, "Making Teams Work: Lessons From Leaders in New Product Development." See also Shoichi Suzawa, "How The Japanese Achieve Excellence," *Training and Development Journal,* May 1985, pp. 110–117; Howard J. Klein and Paul W. Mulvey, "Two Investigations of the Relationships Among Group Goals, Goal Commitment, Cohension, and Performance," *Organizational Behavior and Human Decision Processes,* January 1995, pp. 44–53; and Anne M. O'Leary-Kelly, Joseph J. Martocchio, and Dwight D. Frink, "A Review of the Influence of Group Goals on Group Performance," *Academy of Management Journal,* October 1994, pp. 1285–1301.
5. Robert H. Guest, Paul Hersey, and Kenneth H. Blanchard, *Organizational Change through Effective Leadership,* 2nd ed. (Englewood Cliffs, N.J.: Prentice Hall, 1986).
6. Peter F. Drucker, *The New Realities: In Government and Politics-In Economics and Business-In Society and World View* (New York: Harper Collins, 1990).
7. Brian Dumaine, "The Trouble with Teams," *Fortune,* September 5, 1994, pp. 86–92.
8. Quoted in *Ibid.*
9. *Ibid.*
10. *Ibid.*
11. Tim R. Furley, Jennifer L. Garlitz, and Michael L. Kelleher, "Applying Information Technology to Reengineering," *Planning Review,* November–December, 1993, pp. 22–25, 55. See also Steve H. Barr and Edward J. Conlon, "Effects of Distribution of Feedback in Work Groups," *Academy of Management Journal,* June 1994, pp. 641–655; W. Jack Duncan, "Why Some People Loaf in Groups While Others Loaf Alone," *Academy of Management Executive,* 8, pp. 641–655; and Glenn M. Parker, *Cross-Functional Teams: Working with Allies, Enemies, and Other Strangers* (San Francisco: Jossey–Bass, 1994).
12. Sam Certo, *Principles of Modern Management: Functions and Systems* (Dubuque, Iowa: Brown, 1983).
13. Guest, Hersey, and Blanchard, *Organizational Change through Effective Leadership.*
14. Jon R. Katzenbach and Douglas K. Smith, *The Wisdom of Teams* (New York: Harper Collins, 1994), p. 259.

第14章

1. Alan A. Yelsey, "Strategies and Actions for Improving Organizational Performance," *Academy of Management Review,* June 1984, p. 25.
2. *Ibid.,* p. 26.
3. See, for example, the increasing importance of human resources in "Human Resources Managers Aren't Corporate Nobodies Anymore," *Business Week,* December 2, 1987, pp. 58–59. See also William A. Medlin, "Managing People to Perform," *The Bureaucrat,* Spring 1985, pp. 52–55; Jac Fritz Enz, "Human Resource: Formulas for Success," *Personnel Journal,* 64, no. 10 (October 1985), pp. 52–60; Philip H. Mirvis, "Formulating and Implementing Human Resource Strategy," *Human Resource Management,* 24, no. 4 (Winter 1985), pp. 385–412.
4. Ian C. MacMillan and Randall S. Schuler, "Gaining a Competitive Edge through Human Resources," *Personnel,* April 1985, p. 24. See also Dave Ulrich, "Human Resource Planning as a Competitive Edge," *Human Resource Planning,* 9, no. 2 (1986), pp. 41–49.
5. MacMillan and Schuler, "Gaining a Competitive Edge through Human Resources," p. 27.
6. *Ibid.,* p. 28.

7. *Ibid.*, pp. 28–29.
8. Clay Carr, "The Ingredients of Good Performance," *Training,* August 1993, p. 528.
9. *Ibid.*
10. Vincent K. Omachonu and Joel E. Ross, *Principles of Total Quality* (Delray Beach, Fla.: St. Lucie Press, 1994), p. 190.
11. This has been a primary research objective at the Center for Leadership Studies. This section on the ACHIEVE model is adapted from Paul Hersey and Marshall Goldsmith, "A Situational Approach to Performance Planning," *Training and Development,* 34 (November 1980), pp. 38–40.
12. John W. Atkinson, *An Introduction to Motivation* (New York: Van Nostrand, 1958).
13. Lyman Porter and Edward Lawler, *Managerial Attitudes and Performance* (Homewood, Ill.: Irwin, 1968). See also Charles R. Gowen, "Managing Work Group Performance by Individual Goals and Group Goals for an Interdependent Group Task," *Journal of Organizational Behavior,* 7, no. 3 (Winter 1986), pp. 5–27.
14. Jay Lorsch and Paul Lawrence, "The Diagnosis of Organizational Problems." In *Organizational Development: Values, Processes, and Technology,* Newton Margulies and Anthony P. Raia (New York: McGraw-Hill, 1972).
15. Steven Kerr, "On the Folly of Hoping for A While Rewarding B," *Academy of Management Journal,* 4 (1975), pp. 76–79. See also Thomas Kemper, "Motivation and Behavior, A Personal View," *Journal of General Management,* 9, no. 3 (Fall 1983), pp. 51–57; Martin Gevans, "Organizational Behavior: The Central Role of Motivation," *Journal of Management,* 12, no. 2 (Summer 1986), pp. 203–222.
16. Lydia Bronte, "Longevity and the Future of the Workplace," *Planning Forum Network,* 7, no. 6 (Summer 1994), p. 7.
17. Ferdinand Fournies, *Coaching for Improved Work Performance* (New York: Van Nostrand, 1978).

第15章

1. The survey was conducted by the Gallup Organization and commissioned by Proudfoot Change Management, a division of an international consulting firm. It was reported in Barbara Ettorre, "Buddy, Can You Spare Some Change!" *Management Review,* January 1994, p. 5.
2. *Ibid.*
3. Kurt Lewin, "Frontiers in Group Dynamics: Concept, Method, and Reality in Social Science; Social Equilibria and Social Change," *Human Relations,* 1, no. 1 (June 1947), pp. 5–41.
4. *Ibid.*
5. James Brian Quinn, *Strategies for Change: Logical Incrementalism* (Homewood, Ill.; Irwin, 1980).
6. James Brian Quinn, "Strategic Change: 'Logical Incrementalism,' " *Sloan Management Review,* 30, no. 4 (Summer 1989), pp. 45–59.
7. Paul Watzlawick, John Weakland, and Richard Fisch, *Change: Principles of Problem Formation and Problem Resolution* (New York: Norton, 1974).
8. Alan D. Meyer, Geoffrey R. Brooks, and James B. Goes, "Environmental Jolts and Industry Revolutions: Organizational Responses to Discontinuous Change," *Strategic Management Journal,* 11 (1990), pp. 93–110.
9. Alan J. Rowe, Richard O. Mason, Karl E. Dickel, Richard D. Mann, and Robert J. Mockler, *Strategic Management: A Methodological Approach,* 4th ed. (Reading, Mass.: Addison-Wesley, 1994), p. 482.
10. Paul Hersey and Kenneth H. Blanchard, "Change and the Use of Power," *Training and Development Journal,* January 1972. See also Chris Argyris, *Strategy, Change and Defensive Routines* (Cambridge, Mass.: Ballenger Publishing, 1985).
11. Kenneth H. Blanchard and Paul Hersey, "The Importance of Communication Patterns in Implementing Change Strategies," *Journal of Research and Development in Education,* 6, no. 4 (Summer 1973), pp. 66–75.
12. Alex Bavelas, "Communication Patterns in Task-Oriented Groups." In *Group Dynamics: Research and Theory,* ed. Dorwin Cartwright and Alvin Zander (Evanston, Ill.: Row,

Peterson, 1953).
13. Kurt Lewin, "Frontiers in Group Dynamics: Concept, Method, and Reality in Social Science; Social Equilibria and Social Change," *Human Relations,* 1, no. 1 (June 1974), pp. 5–41.
14. Edgar H. Schein, "Management Development as a Process of Influence." Page 110 in *Behavioral Concepts in Management,* David R. Hampton (Belmont, Calif.: Dickinson Publishing, 1968). Reprinted in *Industrial Management Review,* 2, no. 2 (May 1961), pp. 59–77.
15. The mechanisms are taken from Herbert C. Kelman, "Compliance, Identification and Internalization: Three Processes of Attitude Change," *Journal of Conflict Resolution,* (1958), II, no. 1, pp. 51–60.
16. Schein, "Management Development as a Process of Influence," p. 112.
17. See Kelman, "Compliance, Identification and Internalization."
18. Schein, "Management Development as a Process of Influence," p. 112.
19. See Charles B. Ferster and B. F. Skinner, *Schedules of Reinforcement* (New York: Appleton-Century-Crofts, 1957).
20. Lynn A. Isabella, "Evolving Interpretations as a Change Unfolds: How Managers Construe Key Organizational Events," *Academy of Management Journal,* 33, no. 1 (1990), pp. 7–41.
21. *Ibid.*, p. 34.
22. Edgar H. Schein, in an invited address to the World Economic Forum, February 6, 1992, Davos, Switzerland.
23. A. W. Clausen, "Strategic Issues in Managing Change: The Turnaround at BankAmerica Corporation," *California Management Review,* Winter 1990, pp. 98–105.
24. *Ibid.*, p. 100.
25. "Marine Machine," *Look Magazine,* August 12, 1969.
26. *Ibid.*
27. *Ibid.*
28. Vincent P. Barabba and Gerald Zaltman, "The Inquiry Center," *Planning Review,* 19, no. 2 (March–April 1991), pp. 4–9, 47–48.
29. Edgar H. Schein, *Organizational Psychology* (Englewood Cliffs, N.J.: Prentice Hall, 1965), p. 80.
30. M. Sherif, O. J. Harvey, B. J. White, W. R. Hood, and Carolyn Sherif, *Intergroup Conflict and Cooperation: The Robbers Cave Experiment* (Norman, Okla.: Book Exchange, 1961).
31. Robert R. Blake and Jane S. Mouton, "Reactions to Intergroup Competition under Win-Lose Conditions," *Management Science,* 7, no. 4 (July 1961), pp. 420–35.
32. Schein, *Organizational Psychology,* p. 81.
33. *Ibid.*
34. *Ibid.*, p. 83.
35. *Ibid.*, p. 85.
36. Robert R. Blake, Herbert A. Shepard, and Jane S. Mouton, *Managing Intergroup Conflict in Industry* (Houston: Gulf Publishing, 1964). See also Robert R. Blake and Jane S. Mouton, *Solving Costly Organizational Conflicts: Achieving Intergroup Trust, Cooperation, and Teamwork* (San Francisco: Jossey-Bass, 1984); Alan C. Filley, *Interpersonal Conflict Resolution* (Glenview, Ill.: Scott, Foresman, 1975); Rensis Likert and Jane G. Likert, *New Ways of Managing Conflict* (New York: McGraw-Hill, 1976).
37. Blake, Shepard, and Mouton, *Managing Intergroup Conflict in Industry,* p. 13.
38. Larry E. Greiner, "Evolution and Revolution as Organizations Grow," *Harvard Business Review,* July–August 1972, pp. 37–46. See also Larry E. Greiner and Robert O. Metzger, *Consulting to Management* (Englewood Cliffs, N.J.: Prentice Hall, 1983); Jack R. Gibb, *A New View of Personal and Organizational Development* (La Jolla, Calif.: Omicron Press, 1978).
39. *Ibid.*, p. 40.
40. *Ibid.*, p. 42.
41. *Ibid.*
42. *Ibid.*
43. *Ibid.*
44. *Ibid.*, p. 43.

45. *Ibid.*
46. *Ibid.*
47. *Ibid.*
48. *Ibid.*, p. 44.
49. Richard Beckhard, *Organization Development: Strategies and Models* (Reading, Mass.: Addison-Wesley, 1969), p. 3.
50. Warren G. Bennis, *Organization Development: Its Nature, Origins, and Prospects* (Reading, Mass.: Addison-Wesley, 1969), p. 13. See also Warren G. Bennis, *The Planning of Change* (New York: Harper & Row, 1985); Warren G. Bennis, *Beyond Bureaucracy: Essays on the Development and Evolution of Human Organization* (New York: McGraw-Hill, 1973).
51. Bennis, *Organization Development,* p. 13.
52. Bennis, "Editorial," *Journal of Applied Behavioral Science,* 4, no. 2 (1968), p. 228.
53. Chris Argyris, *Management and Organization Development: The Path from XA to YB* (New York: McGraw-Hill, 1971).
54. Robert H. Guest, *Organizational Change: The Effect of Successful Leadership* (Homewood, Ill.: Irwin, Dorsey Press, 1964), p. 4. See also Robert H. Guest, Paul Hersey, and Kenneth Blanchard, *Organizational Change through Effective Leadership,* 2nd ed. (Englewood Cliffs, N.J.: Prentice Hall, 1986); Stanley E. Seashore, ed., *Assessing Organizational Change: A Guide to Methods, Measures, and Practices* (New York: Wiley, 1983).
55. Lauriston Sharp, "Steel Axes for Stone Age Australians." Pages 69–94 in *Human Problems in Technology Changes,* ed. Edward H. Spicer (New York: Russell Sage Foundation, 1952).
56. Stephen R. Cain, "Anthropology and Change," *Growth and Change,* 1, no. 3 (University of Kentucky, July 1970).
57. *Ibid.*

第16章

1. Abraham Maslow, *Motivation and Personality* (New York: Harper & Row, 1954).
2. Frederick Herzberg, *Work and the Nature of Man* (New York: World Publishing, 1966).
3. Douglas McGregor, *The Human Side of Enterprise* (New York: McGraw-Hill, 1960); Rensis Likert, *The Human Organization* (New York: McGraw-Hill, 1967); Chris Argyris, *Personality and Organization* (New York: Harper & Row, 1957). See also Chris Argyris, Robert Putnam, and Diana M. Smith, *Action Science* (San Francisco: Jossey-Bass, 1985).
4. Chris Argyris, *Management and Organizational Development: The Path from XA to YB* (New York: McGraw-Hill, 1971); see also Argyris and Donald A. Schon, *Organizational Learning: A Theory of Action Perspective* (Reading, Mass.: Addison-Wesley, 1978); Argyris, *Reasoning, Learning, and Action: Individual and Organization* (San Francisco: Jossey-Bass, 1982).
5. Edgar H. Schein, *Organizational Psychology,* 2nd ed. (Englewood Cliffs, N.J.: Prentice Hall, 1970), pp. 50–72; see also Schein, *Organizational Culture and Leadership* (San Francisco: Jossey-Bass, 1985), Schein, *Career Dynamics: Matching Individual and Organizational Needs* (Reading, Mass.: Addison-Wesley, 1978).
6. David C. McClelland, John W. Atkinson, R. A. Clark, and E. L. Lowell, *The Achievement Motive* (New York: Appleton Century Crofts, 1953); and McClelland, Atkinson, Clark, and Lowell, *The Achieving Society* (Princeton, N.J.: D. Van Nostrand, 1961). See also McClelland, *Motivation and Society* (San Francisco: Jossey-Bass, 1982); McClelland, *Motives, Personality, and Society: Selected Papers* (New York: Praeger, 1984).
7. John E. Stinson and Thomas W. Johnson, "The Path-Goal Theory of Leadership: A Partial Test and Suggested Refinement," *Academy of Management Journal,* 18, no. 2 (June 1975), pp. 242–252.
8. Paul Hersey, Kenneth H. Blanchard, and Walter E. Natemeyer, "Situational Leadership, Perception, and the Impact of Power," *Group and Organizational Studies,* 4, no. 4 (December 1979), pp. 418–428.
9. Thomas Gordon, *P.E.T. (Parent Effectiveness Training)* (New York: Peter H. Wyden,

1970). See also Gordon, *T.E.T. (Teacher Effectiveness Training)* (New York: Peter H. Wyden, 1974).

10. Larry E. Greiner, "Evolution and Revolution as Organizations Grow," *Harvard Business Review,* July–August 1972, pp. 37–46.
11. Kurt Lewin, "Frontiers in Group Dynamics: Concept Methods, and Reality in Social Science; Social Equilibria and Social Change," *Human Relations,* 1, no. 1 (June 1947), pp. 5–41.
12. B. F. Skinner, *Science and Human Behavior* (New York: Macmillan, 1953).
13. Paul Hersey and Kenneth H. Blanchard, "Change and the Use of Power," *Training and Development Journal,* January 1972.
14. Lewin, "Frontiers in Group Dynamics."
15. R. D. Laing, *Knots* (New York: Pantheon Books, 1970).
16. Lao-tsu, *The Way of the Ways: Lao-tsu,* translated and with a commentary by Herrymon Maurer (New York: Schocken Books, 1985), p. 52.

索　引

〔ア行〕

〔カ行〕

〔サ行〕

〔タ行〕

〔ナ行〕

〔ハ行〕

〔マ行〕

〔ヤ行〕

〔ラ行〕

〔欧文〕

〔原著者紹介〕

ポール・ハーシィ（PAUL HERSEY）
カリフォルニア・アメリカン大学大学院教授。リーダーシップ研究センター（Center for Leadership Studiies）の創設者。

ケネス・H・ブランチャード（KENNETH H.BLANCHARD）
ブランチャード教育研修社（Blanchard Training and Deveropment, Inc）社長

デューイ・E・ジョンソン（DEWEY E.JOHNSON）
カリフォルニア州立大学シッド・クレイブ・スクール・オブ・ビジネス教授

〔訳者紹介〕

山 本 成 二（やまもと　せいじ）
1958年　慶応義塾大学大学院修士（西洋史専攻）
1957年　スタンダード・バキューム石油会社入社（同社は1961年モービル石油へ再編成)。訓練課長，人事課長，人事労務部長，モービル・インターナショナル社シニアー・トレーニング・コンサルタントを歴任。
1982年　株式会社シーエルエス設立
1997年　カリフォルニア・アメリカン大学名誉博士
2006年　リーダーシップ研究大学名誉教授
〈主な著・訳書〉
『行動科学の展開』，『行動科学の応用』，『人材活用の行動科学』（以上，生産性出版)，シーエルエス双書『組織活性化の技術』『状況対応リーダーシップ』など多数

山 本（現姓 網）あづさ（やまもと　あづさ，現在　あみ　あづさ）
1988年　カリフォルニア・アメリカン大学　応用行動科学修士
1991年　株式会社シーエルエス業務主幹，のちに代表
2001年　慶応義塾大学大学院経営管理研究科修了　経営学博士
2006年　リーダーシップ研究大学創立，主任教授
現　在　リーダーシップ研究アカデミー，『進化する教科書〈リーダーシップ〉』プロジェクト主宰
〈主な著・訳書〉
『行動科学の展開』，『行動科学入門』，『状況対応リーダーシップ®の応用』，『状況対応リーダー』『12のリーダーシップストーリー～課題は状況対応リーダーシップ®で乗り切れ』，『ハラスメントを行動科学で考えてみました。』など

〈連絡先〉
リーダーシップ研究アカデミー・CLS Japan本部
〒166-0013　東京都杉並区堀ノ内2-19-13
TEL：050-5806-3523
URL：www.e-uls.org／Email：info@e-uls.org

行動科学の展開〔新版〕

2000年6月20日　第1刷©
2022年5月16日　第24刷

著　者　ポール・ハーシィ
ケネス・H・ブランチャード
デューイ・E・ジョンソン
訳　者　山本成二／山本あづさ
発行者　高　松　克　弘
発行所　生　産　性　出　版
〒102-8643　東京都千代田区平河町2-13-12
日本生産性本部
TEL　03-3511-4034

印刷／第一資料印刷（株）　ISBN4－8201－1684－3　C2034
Printed in Japan

生産性出版

978-4-8201-1916-6
リーダーシップ［新装版］
アメリカ海軍協会著
武田文男＋野中郁次郎訳

「リーダーシップ」の実践的意味を古き良きアメリカの普遍的な知恵に学ぶ。長年読み継がれてきた不朽の名著の新装版。
A５判　254頁　税込2520円

978-4-8201-1801-5
キャリア開発／キャリア・カウンセリング
横山哲夫編著

個人と組織の「よりよい関係」を構築するには？多くの実践と事例にもとづき、実務家が書き上げた実践的専門書。
A５判　376頁　税込3570円

978-4-8201-1984-5
キャリア開発24の扉
小野田博之編著　横山哲夫監修

仕事とは何か。この大きな問題を考えるときのヒントとなる24の図を解説。組織・仕事・人・心を考える必携ガイド。
A５判　304頁　税込2940円

978-4-8201-1981-4
コンピテンシー・マネジメントの展開［完訳版］
ライル・M・スペンサー他著　梅津祐良他訳

どのような行動特性をもった人が成功するのか。人事関係者必携のコンピテンシーモデルの原典。
A５判　456頁　税込6300円

978-4-8201-1807-7
行動科学入門
CLSグループ編　山本成二監修

自分自身や組織力の向上に使える「状況対応リーダーシップ」について著者が説明する。
A５判　175頁　税込1890円

978-4-8201-1868-8
リーダーへの旅路
ビル・ジョージ＋ピーター・シムズ著
梅津祐良訳

125人のリーダーへの面接から見えてきた「本物のリーダーシップ」の実像を明らかにする。
A５判　308頁　税込3570円

978-4-8201-1983-8
リーダーシップの真実
J・M・クーゼス他著　渡辺　博訳

信頼、挑戦、学習、模範、心…。長年の研究から人々が身近なリーダーに求めていることを明らかにする。
四六判　223頁　税込1890円

978-4-8201-1859-6
補佐役の精神構造
小田晋著

石田三成、周恩来、石田退三等々。国や企業、時代を支えた名参謀を精神医学の視点から分析する。
四六判　200頁　税込1890円

消費税５％込みの価格を表示しています。